इंडिया
अर्थात
भारत

इंडिया अर्थात भारत

उपनिवेशिकता, सभ्यता, संविधान

जे. साईं दीपक

अनुवादक

पंकज सक्सेना

BLOOMSBURY

NEW DELHI • LONDON • OXFORD • NEW YORK • SYDNEY

BLOOMSBURY INDIA
Bloomsbury Publishing India Pvt. Ltd
Second Floor, LSC Building No. 4, DDA Complex,
Pocket C – 6 & 7, Vasant Kunj,
New Delhi 110070

BLOOMSBURY, BLOOMSBURY INDIA and the Diana logo are trademarks of Bloomsbury Publishing Plc

First published in English as *India That Is Bharat* 2021
This edition published 2022

ISBN: 978-93-54356-60-5
4 6 8 10 9 7 5

Typeset by Fortune Graphics, Naraina, New Delhi
Printed and bound in India by Thomson Press India Ltd

MIX
Paper | Supporting responsible forestry
FSC® C010615

अम्मा, अप्पा, अक्षरा और प्रसाद को समर्पित

सत्येनोत्तभिता भूमिः सूर्येणोत्तभिता दयौः।
रतेनादित्यास्तिष्ठन्ति दिवि सोमो अधि शरितः।।

ऋग्वेद 10.85

विषय वस्तु

प्रस्तावना

इंजीनियरिंग के विद्यार्थी से विधिवक्ता और फिर अपनी सभ्यता के भविष्य के लिए लड़ाई लड़ने वाले जे. साईं दीपक की रोमांचकारी कहानी पढ़ने योग्य है। उनकी चेतना भारत की चेतना के पुनर्जागरण का भी परिचायक है जो कि वी.एस. नायपॉल की प्रसिद्ध पुस्तक 'ए मिलियन म्यूटिनीज नॉउ' का विषय है। साईं दीपक को अपनी सभ्यता की समस्याओं के पीछे के रहस्य समझने की जिज्ञासा थी। उनकी गहरी जिज्ञासा ने उनके मन में इस विषय को लेकर ज्ञान की उत्पत्ति की और इसे ही हमारे यहाँ दर्शन कहते हैं। यहीं से उनकी इस 'पुस्तक त्रयी' की यात्रा शुरू हुई, जिसमें हमारी सभ्यता और उसके आधुनिक जगत से सम्बन्धों के बारे में अनेक महत्वपूर्ण बिन्दुओं का उल्लेख किया गया है। उपनिवेशिकता और संविधान के बीच में तना-तनी ने यहां के धर्म, प्रकृति, भाषा, जाति और जनजाति पर क्या प्रभाव डाला है इसकी चर्चा साईं दीपक करते हैं।

साईं दीपक ने इन विषयों पर गहन अध्ययन किया। मानव विज्ञानी न होने के कारण उनके लिए यह आसान नहीं रहा होगा फिर भी उन्होंने इन विषयों पर पकड़ स्थापित की और उनको सरल शब्दों में इस पुस्तक में बांधा। पहले भी ऐसे विषयों पर लोगों ने चर्चा की है परन्तु विधि को केंद्र में रखते हुए यह एक अनूठा प्रयास है। उनका लक्ष्य ठोस बदलाव लाने का है जो केवल विचारधारा सम्बंधित आन्दोलन नहीं ला सकते। पुस्तक से उनकी स्पष्ट सोच का पता चलता है। पुस्तक में बहुत से ऐसे बिंदु हैं जिन पर लोग और आगे अध्ययन कर सकते हैं।

सबरीमला अयप्पा मंदिर जैसे ऐतिहासिक केस में साईं दीपक की संलिप्तता ने ही इस पुस्तक का बीजारोपण किया। इस केस में विरोधी दल के तर्क ऐसे थे मानो परंपरा और तार्किकता में कोई संगती ही न हो। साईं दीपक के अनुसार ऐसी सोच का कारण उपनिवेशिकता और भारतीय चेतना में आई विकृति है। ऐसी विकृति का कारण है कि पिछले 200 वर्षों में आधुनिकता को बिना किसी विरोध अथवा चिंतन के अपना लिया गया और उपनिवेशित समाज ने भी उसको उतना ही आवश्यक समझा। ईसाईयत हिन्दू धर्म पर 'झूठे मज़हब' के आरोप का प्रतिउत्तर साईं दीपक इस पुस्तक में देते हैं। वे बताते

हैं कि उपनिवेशिकता के पीछे कैसे यूरोपीय ईसाई उपनिवेशवादी सोच है जो कि क्रिस्टोफर कोलंबस की 1492 की यात्रा से व्यापक रूप से प्रारम्भ हुई।

उपनिवेशिकता एक बहुत ही बड़ी शक्ति है यह साईं दीपक की पुस्तक और उसमें प्रस्तुत लैटिन अमेरिका के इतिहास और समाजशास्त्र की चर्चा को पढ़कर समझ में आता है। कैसे उपनिवेशवादी और उपनिवेशित दोनों समाज इसमें उलझ कर रह गए हैं यह हमें पढ़ने को मिलता है। साईं दीपक उपनिवेशिकता की जड़ें ज्ञानोदय के युग के बजाय 'खोज के युग' में ढूंढ़ते हैं और इस प्रकार से उपनिवेशिकता की ईसाई प्रेरणा पर ध्यान केंद्रित करते हैं। वि-उपनिवेशिकता का विचार आधुनिकता के कुछ मूल सिधान्तों को नकार देता है। ये सिद्धांत उत्तर-आधुनिक और उत्तर-औपनिवेशिक स्कूलों के मूल में भी हैं। वि-उपनिवेशिकता का ढांचा स्वदेशी भाव, मूल निवासी चेतना और सभ्यतागत व्यक्तिपरकता को पूर्व उपनिवेशों में पुनर्स्थापित करना चाहता है।

पुस्तक में यह बताया गया है कि कैसे उपनिवेशवादी शक्ति के पीछे ईसाई विचार थे और कैसे बाइबिल ने ही उन्हें प्रेरित किया था। ईसाई चेतना 'दूसरी' संस्कृतियों को सदैव दास बनाना चाहती है और इसके लिए वह कई नए रूप धारण करती रहती है। ज्ञानोदय के बाद सेकुलरवाद भी ईसाई चेतना का धरा हुआ ही वेश है। उपनिवेशों की लूट के पीछे ईसाई थियोलोजी की प्रेरणा रही है। गैर-यूरोपीय मूल निवासी समाजों की निरंतरता को समाप्त करके उन्होंने विश्व के स्वदेशी तंत्रों को बहुत गहरी हानि पहुंचाई है। इस औपनिवेशिक राज ने भयंकर हिंसा, षडयंत्र और फूट डाल कर राज करने वाली जैसी कई नीतियों को अपनाया।

उपनिवेशिकता ने भारत में किस स्तर तक भारत की चिति को विकृत कर रखा है साईं दीपक इस ओर ध्यान आकर्षित करते हैं और बताते हैं कि इसके परिणाम स्वरुप भारतीय स्वयं से ही घृणा करने लगे हैं। भारत का शासक और विधिक तंत्र उपनिवेशिकता में ही उपजा है और अपनी स्वदेशिता को भूल चुका है। विदेशी से इसका आकर्षण गहरा है और भारत की वैचारिक जड़ें यह परा-सभ्यतागत तंत्रों में खोजता है। यह दुखद है।

भारत में ईसाईयत के सीधे प्रत्यारोपण की आवश्यकता के बिना ही यूरोपीय विश्वदृष्टि हावी है चूंकि सेकुलर विश्वदृष्टि ईसाईयत से ही उपजी है। भारत में अभी जो वाद चल रहा है उसमें यह समझ नहीं है कि भारत की मूल निवासी चेतना को प्रस्तुत दृष्टिकोण से कितनी हानि पहुँच रही है और

बार बार भारतीय सेकुलर दृष्टिकोण से इसका विरोध करने का प्रयास करते हैं और उसी गड्ढे में गिर जाते हैं। साईं दीपक बताते हैं कि उपनिवेशिकता के कारण भारत ने इस्लाम के भारतीय संस्कृति पर दुष्प्रभाव का अध्ययन नहीं किया। मार्क्सवाद भी एक यूरोपीय प्रकल्प ही है और भारत में इसने यूरोपीय और मध्य पूर्वी साम्राज्यवाद से गठबंधन कर लिया है। इस कारण से वि-उपनिवेशिकता के दृष्टिकोण को अपनाना भारत की अस्मिता को बचाने के लिए बहुत महत्वपूर्ण है।

साईं दीपक ईस्ट इंडिया कंपनी की ईसाई प्रेरणा पर भी प्रकाश डालते हैं 17वीं शताब्दी के इतिहास की चर्चा करते हुए। वे बताते हैं कि यह गलत समझा जाता है कि कंपनी ईसाईयत से प्रेरित नहीं थी। बल्कि सच यह है कि 1614 से ही कंपनी 'काफिर देशों' पर धावा बोल चुकी थी और जो उसके 1683 के चार्टर से स्पष्ट होता है। इस प्रक्रिया का एक पहलू यह भी था कि जो प्रथा हिन्दू ग्रंथों में लिखी थी उनकी मान्यता तो थी परन्तु जो मौखिक ही थी उसको अंधविश्वास कह कर औपनिवेशिक काल में नष्ट किया गया। उपनिवेशिकता ने भारत पर मज़हबी बनाम सेक्युलर नामक झूठे द्वन्द को थोप दिया जबकि भारतीय सन्दर्भ में इसकी कोई महत्ता ही नहीं थी। उपनिवेशवाद के भारत में हस्तक्षेप का एक नमूना है मंदिरों पर सरकार का अधिकार। यह उपनिवेशवादी परंपरा आज भी चालू है और भारत और सनातन धर्म की जड़ों पर इसका बहुत दुष्प्रभाव पड़ रहा है क्योंकि सभी राजनैतिक मत इसमें एक ही हैं।

अंत में साईं दीपक भारत के प्रथम स्वतंत्रता संग्राम 1857 से पहले और राज की स्थापना के बाद हुई कुछ संसद की बहसों की चर्चा करते हैं। 1858 में इंग्लैंड की महारानी के द्वारा मज़हबी सहिष्णुता की घोषणा के बाद भी आगे किसी क्रान्ति को रोकने के लिए ब्रिटेन के कार्य ईसाईयत से सीधे प्रेरित थे। ब्रिटेन की मंशा भारतीयों को बड़ी संख्या में ईसाईयत में धर्मान्तरित करने की थी जैसा कि कैंटरबरी के आर्चबिशप के भाषणों से प्रतीत होता है और कैसे ब्रिटिश प्रधानमंत्री ने इसका समर्थन किया था। 1858 के बाद भारत सरकार के कई अधिनियमों ने संसद में भारतीयों को कुछ स्थान दिया परन्तु उपनिवेशवादी का ईसाई चरित्र इस पूरे तंत्र की प्रेरणा सदैव बना रहा।

अंतिम विश्लेषण में साईं दीपक इस तथ्य को रेखांकित करते हैं कि 1919 के भारत सरकार अधिनियम ने 1950 के स्वतंत्र भारत के संविधान

के लिए रूपरेखा प्रदान की, जबकि भारत सरकार अधिनियम 1935 ने इसका ढांचा बनाया। साईं दीपक यह भी बताते हैं कि 1919 के पेरिस शान्ति सम्मेलन और वर्साय की संधि के बाद जो अंतर्राष्ट्रीय व्यवस्था बनी उसका मूल चरित्र भी ईसाई ही था। साईं पुस्तक को इस आशा से समाप्त करते हैं कि देश की न्यायपालिका और कार्यपालिका और अन्य महत्वपूर्ण संस्थान भारत की मूल निवासी परम्पराओं पर ध्यान देंगे। और उनकी सोच वि-औपनिवेशिक होगी जिससे कि भारत में गहरी जड़ें जमाई उपनिवेशिकता का निवारण होगा। सच्ची स्वतंत्रता को पाने और इस प्रकार के वाद और विचार पाठकों और भारतीय युवाओं के मन में लाने के लिए यह पुस्तक एक सुन्दर प्रयास है, जिससे कि वे अपने इतिहास, संस्कृति और सभ्यता को गर्व से अपना सकें।

डॉ. गौतम सेन
बीएससी (अर्थशास्त्र), पीएचडी (लंदन),
लंदन स्कूल ऑफ इकोनॉमिक्स एंड पॉलिटिकल साइंस
में अंतर्राष्ट्रीय राजनीतिक अर्थव्यवस्था में
स्नातक कार्यक्रम के सह-निर्माता

लंदन
9 जुलाई 2021

आभार

यह पुस्तक किसी एकल श्रम की उपज नहीं है। इस पुस्तक को लिखने की प्रक्रिया ने मुझे जीवन के कई सबक सिखाए हैं जिन्हें मैं कभी नहीं भूल सकता। सबसे पहले मैं अपने परिवार को धन्यवाद देता हूं जिन्होंने अपना प्रेम बिना किसी शर्त के मुझे दिया। उनसे मैंने दृढ़ संकल्प का मूल्य सीखा है। हर परिस्थिति में उनका धैर्य और आशावाद मुझे विस्मित करना बंद नहीं करता। जब मैं पुस्तक लिख रहा था और विधिवक्ता के नाते अपना कार्य भी कर रहा था तो मैं परिवार के लिए उपलब्ध नहीं था और फिर भी उन्होंने मेरा समर्थन किया और इसके लिए मैं उनका बहुत आभारी हूं। मैं अपनी पत्नी अक्षरा का भी आभार प्रकट करता हूं जिसके धैर्य की कोई सीमा नहीं। और मैं अपने छोटे भाई जे. साईं कृष्ण का भी धन्यवाद देता हूं। इतना अच्छा परिवार मुझे मिला इसके लिए मैं ईश्वर का बहुत आभारी हूं।

मैं ईश्वर का आभारी हूं कि उसने मुझे इस पथ पर डाला और विशेषकर मैकेनिकल इंजीनियिरिंग विभाग के पूर्व प्रमुख श्री एस. परांजोथी जैसे गुरुओं का जिन्होंने मेरा मार्गदर्शन किया। मैं अपने मित्रों और शुभचिंतकों का आभारी हूं। मैं ईश्वर का आभारी हूं इस पुस्तक के लिए जिसका जन्म एक प्रकार से तब हुआ जब मुझे इंजीनियरिंग से विधि की ओर जाने का विचार आया। मैं यहां तक आया हूं यह सब परम चेतना की ही प्रेरणा है।

मैं डॉ. इंदुमती विश्वनाथन का विशेष रूप से धन्यवाद देना चाहता हूं जो कि हिंदू-अमेरिकी विद्वान और शिक्षक हैं जिन्होंने मुझे भारतीय अमेरिकियों के लिए संविधान पर एक वेबिनार पर होस्ट करने के बाद अप्रैल 2020 में उपनिवेशिकता और उसके साहित्य की रूपरेखा से परिचित कराया। सबरीमाला के बचाव में सुप्रीम कोर्ट के समक्ष मेरे तर्कों को 'कार्यान्वित उपनिवेशिकता' कहते हुए उन्होंने मुझसे उपनिवेशिकता के दृष्टिकोण को अपनी पुस्तक में अपनाने को कहा जिसमें मैं संविधान और भारतीय सभ्यता के रिश्ते को ढूंढ रहा था। पुस्तक का पहला भाग लिखने में उनके साथ हुए संवाद से मैंने बहुत लाभ उठाया। मैं सुश्री सुमिता अम्बस्त का भी आभारी हूं जिन्होंने मेरी डॉ. इंदु से भेंट करवाई। उन्होंने मुझे उपनिवेशिकता सम्बंधित और भी साहित्य से परिचय करवाया। मैं श्री संजय दीक्षित का भी आभारी हूं जिन्होंने मुझे ब्लूम्स्बरी से परिचित करवाया।

मैं शाक्तिकी शर्मा का भी बहुत आभारी हूं जिनके अति-उत्कृष्ट शोध ने पुस्तक के भाव की गरिमा को बनाए रखा। जहां वे एक ओर भारतीय पुनरुत्थान के प्रति पूर्णतः समर्पित हैं वहीं एक शोधकर्ता की भांति निष्पक्ष भी। उनके कारण पुस्तक की अकादमिक गरिमा बनी और बड़ी। मैं उनका बहुत आभारी हूं।

मैं साईं प्रिया का भी बहुत आभारी हूं जिन्होंने इस पुस्तक का सम्पादन किया। इस पुस्तक का सम्पादन कोई आसान कार्य नहीं था और इसकी सामग्री को बनाए रखते हुए लेखन में सरलता और पढने में द्रुत गति लाना साईं प्रिया के कारण ही हो पाया और मैं उनका बहुत आभारी हूं।

मैं अपवर्ड में श्री आशीष धर की टीम का भी बहुत आभारी हूं, जो भारतीय संस्कृति के बड़े अध्ययनकर्ता हैं, कि उन्होंने पुस्तक के कवर डिजाईन को इतना सुन्दर बनाया। उत्कर्ष खन्ना और हर्षित जदवानी ने ब्लूम्सबरी के सैय्यद दिलशाद अली के साथ इस कार्य को सार्थक किया जिसका मैं आभारी हूं। मैं अक्षरा और जे.एस.के. का भी आभारी हूं जिन्होंने इसमें टीम का साथ दिया।

मैं यह कार्य का समापन कर ही नहीं पाता अगर मुझे अधिवक्ता अविनाश कुमार शर्मा और अभिषेक अवधानी का सहयोग नहीं मिला होता। मैं नुपुर शर्मा, रमी निरंजन देसाई, विधिवक्ता ईशान घोष का लेखन में उनकी टिप्पणियों के योगदान का आभारी हूं। मैं वरिष्ठ अधिवक्ता श्री पी.एस. नरसिम्हा का भी आभारी हूं कि उन्होंने मेरी क्षमताओं में विश्वास किया।

मैं इस पुस्तक को प्रकाशित करने में किये गए सभी प्रयासों के लिए ब्लूम्सबरी इंडिया की टीम में विशेष रूप से श्री प्रवीण तिवारी, श्री नितिन वलेचा, श्री विमल कुमार, सुश्री श्रेया चक्रवर्ती और सुश्री मेघा डे को अपना हार्दिक धन्यवाद देता हूँ। प्रवीण का धैर्य एक विशेष उल्लेख के योग्य है।

अंत में, मैं भारतीय/धार्मिक प्रतीकों और अतीत और वर्तमान के विद्वानों के प्रति अपनी गहरी श्रद्धा और कृतज्ञता व्यक्त करता हूं जिनके जीवन, विचार और कार्य से मैंने इस पुस्तक को लिखने में बहुत लाभ लिया है और जिनके कंधों पर यह पुस्तक टिकी हुई है। मैं आशा और प्रार्थना करता हूं कि यह पुस्तक और इसकी अगली कड़ी भारत को फिर से जगाने में एक छोटा ही सही पर योगदान अवश्य देगी।

भूमिका

अगर आप 1990 के दशक में दक्षिणी भारत में एक मध्यमवर्गीय हिंदू परिवार में पले बढ़े हैं तो बड़ी संभावना है कि इंजीनियरिंग या चिकित्सा में करियर आपके जीवन के लक्ष्यों में सबसे ऊपर हुआ होगा। मेरे लक्ष्य अलग नहीं थे, न केवल मेरे सीमित साधनों के कारण बल्कि इसलिए भी कि मैं एयरोस्पेस इंजीनियरिंग में अपना करियर बनाने के लिए उत्सुक था। हालांकि मुझे मैकेनिकल इंजीनियरिंग से ही समझौता करना पड़ा और स्वयं को अच्छा प्रदर्शन करने के लिए प्रतिबद्ध किया ताकि मैं एयरोस्पेस इंजीनियरिंग में मास्टर्स कर सकूं। 2005 के मध्य में जब मैं छठे सेमेस्टर के अंत तक पहुंचा, तब तक मैं कोर मैन्युफैक्चरिंग सेक्टर में करियर प्रारम्भ करने के लिए अच्छी तरह से तैयार था, उस स्थिति में यदि मैं एक अच्छे एयरोस्पेस प्रोग्राम में प्रवेश पाने में असफल रहता।

बस जब ऐसा लगा कि मैंने सब कुछ समझ लिया है, तो मुझे इस बारे में दूसरे विचार आने लगे कि मैं वास्तव में जीवन में क्या करना चाहता हूं। यह आत्मनिरीक्षण आंशिक रूप से स्वामी विवेकानंद, डॉ अरुण शौरी के लेखन से और रामकृष्ण मठ की मेरी यात्राओं से प्रेरित था। मेरी प्रेरणा का कारण शौरी की मर्मभेदी पुस्तकें[1] तो थीं ही परन्तु मई 2004 के बाद भारतीय पहचान के विरुद्ध शत्रुता ने भी मुझे इस पर सोचने पर बाध्य किया। यदि स्वामी विवेकानंद और डॉ. शौरी के लेखन को मैंने नहीं पढा होता तो मैं समस्या के मर्म को नहीं पकड़ पाता कि शत्रुता भारतीयता की किसी उप-पहचान से नहीं अपितु भारत की सभ्यता से ही थी। किसी एक समय में एक भारतीय पहचान का व्यवस्थित अलगाव और बहिष्कार चलन में था। प्रत्येक बीतते दिन के साथ यह स्पष्ट होता गया कि इस शत्रुता का पोषण भारत के चिर शत्रु कर रहे थे जो कि चरित्र में औपनिवेशिक थे और उन्हें भारत के पतन से बहुत लाभ होना था।

जानकार लोगों के सानिध्य से मुझे समझ आया कि हर भारतीय उप-पहचान पर प्रहारों से लड़ने के बजाय हमें अपनी बृहत सभ्यतागत पहचान के लिया लड़ना चाहिए जिसके कारण बाकी सभी पहचानें उपजती और पनपती हैं।

इसका अर्थ यह भी नहीं था कि भारत की उप-पहचानों को किसी राष्ट्रीय अथवा सार्वभौमिक पहचान के तले कुचल दिया जाए। इतिहास हमें यह सिखाता है कि सबसे सुन्दर स्थिति वह है जिसमें सभी उप-पहचानें फलती-फूलती रहें और साथ ही में भारतीय सभ्यता की उस परम चेतना को पोषित करती रहें जिसमें उनकी जड़ें हैं। इसके साथ मुझे यह भी पता चला कि जो संकट भारत की चेतना पर अब मंडरा रहे हैं उन्हें सदियों से पोषित किया जा रहा है और इस कारण से उनके हल के लिए भी हमें सदियों की लम्बी सोच रखनी पड़ेगी और उसके सुधार के लिए भी बड़ी लम्बी रणनीति अपनानी होगी।

इस आभास के होने से मुझ पर गहरा प्रभाव पड़ा हालांकि फिर भी मुझे स्पष्ट नहीं दिख रहा था कि में कौनसा पथ चुनूं। किसी भी निर्णय में मुझे अपने परिवार को साथ लेना आवश्यक था चूंकि मेरे मन के अंतर्द्वंदों से वे अभी तक अपरिचित ही थे। परन्तु उन्हें बताने से पहले मैं स्पष्ट हो जाना चाहता था और इस तरह मैंने सातवां सेमेस्टर सिविल सर्विसेज में करियर अथवा विधि में करियर चुनने की सोच में लगा दिया।

2006 के प्रारम्भ में, अंतिम सेमेस्टर में, मुझे भारतीय प्रौद्योगिकी संस्थान (आई.आई.टी.) खड़गपुर में एक तकनीकी पेपर प्रस्तुत करने का अवसर मिला। तभी मुझे पता चला कि संस्थान उस वर्ष के अंत में अपने नव स्थापित लॉ स्कूल 'राजीव गांधी स्कूल ऑफ इंटेलेक्चुअल प्रॉपर्टी' के तत्वावधान में बौद्धिक संपदा अधिकारों में अंतर्निहित विशेषज्ञता के साथ अद्वितीय तीन वर्षीय एल.एल.बी. कार्यक्रम का उद्घाटन करने के लिए तैयार था। बौद्धिक संपदा विधि के प्रति अपने झुकाव के अलावा, तीन साल के इस विधि कार्यक्रम को अद्वितीय बनाने वाला तथ्य यह था कि यह विशेष रूप से देश के वैज्ञानिक और तकनीकी समुदाय के लिए खुला था। मुझे अनुभव हुआ कि मेरा भविष्य विधि के क्षेत्र में है जो मुझे आवश्यक कार्य करने के लिए सशक्त करेगा। जुलाई 2006 में स्नातक होने के एक महीने बाद मैंने आईआईटी लॉ स्कूल में प्रवेश किया।

यद्यपि मुझे विधि के बारे में बहुत जानकारी पहले से नहीं थी और मेरे सम्बन्धी भी इस व्यवसाय में नहीं थे परन्तु मेरी इसमें गहरी रुचि थी। बौद्धिक संपदा विधि में मेरी रुचि के बाद भी[2] जुलाई 2009 में स्नातक होने के बाद विधि स्कूल के सलाहकार ने कहा कि मुझे संवैधानिक विधि में जाना चाहिए।

उन्होंने सर्वोच्च न्यायालय में एक वरिष्ठ अधिवक्ता को मेरे लिए एक पत्र लिखा। हालांकि मेरा झुकाव संवैधानिक विधि में था, मेरी व्यक्तिगत प्रतिबद्धताओं के लिए मुझे व्यावसायिक विधि में कार्य करने की आवश्यकता थी। इसलिए मैंने अपना करियर एक राष्ट्रीय राजधानी क्षेत्र-आधारित विधिक फर्म में एक नागरिक वाणिज्यिक वादी के रूप में प्रारम्भ किया, जो बौद्धिक संपदा अभियोग और संबद्ध क्षेत्रों में विशेषज्ञता रखती है, और मुख्य रूप से दिल्ली के उच्च न्यायालय में अभ्यास करती है।

एक वादी के रूप में मेरे करियर के पहले सात वर्षों में, 2016 के मध्य तक, बौद्धिक संपदा विधि और प्रतिस्पर्धा विधि मेरे मुख्य अभ्यास क्षेत्र थे और मुझे कुछ ऐतिहासिक विषयों पर कार्य करने का अवसर दिया गया जिसमें संवैधानिक महत्व के महत्वपूर्ण प्रश्न सम्मिलित थे। 2010 में, मैं टाटा संस लिमिटेड बनाम ग्रीनपीस इंटरनेशनल और अन्य में ग्रीनपीस इंडिया के लिए दूसरा मुख्य वादी था।[3] टाटा संस ने ग्रीनपीस इंटरनेशनल और ग्रीनपीस इंडिया पर दिल्ली के उच्च न्यायालय में कथित ट्रेडमार्क उल्लंघन और मानहानि के लिए केस लगाया था, जिसमें ग्रीनपीस इंडिया द्वारा अपने पॅकमैन-शैली के खेल 'टर्टल बनाम टाटा' में टाटा के लोगो के प्रयोग का साक्ष्य दिया गया था। इस विषय में उच्च न्यायालय के निर्णय ने, खेल पर अंतरिम निषेधाज्ञा के लिए टाटा की प्रार्थना को नकारते हुए, ट्रेडमार्क विधि, मानहानि विधि और पैरोडी के अधिकार और निष्पक्ष टिप्पणी के बीच परस्पर क्रिया पर विधि को निर्धारित किया। यह निर्णय अपनी शैली में अब तक के सर्वश्रेष्ठ में से एक है, और इसकी बारीकियों और स्पष्टता के लिए सराहना की जाती है।

कुछ साल बाद 2014-2015 में मुझे सूचना प्रौद्योगिकी अधिनियम 2000 के कुछ प्रावधानों को चुनौती देते हुए सुप्रीम कोर्ट के समक्ष अपनी रिट याचिका में इंटरनेट एंड मोबाइल एसोसिएशन ऑफ इंडिया के लिए दूसरी अध्यक्षता करने का अवसर मिला। श्रेया सिंघल बनाम भारत संघ नाम से प्रसिद्द यह निर्णय, आई.टी. अधिनियम की पूर्ववर्ती कठोर धारा 66ए को समाप्त करने के लिए लोकप्रिय है।[4] निर्णय में, सुप्रीम कोर्ट ने माना कि व्यापक प्रतिबंधों से अभिव्यक्ति की स्वतंत्रता पर क्या असर पड़ता है। अभिव्यक्ति की स्वतंत्रता को लेकर यह निर्णय एक मील का पत्थर सिद्ध हुआ, विशेष रूप से ऑनलाइन प्लेटफॉर्म के संदर्भ में।[5]

इन केसों ने आई.पी.आर. और प्रौद्योगिकी से संबंधित संदर्भों के लिए संवैधानिक विधि की अपनी समझ को लागू करने के अवसर मुझे प्रदान किए और इसके विपरीत, संवैधानिक विधि के साथ मेरा नाता तब स्थापित हुआ जब मैं जून 2016 में एक स्वतंत्र विधिवक्ता बना। विधिक बिरादरी में मेरे साथियों ने मेरे निर्णय का समर्थन किया, जिसने मुझे नागरिक वाणिज्यिक विषयों के साथ-साथ रिट याचिकाओं में एक बहस करने वाले विधिवक्ता के रूप में दिल्ली हाई कोर्ट और सुप्रीम कोर्ट के सामने स्थापित किया।

उस समय वरिष्ठ अधिवक्ता श्री सी.एस वैद्यनाथन[6] सुप्रीम कोर्ट के प्रमुख नेताओं में से एक ने मेरी भेंट उस टीम से करवाई जो आज तक, स्वर्गीय स्वामी दयानंद सरस्वती द्वारा सर्वोच्च न्यायालय के समक्ष रिट याचिका[7] (एच.आर.सी.ई. याचिका) को संचालित करती है।[8] एच.आर.सी.ई. याचिका, जिस पर अभी तक सर्वोच्च न्यायालय द्वारा निर्णय नहीं किया गया है, तमिलनाडु हिंदू रिलीजियस इंस्टीट्यूशन एंड एंडोमेंट अधिनियम 1959, आंध्र प्रदेश चौरिटेबल एंड हिंदू रिलीजियस इंस्टीट्यूशन एंड एंडोमेंट अधिनियम 1987, और पांडिचेरी हिंदू रिलीजियस इंस्टीट्यूशन एंड एंडोमेंट अधिनियम 1972 के प्रमुख प्रावधानों की संवैधानिकता को चुनौती देती है संविधान के अनुच्छेद 14, 15(1), 19(1) (जी), 21, 25, 26 और 29 के उल्लंघन के लिए।

जितना अधिक मैंने इस याचिका के समर्थन में सामग्री को पढ़ा, उतना ही मुझे विश्वास हुआ कि हिंदू मंदिरों के राज्य नियंत्रण और मंदिरों की दुर्दशा के बीच एक स्पष्ट नाता था। इसके अलावा मुझे इस बात का अनुभव हुआ कि ऐसे कठोर नियम केवल हिंदू धार्मिक संस्थानों के लिए ही थे। मैंने ऐसे ही हिंदू-विशिष्ट विधानों के बारे में जाना जो कर्नाटक, केरल, ओडिशा और कई अन्य राज्यों में लागू थे। इसमें सम्मिलित संवैधानिक विधि के महत्वपूर्ण प्रश्नों को देखते हुए, जैसे कि भारतीय राज्य की प्रकृति और भूमिका, धर्म/मज़हब के साथ इसका संबंध और विभिन्न धर्मों/मज़हबों के संस्थानों के साथ इसका व्यवहार, मैं इस विषय में योगदान देने के लिए उत्सुक था। मैं इस टीम का प्रोनो बोनो आधार पर हिसा बन गया। यहां मुझे श्री सी.एस. वैद्यनाथन और श्री आर. वेंकटरमणि जैसे प्रख्यात वरिष्ठ परामर्शदाताओं के साथ कार्य करने का अवसर मिला, जो इस विषय के पारंगत थे। चूंकि इस विषय में

मेरी भावना बसी थी और इसके बारे में बहुत भ्रांतियां थीं तो मैंने इस विषय पर सभ्यता और संविधान के व्यापक कैनवास के भीतर कई व्याख्यान दिए।

संयोग से इस अवधि में महिलाओं के नेतृत्व में एक गैर सरकारी संगठन, पीपुल फॉर धर्म के ट्रस्टियों ने मुझसे संपर्क किया। वे चाहते थे कि इंडियन यंग लॉयर्स एसोसिएशन द्वारा दायर एक रिट याचिका में सबरीमला श्री अयप्पा मंदिर के सम्बंध में सुप्रीम कोर्ट के समक्ष मैं पीपल फॉर धर्म का प्रतिनिधित्व करूं। रिट याचिका में प्रजनन आयु वर्ग की महिलाओं के मंदिर में प्रवेश के साथ-साथ अन्य धर्मों/मज़हबों के पूजा स्थलों/प्रार्थना स्थलों में महिलाओं के प्रवेश पर प्रतिबंध हटाने की मांग की गई थी।[9] पीपुल फॉर धर्म ने पहले उन महिलाओं की ओर से 'रेडी टू वेट' नामक एक अभूतपूर्व सफल अंतर्राष्ट्रीय अभियान प्रारम्भ किया था, जिन्होंने मंदिर की धार्मिक प्रथाओं की रक्षा के अधिकारों का समर्थन किया था। मैंने पीपुल फॉर धर्म की ओर से यह केस प्रो बोनो आधार पर ले लिया क्योंकि इसने मुझे देश के सर्वोच्च न्यायालय के समक्ष धार्मिक प्रथाओं की विशाल विविधता, धार्मिक संस्थाओं के अद्वितीय चरित्र और उसके भीतर निहित देवताओं की स्थिति को प्रदर्शित करने का अवसर प्रदान किया। मैं संविधान के तहत देवताओं और भक्तों के अधिकारों को चिन्हित करना चाहता था और यह दर्शाना चाहता था कि जब एक गैर-भारतीय ज्ञान परंपरा, ज्ञानमीमांसा, थियोलोजी और न्यायशास्त्र को भारतीय जीवन, विश्वासों, प्रथाओं और संस्थानों पर थोपा जाता है तो क्या अनर्थ होता है। मैंने इस पक्ष को पीपल फॉर धर्म की ओर से सुप्रीम कोर्ट की तीन-न्यायाधीशों की बेंच के सामने प्रस्तुत किया। अक्टूबर 2017 में बेंच ने इस विषय को एक संविधान पीठ (पांच न्यायाधीशों वाली एक पीठ) के पास भेज दिया।

2017 के प्रारम्भ में इस केस में मुझे बहुत सी अनुभूतियां हुई। मुझे आश्चर्य हुआ कि भारतीय न्यायाधीशों के सामने ही मुझे भारतीय सभ्यता और संस्कृति को प्रदर्शित करना पड़ रहा है। यह बड़ी विडम्बना थी। इससे मुझे अपनी सभ्यता का इतिहास पढने की और प्रेरणा हुई। मैंने रामकृष्ण मिशन इंस्टीट्यूट ऑफ कल्चर और भारतीय विद्या भवन के प्रकाशनों के अलावा पांडुरंग वामन काने, जदुनाथ सरकार, राधाकुमुद मुखर्जी, आर. सी. मजूमदार, के.ए. नीलकंठ शास्त्री, के.एस. रामास्वामी शास्त्री, एस. एल. भैरप्पा, आर. नागास्वामी, राम स्वरूप, सीताराम गोयल,

धर्मपाल, कपिल कपूर, कोएनराड एल्स्ट, मिशेल डैनिनो, श्रीकांत जी. तलागीरी, मीनाक्षी जैन, संदीप बालकृष्ण आदि के कार्यों को पढ़ा। स्वामी विवेकानंद और श्री अरबिंदो को तो मैंने पढ़ा ही। मेरी यह पढ़ाई प्रशिक्षित विद्वानों, इतिहासकारों, नागरिक समाज के अधिवक्ताओं, शिक्षकों और सार्वजनिक बुद्धिजीवियों के सुझावों पर आधारित थी। अंग्रेजी में ही आसानी से पढ़ पाने के कारण थोड़ी सीमा तो थी।

संवैधानिक मोर्चे पर मैंने 1889 में होमरूल योजना से प्रारम्भ होकर संविधान को अपनाने तक के इतिहास यह समझने के लिए पढ़ा कि क्या संविधान भारत के सार को और इसकी सभ्यता और संस्कृति को सही ढंग से समझता है? मैंने बी. शिव राव के 'द फ्रेमिंग ऑफ इंडियाज कॉन्स्टिट्यूशन: ए स्टडी' के छः खंड, वी.पी. मेनन की 'स्टोरी ऑफ इंटीग्रेशन ऑफ इंडियन स्टेट्स', जस्टिस रामा जोइस की 'लीगल एंड कोंस्टीटूशनल हिस्ट्री ऑफ इंडिया: एन्शंट, जुडिशल एंड कोंस्टीटूशनल सिस्टम' के ग्रंथों को प्राथमिक मान के पढ़ा। मैंने 1933 और 1940 के दशक के अंत के बीच लिखी गई भारत की संवैधानिकता की यात्रा को भी पढ़ा। इस अनुभव ने मुझे इतिहास और साहित्य से सीखी विद्या को संवैधानिक विषयों पर लागू करना सिखाया।

उनमें से सबसे महत्वपूर्ण सबरीमला श्री अयप्पा मंदिर केस था जिसकी सुनवाई जुलाई 2018 में भारत के तत्कालीन मुख्य न्यायाधीश, श्री दीपक मिश्रा की अध्यक्षता में सर्वोच्च न्यायालय की संविधान पीठ द्वारा की गई थी। कई दिग्गजों जैसे कि वरिष्ठ अधिवक्ता श्री के. परासरन. के साथ मुझे पीपुल फॉर धर्म और दिल्ली स्थित एक महिला संगठन, 'चेतना' की ओर से विस्तृत तर्क प्रस्तुत करने का अवसर दिया गया। ये दोनों संस्थाएं मंदिर की धार्मिक प्रथाएं और उसके अधिकारों का समर्थन करती हैं। इसमें प्रजनन आयु वर्ग की महिलाओं के प्रवेश को प्रतिबंधित करने का अधिकार सम्मिलित था। दुर्भाग्य से संविधान पीठ ने 28 सितंबर 2018 को 4-1 के बहुमत से रिट याचिकाकर्ताओं के पक्ष में निर्णय सुनाया, जिसके विरुद्ध कई समीक्षा याचिकाएं हुईं। समीक्षा याचिकाओं पर 2019 के प्रारम्भ में सुनवाई हुई, और उस वर्ष बाद में, यह स्वीकार करते हुए कि समीक्षा याचिकाओं में योग्यता थी, विधि के सात प्रश्न तत्कालीन मुख्य न्यायाधीश श्री रंजन गोगोई की अध्यक्षता वाली संविधान पीठ द्वारा तैयार किए गए थे। उन्होंने नौ-न्यायाधीशों की एक बड़ी बेंच को यह केस संदर्भित किया। अगले मुख्य न्यायाधीश,

श्री शरद अरविंद बोबडे ने प्रजनन आयु वर्ग की किसी भी ऐसी महिला को सुरक्षा देने से मना कर दिया, जो मंदिर की धार्मिक प्रथाओं और विश्वासों के विरुद्ध प्रवेश की मांग करे। स्थिति इस प्रकार से ज्यों की त्यों हो गयी।[10]

इसके साथ ही 2019 के पूर्वार्द्ध में केरल के श्री पद्मनाभस्वामी मंदिर के संबंध में मुझे मंदिर के मुख्य तंत्री, हैदराबाद में चिल्कू बालाजी मंदिर के मुख्य पुजारी और पीपल फॉर धर्म का केरल के उच्च न्यायालय के 2011 के निर्णय की अपील में सर्वोच्च न्यायालय के समक्ष प्रतिनिधित्व करने का सौभाग्य प्राप्त हुआ। अपने निर्णय में उच्च न्यायालय ने माना था कि 1971 के संविधान (छब्बीसवें संशोधन) अधिनियम द्वारा शाही उपाधियों और विशेषाधिकारों के उन्मूलन के बाद पद्मनाभस्वामी मंदिर के प्रशासन पर त्रावणकोर शाही परिवार का कोई अधिकार नहीं था। उच्च न्यायालय ने भी मंदिर पर नियंत्रण एक ट्रस्ट को हस्तांतरित कर दिया, जिसे केरल राज्य सरकार के नियुक्त लोगों द्वारा प्रबंधित किया जाना था। सौभाग्य से, सर्वोच्च न्यायालय ने 13 जुलाई 2020 को उच्च न्यायालय के निर्णय को उलट दिया, और त्रावणकोर शाही परिवार के अधिकारों के साथ-साथ मंदिर के संबंध में धार्मिक विषयों पर मुख्य तंत्री के अधिकार को बनाए रखा।[11] इस पूरी प्रक्रिया में मुझे निम्न बातों को समझने की आवश्यकता पड़ी:

1. भारतीय संघ के साथ एकीकरण से पहले हिंदू रियासतों की प्रकृति;
2. हिंदू रियासतों के प्रमुखों और उनके देवताओं के बीच संबंध;
3. भारतीय संघ के साथ हिंदू रियासतों के एकीकरण की परिस्थितियां और नियम;
4. संविधान में छब्बीसवें संशोधन के आसपास का इतिहास; तथा
5. मंदिरों के राज्य नियंत्रण का आवर्ती विषय।

तब मुझे नहीं पता था कि संवैधानिक और सभ्यतागत महत्व के ऐसे विषयों पर कार्य करने का अनुभव मुझे यह समझने के लिए अच्छे तरीके से तैयार करेगा जो कि अगस्त और दिसंबर 2019 के बीच हुआ। इस महत्वपूर्ण अवधि के दौरान बहुत कुछ हुआ जैसे कि:

1. 5 और 6 अगस्त 2019 को संविधान के अनुच्छेद 367 और 370 में संशोधन किए गए, और तत्कालीन जम्मू और कश्मीर राज्य को 31 अक्टूबर 2019 से दो केंद्र शासित प्रदेशों में पुनर्गठित किया गया।

2. प्रधान न्यायाधीश रंजन गोगोई के नेतृत्व में सर्वोच्च न्यायालय की एक संविधान पीठ ने 9 नवम्बर 2019 को अयोध्या में उनके जन्मस्थान पर भगवान श्री राम लला के स्वामित्व की पुष्टि करते हुए एक सर्वसम्मत निर्णय सुनाया, जिससे श्री राम जन्मभूमि को पुनः प्राप्त करने के लिए 500 साल पुरानी भारतीय सभ्यता और धार्मिक आंदोलन को मान्य किया गया।
3. नागरिकता संशोधन अधिनियम, 2019 ('सीएए') को 12 दिसम्बर 2019 को प्रख्यापित किया गया था, जिसने पाकिस्तान, बांग्लादेश और अफगानिस्तान जैसे मुस्लिम-बहुल देशों से उत्पीड़ित हिंदुओं, सिखों, बौद्धों, जैनियों, पारसियों और ईसाइयों के लिए नागरिकता की त्वरित पहुंच प्रदान की थी।

इन निर्णयों को लेकर व्यापक बहसबाजी हुई क्योंकि यह सभ्यता और संस्कृति की दृष्टि से बहुत ही महत्वपूर्ण निर्णय थे। इन निर्णयों ने भारत की बहुत सी गहरी समस्याओं की ओर जनता का ध्यान आकर्षित किया। परन्तु चिंताजनक विषय यह था कि भारतीय राज्य (सरकार) और भारतीय समाज के ही अस्तित्व पर इस बीच बहुत कीचड़ उछाला गया।

हमें बताया गया कि भारत उपनिवेशवाद का एक कृत्रिम उत्पाद है उपनिवेशवाद का। और उपनिवेशन से पहले इसका अस्तिव, अस्मिता और पहचान ही नहीं थे। भारत विरोधियों का यह कहना था कि भारत को तो अंग्रेजों ने जोड़-तोड़ के खड़ा किया था। इन बातों का कथित समर्थन संविधान में है ऐसा दावा किया गया और संविधान को ही एक युद्ध क्षेत्र बना दिया गया। बात यहां तक पहुंच गयी कि सोशल मीडिया पर मुझे बताया गया कि इंडिया को भारत कहना धर्मांधता है और संविधान के सेक्युलर चरित्र के विरुद्ध है। जबकि वास्तविक तथ्य को शायद कोई नहीं जानता था कि संविधान का अनुच्छेद 1 प्रारम्भ ही होता है 'इंडिया अर्थात् भारत...' से जिससे कि इसकी जड़ों का पता चले। परन्तु यह बात कहीं दब सी गयी थी। और तब मैंने इंडिया और भारत के सम्बन्ध सभ्यता और संविधान के सन्दर्भ में अध्ययन करने की ठानी कि इसका अर्थ क्या है और इसका असर समाज पर क्या पड़ता है।

इसके लिये मैं फर्स्टपोस्ट और ओपन मैगजीन में कुछ लेख लिखने लगा। मैंने कहा कि संविधान को एक धार्मिक पुस्तक की दृष्टि से देखने के बजाय इसको सभ्यतागत दृष्टि से देखना चाहिए। संविधान को रोमांटिक तरीके से देखने से सभ्यता को हानि पहुंचती है। मैंने माना कि संविधान को इतिहास संगत होना चाहिए अगर उसके लक्ष्य को सिद्ध करना है तो।

मेरे विचार सुधरते गए जब मैं इस पर अध्ययन करता गया और बोलता और लिखता गया। मैंने चेन्नई में एक कांफ्रेंस में भारतीय राजाओं की हिन्दू चेतना पर भाषण दिया। इसका आधार था श्री पद्मनाभस्वामी मंदिर के तहत किया गया शोध। लगभग इस समय कुछ लोग इस विषय पर मुझे पुस्तक लिखने को कह रहे थे। परन्तु मैं पहले अपने विचारों को लेखों की श्रृंखला में जांचना चाहता था। इससे मेरे लिखने के दायित्व को पूरा कर पाने की जांच मेरे विधिवक्ता होने के दायित्व के रहते भी होगी ऐसा मेरा विचार था। जब मैं यह सोच ही रहा था तब कोविड-19 आ गया। मैंने इस समय को सभ्यता और संस्कृति के ऊपर पुस्तकें पढ़ने के लिए लगा दिया।

मैंने भारत में विचारधारा के ऊपर जो विवाद थे उन्हें समझने का प्रयास किया। मुझे यह अनुभव हुआ कि कई गुटों के बाद भी भारत में उपनिवेशवादी इतिहास को ही मान्यता थी। और अधिकतर मानवाधिकार, धर्म, मज़हब, शिक्षा, पर्यावरण, विकास, जाति और लिंग जैसे विषयों पर। सभी विचारधाराएं यह मानती थीं कि एक सार्वभौमिक नैतिक मानक आधार तो है जिसे सभी देशों को मानना चाहिए। राम स्वरुप, सीताराम गोएल, धरमपाल, कोनराड एल्स्ट, डॉ. एस.एन. बालगंगाधर और डॉ. जाकोब डे रूवर जैसे कुछ विचारकों, इतिहासकारों और लेखकों के अलावा कोई भी पश्चिमी मानक आधार को चुनौती नहीं देना चाह रहा था जो इन सार्वभौमिक मानक आधार के पीछे छुपे हैं। जो भारतीय सभ्यता की आध्यात्मिक, दार्शनिक, विधिक और ज्ञान परम्परागत सम्पदा की प्रशंसा भी करते थे वे भी यही कहते थे कि इन सार्वभौमिक मानकों को सही से सभी पर लागू नहीं किया जा रहा है। इस गैर-भारतीय, पश्चिमी मानक की प्रेरणा की ओर कोई नहीं देख रहा था।

मुझे यहा जानकर आश्चर्य हुआ कि भारतीय सभ्यता के बारे में विरोधी मतों के विद्वान भी एक ही प्रकार के रूढ़िवादी विचारों का सहारा लेते थे। इन्ही रूढ़ियों का सहारा लेते हुए एक गुट यह कहता था कि भारत और इंडिया में कोई मेल है ही नहीं और दूसरा गुट यह कहता था कि भारत तो

'सुधार' के लिए किसी भी स्तर तक खुला है और स्वयं को बदल सकता है। कम से कम पहला गुट दिन दहाड़े भारत विरोधी है। परन्तु दूसरा गुट तो यूरोप में चर्च के सुधार की ही भांति हिन्दू धर्म और समाज में भी सुधार ही लाने की बात कर रहा था। दूसरा गुट सुधारवादी विचारधारा चलाते हुए भारत को ऊपर ऊपर से सराह रहा था। दोनों की अंत स्थिति सामान ही थी कि भारत औपनिवेशिक ढांचे में ही कार्य करता रहे और इसकी सभ्यता और संस्कृति से कुछ चिह्न लेकर इसकी सजावट कर दी जायेगी परन्तु इसकी मूल प्रकृति का बदलना तो तय था। इस बात का खुलासा करना आवश्यक था क्योंकि इस छद्म बहस में मूल विषय कहीं खो गया था जो था कि भारत की सभ्यतागत चेतना को पुन: कैसे प्राप्त किया जाए।

मेरे अर्थ में तो यह आर्थिक दृष्टि से भी सही नहीं था क्योंकि पुनरुत्थान का अर्थ है स्वदेशी चेतना पर आधारित भारतीय सभ्यता का पुनर्स्थापन जिसमें कि भारत को पश्चिम के आर्थिक खेल को खेलने की कोई आवश्यकता ही न पड़े। मेरे अनुसार सभ्यतागत पुनर्स्थापना में इतनी शक्ति है कि वह ऐसी आर्थिक नीति की स्थापना करे जो कि भारतीय मानस के अनुसार हो और प्रकृति और विकास का संतुलान बनाए रखे। मेरे अनुसार अगर हम आर्थिक नीति में केवल पश्चिम की नकल ही करते रहे तो यह इस बात को सिद्ध करेगा कि पश्चिम के अलावा कोई और पथ ही नहीं। ऐसा करना भारत की मूल निवासी चेतना, उसकी स्वदेशिता के लिया बहुत हानिकारक होगा। मुझे लगा कि अर्थशास्त्र और सभ्यतागत चेतना को अलग अलग रखना सही नहीं है क्योंकि उनमें प्रगाढ़ सम्बन्ध है। एक साधारण मनुष्य से आज अपेक्षित है कि वो पश्चिम के द्वारा दी गयी आर्थिक समृद्धि को प्राप्त करे और फिर उसकी ज्ञान परंपरा और थियोलोजी को भी अपना ले।

और क्या हमारा अंतिम लक्ष्य यह नहीं होना चाहिए कि भारत का स्थान बड़ी शक्तियों में यथासामर्थ्य हो? तो अगर ऊपर बताये गए दो गुटों की बहस में भी जब मुझे कोई समाधान उभरता हुआ नहीं दिखा तो मुझे लगा कि हो सकता है कोई अदृश्य शक्ति है जो कि एक सीमा से अधिक सभ्यतागत और सांस्कृतिक प्रश्नों को भारतीयों को पूछने ही नहीं देती जिससे कि पश्चिमी-मानक ढांचे को किसी प्रकार की हानि नहीं पहुंचे।

भारत एक सभ्यातागत सत्य है और इसकी निरंतरता और जीवंत चरित्र को केवल चर्चा तक ही रोक देना सही नहीं है। क्योंकि अगर हमारी सभ्यता

विश्व को एक वैकल्पिक व्यवस्था नहीं दे सकती तो फिर इसे 'विश्वगुरु' कहलाने का अधिकार भी नहीं है। जो सभ्यता अपने ही मानकों के आधार पर जीवन नहीं जी सकती वो दूसरी सभ्यताओं को क्या प्रेरित करेगी। स्वामी विवेकानंद और श्री अरबिंद को पढ़ कर मुझे लगा कि हर संस्कृति के पास विश्व को देने के लिए कुछ है। इस कारण से मुझे यह विश्वास था कि भारत को पश्चिम की छवि में ढालना इसके मूल चरित्र का विनाश कर देना है और इसे पश्चिम का एक दास बना देना मात्र है। यूरोपीय उपनिवेशवादियों के छोड़ के चले जाने के बाद यह होना और और भी लज्जाजनक है। ऐसा होता है तो यह एक बहुत ही बड़ी त्रासदी होगा।

यह बताने के लिए कि पश्चिमी मानकों में भारत के वैचारिक गुटों की श्रद्धा कितनी गहरी है मैंने विभिन्न देशों और समाजों में उन आन्दोलनों का शोध करना प्रारम्भ कर दिया जिनकी तुलना मैं भारत की सांस्कृतिक वि-औपनिवेशीकरण से कर सकता हूं। मैं डॉ. बालगंगाधर और डॉ. रूवर के शोध से परिचित था और मेरे शोध के दो कारण थे: यूरोपीय उपनिवेशवाद और साम्राज्यवाद के सन्दर्भ में मैं यह बताना चाहता था कि सांस्कृतिक रूप से वि-औपनिवेशीकरण की धारणा कई देशों में है। दूसरा कारण मेरे शोध करने का यह था कि भारत अभी भी अपनी सांस्कृतिक चेतना को पुनः प्राप्त करने के लिए भी पूरे विश्व से सर्टिफिकेट चाहता था। मैं यह प्रदर्शित करने के लिए उसके अनुभवों को वैश्विक पटल पर रखना चाहता था।

एक विधिवक्ता होने के नाते भी मैं एक ऐसे ढांचे की खोज में था जो कि मुझे संविधानवाद और सभ्यतागत पहलुओं का संतुलन करने की छूट दे। फ्रेडरिक कार्ल वॉन सविग्नी, जॉर्ज फ्रेडरिक पुच्टा और हेनरी मेन के कार्यों के आधार पर न्यायशास्त्र के ऐतिहासिक स्कूल के दृष्टिकोण को मैं अपना सकता था; हालांकि, मुझे एक ऐसे गैर-यूरो-केन्द्रित ढांचे में रुचि थी जो उन समाजों पर लागू हो जो भारत के औपनिवेशिक अनुभव और कई पीढ़ियोंगत लगे आघात के अनुभव को साझा करते थे। मेरा लक्ष्य था कि यह ढांचा भारतीय विश्वदृष्टि के लिए लचीला हो क्योंकि कुछ समानताएं तो भारत और इन देशों के अनुभवों में थीं परन्तु बहुत सी असमानताएं भी थीं। इस प्रकार मेरा लक्ष्य था:

1. इस ढांचे को मैं अपनी सभ्यतागत यात्रा पर भी लागू करूं चाहे इसमें कितनी भी कठिनाई हो; और
2. इस ढांचे को विधि के क्षेत्र और संविधान पर भी लागू करूं, चूंकि भारत के लिए इस विधि और संविधान का बहुत महत्व है।

परंतु मेरा प्रशिक्षण मानावाशास्त्रों में नहीं हुआ था। पर इसी बीच मुझे अप्रैल 2020 में भारतीय अमेरिकियों के एक सम्मलेन में डॉ. इंदु विश्वनाथन द्वारा बुलाया गया। इस गोष्ठी के बाद डॉ. इंदु, जो कि एक हिन्दू-अमेरिकी शोधकर्ता और शिक्षाशास्त्री हैं, ने बताया कि संविधान और भारतीय सभ्यतागत बिन्दुओं का मिलान करने का मेरा प्रयास एक 'वि-औपनिवेशिक' प्रयास है। उन्होंने कहा कि मेरा प्रयास 'वि-उपनिवेशिकता का क्रियान्वन है।' और ऐसा कई और समाजों में भी हुआ है। उन्होंने मुझे वि-उपनिवेशिकता का अध्ययन करने को कहा और कुछ पठन सामग्री भी उपलब्ध कराई। फलस्वरूप मैं अनिबल क्विजानो, वाल्टर डी. मिग्नोलो, सिल्विया विंटर, रेमन ग्रोसफोगुएल, कैथरीन ई. वॉल्श और नेल्सन माल्डोनाडो-टोरेस और अन्य लेखकों को पढ़ना प्रारम्भ कर दिया। डॉ. इंदु ने मुझे सुमिता अम्बस्त से भी परिचय कराया जिन्होंने उपनिवेशवादी भाषाई नीतियों पर मुझे अर्तुरो एस्कोबार के शोध से अवगत कराया। उपनिवेशिकता और 'विकास' पर उनका शोध हर किसी को पढना चाहिए।

मुझे शोध में पता चला कि 'उपनिवेशिकता' के कारण ही पूरे विश्व में उपनिवेशवादी उपनिवेशितों का शोषण कर पाए। इस सिद्धांत को सबसे पहले लैटिन-अमेरिकन शोधकर्ता और लेखक अनिबल क्विजानो ने दिया था। उपनिवेशिकता से ही यूरोपीय उपनिवेशवाद उपजता है और इसकी जड़ें उपनिवेशवादी के मज़हब में और उसकी नस्लवादी चेतना में आधारित है और जो ऐसे जगत की कल्पना करती है जिसमें कि ईसाई श्वेत यूरोपीय उपनिवेशवादी चोटी पर हो और बाकी सब उसके दास। इस श्रेष्ठता के भ्रम को यूरोपीय उपनिवेशवादी अपना जन्मसिद्ध अधिकार मानते थे और इस कारण ही पूरे विश्व में नस्लीय पदानुक्रम की स्थापना हुई। उपनिवेशिकता ने 'आधुनिकता' और 'तार्किकता' जैसे सिद्धांतों की रचना करके इतिहास और समय के सिद्धांतों को ही बदल कर रख दिया। इनका प्रयोग आज बिना सोचे समझे किया जाता है। आधुनिकता/तार्किकता के इस ताने बाने ने

उपनिवेशित समाजों को सांस्कृतिक अभिव्यक्ति करने से ही रोक दिया। और यहां तक कहने लगे कि उपनिवेशित समाजों का इतिहास उनके उपनिवेशन से ही प्रारम्भ होता है।

मैंने यह जाना कि 'वि-उपनिवेशिकता' उपनिवेशिकता और यूरोपीय पश्चिमी मानक ढांचे के विरुद्ध एक उत्तर है। वि-उपनिवेशिकता का लक्ष्य उपनिवेशित समाजों को यूरोपीय उपनिवेशवाद और पश्चिमी साम्राज्यवाद के सार्वभौमिक तंत्रों से बाहर निकालना है जिससे उनका खोया हुआ गौरव और स्वाधिकार वापस आ जाए।

मुझे इस साहित्य को पढ़ने से पता लगा कि वि-उपनिवेशिकता के साहित्य में और डॉ. बालगंगाधर और डॉ. रूवर के औपनिवेशिक चेतना के सिद्धांत में समानता है। मुझे यह आभास हुआ कि अगर इस तंत्र में भारत के सभी समाधान न भी हों परन्तु फिर भी इसको और अधिक पढ़ा जाना आवश्यक है। मेरा लक्ष्य इसको पढ़ने में यह भी था कि मैं यह बता पाऊं कि कैसे भारत के लिए पश्चिम के दोगले मापदंड हैं जहां वे दूसरे देशों में तो वि-उपनिवेशिकता की चेतना का समर्थन करते हैं परन्तु भारत में इस भाव की कड़ी भर्त्सना करते हैं। भारत में इसी चेतना को गैर-उदारवादी, और अनैतिहासिक बताया गया। इन दोहरे मापदंडों को उजागर करना आवश्यक था।

मई 2020 तक मैं डेली गार्डियन में 'इंडिक व्यूज' के नाम से एक स्तम्भ लिखने लगा जिसमें मैं सभ्यता और संविधान के अंतर्संबंधों को वि-उपनिवेशिकता के ऐनक से देखना चाहता था। संविधानवाद के लिए एक नए विचार के रूप में इस स्तम्भ की बड़ी सराहना हुई। सितम्बर 2020 तक मैं 18 ऐसे स्तम्भ लिख चुका था और मुझे लगने लगा कि मैं उपनिवेशिकता, सभ्यता और संविधान के अंतर्सम्बंधों के ऊपर एक पुस्तक लिखने के लिए तैयार हूं। आशा यह थी कि इससे भारत और बाहर भी इन विषयों पर चर्चा प्रारम्भ होगी। इस प्रकार अक्टूबर 2020 में मैंने इस पुस्तक को लिखना प्रारम्भ किया।

यह पुस्तक भारत त्रयी में पहली है जो भारतीय सभ्यता और भारतीय संविधान की उत्पत्ति के उत्तराधिकारी राज्य के रूप में भारत पर यूरोपीय औपनिवेशिक चेतना/उपनिवेशिकता की जांच करती है और विशेष रूप से यह पुस्तक यूरोपीय औपनिवेशिक चेतना/उपनिवेशिकता के पीछे की मज़हबी और नस्लीय जड़ों के प्रभाव की जांच करती है। क्रिस्टोफर कोलंबस की

1492 की यात्रा से, अर्थात एज ऑफ डिस्कवरी (खोज के युग) के प्रारम्भ से लेकर 1919 के भारत संविधान अधिनियम तक यह भारत के इतिहास और उसकी चेतना के अंतर्गत बदलाव की बात करती है।

पुस्तक को तीन खंडों में विभाजित किया गया है–उपनिवेशिकता, सभ्यता और संविधान। तीसरा खंड ही एक रूप से मेरा विशेष उद्देश्य है। कैनवास पहले खंड में वैश्विक है, और दूसरे और तीसरे में अधिक विशिष्टता के साथ उपनिवेशिकता/ औपनिवेशिक चेतना के भारत-केंद्रित विश्लेषण की ओर बढ़ता है। चूंकि इस पर बहुत साहित्य उपलब्ध है इस कारण से मैंने केवल इसकी इतनी ही चर्चा की है जितनी संविधान के सन्दर्भ में उपनिवेशिकता/ औपनिवेशिक चेतना को लेकर आवश्यक है।

पहले खंड में मैंने यूरो-केंद्रित/पश्चिमी मानक ढांचे की उत्पत्ति की चर्चा की है और यह जानने का प्रयत्न किया है कि इसके पीछे छुपी मज़हबी प्रेरणा क्या थी। आधुनिकता/तार्किकता के ताने बाने और वि-उपनिवेशिकता क्या है इसकी भी चर्चा यहां पर है। उपनिवेशिकता का प्रकृति, धर्म, भाषा, ज्ञान, शिक्षा और विधि पर क्या असर पड़ता है यहां उसकी चर्चा है और इसकी भी कि वेस्टफालिया 'राष्ट्र-राज्य' की परिकल्पना क्या है। अधिकतर वि-औपनिवेशिक चर्चा यूरोपीय उपनिवेशिकता पर केन्द्रित है क्योंकि इसके शोधकर्ता मुख्यत: लैटिन अमेरिका से आते हैं। इस कारण वि-उपनिवेशिकता अभी तक इस सीमा से बंधी है। इस कारण से हर समाज को यह तय करना होगा कि उसके लिए उपनिवेशिकता क्या है और उसको एक वि-औपनिवेशिक दृष्टिकोण अपनाने के लिए क्या-क्या करना पड़ेगा।

दूसरे खंड में 1600 से 1853 तक मैंने धर्म, जाति, जनजाति, शिक्षा और राजनैतिक तन्त्र के सन्दर्भ में यूरोपीय उपनिवेशिकता का भारत पर क्या प्रभाव पड़ा इसके बारे में चर्चा की है। इस खंड में यह पड़ताल की गयी है कि कैसे सार्वभौमिक लगने वाले सिद्धांत जैसे कि 'सहिष्णुता', 'सेकुलरवाद' और 'मानववाद' ईसाईयत से प्रेरित हैं। कैसे उन्होंने मूल भारतीय चेतना को सार्वभौमिक सुधारवाद और सेकुलरवाद के नाम से विकृत किया। मैंने इस खंड में मध्य पूर्वी उपनिवेशिकता के सिद्धांत को भी आगे रखा है क्योंकि मध्य पूर्वी उपनिवेशवाद भारत में ईसाई यूरोपीय उपनिवेशवाद से पहले ही आया था। भारत को अपनी सभ्यतागत चेतना को बचाने के लिए इन दोनों उपनिवेशवादों से निपटना पड़ेगा। मैंने यह भी चर्चा की है कि कैसे

उत्तर-उपनिवेशवाद ने भारत में दोनों उपनिवेशवादों की जड़ें और गहरी करने में सहायता ही की है और इस कारण से उसे वि-उपनिवेशिकता के सामने स्थान रिक्त कर देना चाहिए।

तीसरा खंड प्रभावी रूप से दूसरे का विस्तार है लेकिन भारत की औपनिवेशिक संवैधानिक यात्रा पर इसमें अधिक ध्यान दिया गया है। यह खंड 1858 और 1919 के बीच की अवधि की चर्चा करता है। यह अवधि है 1858 से लेकर जब ब्रिटिश क्राउन ने सीधे भारत का प्रभार संभाला था और 1919 तक, जब भारत के लिए पहला ब्रिटिश-निर्मित संविधान यानी 1919 का भारत सरकार अधिनियम पारित किया गया था। इसमें चर्चा है उन घटनाओं की जिसके चलते लीग ऑफ नेशंस की स्थापना हुई। इस खंड में हमें यह पता चलेगा कि कैसे यूरोपीय उपनिवेशवादी के 'सभ्य' बनाने के उपनिवेशिकता भरे अभ्यास ने भारत की राजनीती, विधि और संविधान पर असर डाला। हमें यह भी पता चलेगा कि कैसे अंतर्राष्ट्रीय विधि का प्रयोग ईसाईयत को बढ़ावा देने के लिए और यूरोपीय सार्वभौमिक विचार फैलाने के लिए होता है। इस चर्चा से त्रयी की दूसरी पुस्तकों का आधार बनेगा। दूसरी पुस्तक में 1920 से 1951 तक की चर्चा होगी जब स्वतंत्र भारत का संविधान बनाया जा रहा था और 1951 में पहली बार उसे संशोधित भी किया गया था। तीसरी पुस्तक में 1952 से 1977 तक की चर्चा होगी।

मेरे लिए यहां यह कहना आवश्यक होगा कि यह संविधान के बारे में कोई सम्पूर्ण शोध नहीं है। वि-उपनिवेशिकता की भावना से संविधान का अनुसंधान करने का यह बस प्रारम्भ मात्र है जिससे कि औपिनिवेशिक चेतना को हटाकर भारतीय सभ्यतागत चेतना को पुनर्स्थापित किया जाए। मेरा प्रयत्न इतना है कि विशेषज्ञ और सामान्य व्यक्ति भी इन महत्वपूर्ण विषयों पर चर्चा करें। मैंने साक्ष्यों के आधार पर ही अपना मत बनाया है। अंततः तो पाठक ही बतायेगा कि मैं अपनी कसौटी पर खरा उतरा या नहीं। विधिवक्ता होने के नाते मेरी भाषा थोड़ी सटीक और कठोर है। अंततः मैं पुनः पाठक पर छोड़ता हूं कि मैं एक शोधक, अध्ययनकर्ता और लेखक की भांति खरा उतरा हूं या नहीं।

पुस्तक की पठनीयता को बढ़ाने के लिए इसमें दिए गए 71 उद्धरण परिशिष्ट में डाल दिए गए हैं जो कि ऑनलाइन उपलब्ध हैं। उनका सार हिंदी अनुवाद में पूर्णतः है परन्तु अगर कोई हिंदी पाठक उत्सुक है तो वह निम्न दिए गए वेब एड्रेस पर जा कर उन परिशिष्ठों को पढ़ सकता है।

खंड 1

उपनिवेशिकता

अध्याय 1

उपनिवेशन, उपनिवेशवाद, उपनिवेशिकता और वि-उपनिवेशिकता

प्रथम यात्रा
1492 में स्पेन की रानी से विदा लेते हुए क्रिस्टोफर कोलंबस
(एल. प्रांग–क. द्वारा प्रकाशित क्रोमोलिथोग्राफ, 1893)।

जुलाई 2018 में जब मैंने सर्वोच्च न्यायालय की संविधान पीठ में स्वामी अयप्पा के महिला भक्तों की ओर से, सबरीमला अयप्पा मंदिर की रीति/परम्परा के समर्थन में अपना पक्ष प्रस्तुत किया तब उन तर्कों को मीडिया में बहुत प्रचार मिला।[1] मेरे अनुमान से इन तर्कों को देश भर में इतना समर्थन इस कारण से मिला क्योंकि मैंने देवता को व्यक्ति के रूप में देखते हुए उसके अधिकारों की बात की थी, ठीक ऐसे ही जैसे कि किसी व्यक्ति के अधिकारों की आर्टिकल 25(1) के तहत की जाती है। साथ ही मैंने इस

बात पर जोर दिया कि देवता ही मंदिर/संस्थान की उन सभी रीतियों का स्रोत है जिससे कि मंदिर को धार्मिक संघ में एक सांप्रदायिक स्वरुप मिलता है[2] जिसका कि आर्टिकल 26 में उल्लेख है।

मेरे विचार में मैंने मंदिर की रीति और देवता के अधिकारों के समर्थन में तार्किक और संवैधानिक पक्ष रखा। इस तर्क में धर्म और संविधान का जो समावेश हुआ उसके पीछे अनेक व्यक्तियों का योगदान रहा। इस विषय पर मेरे विचार आज भी ज्यों के त्यों हैं। 9 नवम्बर 2019 को सर्वोच्च न्यायालय की संविधान पीठ के द्वारा श्री राम जन्मभूमि का जो निर्णय सुनाया गया उसने भी मेरे तर्क की पुष्टि की क्योंकि इस निर्णय में भी देवता को एक व्यक्ति के रूप में देख कर उसके अधिकारों की बात की गयी।[3]

परन्तु किसी भी मीडिया केंद्र ने इन तर्कों की तह तक जाने का प्रयत्न नहीं किया। जन संभाषण की जो दुर्दशा हमारे समाज में आज हो चुकी है उसको देखते हुए इसमें कोई आश्चर्य भी नहीं था। कुछ अपवादों को छोड़ कर मीडिया ने अधिकतर इस पूरे प्रकरण को संवेदनात्मक तरीके से ही प्रस्तुत किया। जन प्रतिक्रिया भी अतिवादी ही रही चाहे इस ओर से हो अथवा उस ओर से। शायद यह आज के समाज की स्थिति को दर्शाता है। मेरे तर्क को 'पितृसत्तात्मकवादी' कह कर उस पर तीखा व्यंग करने का प्रयत्न किया गया। दशकों से हो रहे अप्रयोग के कारण ये शब्द अपना मूल अर्थ खो बैठे हैं और खोखले नारे बनकर रह गए हैं। जो लोग ऐसा कह रहे थे उनके चरित्र को देखते हुए मैंने इन आरोपों पर अधिक ध्यान नहीं दिया।

रोचक बात यह है कि जो लोग मेरा विरोध कर रहे थे उन्होंने मेरे तर्क और मेरे पक्ष को 'रूढ़िवादी', 'पारंपरिक', 'तर्क-विरोधी', 'विवेकहीन' और 'आधुनिकता-विरोधी' कह कर उसका उपहास उड़ाने का प्रयत्न किया।[4] मेरी आलोचना तो अपेक्षित ही थी। मैं अचंभित इस बात से था कि इन विशेषणों का प्रयोग मेरी आलोचना के रूप में हुआ था। मेरे तर्क एक धार्मिक संस्थान मंदिर के समर्थन में थे। अगर एक धार्मिक संस्थान मंदिर में विराजमान देवता से सम्बंधित रीति और पद्धतियों की रक्षा करता है तो इसमें बुरा क्या है? और अगर इसमें कुछ बुरा नहीं है तो 'पारंपरिक' शब्द को गाली की तरह प्रयोग क्यों किया गया था? क्या इस शब्द का अर्थ समयांतर में कुछ और ही हो गया था? न्यायालय में तर्क देने के बाद मैंने कई वाद-विवाद में हिस्सा लिया और इस बात को समझने का प्रयत्न किया कि इन शब्दों के

आलोचनात्मक अर्थ पाने के पीछे किन औपनिवेशिक मतों और अटकलों का हाथ था।

7 सितम्बर 2018 को मैंने एक चर्चा में भाग लिया, जो कि 'संविधान और धर्म के बीच खींचातानी' विषय पर थी। इस चर्चा में मैंने यह पक्ष रखा कि अगर हमें भारत की धार्मिक परंपराओं (जैसे की सबरीमाला मंदिर की मान्यताएं) की संवैधानिकता के बारे में बात करनी है तो हमें सबसे पहले औपनिवेशिक दृष्टिकोण को त्यागना पड़ेगा।[5] इसके बाद ही मैंने उपनिवेशिकता, आधुनिकता और तार्किकता के बीच में परस्पर संबंधों को और औपनिवेशिक चेतना को समझने का गहरा प्रयत्न शुरू किया।[6] भारत के सामाजिक ढांचों और भारतीय परंपरा से सम्बंधित विषयों पर चर्चा करते हुए हम 'आधुनिक' और 'तार्किक' जैसे शब्दों का प्रयोग सहजता से करते हैं परन्तु मुझे धीरे-धीरे यह आभास हुआ कि इन शब्दों का उद्भव यूरोपीय उपनिवेशवाद में हुआ।[7] लेकिन यह उपनिवेशिकता है क्या और इसका उपनिवेशवाद और उपनिवेशन से क्या सम्बंध है? इन शब्दों और सिद्धांतों का ऐतिहासिक संदर्भ क्या है और क्या इस संदर्भ के बाहर वे अर्थहीन हैं?

उपनिवेशन वह प्रक्रिया है जिसके तहत किसी देश के लोग किसी दूसरे देश में उपनिवेश स्थापित करते हैं और उनका दोहन और शोषण करते हैं जिससे कि उपनिवेशकों के देश और उनका लाभ हो सके। उपनिवेश बनाने की इस प्रक्रिया को उपनिवेशन कहते हैं और उपनिवेशन की प्रक्रिया का प्रयोग अपनी सांस्कृतिक पहचान बढ़ाने के लिए करने को उपनिवेशवाद कहते हैं। चार प्रकार के उपनिवेशवाद जाने जाते हैं, जैसे कि दोहनात्मक उपनिवेशवाद, अधिवासी उपनिवेशवाद, प्रतिनिधि उपनिवेशवाद और आतंरिक उपनिवेशवाद। दोहनात्मक उपनिवेशवाद में उपनिवेश करने वाला देश अपने आर्थिक विकास के लिए पीड़ित देश के संसाधनों का दोहन करता है परन्तु उस देश के निवासी कभी भी उपनिवेशित समाज का हिस्सा नहीं बनते और उसमें बसते नहीं हैं। अधिवासी उपनिवेशवाद में औपनिवेशिक लोग अपनी मातृभूमि से सम्बंध बनाए रहते हुए उपनिवेशित समाज में भी बड़ी संख्या में बस जाते हैं और देश व समाज के हर पहलू पर अधिकार जमाकर वहां के मूल निवासियों को द्वितीय स्तर का नागरिक बना देते हैं।

'उपनिवेशिकता' उस प्रक्रिया को कहते हैं जिससे कि उपनिवेशित समाज को मानसिक रूप से भी दास बनाया जाता है। उनकी संस्कृति और विचारधारा

पर सम्पूर्ण वर्चस्व स्थापित किया जाता है। दूसरे शब्दों में, उपनिवेशवाद की उस नीति को 'उपनिवेशिकता' कहते हैं जिससे उपनिवेशित समाज के मस्तिष्क को नियंत्रण कर के उसे उपनिवेशवादी समाज की तरह ढाला जा सके और साथ में उपनिवेशन का लक्ष्य भी प्राप्त हो। उपनिवेशिकता इस प्रकार से सांस्कृतिक उपनिवेशिकता भी है। वैसे तो यूरोपीय उपनिवेशवाद से पहले भी दूसरे उपनिवेशवाद हुए हैं परन्तु 'उपनिवेशिकता' शब्द का प्रयोग यूरोप के सम्बंध में ही किया जाता है। इस प्रकार से 'उपनिवेशिकता' का अर्थ मूलतः 'यूरोपीय उपनिवेशिकता' ही है। पीड़ित समाज के द्वारा अपनी सांस्कृतिक चेतना पर पुनः अपना वर्चस्व स्थापित करने के प्रयत्न को वि-उपनिवेशिकता कहते हैं। अभी तक यह प्रयत्न अधिकतर लैटिन अमेरिकी देशों में ही हुआ है।

विद्वान मानते हैं कि वि-उपनिवेशिकता की परिभाषाएं अलग-अलग संदर्भ में भिन्न भी हो सकती हैं[8] परन्तु आमतौर पर अभी तक पश्चिमी यूरोपीय उपनिवेशवाद जैसी कोई दूसरी शक्ति नहीं देखी गयी है जो इतनी शक्तिशाली हो। यह उपनिवेशिकता इतनी विस्तृत, सर्वव्यापी और टिकाऊ रही है कि यह अभी तक पीड़ित समाज को प्रभावित करती है और यही नहीं बल्कि इसका प्रभाव बाकी के विश्व पर भी बहुत गहरा हुआ है।[9] जब हम यूरोपीय उपनिवेशवाद की बात करते हैं तो हम पश्चिमी साम्राज्यवाद की भी बात करते हैं क्योंकि इसका जन्म यूरोपीय उपनिवेशवाद से ही हुआ था। विद्वानों ने यूरोपीय उपनिवेशवाद से सम्बंधित उपनिवेशिकता का और पश्चिमी साम्राज्यवाद का अध्ययन करने का प्रयत्न किया है। इनके बारे में एक शब्द का प्रयोग करें तो इसे 'यूरो-केंद्रीयता' कहते हैं।[10]

'यूरो-केंद्रीयता' का जन्म 15वीं शताब्दी के 'खोज के युग' में हुआ। यह युग तब प्रारम्भ हुआ जब क्रिस्टोफर कोलंबस 'नए विश्व' को खोजने के लिए 1492 में जहाजी बेड़ों में निकला था। यह 'नया विश्व' अधिकतर गैर-ईसाई ही था।[11] कोलंबस की यात्रा से उपनिवेशवाद के एक नए युग का प्रारम्भ हुआ जिसने यूरोपीय इतिहास का एक नया पन्ना लिखा। इस घटना के बाद समय, स्थान और व्यक्तिपरकता की हमारी परिभाषाओं में धरती-आकाश का अंतर आया। परन्तु जो परिभाषा सबसे अधिक बदली, वह थी 'दूसरे' की परिभाषा जिसे हम सांस्कृतिक और सभ्यता के रूप में प्रयोग करते हैं। सांस्कृतिक 'दूसरा' अर्थात् ऐसा व्यक्ति और समुदाय जो हमारे धर्म, देश,

परिस्थिति और काल के अनुभव से बिलकुल भिन्न हो। ऐसा माना जाता है कि मध्य युग की 'नवचेतना' में ही 'खोज के युग' के बीज थे। खोज के युग के बाद 'नवचेतना' का युग आया और उसके बाद 'चर्च सुधार' का युग आया जिसका निष्कर्ष 'वेस्टफालिया अनुबंध' में हुआ। तत्पश्चात 'ज्ञानोदय' का युग और 'औद्योगिक क्रान्ति' का युग आया जिसे कि यूरोपीय सभ्यता का चरम कहा जाता है।

'नवचेतना', 'सुधार', और 'ज्ञानोदय' जैसे शब्दों का प्रयोग वैश्विक संदर्भ में ऐसे किया जाता है जैसे कि यूरोप का इतिहास और चेतना पूरे विश्व का इतिहास और चेतना हों। 'आधुनिक' काल के इतिहास के बारे में यह और भी सही है। यह यूरोपीय उपनिवेशिकता की सफलता का ही एक नमूना है। ऐसा माना जाता है कि 15वीं से 19वीं शताब्दी के बीच 'आधुनिकता' और 'आधुनिक विचारों' का उद्‌भव हुआ। इसे न केवल यूरोपीय देश अपितु उपनिवेशित देश भी अकाट्य सत्य मान के चलते हैं। समसामयिक संभाषण भी 'आधुनिकता' की इन्हीं परिभाषाओं पर टिका हुआ है। इन 'आधुनिक' विचारों का प्रभाव हम पर बहुत गहरा पड़ा है। प्रकृति, ब्रह्माण्ड, मनुष्यता, धर्म, रेस, भाषा, समाजों का राजनैतिक व्यवस्थापन, राज्य की प्रकृति, उसके धर्म के साथ सम्बंध, मानवीय अधिकारों के सिद्धांत, विज्ञान, विकास अथवा सिद्धांतों को हम कैसे देखते हैं इस पर 'आधुनिक' विचारों का प्रभाव बहुत गहरा पड़ा है और इनकी परिभाषा और देखने के ढंग को बहुत गहराई से बदला जा चुका है। उपनिवेशवाद के उस युग में यूरोप के देहाती और प्रांतीय विचारों को वैश्विक आवरण पहना कर पूरे विश्व पर बलपूर्वक थोपा गया और साथ ही साथ उपनिवेशित समाज की विचारधाराओं और दृष्टिकोणों को नष्ट किया गया। चूंकि इन सब का प्रारम्भ 1492 के कोलंबस की यात्रा से बताया जाता है जिससे वह यात्रा इतिहास में बहुत महत्वपूर्ण हो गयी है।

'आधुनिक' दर्शन के अनुसार कोलंबस की यात्रा एक बहुत ही 'महत्वपूर्ण उपलब्धि' है। यह दर्शन कहता है कि कोलंबस की यात्रा वह घटना है जिससे पश्चिम ने अपनी 'नियति' को पूरा करना प्रारम्भ किया। इस 'नियति' के तहत पश्चिम ने अधम जीवन जी रहे गैर-ईसाई समाजों को अंधेरे में गोते लगाने से 'मुक्त' किया। इस विवरण को हम यूरोप की महागाथा भी कह सकते हैं।[12] 'उत्तर-आधुनिक' सम्प्रदाय एक दूसरा दर्शन सम्प्रदाय है। इस सम्प्रदाय ने यूरोप की इस महागाथा को नकार दिया और संस्कृति के

स्तर पर 'आधुनिक' दर्शन का विकल्प भी दिया परन्तु इसकी सीमा छोटी ही रही।

विचारों का एक तीसरा सम्प्रदाय भी है जिसे हम उत्तर-औपनिवेशिक सम्प्रदाय कहते हैं। कई मायनों में यह उत्तर-आधुनिक विचार से मेल खाता है और उससे प्रेरणा भी लेता है। यह सम्प्रदाय भी यूरोप की महागाथा को नकारता है और केवल राजनैतिक क्षेत्र में यूरो-केंद्रीय की भर्त्सना करता है। परन्तु चिंताजनक बात यह है कि 'आधुनिक' सम्प्रदाय की भांति ही यह सम्प्रदाय भी कई उपनिवेशीय मान्यताओं को ज्यों का त्यों मान कर चलता है और उनका प्रयोग भी करता है।[13] उदाहरण के तौर पर उत्तर औपनिवेशिक विचार स्थानीय/देशीय पर जोर देता है और यह स्थानीय को सार्वभौमिक बनाने की कोशिश करता है, जिससे उपनिवेशवाद की उसी सार्वभौमिक प्रवृत्ति का शिकार हो जाता है। इस प्रकार से उपनिवेशवाद की सार्वभौमिकरण की प्रक्रिया का प्रयोग यह सम्प्रदाय भी करता है। यूरोपीय सार्वभौमिकरण के प्रभाव में आकर यह सम्प्रदाय चर्चा का विषय तो बदल देता है परन्तु चर्चा करने के नियम और ढांचे को नहीं बदलता।[14] यह सम्प्रदाय इस तथ्य को देखने में असमर्थ रहा है कि उपनिवेशवाद की समाप्ति के बाद भी उपनिवेशीय ढांचों का प्रभाव पीड़ित समाज पर बहुत गहरा हो रहा है।

चौथा दर्शन सम्प्रदाय (स्कूल) भी है जिसे कि वि-उपनिवेशिक सम्प्रदाय कहते है। यह उत्तर-उपनिवेशवादी सम्प्रदाय से कई स्थान पर मेल खाता है और राजनैतिक स्तर पर यूरोपीय सार्वभौमिकवाद को चुनौती भी देता है। इस सम्प्रदाय का ऐसा मानना है कि कोलंबस की यात्रा से एक ऐसा युग प्रारम्भ हुआ जो कि इतिहास में सबसे अधिक दलनकारी, रक्तरंजित, रंगभेदी और कुल संहारक था। इसके फलस्वरूप कई देश, संस्कृति और लोग सम्पूर्ण रूप से मिटा दिए गए। सबसे महत्त्वपूर्ण बात यह है कि इससे प्रकृति का अभूतपूर्व नाश हुआ। परन्तु एक बात वि-उपनिवेशिक विचार को उत्तर-उपनिवेशवादी विचार से बिलकुल अलग कर देती है। यह दर्शन सम्प्रदाय 'उपनिवेशिकता' को यूरोपीय उपनिवेशवाद का एक अभिन्न अंग मानता है, प्रमुख रूप से वह उपनिवेशवाद जो कि खोज के युग से प्रारम्भ हुआ।

वि-उपनिवेशिकता के अनुसार, यूरोपीय उपनिवेशिकता ने 'आधुनिकता', 'तार्किकता' और 'सांस्कृतिक समूह' जैसे सिद्धांतों को जन्म दिया तथा धर्म और नस्ल की 'आधुनिक' परिभाषा रची। जहां कि उत्तर-उपनिवेशवाद

यह कहता है कि उपनिवेशवाद की समाप्ति के साथ ही उपनिवेशीय मानसिकता और चेतना समाप्त हो गयी वहीं वि-उपनिवेशिकता के अनुसार यह मानसिकता अभी भी जीवित है और पीड़ित समाज को अभी भी जकड़े हुए है जो कि उसकी मूल संस्कृति के लिए घातक सिद्ध हो रही है।

वि-उपनिवेशिकता का स्कूल यूरोप के सार्वभौमिक दावों को भी नकारता है। उसके अनुसार यूरोपीय स्थिति और विचार सार्वभौमिक न होते हुए कई विकल्पों में से उपलब्ध एक विकल्प है। इस प्रकार से वि-उपनिवेशिकता समय, स्थान और व्यक्तिपरकता पर यूरोप के एकाधिकार को पूर्णतः नकार देती है। यह सारे भेद समझना बहुत ही आवश्यक हैं क्योंकि वि-उपनिवेशिक स्कूल को उत्तर-उपनिवेशवादी स्कूल को एक समझ लेना बहुत ही सहज भूल है। वि-उपनिवेशिक विद्वान यहां तक कहते हैं कि जहां पर उत्तर-उपनिवेशवाद एक स्थिति है, वहीं वि-उपनिवेशिकता *मनोस्थिति* है। जिस प्रकार कि उपनिवेशिकता भी एक *मनोस्थिति* है। वि-उपनिवेशिक दर्शन के अनुसार उपनिवेशिकता की क्या परिभाषा है इसमें हम बाद में गहराई से जायेंगे।

वि-उपनिवेशिक दर्शन के अनुसार, खोज के युग को एक अप्रतिम घटना मानना यूरोपीय सर्वोच्चता के लिए स्वाभाविक ही है क्योंकि इस युग के पहले यूरोप में अंध युग का राज पूरे हजार वर्ष तक चला था। परन्तु यूरोप के अलावा सम्पूर्ण विश्व में और कोई भी देश अथवा संस्कृति किसी ऐसे अंध युग से हो के नहीं गुजरी। तो ऐसे किसी गैर-यूरोपीय देश के लिए भी 'खोज के युग' को मानवता की छलांग मानना बहुत दुखास्पद है, जैसे कि यूरोप के पूर्व-उपनिवेश मानते हैं। इससे यह पता चलता है कि इन समाजों ने खोज के युग के असली चरित्र को जानने का कोई प्रयत्न ही नहीं किया। उन्होंने यह नहीं जाना कि खोज के युग में नस्लवादी और मज़हबी उन्माद छुपा हुआ था और यही उन्माद 'ज्ञानोदय' जैसे आंदोलनों में भी छुपा हुआ था। उपनिवेशवाद से पीड़ित समाजों को यह नहीं पता कि ज्ञानोदय के सिद्धांत उनकी अपनी संस्कृति और इतिहास को आंकने में स्वयं की क्षमता को नकारात्मक रूप से प्रभावित करते हैं। गैर-यूरोपीय मूल संस्कृतियों को यूरोपीय उपनिवेशिकता से पीछा छुड़ाने में वि-उपनिवेशिकता उनकी सहायता करती है। यूरोपीय उपनिवेशवाद और उपनिवेशिकता से सम्बंधित किसी भी देश अथवा समाज के सम्बंध में यह सब बहुत महत्वपूर्ण है। उक्त सिद्धांत

उन समाजों के लिए बहुत आवश्यक हैं जो उपनिवेशवाद से छुटकारा पाने के बाद भी उपनिवेशिकता से जूझ रहे हैं।

मुख्यतः वि-उपनिवेशिकता एक विधा के रूप में लैटिन अमरीका में उभरा है। उपनिवेशिकता को समझने और उसे प्रतिउत्तर देने में यह साहित्य बहुत सहायक है। इन देशों में प्रमुख हैं उत्तरी और दक्षिणी अमेरिका के देश, कैरिबियाई देश और फिर उसके बाद अफ्रीकी देश। वैसे तो एशियाई देशों को इस सूची में सबसे ऊपर होना चाहिए था क्योंकि एशिया में अभी भी कई मूल संस्कृतियां जीवित हैं जिन्होंने कई प्रकार के उपनिवेशवाद को हरा दिया है। सफलता से कई उपनिवेशी शक्तियों को हराने के कारण ही यह सारे समाज इस युग में उपनिवेशिकता के सबसे बड़े शिकार हैं। इस कारण से एशियाई वाणी इस चर्चा में और भी महत्वपूर्ण है। परन्तु फिर भी एशिया की वाणी इस चर्चा में कहीं भी नहीं सुनाई पड़ती। इसका एक ही कारण है कि एशियाई समाज भारी रूप से उपनिवेशिकता से ग्रसित हैं और इस बात से वे अनभिज्ञ हैं। भारत और फिलिस्तीन में इस कारण से ही उत्तर उपनिवेशवादी विचार का बोलबाला रहा है।

एशिया में उपनिवेशिकता से सम्बंधित वि-उपनिवेशिक दृष्टि से लिखा हुआ जो भी साहित्य उपलब्ध है वह कहीं-न-कहीं लैटिन अमेरिका के साहित्य की नकल ही है। यह सत्य है कि दोनों स्थानों के उपनिवेशिवादी के बीच समानता है परन्तु यह एशियाई समाजों की वि-उपनिवेशिकता से सम्बंधित साहित्य की कमी का कोई कारण नहीं हो सकता। एशियाई समाज बहुत विविध है और उपनिवेशवाद को लेकर उसका अनुभव भी भिन्न रहा है। इन सबका अध्ययन वांछनीय है। वि-उपनिवेशिकता को लेकर एक वैश्विक और सार्वभौमिक दृष्टिकोण बिलकुल भी सही नहीं होगा और इस कारण से भारत का उपनिवेशिकता का अनुभव अलग से अध्ययन करने की बहुत आवश्यकता है, उसकी वैयक्तिकता और संदर्भ को समझने की भी बहुत आवश्यकता है। इस कारण से एशियाई समाजों और देशों को उपनिवेशिकता और वि-उपनिवेशिकता की परिभाषाएं अपने अनुसार गढ़ना चाहिए।

एशियाई देश उपनिवेशवाद, उपनिवेशिकता और वि-उपनिवेशिकता पर बहुत महत्वपूर्ण योगदान दे सकते हैं क्योंकि लैटिन अमेरिका ने पूर्णतः यूरोपीय उपनिवेशवादियों के मज़हब को अपना लिया है जो कि ईसाईयत है। अफ्रीका भी लगभग 40% मुसलमान और 50% ईसाई हो चुका है जिससे उसके मूल

धर्मों का लगभग सम्पूर्ण नाश हो चुका है। ऐसे में एशिया, जिसमें अभी भी मूल धर्मों का वर्चस्व बना हुआ है उनका योगदान इस चर्चा में बहुत बड़ा हो सकता है और वे इस चर्चा में नए आयामों को जोड़ सकते हैं। मुख्यत: भारत एक ऐसा देश है जो प्राचीन समय से लगातार एक जीवंत और मूल सभ्यता और संस्कृति है। इन देशों का योगदान इस कारण से भी महत्वपूर्ण है क्योंकि वर्तमान में वि-उपनिवेशिक दर्शन का ध्यान अधिकतर नस्ल और नस्लवाद पर केन्द्रित है। इस विधा के विद्वान कुछ सीमा तक नस्लवाद की मज़हबी जड़ों के बारे में अवगत हैं परन्तु यह उनके अध्ययन का केंद्रबिंदु नहीं है। ऐसा इस कारण से भी है क्योंकि वि-उपनिवेशिक दर्शन पर लिखने वाले सभी देश, जो कि यूरोपीय उपनिवेशवाद से पीड़ित थे, लगभग पूरी तरह ईसाई मज़हब को अपना चुके हैं। चूंकि लैटिन अमेरिकी देश ही मुख्यत: वि-उपनिवेशिक दर्शन के ऊपर लिख रहे हैं और यह सभी देश उपनिवेशवादी के मज़हब अर्थात् ईसाईयत को अपना चुके हैं। यही कारण है कि अभी तक जो भी साहित्य वि-उपनिवेशिक दर्शन पर लिखा गया है उसमें नस्लवाद पर तो बहुत चर्चा है परन्तु मज़हब पर चर्चा करने से सभी कतराते हैं। चूंकि यह सभी देश लगभग पूर्ण रूप से ईसाईयत को अपना चुके हैं और यहां के मूल धर्म पूरी तरह से नष्ट हो चुके हैं। शायद इस कारण से इन देशों के विद्वान ऐसा मानते हैं कि उनकी मूल धार्मिक पहचान वापस पाना लगभग असंभव है। अगर इन देशों की जनसांख्यिकी को देखा जाए तो हमें पता चलेगा कि कई देशों में तो बहुसंख्यक ही यूरोप से आये हुए लोग और समाज हैं। वहां के मूल निवासी धर्म ही नहीं अपितु वहां के मूल निवासी लोग ही अब या तो पूर्णत: समाप्त हो चुके हैं अथवा अल्पसंख्यक हैं। अगर यह मूल निवासी लोग अपने मूल धर्मों का पुनर्रुथापन करना चाहें तो वे पायेंगे कि वे अल्पसंख्यक है। हमें यह भी देखना पड़ेगा कि ईसाईयत एक मज़हब के तौर पर बाहुबल में और धन-बल में बहुत शक्तिशाली है और उसका वैश्विक तंत्र बहुत शक्तिशाली है। सबसे महत्वपूर्ण बात यह है कि उसकी दूसरे धर्मों के लोगों को धर्मान्तरित करने की इच्छा और क्षमता बहुत तीव्र है। इन सभी बातों का ऐसे समुदायों पर, जो कि पहले गैर-ईसाई थे, बहुत प्रभाव पड़ता है और उनकी अपनी मूल धार्मिक पहचान को वापस पा लेने की क्षमता पर भी बहुत प्रभाव पड़ता है।

तो हम समझ सकते हैं कि वर्तमान में वि-उपनिवेशिक साहित्य का केंद्र नस्लवाद क्यों बना हुआ है और ईसाई मज़हब पर इसका ध्यान क्यों नहीं जाता। एक और महत्वपूर्ण पहलू क्रिटिकल रेस थ्योरी से सम्बंधित है। मेरे विचार में क्रिटिकल रेस थ्योरी वि-उपनिवेशिक साहित्य की अग्रगामी रही है।[15] यह भी एक कारण है कि उपनिवेशिकता पर लिखा हुआ साहित्य नस्लवाद पर इतना ध्यान क्यों देता है और मज़हब पर क्यों नहीं। यह साहित्य बताता है कि उपनिवेशवादी शक्तियां कैसे नस्लवादी विचार से प्रभावित रही हैं; कैसे इस चेतना ने उनके शासन पर प्रभाव डाला है; और कैसे यह नस्लवादी चेतना जीवन के हर पहलू को ग्रस लेती है।

यहां पर यह कहना आवश्यक है कि उपनिवेशिकता पर काम कर रहे विद्वानों का एक समूह यह मानता है कि यूरोपीय उपनिवेशवाद में मज़हब ने और प्रमुख रूप से ईसाईयत ने बहुत बड़ी भूमिका प्रदान की है। यह विद्वान नस्लवाद के विकास में भी ईसाईयत की भूमिका पर जोर डालते हैं। परन्तु यह बात सत्य है कि ऐसे विद्वान बहुसंख्यक हैं जो कि उपनिवेशिकता में मज़हब के योगदान की बात करने से कन्नी काटते हैं। क्रिटिकल रेस थ्योरी का यह एक परिणाम हो सकता है।

एक बात यह भी है कि वि-उपनिवेशिक दर्शन अथवा वि-उपनिवेशिकता अभी नई ही है। भारतीय दृष्टिकोण इसमें कई नए आयामों को जोड़ सकता है। उपनिवेशिकता में मज़हब के योगदान की बात उनमें से एक आयाम हो सकता है। एशिया चूंकि अभी भी बहुसंख्या में अपने मूल धर्मों का पालन कर रहा है इसीलिए उपनिवेशिकता से उसके संघर्ष में हम उस प्रक्रिया को देख सकते हैं जिसके तहत उपनिवेशिकता एशिया को धर्मान्तरित करने में सहायक हो रही है। चूंकि एशियाई देश जैसे भारत में उसके मूल धर्म और मूल धार्मिक समाज उपनिवेशिकता और मतांतरण का विरोध करते हैं इस कारण से इस संघर्ष का अध्ययन करना मूल सभ्यताओं के अस्तित्व के लिए बहुत महत्त्वपूर्ण होगा।

लैटिन अमेरिकी देशों के वि-उपनिवेशिक विद्वान मज़हब के योगदान की चर्चा करने से तो बचते हैं परन्तु उन्होंने इसके कई आयामों पर बहुत अच्छा अध्ययन किया है और एशियाई विद्वान अमेरिकी और अफ्रीकी विद्वानों से बहुत कुछ सीख सकते हैं। यूरोपीय उपनिवेशवादी तो हर महाद्वीप और देश में एक ही लक्ष्य लेकर आये थे और एक ही कार्य-पद्धति से काम करते

थे। अलग-अलग देशों में उनका प्रभाव अलग-अलग इस कारण से हुआ क्योंकि हर देश में उन्हें मूल समाज से अलग प्रकार का प्रतिरोध मिला।[16] एशियाई देशों के विद्वानों के लिए वि-उपनिवेशिक दर्शन पर काम करने में यह तथ्य एक बड़ा प्रोत्साहन हो सकता है। हर देश और समाज अपनी-अपनी अलग वि-उपनिवेशिक कहानी कह सकता है। उनके सामने यह प्रश्न भी है कि उत्तर-उपनिवेशवादी दृष्टिकोण उनके लिए अधिक उपयुक्त है अथवा वि-उपनिवेशिक दृष्टिकोण। वि-उपनिवेशिकता, ज्ञान परंपरा और उसकी नस्लवादी नींव पर हम पुस्तक में आगे विस्तार से बात करेंगे।

अध्याय 2

उपनिवेशिकता की खोज और वि-उपनिवेशिकता का जन्म

इंडीस का विनास, 1552
खनन का कोटा पूरा न करने पर क्रिस्टोफर कोलंबस के सिपाही अरावाक मूल अमरीकियों के हाथ काटते हुए।
(जूस वान विन्धे और थिओडोर दे ब्राय द्वारा रचित)

यूरोपीय उपनिवेशवाद की पांच सदियां बीत जाने के बाद 20वीं शताब्दी के प्रारम्भ में पीड़ित देशों का अभिजात्य वर्ग उपनिवेशवाद का प्रतिरोध करने लगा। अपनी बात कहने के लिए सर उठाने लगा। पहले उन्होंने उपनिवेशी साम्राज्य की सीमाओं के बीच में ही रहते हुए स्वायत्ता मांगी। फिर वे स्वाधीनता की बात करने लगे। उपनिवेशक देशों की तरह स्वाधीन

'राष्ट्र-राज्य' बनाने की बात करने लगे। परन्तु अपने उपनिवेशकों की नकल करके वे अपना भविष्य स्वयं लिखना चाहते थे। उपनिवेशक देशों की भांति ही राज्य की परिकल्पना करना उपनिवेशिकता की सफलता का परिचायक था।[1] दो शताब्दियों तक लगातार वर्चस्व बनाए रहे यूरोपीय साम्राज्यवाद और उपनिवेशवाद का यह परिणाम था। विद्वान ऐसा मानते हैं कि पीड़ित समाजों में उपनिवेशिकता की जड़ें राजनैतिक और कानूनी ढांचों के माध्यम से गहरी हुईं। उपनिवेशवादी देशों द्वारा बनायी गयी शिक्षा व्यवस्था ने भी इस लक्ष्य को और आगे बढ़ाया और पीड़ित समाज के अभिजात्य वर्ग की सोच को उपनिवेशवादी कर दिया। पीड़ित समाज की मूल शिक्षा पद्धति के नष्ट होने, उपनिवेशी समाज की शिक्षा पद्धति थोपे जाने और स्वदेशी ज्ञान परंपरा के विस्थापित होने के कारण ऐसी स्थिति आ गयी थी कि भूत, भविष्य और वर्तमान के बारे में उनकी परिकल्पना उपनिवेशिकता से गहराई तक प्रभावित थी।[2] कौन सा पीड़ित समाज किस सीमा तक उपनिवेशिकता से प्रभावित था यह उनके स्वतंत्रता संग्रामों में उजागर हुआ, क्योंकि इनमें से कई देशों के स्वतंत्रता संग्राम ही उपनिवेशवादी ढांचों पर खड़े हुए थे।

अधिकतर उपनिवेशित/पीड़ित समाजों को यह पता ही नहीं था कि उनका पूरा दृष्टिकोण और विश्व को देखने का ढंग ही बदल गया है। राजनैतिक स्वतंत्रता के आगे वे देखने में असमर्थ थे। उन्हें स्वराज की चाह तो थी परन्तु यह स्वराज वे उन्हीं विचारधाराओं और संस्थानों के माध्यम से लाना चाहते थे जो कि उन्हें यूरोपीय उपनिवेशवादियों से 'धरोहर' में मिला था। इस प्रकार से उपनिवेशिकता के कारण लगभग ऐसे सभी पीड़ित देशों की स्वतंत्रता की कल्पना राजनैतिक और वित्तीय स्तर से बहुत आगे नहीं बढ़ी थी। राजनीति में तो वे उपनिवेशी शक्तियों को उखाड़ फेंकना चाहते थे परन्तु सांस्कृतिक स्तर पर उन्होंने ऐसा कोई भी प्रयत्न नहीं किया और इस बहुत ही महत्वपूर्ण पहलू में उन्होंने यूरोपीय विचार और दृष्टिकोण को अपना लिया।[3] पीड़ित समाजों का यह अभिजात्य वर्ग अपना भविष्य स्वयं तो लिखना चाहता था परन्तु विश्व और समाज को देखने का उनका दृष्टिकोण उपनिवेशवादी ही रहा। यह दृष्टिकोण अधीनस्त समाज के लोगों के ऊपर उपनिवेशवादी सत्ता थोपने के लिए और उन्हें 'सभ्य' बनाने के लिए ही रचा गया था।[4]

यूरोपीय उपनिवेशवादी साम्राज्य अपनी शक्ति के चरम पर पूरे विश्व में फैल गए थे और उनका राजनैतिक, सामाजिक और सांस्कृतिक प्रभाव बहुत

बढ़ गया था। उनके विचारों पर आधारित संस्थानों ने मूल निवासी समाजों के संस्थानों को विस्थापित कर दिया था। उपनिवेशवादी शक्तियों का सांस्कृतिक वर्चस्व इतना बढ़ गया था कि पीड़ित उपनिवेशित समाज को लगा कि उन सामाजिक और राजनैतिक संस्थानों को पुनर्स्थापित कर लेना अब असंभव था जो विदेशी शासन से पहले विद्यमान थे।[5] उन्हें यह चिंता थी कि एक ऐसे विश्व में जहां पर अधिकतर देश और समाज सांस्कृतिक रूप से यूरोपीय हो चुके हैं वहां पर सांस्कृतिक भिन्नता को अपनाना उन्हें अकेला बना देगा। हम इसकी तुलना आज के किसी मोबाइल नेटवर्क ऑपरेटर से कर सकते हैं जिसको 'यूरोपियन टेलीकम्युनिकेशन स्टैंडर्ड्स इंस्टिट्यूट' की बात माननी ही पड़ती हैं नहीं तो उसके ग्राहक दूसरे टेलिकॉम ऑपरेटर के ग्राहकों से बात नहीं कर पायेंगे। चूंकि उस समय जब उपनिवेशवाद समाप्त हो रहा था तब पश्चिम के देश ही विश्व की अर्थव्यवस्था के केंद्र में थे और इस कारण से उनसे इतर जाना पीड़ित समाजों ने ठीक नहीं समझा।

यूरोपीय सांस्कृतिक, राजनैतिक और वित्तीय तंत्र के सर्वव्याप्त और शक्तिशाली होने के कारण संभवतः उपनिवेशित पीड़ित समाजों के पास एक ही रास्ता बचा था कि वे विदेशी आक्रान्ताओं के राजनैतिक तंत्र, संस्थान और शब्दावली ज्यों-की-त्यों अपना लें। अपने समाज को अराजकता, अलगाव, अवखंडन से बचाने के लिए और दूसरे देशों के आक्रमण से बचने के लिए उन्होंने संभवतः उपनिवेशी शक्तियों के राजनैतिक, सांस्कृतिक और वित्तीय तंत्र को अपनाना चुना। उपनिवेशवादी शक्तियों से जो देश स्वतंत्र हुए वे दो प्रकार के थे। एक ओर वे समाज थे जिनकी स्मृति में स्वदेशी चेतना सदियों के विदेशी शासन के बाद भी जीवित थी। इन्होंने यूरोप की राजनैतिक विरासत को तो अपनाया पर उसमें अपनी मूल संस्कृति के कुछ आयामों को भी जोड़ दिया और कई यूरोपीय परिभाषाओं को अपनी सांस्कृतिक चेतना के अनुसार ढाल दिया। दूसरी ओर वे समाज थे जिनका अभिजात्य वर्ग पूर्णतः उपनिवेशिता से ग्रसित हो गया था। ऐसे समाज में अभिजात्य वर्ग और जन-सामान्य में एक अन्तरंग घमासान छिड़ गया। इस हाशिये के पीछे कर दिए गए जन-सामान्य वर्ग को ही 'सबाल्टर्न' (अधीनस्त) कहा गया और उनका राष्ट्र निर्माण में कोई हाथ नहीं रहा। इस समाज में उपनिवेशवादी शक्तियों का स्थान मूल समाज के उस अभिजात्य वर्ग ने ले लिया जो कि पूर्णतः उपनिवेशी विचारों का दास हो चुका था। इस वर्ग का लक्ष्य था मूल

समाज को उपनिवेशवादी समाज के ढांचे में पूर्णतः ढाल देना। दूसरी ओर इन देशों का सामान्य वर्ग भी एक द्वन्द में फंस गया। एक ओर यह समाज पश्चिम का प्रतिबिम्ब बनकर सामाजिक सीढ़ी चढ़ सकता था। दूसरी ओर इतिहास में मिले अनमोल अवसर का लाभ उठाकर वह अपनी मूल संस्कृति की चेतना और पहचान को पुनःस्थापित कर सकता था। ध्यान देने वाली बात यह है कि उपनिवेशिता उस समाज में अधिक फैली जहां पर अभिजात्य वर्ग उपनिवेशवादी शक्तियों का अनुकरण कर बैठा था। यह अनुकरण राजनैतिक विचार के क्षेत्र के साथ-साथ पर्यावरण, भाषा, धर्म, न्याय, लिंग, अर्थशास्त्र, शिक्षा, ज्ञार्नाजन और पॉप संस्कृति जैसे हर क्षेत्र में हुआ।[6]

इतना ही नहीं, उपनिवेशवाद का युग अभी समाप्त भी नहीं हुआ था कि उसका एक और अधिक शक्तिशाली उत्तराधिकारी उपनिवेशित समाज को ग्रसने लगा और यह था पश्चिमी साम्राज्यवाद जिसने उपनिवेशवाद की परिपाटी को और आगे बढ़ाया। यह उपनिवेशवाद से भी कारगर निकला और इसने उपनिवेशिकता की भौगौलिक पहुंच को और आगे बढ़ाया। उपनिवेशवाद की तरह ही पश्चिमी साम्राज्यवाद का लक्ष्य भी उपनिवेशित समाज के मन और मस्तिष्क पर राज करना था। इस साम्राज्यवाद ने वैश्विक शक्ति तंत्रों का निर्माण किया और उपनिवेशिकता को बढ़ावा देने वाले तंत्रों का निर्माण किया।[7] इसके विपरीत उपनिवेशवाद अधिकतर भौगौलिक नियंत्रण तक ही सीमित था।

उपनिवेशवाद का बोझा ढोए बिना ही उपनिवेशवाद के सारे फलों को प्राप्त करने में पश्चिमी-मानदण्ड रूपरेखा बहुत सफल रही है। यह रूपरेखा साम्राज्यवाद के ही फलस्वरूप पैदा हुई है। सबसे बड़ी बात यह है कि इस रूपरेखा पर कोई सीधा-सीधा मूल संस्कृतियों का नाश करने का आरोप भी नहीं लगा सकता। उपनिवेशवाद बहुत आसानी से देखा जा सकता था क्योंकि इसमें व्यक्तियों, समाजों और देशों को हराकर अधीन करना होता था और दास बनाना होता था। वहीं पर पश्चिमी साम्राज्यवाद सूक्ष्म है और वह दास समाज को बाध्य करता है कि वे उपनिवेशवाद की समाप्ति के बाद भी स्वयं की इच्छा से उपनिवेशवादी के समाज का एक अंग बन जाएं। इस कारण से विद्वान मानते हैं कि उपनिवेशिकता किसी समाज को दास बनाने का सबसे शक्तिशाली और कारगर यंत्र है। दास समाज के राजनैतिक, धार्मिक, ज्ञान सम्बंधी और न्याय सम्बंधी तंत्रों में निवेश करे बिना उपनिवेशवादी समाज के

लिए इस प्रकार से राज करना संभव नहीं हो पाता। उपनिवेशवादियों द्वारा खड़े किये गए इन्हीं तंत्रों को उनके दास समाजों ने स्वतंत्रता पश्चात आगे बढ़ाया।

1980 के दशक तक भी इस क्षेत्र में पर्याप्त अध्ययन नहीं हुआ था जिससे कि हम यह जान सकें कि उपनिवेशवादी शक्तियों का दास समाज के जीवन पर दासता समाप्त होने के बाद भी क्या प्रभाव पड़ता है। शीत युद्ध ने यह दर्शा दिया कि स्वतंत्रता पश्चात भी यह देश अपने भूतपूर्व उपनिवेशवादी देशों की लड़ाई में केवल इस कारण से फंसे हुए हैं, क्योंकि यह पूर्व उपनिवेशवादी शक्तियां पूरे विश्व पर वर्चस्व स्थापित करना चाहती हैं। जो देश कहते थे कि वे किसी पक्ष के साथ नहीं हैं वे भी शीत युद्ध में निष्पक्ष नहीं रह पाए। इस काल खंड में ही पेरू के समाजशास्त्री अनिबल क्विहानो ने शक्ति की उपनिवेशिकता का सिद्धांत प्रतिपादित किया। उन्होंने कहा कि यूरोपीय शक्ति ही उपनिवेशवाद की जननी है। दूसरे शब्दों में, उपनिवेशन एक प्रक्रिया है, उपनिवेशवाद एक नीति है और उपनिवेशिकता एक दृष्टिकोण है जो कि उपनिवेशवाद के लक्ष्य को आगे बढ़ाता है।

क्विहानो के अनुसार, उपनिवेशिकता (उपनिवेशवाद के पीछे का) वह विचार है जो कि समय, स्थान और व्यक्तिपरकता की एक सत्ता स्थापित करना चाहता है और इन सभी पर यूरोपीय उपनिवेशवादी शक्तियों का एकाधिकार करना चाहता है। क्विहानो, सिल्विया विंटर, वाल्टर डी. मिग्नोलो, कैथरीन ई. वाल्श, नेल्सन मालडोनाडो-टौरेस और रामों ग्रोस्फोगुएल जैसे कई विद्वान और विचारक हैं जिन्होंने उपनिवेशिकता का निदान किया है और उसके सार्वभौमिक और सर्वव्यापी चरित्र होने के दावों पर प्रकाश डाला है। उन्होंने केवल बीमारी को पहचाना भर ही नहीं, बल्कि उसका उपचार भी ढूंढ़ निकाला। इसी उपचार का नाम वि-उपनिवेशिकता है। वि-उपनिवेशिकता समाज के विश्लेषण में उत्तर-आधुनिक और उत्तर-उपनिवेशवादी दर्शन सम्प्रदायों से बहुत आगे तक जाती है। वि-उपनिवेशिकता को भूतपूर्व दास समाजों की मूल प्रकृति को और उनकी व्यक्तिपरकता को वापस पाने का एक आंदोलन कहा जाता है। चूंकि उपनिवेशिकता सर्वव्याप्त हो चुकी थी और मूल संस्कृतियों के लिए स्थान और भी कम होता जा रहा था इस कारण से यह तो तय था कि कभी-न-कभी उपनिवेशिकता का उत्तर तो आएगा। वि-उपनिवेशिकता यही उत्तर है। वि-उपनिवेशिकता का लक्ष्य अपनी संस्कृति की चेतना को वापस पाना है। उपनिवेशिकता की प्रेरणा, उसके सिद्धांत और

यंत्र एवं इनका मूल संस्कृतियों पर प्रभाव को समझना बहुत आवश्यक है। न केवल इससे हमें यह समझ में आएगा कि वि-उपनिवेशिकता की आवश्यकता क्यों है बल्कि यह भी समझ में आएगा कि कैसे हम वि-उपनिवेशिकता की स्थिति को प्राप्त करें।

क्विहानो का साहित्य मुख्यत: यूरोपीय शक्ति के उपनिवेशवादी चरित्र पर केन्द्रित है। क्विहानो मानते थे कि उपनिवेशिकता में नस्ल का बहुत महत्त्व है और वे यह भी मानते थे कि एक ओर यूरोपीय और पश्चिमी उपनिवेशिकता के बीच और दूसरी ओर आधुनिकता/तार्किकता में एक अटूट सम्बंध है। चूंकि पश्चिमी दृष्टिकोण और सभ्यता के नींव में यूरोप है इसलिए क्विहानो अधिकतर यूरोप और पश्चिम को पर्यायवाची की तरह प्रयोग करते हैं। उनके अनुसार, उपनिवेशिकता या यूरोपीय उपनिवेशिकता के दो मूल आधार थे–नस्लवाद की चेतना और आधुनिकता/तार्किकता का तंत्र। उन्होंने यह निष्कर्ष यूरोपीय उपनिवेशिकता के लैटिन अमेरिकी समाज पर हुए प्रभाव का अध्ययन कर के निकाले। उन्होंने देखा कि इन दो समाजों के बीच में परस्पर सम्बंध सीधा 'राजनैतिक, सामाजिक और सांस्कृतिक वर्चस्व' और दासता का है। इसे उन्होंने 'यूरो-केन्द्रित उपनिवेशवाद' कहा। यूरोपीय उपनिवेशक स्वयं की नस्ल को जीव-विज्ञान और संरचनात्मक स्तर पर दूसरी नस्लों और समाजों से श्रेष्ठ मानते थे। इस विचार के तहत ही वे दास समाज से नस्लभेद करते थे। यह अन्धविश्वास उपनिवेशवादी शक्ति तंत्र की रीढ़ की हड्डी था और इसके बिना वे अपने को श्रेष्ठ नहीं ठहरा सकते थे। परन्तु इस अन्धविश्वास को उन्होंने 'निष्पक्ष', 'वैज्ञानिक', 'तार्किक' और 'स्वाभाविक' जैसे शब्दों का आवरण पहना दिया और उस नस्लभेद को वैध बना दिया। इस लक्ष्य की प्राप्ति के लिए उन्होंने विज्ञानवाद का सहारा लिया। पीड़ित उपनिवेशित समाज के साथ भेदभाव करने के लिए उन्होंने विज्ञानवाद के सहारे अपनी रूढ़िवादी मानसिकता का स्वभाविकरण किया और उसे मान्यता प्रदान की। 'तथा-कथित' वैज्ञानिक चेतना का सहारा लेते हुए इन उपनिवेशवादियों ने नस्लवादी भेदभाव की अवधारणा पूरे विश्व में फैला दी। इस भेदभाव का विष उपनिवेशवादियों के जाने के बाद भी इन समाजों को ग्रसित करता रहा।

दास समाज को नस्लभेद में बांट देने के लिए इन चतुर उपनिवेशवादियों ने मूल समाज के कुछ प्रभुत्वशाली तबकों को अपने साथ में लिया और उन्हें उपनिवेशवादी शक्ति तंत्र का हिस्सा बनाया जिससे कि धीरे-धीरे वे अपने ही

समाज से दूर चले जाएं। इन समाजों को बांटने के लिए झूठी और मनगढ़ंत कहानियां गढ़ी गयीं और इन्हें 'विज्ञान' का आवरण पहनाया गया। साथ ही साथ उनको यूरोपीय जीवन शैली के ढंग भी सिखाए गए। क्विहानो ने बताया कि दास समाज का यह प्रभाशाली तबका उपनिवेशवादी शक्तियों के शक्ति तंत्र का ही हिस्सा नहीं बना बल्कि यूरोपीय दृष्टिकोण को भी उसने आत्मसात कर लिया। यूरोपीय आधुनिकता/तार्किकता का तंत्र इसी दृष्टिकोण की अगुवाई करता है। इस दृष्टिकोण ने हर नए विचार और वस्तु को यूरोपीय आवरण पहना दिया। आधुनिकता/तार्किकता के इस तंत्र ने पहले तो समय को एक हथियार की भांति प्रयोग किया और दूसरी ओर 'तर्क' शब्द की परिभाषा ही बदल दी अथवा उसकी परिभाषा करने का अधिकार यूरोप के अलावा सभी सभ्यताओं से छीन लिया। इन तर्कों का प्रयोग यूरोपीय उपनिवेशवादियों और पश्चिमी साम्राज्यवादियों ने एक लक्ष्य के लिए किया और वह लक्ष्य था कि मूल सभ्यताओं की आत्मानुभूति और उनके इतिहास को सिरे से नकारना।[8] इस प्रक्रिया से सांस्कृतिक उपनिवेशवाद का प्रारम्भ हुआ और उससे 'सांस्कृतिक उपनिवेशिकता' का जन्म हुआ। उपनिवेशिकता दास समाज के मानसिक ताने-बाने को बदल कर रख देती है और उसके पूरे दृष्टिकोण और विश्व को देखने की दृष्टि को भी बदल देती है। उसको विकृत करती है, रूढ़ियों में बांधती है और सभी मूल विचारों को जड़ से उखाड़ फेंकती है।

इसका एक प्रभाव यह हुआ कि दास समाज का धार्मिक, ज्ञान-मीमांसात्मक और तात्विक तंत्र शत्रु के तंत्र जैसा हो गया। मूल सांस्कृतिक दृष्टिकोण अपने ही समाज में अपने ही लोगों के सामने शत्रु बन गया क्योंकि आधुनिक/तार्किक तंत्र अब मूलधारा बन चुका था और उसकी ही कसौटी पर किसी भी दृष्टिकोण को नापा जाता था। इस 'आधुनिक' तंत्र में मूल सांस्कृतिक दृष्टिकोण कभी भी महत्वपूर्ण हो ही नहीं सकते थे क्योंकि सारा खेल ही झूठा था। खेल के नियम ऐसे थे कि या तो उसमें मूल सांस्कृतिक दृष्टिकोण का कोई स्थान ही नहीं था और उसे मूल रूप से नकार दिया जाता था। दूसरी ओर अगर उसमें कोई ऐसा आयाम होता जो कि किसी काम का है तो उसे पुनः परिभाषित करके आधुनिक/तार्किक तंत्र का हिस्सा बना लिया जाता। क्विहानो के अनुसार, यूरोपीय उपनिवेशवादी की सच्ची विजय यही थी—अपनी जीवन पद्धति को मूल समाज की आकांक्षा का लक्ष्य बना देना। अभिजात्य वर्ग ने इस आकांक्षा को पूर्णतः अपनाकर उसको और हवा दी।

इससे वे अपने ही जन-सामान्य वर्ग से दूर जाते रहे। अगर मूल समाज में ऐसे भेद पहले से उपस्थित थे तो अभिजात्य वर्ग के ऐसा करने से वह और भी बड़े हो गए। अगर ऐसा भेद उन्हें नहीं मिला तो उसे पैदा किया गया और उपनिवेशवादी शक्ति को बनाए रखने के लिए उपनिवेशवाद की समाप्ति के बाद भी ये भेद बने रहे।

उपनिवेशवादी शक्तियों की आकांक्षा केवल अभिजात्य वर्ग को अपने रंग में ढ़ालने तक ही सीमित नहीं थी। उनका अंतिम लक्ष्य था पूरे दास समाज को अपने रंग में ढाल लेना। जिसमें कि अभिजात्य वर्ग और जन-सामान्य दोनों ही आते हैं। एक दृष्टि से तो उपनिवेश उनके लिए संसाधनों की खदान थे लेकिन दूसरी ओर उपनिवेशवादियों की गतिविधियां केवल इतने तक ही सीमित नहीं थीं। उनका लक्ष्य दास समाज के विचारों, विश्वासों, ज्ञान और ज्ञान उत्पादन के तंत्रों को भी नष्ट करना था। पहले ही दास समाज के पास इतना सामर्थ्य नहीं था कि राजनैतिक अथवा युद्ध में उपनिवेशवादी शक्तियों को हरा दें, परन्तु उनके ज्ञान तंत्रों के नष्ट होने से उनकी वैचारिक शक्ति का भी ह्रास हो गया। ज्ञान उत्पादन और सांस्कृतिक पहलुओं पर पहले तो अभिजात्य वर्ग ने हथियार डाले और फिर जन-सामान्य ने भी मूल संस्कृति की पहचान को छोड़कर उपनिवेशवादी मान्यताओं और जीवन दृष्टि को अपना लिया। इन सभी कारणों से उपनिवेशिकता दास समाज के मन और मस्तिष्क पर इस सीमा तक हावी हो गयी कि उन्हें यह लगने लगा कि उनकी हार उनकी मूल संस्कृति की मान्यताओं के कारण हुई थी। उन्हें ऐसा लगने लगा कि अपना सम्मान वापस पाने का अब एक ही रास्ता था कि वे भी उपनिवेशवादियों के रंग में ढल जाएं और यूरोपीय संस्कृति और जीवन दृष्टि को अपना लें। इस जीवन दृष्टि का मूल आधार था प्रकृति का दोहन करके आर्थिक समृद्धि को पाना। प्रकृति और मूल संस्कृतियों के बीच यह जो परस्पर सम्बंध बदला, उसने पूरे विश्व का चेहरा ही सदैव के लिए बदल दिया।

प्रकृति पर तो इसका दुष्प्रभाव पड़ा ही, यूरोपीय संस्कृति के वैश्वीकरण से वह एक मानदण्ड बन गयी और सभी संस्कृतियां अपनी तुलना यूरोपीय संस्कृति से करने लगीं। आधुनिकता/तार्किकता तंत्र इस प्रकार से हर उपनिवेशित समाज में जड़ें फैलाने लगा और उपनिवेशवादी समाज में और शक्तिशाली होता गया।[9] जैसे-जैसे उपनिवेशिकता और आधुनिकता/तार्किकता तंत्र की जड़ें विश्व में गहरी होती गयीं तो संस्कृति और सभ्यता के नए वैश्विक मानदण्ड

बनाए गए। यूरोपीय उपनिवेशवाद पर आधारित इन मानदंडों का सम्बंध नीति, धर्म, भाषा, ज्ञान, राजनैतिक संगठन, राष्ट्रीयता, मानवाधिकार और वैज्ञानिक दृष्टिकोण से था।[10]

उपनिवेशवाद के युग के समाप्त होने के बाद भी जिस प्रकार से उपनिवेशिकता बढ़ती जा रही है उसी प्रकार से आधुनिकता/तार्किकता का तंत्र भी आगे बढ़ता जा रहा है। ये दोनों एक-दूसरे के पूरक हैं। जब तक उपनिवेशिकता जीवित रहेगी तब तक आधुनिकता और तार्किकता के नाम पर मूल संस्कृतियों के सोचने के ढंगों को नष्ट किया जाता रहेगा और उनकी चेतना की हत्या की होती रहेगी। उपनिवेशिकता कभी भी मूल संस्कृतियों की चेतना को समानता का अधिकार नहीं देगी। 'समय' और 'तर्क' की उपनिवेशवादी परिभाषाओं को शस्त्र की तरह प्रयोग करके वे मूल संस्कृतियों के दृष्टिकोण को अवैध घोषित करती रहेगी। इसका कारण है कि कहीं-न-कहीं नस्लवाद अभी समाप्त नहीं हुआ है और यह भावना कि मूल निवासी संस्कृतियां यूरोप की तुलना में छुद्र और अधीन हैं यह अभी भी पूर्णतः जीवित है। आधुनिकता/तार्किकता तंत्र अब वैश्विक हो चुका है उसका एक चिह्न यह है कि इन शब्दों के आगे अब यूरोपीय उपसर्ग नहीं लगता जबकि यह पूरा तंत्र ही यूरोपीय और यूरो-केन्द्रित है।

पेट्रीशिया सीड अपने शोध पात्र 'अर्ली मॉडर्निटीः द हिस्ट्री ऑफ अ वर्ड' में लिखती हैं कि पहली बार 'मॉडर्न' (आधुनिक) शब्द का प्रयोग उत्तर इटली में छठीं शताब्दी ईसा पूर्व में हुआ था।[11] उस समय रोमन साम्राज्य तो जीवित था परन्तु उत्तर इटली पर जर्मन ऑस्ट्रोगोथ लोगों का शासन था। ऑस्ट्रोगोथ शासक ने वहां के धनी रोमन परिवारों को कहा कि वे अपनी हवेलियों का नवीनीकरण करें। उस समय वास्तुशास्त्र के सम्बंध में पहली बार 'आधुनिक' शब्द का प्रयोग हुआ। 'आधुनिक' शैली में बनी ये हवेलियां रोमन हवेलियों से भिन्न थीं। एक लेखक ने ऐसी ही एक नवीन हवेली के बारे में लिखा, 'उसने पुरातन सिद्धांतों का पालन करते हुए आधुनिक/मॉडर्न शैली को जन्म दिया है।' सीड के अनुसार, उस शब्द का अर्थ इस संदर्भ में केवल इतना था कि वह हवेली थोड़ी 'अलग' है और उसे अच्छा या बुरा ऐसा नहीं माना गया था।

थोड़े समय के लिए इस शब्द का अर्थ 'नए' के साथ जुड़ गया और इस प्रकार से 'आधुनिक' शब्द के द्वारा 'समय' को आधुनिकता/तार्किकता

तंत्र का एक शस्त्र बनाया गया। सीड बताती हैं कि 14वीं शताब्दी में दान्ते की 'डिवाइन कॉमेडी' में 'आधुनिक' शब्द का प्रयोग 'समसामयिक' के अर्थ में बारम्बार हुआ। उस समय में वर्तमान की आलोचना करने के लिए इस शब्द का प्रयोग होता था। केवल 1430 के बाद ही इस शब्द का प्रयोग भूतकाल की आलोचना करने में, उसे नीचा दिखाने में और वर्तमान की संस्कृति को ऊंचा दिखाने में होने लगा। स्थिति ऐसी हो गयी कि जहां कहीं भी समसामयिक और वर्तमान की प्रशंसा करनी हो और उसको भूतकाल और अतीत के ऊपर हावी होता हुआ बताना हो तो 'आधुनिक' शब्द का प्रयोग होने लगा। जैसे कि आधुनिक कह देने मात्र से ही कोई विचार अथवा वस्तु अच्छी हो जाती हो। इसी प्रकार जो विचार आधुनिक नहीं कहे जाते वे स्वत: ही बुरे माने जाते थे।

अंग्रेजी भाषा में विलियम डनबार की कविताओं में इस शब्द का प्रयोग वर्तमान की प्रशंसा करने में होने लगा पर भूतकाल के ऊपर उनकी कवितायें चुप ही रहीं। 'आधुनिक' शब्द के प्रयोग की आड़ में भूत और वर्तमान की जो लड़ाई चल रही थी उसमें वर्तमान की निश्चित विजय अंग्रेजी भाषा में 16वीं शताब्दी में हुई। आधुनिक उसे माना जाने लगा जो कि बर्तमान में रहता है और हर पुरातन विचार और वस्तु से घृणा करता था। धीरे-धीरे आधुनिक शब्द के साथ अच्छे अर्थ और शब्द जुड़ते गए जैसे कि खुली मानसिकता का होना, नयापन और सार्थकता; और 'पारम्परिक और कन्सर्वेटिव' शब्द के साथ नकारात्मक शब्द जुड़ गए जैसे कि कूपमंडूकता, रूढ़िवाद, अनुदारवाद, आदि। इन शब्दों के अर्थ जब बदल रहे थे यह वही काल था जब यूरोपीय उपनिवेशवाद अपने चरम पर था। हम पहले ही उपनिवेशिकता और 'आधुनिकता' के अंतर्संबंध को पढ़ चुके हैं। क्विहानो कहते हैं कि इसमें नस्लवाद सदैव एक आयाम था।

विश्व को उपनिवेशवादी शक्तियों द्वारा नस्लवाद की श्रेणी में बांट देने से कुछ समाजों ने पाया कि वे इस श्रंखला में सबसे निचले स्तर पर हैं। भौगौलिक पहचान को, त्वचा के रंग को नस्लवाद से जोड़ा जाने लगा और लोगों को शासक और दास वर्गों में बांटा जाने लगा। इस आधार पर संसाधनों और मानव संसाधनों का वितरण होने लगा। धीरे-धीरे यह दास प्रथा में बदलने लगी। ऐसा कहा जाने लगा कि कुछ नस्ल बनी ही हैं राज करने के लिए और कुछ बनी हैं दासता करने के लिए। विश्व को पश्चिम

और पूर्व में बांटा गया। 'सभ्य' और 'असभ्य' में बांटा गया। विज्ञान और अंधविश्वास में बांटा गया। तार्किक और अतार्किक में बांटा गया। आधुनिक और पारम्परिक में बांटा गया। इतिहास और मिथक में बांटा गया। इन सभी की जड़ में जो दरार थी वह थी–यूरोपीय और गैर-यूरोपीय की। यूरोपीय का अर्थ था सभ्य, वैज्ञानिक, तार्किक, आधुनिक, ऐतिहासिक और गैर-यूरोपीय का अर्थ था असभ्य, अन्धविश्वासी, अतार्किक, परंपरागत, और मिथ्याजनक। जहां कहीं उपनिवेशवादियों को यह मानना भी पड़ा कि यूरोप के बाहर भी कोई सभ्यता है तो उन्होंने उसे 'ओरिएंट' (प्राच्य) कह कर उसे कुछ विचित्र-सा बना दिया।

यूरो-केंद्रित व्यवस्था का आधार ही है एक ऐसी वैश्विक समाज व्यवस्था को बनाना जिससे कि किसी भी स्थिति में यूरोप का हित हो। क्विहानो ने यह बताया कि कैसे वैश्वीकरण और यूरोपीय उपनिवेशवाद एक ही सूत्र में बंधे हुए हैं और इसी कारण से पश्चिम का वर्चस्व पूरे विश्व में और मानव जीवन पर हो चुका है। इस उपनिवेशवाद की पहुंच यहां तक हो गयी कि दूसरी सभ्यताओं की संस्कृति, उनका ज्ञान और विद्या का उत्पादन और उनके स्वयं को देखने का ढंग ही बदल गया। क्विहानो ने तो यहां तक कह दिया कि वैश्वीकरण उसी व्यवस्था का अंत है जिसके तहत अमेरिका का गठन हुआ और यूरो-केंद्रित पूंजीवाद का बोलबाला स्थापित हुआ। नस्लवाद और उपनिवेशिकता आज भी उतनी ही प्रभावशाली शक्तियां हैं जितनी कि पहले थीं। हां, यह बात और है कि वैश्वीकरण के ठेकेदार 'वैश्विक गांव' का झुनझुना बजाते रहते हैं पर सच्चाई में वे ऐसा बिलकुल भी नहीं चाहते। साधारण शब्दों में वैश्वीकरण विविधता को बढ़ावा नहीं देता, न ही यह विविधता का पोषण करता है और न ही इसमें संस्कृतियों का मिलान होता है। इसके विपरीत इसमें विविधता का नाशा होता है और मूल संस्कृतियों का लगातार ह्रास होता है। सभ्यता और संस्कृतियों के उन आयामों को ही इसमें बढ़ावा मिलता है जिन्हें बोला तो जाता है वैश्विक परन्तु यह पश्चिम की संस्कृति के ही आयाम होते हैं।

क्विहानो कहते हैं कि अगर हम यह मानते हैं कि आधुनिकता यूरोपीय नहीं है, बस एक नयी विचारधारा है तो यह बहुत त्रुटिपूर्ण होगा। क्योंकि इसके लिए हमें पिछली पांच शताब्दियों के इतिहास को भूल जाना होगा। क्योंकि इस बीच में ही पश्चिम की संस्कृति में आधुनिकता और तर्कवाद का

जन्म हुआ। 'खोज के युग' से यूरोपीय उपनिवेशवाद ने जिस सम्पूर्णता से पूरे विश्व को बदल दिया है उसने 'आधुनिकता' को एक ऐसा स्वरुप प्रदान किया है जिसे हम अनदेखा नहीं कर सकते क्योंकि इनका प्रभाव आज भी हमारे बीच बहुत तेज़ है।[12] क्विहानो बताते हैं कि विश्व के अलग-अलग हिस्सों में यूरोपीय उपनिवेशवाद के पहले भी कई प्रकार के उपनिवेशवाद रहे होंगे परन्तु विश्व विजय का जो लक्ष्य यूरोपीय उपनिवेशवाद का रहा वह किसी का भी नहीं रहा। क्योंकि यूरोपीय उपनिवेशिकता को विजय प्राप्त करने के लिए यह आवश्यक है कि पूरे विश्व के लोग ठीक उन्हीं कि तरह सोचें और जीवन व्यतीत करें।

इस कारण से यूरोपीय उपनिवेशवाद का प्रभाव जीवन के किसी एक पहलू तक ही सीमित कर देना असंभव होगा। यूरोपीय उपनिवेशवाद का लक्ष्य पूरे विश्व पर अपनी सांस्कृतिक धाक स्थापित करना था परन्तु इसकी चर्चा ही कम होती है क्योंकि इसके लिए एक ऐसे विषय की चर्चा करनी पड़ेगी जिसे करने से आजकल सभी कतराते हैं–यूरोपीय उपनिवेशवादियों का मज़हब, अर्थात् ईसाईयत। उनका मज़हब ही है जिसने मूल सभ्यताओं और संस्कृतियों की ज्ञान परंपराओं और सोचने के ढंगों को बदल के रख दिया। 'संस्कृति' शब्द को इस चर्चा में कुछ ऐसे प्रयोग किया जाता है जिससे जब भी उपनिवेशिकता की बात हो तो केवल उसके नस्लवादी, अर्थशास्त्रीय और राजनैतिक आयामों पर ही ध्यान दिया जाए परन्तु ईसाईयत पर नहीं। परन्तु फिर भी ऐसा कुछ साहित्य भी उपलब्ध है जो कि उपनिवेशिकता के इस मज़हबी/ईसाई आयाम पर भी प्रकाश डालता है। जिससे हमें पता चलता है कि कैसे ईसाई विचारों ने नस्लवादी उपनिवेशवाद की नींव रखी और कैसे इससे मूल सभ्यताओं की ज्ञान परंपराओं पर बहुत बुरा प्रभाव पड़ा। यह साहित्य उन समाजों के लिए तो और भी अधिक महत्वपूर्ण है जो कि अभी भी पूर्णतः ईसाईयत में धर्मान्तरित नहीं हुए हैं और अभी भी ईसाई उपनिवेशिकता की मार झेल रहे हैं।

क्विहानो नस्लवाद और उपनिवेशिकता की बात करते हुए इस बात की चर्चा नहीं करते कि कैसे उपनिवेशित समाज के लोगों को बाध्य हो कर उपनिवेशवादियों के मज़हब, यहूदी-ईसाई मान्यताओं को सीखना पड़ा जिससे कि उनका उपनिवेशीकरण शीघ्र हो जाए। फिर भी कुछ लेखकों ने जैसे कि सिल्विया विंटर और वाल्टर डी. मिग्नोलो, नेल्सन मालडोनाडो-टौरेस[13] ने इस

पहलू पर प्रकाश डाला है कि कोलंबस की 'खोज' में ईसाईयत का हाथ कहां और कैसे रहा था। इन लेखकों हमें यह बताया कि कैसे यूरोपीय उपनिवेशवाद में ईसाईयत का गहरा हाथ था और उपनिवेशवादियों के मस्तिष्क पर और नस्लवाद पर भी इसका कैसे गहरा प्रभाव पड़ा था।

विंटर यह बताती हैं कि कैसे 'खोज के इस युग' ने भूगोल को ही बदल कर रख दिया और इसके साथ ही मानवता की अवधारण भी बदल गयी।[14] उनके अनुसार क्योंकि इस युग ने हमारे समय, स्थान और व्यक्तिपरकता के सिद्धांतों को ही बदल डाला तो 'म्लेच्छ' या 'विधर्मी' कौन है हमारी यह परिभाषाएं भी बदल गयीं। जन्म और मृत्यु के हमारे सिद्धांत भी इस युग में बदल गए। यूरोपीय उपनिवेशवाद ने न केवल हमारी तात्विकी, धर्मशास्त्र, मानवशास्त्र और ज्ञानमीमांसा को बदला परन्तु हमारे नीतिशास्त्र, राजनीती और नीति को भी बदल कर रख दिया।

विंटर यह भी खुल कर बताती हैं कि 'खोज का युग' ईसाई धर्मांतरण और उपनिवेशवाद का भी युग था। उनका मानना है कि इस युग में 'ईसाईयत के कुछ पहलुओं को सेक्युलर ऐनक पहनाया गया'। इसका प्रभाव यह हुआ कि जो भी ईसाई समाज के लिए अच्छा था वही सभी के लिए अच्छा माना गया। जो इस बात को नहीं मानते थे उन्हें या तो धर्मान्तरित होना पड़ा या उन्हें मार दिया गया। उनके इस मत का इतिहास बहुत बल से पुष्टि करता है। 1493 में पोप एलेग्जेंडर षष्ठं ने एक फतवा निकाला जिसका नाम 'इंटर कीटेरा' था। इस फतवे में उन्होंने पूरे विश्व को स्पेन और पुर्तगाल के बीच में बांट दिया और उन्हें आज्ञा दी कि वे पूरे विश्व को धर्मान्तरित करके गुलाम बना सकते हैं।

4 मई 1493 को लिखे गए इस फतवे में पोप लिखते हैं कि कैसे ईसाई राजाओं का सबसे महत्वपूर्ण कार्य है गैर-ईसाई 'बर्बर' देशों को जीतना और उनको बलपूर्वक ईसाईयत में धर्मांतरित करना। पूरे विश्व पर ईसाई बोलबाला बनाने के लिए पोप इसमें राजा को अधिकार देते हैं। ध्यान देने की बात यह है कि जिन देशों को जीत कर उन को ईसाईयत में धर्मान्तरित करने की बात हो रही है उन देशों की स्वेच्छा का यहां पर कोई भी ध्यान नहीं रखा गया है। पोप इस पात्र में बोलते हैं कि क्रिस्टोफर कोलंबस को ईसाई इश्वर की कृपा से ही खोज करने का अवसर मिला और ईसाईयत का बोलबाला नए देशों में हुआ। वह ये बताते हैं कि खोज का मुख्य कारण मूर्तिपूजकों को ईसाईयत

में धर्मान्तरित करना ही है। पूरे विश्व को पोप बिना किसी की अनुमति के पुर्तगाल और स्पेन में बांट देते हैं।[15] (परिशिष्ट 1)

गैर-ईसाईयों को ईसाईयत में बलपूर्वक धर्मान्तारिक करने की आज्ञा इस फतवे से पूर्णतः स्पष्ट होती है। इस फतवे में भारत का भी उल्लेख है और हम आगे अध्याय 8 में देखेंगे कि कैसे भारत का उपनिवेशीकरण इस फतवे का ही फल था। हालांकि यह फतवा कोलंबस की 1492 यात्रा से पहले का था परन्तु ईसाईयत की आत्मा कोलंबस की यात्रा और उसके बाद अमेरिका जाने वाली सभी यात्राओं में भलीभांति सम्मिलित थी। विंटर के अनुसार कोलंबस विश्व के 'पेगन-बहुदेववादी' लोगों को तिरस्कार की भावना के साथ जिस प्रकार से बस 'मूर्तिपूजक' बोलते थे उसमें ईसाईयत की गंध आती है। यहूदी-ईसाई विचारधारा के अनुसार विश्व को इस प्रकार से बांटा जाता है:

1. ईसाई (जिन्होंने कि बाइबिल की 'अच्छे सन्देश' सुना है।)
2. काफिर - जैसे कि मुसलमान और यहूदी, जो कि एकेश्वरवादी तो थे परन्तु उन्होंने 'अच्छे सन्देश' को ठुकरा दिया था।
3. पेगन-बहुदेववादी लोग जिन्होंने या तो 'अच्छे सन्देश' को ठुकरा दिया है अथवा इसके बारे में इन्हें पता ही नहीं है।

विंटर मानती हैं कि 'मूर्तिपूजक' शब्द का ईसाई अर्थ 'इंडियन' अथवा 'इन्डियोज' शब्दों के अर्थ से मिला दिया गया। इस कारण से जो भी समाज पृथक देवी देवताओं की पूजा करता था उसे ईसाईयों द्वारा 'मूर्तिपूजक' कहकर 'म्लेच्छ', 'गन्दा' गाना गया। जब ईसाई उपनिवेशवादी पूरे विश्व में गए और उन्हें दूसरे धर्म और समाज मिले तो उनमें यह मज़हबी उन्माद था कि इन तुच्छ और नस्ली लोगों को 'मुक्त' कराना है और उनको 'सभ्य' बनाना है। दासता और उस पर आधारित उपनिवेशवादी अर्थव्यवस्था का मूल यही भावना थी।[16] मिग्नोलो ने भी इन्ही विचारों पर एक शोध पत्र 'रेसिस्म एस वी अंडरस्टैंड टुडे' लिखा, जिसमें उन्होंने यूरोपीय मस्तिष्क पर नस्लवादी विचारों के हावी होने के कारणों का स्रोत ईसाईयत में खोजा।[17]

क्विहानो और विंटर के शोध को आगे बढ़ाते हुए टौरेस ने बताया कि धर्म अथवा मज़हब के आधार पर मानवता को बांटना और नस्ल के आधार पर व्यक्तियों की पहचान करना और उनके समाज का गठन करना यूरोपीय उपनिवेशवाद का ही फल है। पश्चिमी आधुनिकता से यह विचार और दृढ़

हो गए और इनकी पहुंच बहुत गहरी हो गयी।[18] उनके अनुसार इस प्रकार के मज़हब का गठन नस्ल के विचार के गठन के साथ ही हुआ और मानव समाज को बांटने के यह दो इतने शक्तिशाली आधार बन गए कि उन्होंने विश्व इतिहास के हर पहलू को बदल कर रख दिया। इस प्रकार से 'क्रिटिकल थ्योरी ऑफ रेस' को समझने के लिए 'क्रिटिकल थ्योरी ऑफ रिलिजन' को समझना भी बहुत आवश्यक है। तो इस प्रकार से उपनिवेशिकता/आधुनिकता को समझना मज़हब और नस्लवाद को समझे बिना संभव नहीं था। तब ही कोई यह समझ सकता है कि नीति का उस समाज में विकास कैसे हुआ क्योंकि आधुनिकता और उपनिवेशिकता के दबदबे के रहते नीति कैसी हो इस पर उनका पूर्णाधिकार है। अगर इस नीति का कोई विकल्प देना है तो वि-उपनिवेशिकता को समझना बहुत आवश्यक है।

टौरेस कहते हैं कि 'खोज के युग' में यह आवश्यक हो गया कि धर्म और मज़हब के बारे में यूरोपीय सोच में बहुत बदलाव आया जब उन्होंने अमरीकी मूल निवासी लोगों के धर्मों के बारे में जाना। एक इसरायली विद्वान, गाए स्त्रौम्सा, के ग्रंथों के आधार पर उन्होंने यह कहा। इसीलिए मज़हब और नस्लवाद की आधुनिक समय में जो नयी श्रेणियां बनी उनको समझने के लिए 'खोज के इस युग' को समझना बहुत आवश्यक है। टौरेस के अनुसार यह युग एक नयी 'ज्ञानीय क्रान्ति' से कुछ कम नहीं था। उन्होंने यह भी कहा कि ईसाईयत और नस्लवाद के अंतरसम्बंध को समझने के लिए ईसाईयत के यहूदी मज़हब के बारे में जो सिद्धांत और मान्यताएं हैं उन्हें भी समझना पड़ेगा। यह समझना पड़ेगा कि क्यों ईसाईयत ने अपने प्रारम्भिक समय में यहूदी मज़हब से नस्ली दूरी बनायी थी। इस्लाम के बारे में भी ईसाईयत की अवधारणा जानना आवश्यक है। इसके साथ ही नस्लवाद, रंगभेद के अंतर्सम्बंधों और स्वदेशिता के सिद्धांत को समझना भी आवश्यक है।

टौरेस कहते हैं कि ईसाईयत के लिए मनुष्यों की केवल तीन ही श्रेणियां हैं–ईसाई, काफिर और मूर्तिपूजक। कोलंबस जब पहली बार अमेरिका के मूल निवासियों से मिला तो उसे समझ नहीं आया कि उन्हें कौन-सी श्रेणी में रखा जाए। उसने निष्कर्ष निकाला कि मूल निवासियों का मज़हब 'सही' अथवा 'गलत' नहीं था बल्कि उनके पास मज़हब ही नहीं था। अगर उनके पास मज़हब नहीं था तो ईसाई सोच के अनुसार निश्चित ही उनके पास 'आत्मा' भी नहीं होगी क्योंकि आत्मा के बिना य:व: (ईसाई ईश्वर) से संपर्क संभव

नहीं था। इस बोध ने कि अमेरिकी मूल निवासियों के पास आत्मा ही नहीं थी ईसाईयों में नस्लभेद को पक्का कर दिया और मूल निवासियों को वे बहुत नीची दृष्टि से देखते थे। इस बोध ने मज़हब को नस्लवाद से जोड़ दिया।

ईसाईयों में यह बात बहुत गहराई से घर कर गयी थी कि वे श्वेत हैं और मूल निवासी अश्वेत अथवा किसी और रंग के हैं। इस प्रकार से श्वेत ईसाईयों ने स्वयं को 'आत्मा युक्त' और पूर्ण मनुष्य माना और 'अश्वेत' मूल निवासियों को 'आत्माविहीन' मान कर उन्हें मनुष्य की पदवी से ही हटा दिया गया। मूल निवासी अब मनुष्य ही नहीं रहे। मज़हब, नस्लवाद और रंगभेद के मेल जोल ने वह स्थिति पैदा कर दी जिसमें कि मूल निवासियों के संग बहुत ही अमानवीय व्यवहार को ठीक ठहराया जा सके। उनको दास बनाया जाना सही ठहराया जा सके। ईसाईयों ने अब यह बीड़ा उठाया कि कैसे इन अमानुषों को ईसाईयत, यूरोपियत और सभ्यता का प्रकाश दिखाया जाएगा।

पूरे महाद्वीपों को ही आत्माविहीन घोषित कर दिया गया और ऐसा माना गया कि इन बेचारे मूल निवासियों के सामने एक ही रास्ता है कि वे या तो दास बन जाएं अथवा ईसाईयत को स्वीकार लें क्योंकि ईसाई बनने पर उनमें आत्मा उत्पन्न हो जाती है। यूरोपीय ईसाई औपनिवेशी इस प्रकार से केवल इन बेचारे मूर्तिपूजक, गैर-ईसाईयों की आत्मा को बचा ही नहीं रहे थे, बल्कि शैतान की पूजा करने वाले अमानुषों, पशुओं में आत्मा का संचरण भी कर रहे थे। अगर इस 'भले' कार्य में कोई बाधा डाले तो उसकी तुरंत हत्या कर देना ही अच्छा समझा जाता था। हम चाहे विंटर की बात माने जो कहते हैं कि कोलंबस मूल निवासियों को मूर्तिपूजक मानता था या फिर हम टौरेस की बात माने जो कहते हैं कि कोलंबस उन्हें आत्मा विहीन मानता था, दोनों का आधार ईसाईयत का मूल विचार ही था और इन दोनों विचारों का प्रभाव यह हुआ कि ईसाईयों ने मूल निवासियों के सामने केवल दो ही विकल्प छोड़े थे–या तो वे धर्मान्तरित होकर ईसाईयत को स्वीकार कर लें अथवा फिर ईसाईयों के द्वारा मृत्यु के घाट उतार दिए जाएं।

प्रारम्भ में तो मूल निवासियों ने श्वेत लोगों का स्वागत करते हुए अपने मिथकों को बदल कर उसमें उन्हें स्थान दिया। परन्तु जैसे दोनों समुदायों में संपर्क और व्यापार बढ़ा तो मूल निवासियों ने पाया कि वे धीरे-धीरे अपनी भूमि यूरोपियों को खोते जा रहे हैं उस ऋण को चुकाने में जो उन पर ईसाईयों के साथ व्यापार करने के घाटे से हो रहा था।[19] धीरे-धीरे जैसे ही

अमेरिकी धरती के लिए यूरोपियों की भूख बढ़ने लगी तो उनकी धर्मांतरण की गतिविधियां भी बढने लगीं। ईसाई मिशनरीज़ ने प्रयत्न किया कि कैसे मूल निवासियों के धर्मों और देवताओं को ईसाईयत में पचा कर उन्हें धर्मान्तरित करने के लिए प्रेरित करें। ईसाईयत में धर्मांतरण एक ऐसा हथियार बन गया जिसके प्रयोग से मूल निवासी समाज में सम्मान पा सकें, औपनिवेशक समाज में उठ बैठ सकें और यूरोपीय मिशनरीज़ के द्वारा दी गयी शिक्षा को प्राप्त कर सकें। ईसाईयत मूल निवासियों की उन आवश्यकताओं को पूर्ण कर रही थी जिनका आविष्कार ही उन्होंने किया और मूल निवासियों पर थोप दिया। उनकी आध्यात्मिक आवश्यकताओं पर ईसाईयों का कोई ध्यान नहीं गया।

अपने शोध पत्र 'द इम्पैक्ट ऑफ कोलोनियल कॉन्ट्रैक्ट ऑन द कल्चरल हेरिटेज ऑफ नार्थ अमेरिकन इंडियन पीपल' में नस्सिमा दलाल लिखती हैं कि ईसाईयों के मूल निवासियों को धर्मान्तरित करने के प्रयासों के पीछे कई कारण रहे। पहला था बाइबिल और ईसाईयत को हर कोने तक पहुंचाना। दूसरा था मूल निवासियों की भूमि पर अधिकार जमाना।[20] कुछ लोग यह भी कहेंगे कि इसका क्रम उल्टा था और ईसाईयत का प्रयोग ईसाईयों ने केवल मूल निवासियों की भूमि पर अधिकार जमाने के लिए किया।[21] इसका अंतिम लक्ष्य था मूल निवासियों को यूरोपीय संस्कृति में पूर्णतः सम्मिलित कर लेना और उनकी संस्कृति का समूल नाश कर देना।[22] इस लक्ष्य की प्राप्ति के लिए कई ढंग अपनाए गए। पहला था बहुत बड़ी संख्या में मूल निवासियों का नरसंहार जिससे कि जो भी मूल निवासी बचें उन्हें चुपचाप 'आरक्षित बाड़ों' में भर दिया जाए जहां पर प्राकृतिक संसाधन बहुत ही कम हों। किसी स्थान पर चेचक जैसी महामारियों को मूल निवासी समाज में जान बूझ कर छोड़ा गया जिससे कि वे बड़ी मात्र में मारे जाएं क्योंकि उनमें यूरोपीय बीमारियों के विरुद्ध प्राकृतिक प्रतिरोधक क्षमता नहीं थी।

कुछ ऐसी भी घटनाएं हमें पढने को मिलती हैं जहां पर 'स्वेच्छा से' मूल निवासी ईसाईयत में धर्मान्तरित हो गए जिससे कि उनके समाज का नरसंहार रोका जा सके और दोनों समाजों में वार्तालाप स्थापित हो। ऐसे में लोग धर्मान्तरित केवल अपने समाज के सम्पूर्ण संहार को रोकने के लिए होते थे। हालांकि यह बहुत कम ही देखने को मिलता था। यूरोपियों द्वारे किये गए नरसंहार के बाद, उनकी बीमारियों की मार के बाद और विस्थापित होने के

बाद अधिकांश स्थानों पर केवल 10% मूल निवासी ही जीवित बचे।[23] इस प्रकार से धार्मिक परंपराओं को और मूल निवासी ज्ञान परंपराओं को आगे ले जाने वाले लगभग सभी व्यक्ति मारे गए।[24] आजकल यह दावा किया जाता है कि जो मूल निवासी आज बचे हैं उससे ईसाई समाज के बड़े मन का पता चलता है जबकि इससे केवल मूल निवासी समाज की जुझारू प्रकृति का ही पता चलता है।

मूल निवासी समाज का ईसाईकरण और यूरोपीयकरण बहुत तीव्रता से हुआ क्योंकि एक ईसाई एक ओर छड़ी और एक ओर प्रलोभन की नीति का प्रयोग करते थे। एक ऐसा समाज जो कि एक समय में फलती-फूलती संस्कृति था और ज्ञान का केंद्र था उस समाज को पूर्णतः नष्ट कर दिया गया और अंततः जो बचे रह गए उन्हें निर्धन और अनपढ़ कह कर 'वाइट मेन्स बर्डन' (अथवा श्वेत लोगों के कंधे का बोझ) कहा गया। दूसरी ओर मूल निवासी समाज में जो रिक्तता आयी उसे यूरोपीय संस्कृति ने भर दिया जिसको सामाजिक उत्थान का ढंग माना जाने लगा। यूरोपीय संस्कृति की भारी मांग सदैव के लिए इस प्रकार से गढ़ी गयी। यूरोपीय उपनिवेशियों ने इसे अपने विशाल हृदय का उदाहरण बताया कि कैसे वे मूल निवासियों को यूरोपीय संस्कृति में सम्मिलित करके उनके अपने ही अज्ञान, अंधविश्वास और गंवारता से बचा रहे थे। पुरातत्त्व और मानवजाति वैज्ञानिकों ने हमें यह बताया कि औपनिवेशिक काल के नरसंहार से पहले मूल निवासियों का जीवन और कैसा था। नहीं तो हमें इतिहास की पुस्तकों से तो यह पता ही नहीं चलता। अगर यह साक्ष्य हमारे पास नहीं होता तो यूरोपीय उपनिवेशिकता हमें यह विश्वास दिला देती कि मूल निवासियों की संस्कृति, धर्म और जीवन पद्धति को कैसे केवल शान्ति से बदला गया और उन्हें यूरोपीय अथवा 'वैश्विक' सभ्यता में 'सम्मिलित' कर लिया गया।[25]

यही कारण है कि उत्तर और दक्षिण अमेरिका आज मज़हब में ईसाई हैं। अधिकतर अफ्रीका का भी यही हाल है। इन मूल निवासी संस्कृतियों पर यूरोपीय संस्कृति की जकड़ इतनी तेज थी और उनकी संस्कृति का विध्वंस इतना सम्पूर्ण था कि उनके पास केवल एक ही उपाय था–उस संस्कृति और मज़हब को अपना लेना जो उनके धर्म के अतिरिक्त उन्हें उपलब्ध हो और यह मज़हब था–ईसाईयत। ईसाईयत को इन नए धर्मान्तरित लोगों ने बड़े गर्व से अपनाया। मूल निवासियों ने यह स्वेच्छा से नहीं किया। यूरोपीय उपनिवेशकों

ने जो अमानवीय परिस्थितियां वहां प्रकट कर दी थीं उन परिस्थितियों में यह बहुत ही स्वाभाविक था। धर्मांतरण के बाद कुछ पीड़ियां बीत जाने पर ये धर्मान्तरित लोग अपनी प्राचीन संस्कृति और धर्म के विरुद्ध विष उगलने लगे क्योंकि उनका धर्म उन्हें उस बीते हुए समय की याद दिलाता था जब वे बहुत अशक्त और पराजित थे। इस प्रकार से उनकी अपनी जड़ों से टूट जाने की प्रक्रिया पूरी हुई। एक प्रकार से उपनिवेशिकता को मूल निवासियों के मस्तिष्क में जैसे कि नींद में किसी ने डाल दिया हो जिससे कि रातों रात संस्कृति की कहानी ही बदल जाए। अमेरिका, अफ्रीका और एशिया में मूल निवासियों ने जैसे जैसे अपने धर्मों को छोड़ कर ईसाईयत जैसे मज़हब को अपनाया उसका एक दुष्परिणाम और हुआ। मूल निवासियों के प्राकृतिक धर्म उनके और उनकी भूमि और प्रकृति के बीच में संतुलन और सम्मान का नाता बनाए हुए थे। ईसाईयत को अपनाने से प्रकृति और मनुष्य संस्कृति में जो पवित्र बंधन था वह टूट गया। इसका प्रभाव मूल निवासियों की ज्ञान परंपरा और ज्ञान मीमांसा पर बहुत गहरा पड़ा।

अध्याय 3

उपनिवेशिकता, मूल निवासी धर्म, प्रकृति और ज्ञान

ईसाई 'इर्मिन्सुल' (सृष्टि के पेड़) का विनाश करते हुए

770 ई. में चार्लमैग्ने ने युद्ध में सैक्सन जाति के लिए महत्वपूर्ण एक पवित्र जंगल को हथिया लिया और उसमें उनके पवित्र स्तम्भ इर्मिन्सुल का विनाश कर दिया जो कि उनके विश्वरूपक पेड़ का एक चिन्ह था। बचे हुए सैक्सन बालकों को ईसाई मिशनरी बना दिया गया।

(द डिस्ट्रक्शन ऑफ इर्मिन्सुल बाई हेंरिख लेत्युमन्न, 1882)

यूरोपीय उपनिवेशवाद पर अधिकतर जो शोध अभी तक हुए हैं उनका केंद्र हैं कि कैसे मूल निवासियों ने अपनी राजनैतिक स्वतंत्रता को खोया; कैसे उनके समाज को बहुत बड़ा आर्थिक घाटा हुआ; और कैसे इसके कारण उनका समाज निर्धन और 'निरक्षर' हो गया। मेरे अनुसार यह तथ्य उपनिवेशिकता की ही जीत है। लगभग सभी मूल निवासी समाज अभी तक उपनिवेशिकता के सबसे गंभीर दुष्परिणाम को समझ नहीं पाए हैं। कि कैसे इन समाजों ने अपने सोचने और जीवन को देखने के तरीकों को ही खो दिया और पश्चिमी समाज जैसे सोचने लगे। उन्हें यह पता भी नहीं कि उन्होंने क्या खो दिया है।

अगर कोई समाज अपनी हानि का आंकलन भी यूरोपीय उपनिवेशवादियों द्वारा परिभाषित 'विकास' के कांटे पर करे तो उपनिवेशिकता की जीत का इससे बड़ा प्रमाण और कोई नहीं है। उपनिवेशवादी दृष्टि उस समाज में इतनी गहरी धंस चुकी है कि उन्हें इस हानि का आभास तक नहीं है। इस गहरी विस्मृति के बाद यह आभास संभव भी नहीं है। इस बात को यह कह कर नकारा जा सकता है कि यह तो संभ्रांत वर्ग की बड़ी बड़ी बातें हैं। परन्तु ऐसा नहीं है। बात यह नहीं है कि जब जनता निर्धनता की ठोकर खा रही है तब संभ्रांत वर्ग संस्कृति के लोप का आलाप कर रहा है। बात यह है कि मूल निवासी समाज के पास जीवन को देखने और उसके बारे में सोचने का अपना ढंग होना चाहिए। बात यह है कि उनका आत्म सम्मान उनको पुनः प्राप्त होना चाहिए। बात यह है कि उनको अपने मूल समाज का गठन और संचालन स्वयं के विचारों और पद्धतियों से करना चाहिए और न कि उपनिवेशकों की विचारधारा के अनुसार।

सौभाग्य से ऐसे शोध भी उपलब्ध हैं जो कि इन घिसी पिटी रेखाओं से परे भी जाते हैं और प्रकृति को नष्ट करने वाले 'विकास' को और आर्थिक नमूनों की भी आलोचना करते हैं। यह शोधकर्ता कहते हैं कि यूरोपीय उपनिवेशवाद ने सम्पूर्ण सभ्यताओं का समूल नाश किया। उनकी अर्थव्यवस्था को पूर्णतः बदला और विश्व के भूगोल को ही बदल कर रख दिया। परन्तु इतना ही नहीं उन्होंने मूल निवासियों और प्रकृति के बीच जो सम्बंध हुआ करते थे उनका भी नाश कर दिया और इन संबंधों को पूर्णतः बदल दिया।[1] मानवता का भोगवाद से जो नाता है इसे हम यूरोपीय उपनिवेशिकता से जोड़ सकते हैं। 'मानववाद' जो कि यूरोप की देन है वह केवल एक अच्छी विचारधारा नहीं है बल्कि उसने मनुष्य को प्रकृति के ऊपर

माना है। उपनिवेशिकता की यह सबसे बड़ी देन है। औपनिवेशिक काल से पहले मूल निवासियों के जीवन की धुरी ही प्रकृति हुआ करती थी। उनका धर्म, समाज, ज्ञान, अर्थव्यवस्था और उत्पादन आदि प्रकृति के आस-पास ही नियोजित होता था।[2]

अमेरिका के मूल निवासी मान्यता रखते थे कि जीवन धरती के गर्भ में से उत्पन्न हुआ है और धरती एक गर्भ के प्रकार ही है।[3] यूरोपीय उपनिवेशकों के आने से पहले इस मान्यता के कारण वहां की विभिन्न जातियां और जन जातियां एक-दूसरे से समन्वय के साथ रहती थीं। इन मान्यताओं का प्रभाव यह था कि प्रकृति के प्रति सभी का सम्मान बना रहता था जो कि इन समाजों का लक्ष्य भी था। जब यूरोपीय उपनिवेशक उत्तरी अमेरिका आये तब वहां पर लगभग 2000 विभिन्न जन जातियां और समुदाय थे उनकी अपनी भाषाएं, मान्यताएं, रीतियां और जीवन पद्धतियां थीं। इनमें भूमि को लेकर कुछ छोटे मोटे झगड़े तो थे परन्तु उनके बीच बड़े स्तर पर एक शान्ति थी और इसका कारण था उनका भूमि के साथ सम्बंध और यह भाव कि वे सभी प्रकृति के गण हैं और उससे विपरीत नहीं जा सकते। एक ओर तो यह सभी समाज अपनी विभिन्नता को बनाए रखे थे और दूसरी ओर उनमें मनुष्य समाज का भी एक भाव था और इस प्रकार से प्रकृति के प्रति उनके मन में एक दायित्व का भार था।[4] सम-सामयिक विश्व में जब एकता की बात होती है और सामाजिक समरसता की बात होती है तो प्रयत्न यह रहता है कि कैसे सभी को एक जैसा बना दिया जाए और सांस्कृतिक विभिन्नता को समाप्त कर दिया जाए परन्तु उत्तर अमेरिकी मूल निवासी समाज में ईसाईयत के आने से पहले यह समस्या नहीं थी क्योंकि वहां पर उनके मूल धर्मों का बोल-बाला था जो कि प्रकृति से समरसता बनाए रखते थे और सामाजिक विभिन्नता को भी बनाए रखते थे।

उत्तर अमेरिकी मूल निवासी परंपराओं के विद्वान जोसफ एपेस ब्राउन अपनी पुस्तक 'द स्पिरिचुअल लिगेसी ऑफ द अमेरिकन इंडियन'[5] में लिखते हैं कि अपनी सांस्कृतिक विभिन्नता को बनाए रखते हुए भी यह समाज 'प्रकृति की उस आध्यात्मिक अवधारणा' का पालन करते थे जिसके अनुसार समुदाय के हर व्यक्ति का एक अलग दायित्व था। इन दायित्वों का निर्धारण उस आधार पर होता था कि कैसे मनुष्य जीवन प्रकृति के साथ, धरती के साथ और हर जीव-जंतु और परितंत्र के साथ जुड़ा हुआ है।[6] धरती के साथ

उनका नाता परस्पर था जहां पर एक ओर वे वातावरण के अनुसार रहते थे और दूसरी ओर वही वातावरण उनके जीवन में और उनके समाज का एक हिस्सा बन जाता था।[7] उनके लिए प्रकृति मानव जीवन से कभी भी भिन्न नहीं रही। प्रकृति उनके लिए कोई विचित्र वस्तु नहीं थी जिसको हम लेबोरेटरी में अध्ययन करें, अपितु प्रकृति वह सार्वभौमिक वस्तु थी जिसके साथ समन्वयता से रहा जाता है। इस धारणा ने उनके समाज को विनम्र बनाया और उनके प्रकृति के साथ परस्पर समबन्ध और अंतर-समाजीय संबंधों को भी मधुर रखा।[8] इस धारणा के पीछे यह भाव था कि धरती भूमि का एक टुकड़ा मात्र नहीं था। वे धरती को आध्यात्मिक दृष्टि से देखते थे और मानते थे कि मनुष्य उस धरती का केवल एक भाग मात्र है और अगर मनुष्य प्रकृति के संतुलन को बिगाड़ता है तो उसका फल भी उसे ही भुगतना पड़ेगा।

उनका धर्म उनके प्रकृति के प्रति सम्मान से ही निर्धारित होता था। उनकी संस्कृति के चिह्न वहां रहने वाले पशु-पक्षी और भूदृश्य से ही व्युत्पन्न होते थे। इस प्रकार से प्रकृति उनके जीवन के बिलकुल मध्य थी। समुदाय के जनों के बीच परस्पर सम्बंध इस धारणा के कारण मधुर होते थे।[9] उनके धर्म में प्रकृति, आस्था और ज्ञान का समावेश था जो कि उनकी मौखिक परंपराओं और उनके बड़े-बूढों द्वारा प्रतिपादित होता था।[10]

'द सेक्रेड पाइप' नामक ब्राउन की एक पुस्तक है जिसमें 'सू' संस्कृति का विवरण है।[11] अपेक्षित है कि भारतीय दर्शन समझने वाले इस संस्कृति के विचारों से सामंजस्य रखेंगे। इस संस्कृति का मानना था कि प्रकृति एक है और हम सभी जीव जंतु, पेड़ पौधे और जल वायु एक-दूसरे से जुड़े हुए हैं। रोचक बात यह है कि कैसे 'सू' अपने समाज में बड़े बूढों को बुलाते थे। बूढ़ी स्त्री को वे मां कह कर पुकारते थे और कोई बहुत बूढ़ी स्त्री को दादी कह कर। इस प्रकार के नाते उसी संस्कृति में हो सकते हैं जहां पर प्रकृति और मनुष्य को अलग-अलग नहीं देखा जाता। यह सुन्दर तंत्र पूरी तरह बिखर गया और नष्ट हो गया जब उसे अपना उपनिवेश बनाने के लिए कोलंबस के साथ ईसाई मिशनरी अमेरिका पहुंचे।

जो यूरोपीय उपनिवेशी अमेरिका पहुंचे वे बहुत कट्टर थे और ईसाई मत के अनुसार धारणा रखते थे कि मनुष्य प्रकृति से बहुत श्रेष्ठ है चूंकि उनमें ईसाई 'आत्मा' है और पशुओं में यह 'आत्मा' नहीं है। ईसाईयत ने ईसाईयों को प्रकृति से ऊपर रखा, और इस कारण से मनुष्य के लिए 'सुख

की खोज' और 'नियति को प्राप्त करना' प्रकृति के संवर्धन से बड़ा लक्ष्य हो गया। प्रकृति के प्रति एक ओर ईसाईयों के मत और दूसरी ओर अमेरिकी मूल निवासियों के मत एक-दूसरे से विपरीत थे। जहां पर एक संस्कृति प्रकृति की पूजा करती थी और मनुष्य को प्रकृति का एक छोटा अंग समझती थी वहीं पर दूसरी संस्कृति मनुष्य को प्रकृति से बहुत ऊपर मानकर यह मानती थी कि प्रकृति का मनुष्य हित के लिए दोहन करना उसका मज़हबी अधिकार है। 'मानववाद' और 'भोगवाद' यूरोपीय उपनिवेशकों की ज्ञान परंपरा का ही परिणाम है। इसने कार्टेसियन सोच को जन्म दिया जो कि मस्तिष्क और शरीर के बीच और व्यक्ति और वस्तु के बीच अंतर्विरोध की बात कहता है और मनुष्य को प्रकृति के ऊपर रखता है। 'विकास' के प्रति यूरोपीय उपनिवेशकों की सोच इसी विचारधारा से प्रेरित थी। उपनिवेशिकता ने केवल कई मनुष्य समाजों को ही अमानवीय नहीं ठहराया बल्कि प्रकृति को मनुष्य के भोग मात्र की वस्तु बनाकर एक नए आयाम को जन्म दिया।[12]

यूरोपीय ज्ञानोदय ने ईसाई रूढ़ी को चुनौती देकर 'तर्क के युग' का प्रारम्भ किया परन्तु दूसरी ओर उसी ज्ञानोदय की कार्टेसियन सोच के कारण मनुष्यों और प्रकृति में एक बंटवारा हुआ और इस विचार का जन्म हुआ कि मनुष्य का मस्तिष्क जो कि तार्किक है वह अतार्किक प्रकृति से श्रेष्ठ है। इस विचार से प्रकृति के शोषण और नाश का प्रारम्भ हुआ।[13] प्रकृति एक वस्तु बन कर रह गयी। इसे जानना अब आवश्यक नहीं था परन्तु इसका उपयोग मनुष्य के सुख संसाधनों के लिया बहुत आवश्यक था।[14] रिचर्ड डरेटन ने 'नेचर्स गवर्नमेंट' में कहा कि यूरोपीय साम्राज्यवाद और उपनिवेशवाद के पीछे जिस विचार का हाथ था वह था प्रकृति को एक वस्तु की तरह देखना जिससे कि पूंजीवाद और सार्वभौमिक विकासवाद के विचार का जन्म हुआ।[15] ऐसा इस कारण से संभव हो पाया क्योंकि ईसाई यूरोपीय उपनिवेशवादियों के लिए यूरोप के बाहर का जगत 'जंगली' था और इस 'जंगली' जगत को 'सभ्य' बनाना इन ईसाईयों ने अपना कर्त्तव्य समझा। ऐसा वे इन समाजों को अपने अधीन कर उन्हें 'तार्किकता' और 'व्यवस्था' का पाठ पढ़ा कर करना चाहते थे। इस मिशन ने आक्रामक औद्योगिकीकरण का स्वरुप ले लिया और विकासवाद को जन्म दिया। विकासवाद 20वीं शताब्दी पर पूरी तरह हावी रहा और इस शताब्दी में भी कई पूर्व उपनिवेशित देश पश्चिम की भांति विकसित हो जाने का प्रयत्न कर रहे हैं।[16] यूरोपीय उपनिवेशकों ने भलीभांति देखा कि

कैसे हर देश और महाद्वीप एक-दूसरे से बहुत अलग हैं परन्तु फिर भी उनका यह दृढ़ विश्वास था कि आर्थिक विकास, औद्योगिकीकरण का एकमात्र नमूना है और उसे पूरे विश्व को अपनाना ही होगा। यह वही प्रक्रिया है जो सबको एक जैसा बनाने पर तुली हुई है और जिसका जन्म यूरोपीय उपनिवेशिकता जनित आधुनिकता/तार्किकता से हुआ है।

रेमंड मर्फी कहते हैं कि प्रकृति और उसके दोहन से जो विचार निकले उन्होंने यूरोपीय उपनिवेशकों के सरकार, साम्राज्य और अर्थ्वावस्था के बारे में विचारों को पोषित किया। इन सभी का लक्ष्य केवल प्रकृति का नियंत्रण और दोहन था। यहां तक कि तार्किकता का जन्म भी प्रकृति के दोहन और नियंत्रण करने के भावों के साथ ही हुआ। इसी प्रक्रिया में उपनिवेशवाद को सरकारी तार्किकता का ही एक बाहरी अंग माना गया है। मर्फी कहते हैं कि तार्किकता के चार स्तम्भ उपनिवेशी राज्यों के आधार बन गए। यह चार स्तम्भ हैं[17]:

1. विज्ञान और तकनीकी का विकास, जिसका अर्थ है प्रकृति को समझने और दोहन करने का ढंग। इस वैज्ञानिक दृष्टिकोण के अनुसार तकनीकी साधनों के अनुसार प्रकृति के ऊपर राज करना मनुष्य की नियति है।
2. पूंजीवादी अर्थव्यवस्था का फैलाव जिसके साथ तार्किक रूप से मर्यादित होने और करने वाला बाजार भी सम्मिलित था।
3. एक राज्यकर्मचारी शासन व्यवस्था का गठन जो कि वर्गीकृत हो और जिसका प्रयोग सामाजिक कार्यों के सरकारी नियमन और प्रबंधन करने में हो।
4. शासकीय विधि व्यवस्था का हर कोने तक फैलाव जिससे कि सामाजिक कार्यों का सटीक आंकलन किया जा सके।

मेरे अनुसार इसमें दो और आयामों को भी जोड़ना चाहिए–

5. ऐसी किसी भी ज्ञान व्यवस्था को नकारना जो कि प्रकृति की पूजा करती हो और ईसाईयत के प्रकृति के दोहन और नियंत्रण करने के विचार से सहमत न हो। इस प्रक्रिया ने मूल निवासी परंपराओं को नष्ट किया; ईसाईयत को मूल निवासियों पर जबरदस्ती थोप दिया; और मूल निवासी धर्मों को भी अन्दर से बहुत बदल दिया।
6. देशीय ज्ञान परंपराओं को नष्ट करके ईसाई ज्ञान परंपरा और अध्ययन व्यवस्था को स्थापित करना जिससे कि उपरोक्त दिये गए पांच आयाम अच्छे से मूल निवासियों के मस्तिष्क में बैठ जाएं।

मर्फी के अनुसार इसका दोष 'संस्कृति और समाज को प्रकृति से पृथक कर देने' पर जाता है[18] और इसका बीज ज्ञानोदय में है। क्योंकि ज्ञानोदय में ही प्रकृति को मनुष्य का सेवक बना देने की प्रक्रिया को तेज कर दिया। इससे हमें यह समझ में आता है कि कैसे उपनिवेशित भूमि को केवल दोहन करने वाले संसाधन के रूप में ही देखा जाता था। उस धरती पर रहने वाले मनुष्यों के साथ अमानवीय व्यवहार होता था और उनको अश्वेत, मूर्ती-पूजक, आत्माविहीन और गंवार अवांछित तत्त्वों की भांति देखा जाता था जो कि प्रकृति के दोहन को रोक रहे हैं। इस दृष्टिकोण को अपनाने के कारण मूल निवासी देशों और भूमि का बहुत विनाश हुआ और बात यहां तक पहुंच गयी कि उपनिवेशवादी भी किसी न किसी रूप में 'संरक्षण' के बारे में सोचने लगे। परन्तु उपनिवेशवादियों की सोच तो वही थी और 'संरक्षण' के बारे में सोचते हुए भी वे मनुष्य-केन्द्रित सोच ही रखते थे। स्वयं को 'आधुनिक', 'तार्किक' और 'वैज्ञानिक' कहने वाले ईसाई यूरोपीय उपनिवेशवादी यह सोच भी नहीं सकते थे कि मूल निवासी समाजों के पास प्रकृति के संग सामंजस्य से रहने के कई उपाय होंगे जो उन्होंने सहस्राब्दियों के अनुभव से सीखे होंगे और उनसे बहुत कुछ सीखा जा सकता है। इन्हें तो बस जो प्रकृति के टुकड़े बचे हुए थे उसे 'बचाना' था और बात करनी थी 'दीर्घकालिक विकास' की। यह समझने में कि उनकी प्रकृति के प्रति सोच में बहुत बड़ा दोष है यूरोपीय उपनिवेशवादियों को सदियां लग गयीं और तब तक प्रकृति पर मानव गतिविधि का प्रकोप देखा जा सकता था।

प्रकृति पर प्रकोप और मूल निवासी धर्मों के नाश के अलावा भी यूरोपीय उपनिवेशवादियों का प्रभाव एक बात पर बहुत बुरा पड़ा और वह था मूल निवासी ज्ञान परंपराओं पर प्रभाव। मूल निवासी धर्म, उनकी ज्ञान परंपरा और प्रकृति के बीच सीधा सम्बंध था और इन सभी को उपनिवेशवादियों ने चोट पहुंचाई। मूल निवासी परंपराओं का प्रतिपादन मौखिक शैली से होता था और युगों युगों तक कहानी कहने के माध्यम से उनके ज्ञान का प्रसार अगली पीढ़ी तक होता था।[19] यह परंपरागत ज्ञान समुदाय के अन्दर ही रखा जाता था जिससे कि प्रकृति, मनुष्य और संस्कृति के अंतर्सम्बंधों और गूढ़ रहस्यों को जाने बिना कोई उसका लाभ न उठाये। इस कारण से अधिकतर संस्कृतियों में इस ज्ञान को कहीं लिखा नहीं जाता था। इस कारण से ईसाई उपनिवेशवादियों ने इन संस्कृतियों को ज्ञान विहीन ही मान लिया। जो भी ज्ञान

मौखिक रूप से उपलब्ध था उसे 'मिथक' कह कर अथवा अन्धविश्वास कह कर नकार दिया। इस प्रकार से ईसाई उपनिवेशवादियों का दृष्टिकोण मूल निवासी ज्ञानात्मक सम्पदा के प्रति बहुत बुरा था।

ईसाईयत प्राकृतिक धर्मों के प्रति घृणा का भाव रखती है और उन्हें मूर्तिपूजक कह कर तिरस्कार के भाव में देखती है परन्तु उसने स्वयं की 'किताब' बाइबिल को 'ईश्वर का शब्द' कह कर सदैव अति सम्मान दिया है। उनके अनुसार 'किताब' में जो लिखा है वही सच है, और बाकी सभी झूठ, अन्धविश्वास और जादू-टोना है। ईसाई स्वयं को 'किताबी लोग' कह कर बड़े गर्व का अनुभव करते थे। ईसाई समझते थे कि हर मज़हब के पास एक और केवल एक ही 'किताब' होनी चाहिए जिसमें कि उनका नियम दिया गया हो। इसी भाव से उन्होंने मूल निवासी समाजों और धर्मों को देखा और जहां पर भी उन्हें ऐसी 'किताब' नहीं मिली उस संस्कृति को उन्होंने बर्बर कह कर उनकी ज्ञान परंपरा को जड़ से नकार दिया। इस प्रकार वैश्विक रूप से ईसाईयत ने इन सभी धर्मों के अधिकार छीन लिए। 'किताब' का न होने से उनका धर्म, इतिहास उपनिवेशवादियों की दृष्टि में केवल एक मिथक बन कर रह गया। अगर किसी वस्तु या धर्म का साक्ष्य नहीं है तो वह वस्तु ही उपनिवेशवादियों के अनुसार अस्तित्व नहीं रखती। धर्म और आस्था को प्रभु को पाने के पथ की तरह मानने के बजाय ऐसा प्रयत्न किया जाने लगा कि कैसे उसे उपनिवेशवादियों की दृष्टि में खरा उतारा जाए, जहां पर ईसाई यूरोपीय सभ्यता इन सभी धर्मों और ज्ञान परंपराओं को तार्किकता और आधुनिकता के कसौटी पर परख रही थी।

चूंकि मूल निवासी समाजों के लिखित साक्ष्य नहीं थे इस कारण से ईसाईयत के लिए यह आसान था कि मूल निवासी मंदिरों और आस्था के क्षेत्रों को नष्ट कर के उनकी पूरी ज्ञान परंपरा को जड़ से मिटा दिया जाए। वैश्वीकरण से पहले के युग में मूल निवासी समुदायों की संस्कृति के बारे में बाकी का विश्व नहीं जानता था और इस कारण से उनकी कहानी ईसाई यूरोपीय उपनिवेशवादियों ने ही लिखी। हालांकि, लगभग सभी मूल निवासी समुदायों की 90% जनसंख्या ही नरसंहार और बीमारियों के हत्थे चढ़ चुकी थी तो इसका गहरा प्रभाव उनकी ज्ञान परंपरा पर भी पड़ा। इन संस्कृतियों के चारों ओर धुंध, जो कि यूरोपीय उपनिवेशवादियों ने पैदा की थी, वह और भी बढ़ गयी।

हिंसा तो इन उपनिवेशवादियों ने की ही, उन्होंने ऐसे भाषा नीति निकालीं जिससे कि जो बचे-कुचे मूल निवासी थे उनको पूर्णतः उपनिवेशवादी रंग में रंग दिया जाए। ईसाई उपनिवेशवादी पूरी तरह जानते थे कि कैसे एक भाषा अपने हृदय में अपनी संस्कृति के बीज को छुपाये रखती है; कैसे उसमें समाज का इतिहास छुपा रहता है और कैसे उस समाज की कहानियां, मुहावरे, और दर्शन भाषा के साथ जुड़े रहते हैं। भाषा हमारे अतीत से जोड़ने वाला धागा है। इस धागे को तोड़ने के लिए मूल निवासी बालकों को अपनी भाषा में बात करने से रोका गया।[20] यह नीति आज भी अंग्रेजी माध्यम के विद्यालयों में देखने को मिलती है। बालकों को उनके माता पिता से अलग करके आवासीय विद्यालयों में भर दिया गया उनको उनकी जड़ों से काटने के लिए और यहां तक कि उनके परिवार से काटने के लिए। समुदाय और परिवार के लोगों के बीच में भी एक सांस्कृतिक फूट पैदा कर दी गयी थी। नए युग के बालकों को केवल एक ही संस्कृति देखने को मिलती थी और वह थी उपनिवेशवादियों की संस्कृति।[21]

यह आवासीय विद्यालय संस्कृति के केन्द्रों से जितना दूर हो सकते थे उतने दूर रखे जाते थे। अध्ययन का माध्यम भी उपनिवेशवादियों की भाषा ही होती थी जैसे कि पुर्तगाली, स्पेनिश, फ्रेंच अथवा अंग्रेजी। दुर्भाग्य से मूल निवासी समाजों के कुछ पहलू उपनिवेशवादियों की भाषा में भी बचे रह गए परन्तु उसके साथ ही मूल संस्कृति का जीवंत भाव सदैव के लिए समाप्त हो गया।[22] कुछ विद्वान कहते हैं कि उपनिवेशवादियों की भाषा में भी किसी भी प्रकार से जीवित रहना एक प्रकार का 'प्रतिरोध' था, परन्तु मेरे अनुसार यह सही नहीं है।[23] व्यक्तिगत और सामाजिक तौर पर जब तक मूल निवासी समुदाय भाषा सहित अपने अधिकारों को वापस नहीं लेते उनका जीवन अधूरा ही रहेगा।

भाषा के प्रति उपनिवेशवादियों की नीति उनकी शिक्षा नीति से भिन्न नहीं थी। उपनिवेशवादी शिक्षा को एक विकल्प के प्रकार नहीं रखा गया था बल्कि उनका लक्ष्य ही था मूल निवासी शिक्षा पद्धति का संपूर्ण विनाश। अफ्रीका के सम्बंध में हमें जो जानकारी मिलती है उससे पता चलता है कि दक्षिण अफ्रीका में उपनिवेशवादी शिक्षा के थोपे जाने के कई कारण थे जिनमें मज़हब भी एक था परन्तु उसमें तार्किकता/आधुनिकता का भी बहुत बड़ा योगदान था। चूंकि उपनिवेशवादी स्वयं को 'सभ्य' और नस्लवादी रूप से 'श्रेष्ठ' समझते थे तो उन्हें ऐसा लगता था कि मूल निवासियों को

'सभ्य' बनाकर 'शिक्षित' करना और उनकी आत्मा को अन्धविश्वास और अज्ञानता से बचाना उनका दायित्व है।[24] इस दृष्टि से देखने पर समझ आता है कि उपनिवेशवादी शिक्षा को उपनिवेशवादियों ने मूल निवासियों के समाज में भूत-शुद्धि की भांति प्रयोग किया। इसके अलावा, एक आवश्यकता थी कि साम्राज्य के प्रति मूल निवासियों के मन में श्रद्धा और भक्ति का भाव पैदा करना और आगे आने वाले समय में मूल निवासियों को यूरोपीय जीवन पद्धति और तौर-तरीकों में पूर्णतः सम्मिलित कर लेना। हालांकि इनका स्थान उस सभ्यता में निचले स्तर का ही था। मूल निवासित्यों के यूरोपीकरण में उपनिवेशवादी शिक्षा का बहुत बड़ा हाथ था।

उपनिवेशवादी सरकार अपने लक्ष्यों को छुपाना भी नहीं चाहती थी और गर्व से कहती थी कि मूल निवासी समाज की सामाजिक इंजीनीयरिंग उनका लक्ष्य था। शिक्षा का प्रयोग मूल निवासियों को 'राजनैतिक, सामाजिक, सांस्कृतिक, और आर्थिक दिशा' देने के लिए किया गया।[25] इसका लक्ष्य था मूल निवासी समाज तंत्र को नष्ट करके नस्लवादी तंत्र की स्थापना करना। यह उपनिवेशवादी भविष्य की नींव डालने जैसा था। ऐतिहासिक साक्ष्य प्रस्तुत हैं जिनसे हमें पता चलता है कि कैसे यूरोपीय विधायक दक्षिण अफ्रीका की सरकार को बोल रहे हैं कि 'या तो वे अश्वेत लोगों से युद्ध कक्षा में जीत लें, नहीं तो उन्हें युद्ध भूमि में जीतना पड़ेगा।'[26] इससे हमें पता चलता है कि सभ्यता को लाना और मूल निवासियों को मुक्त करना, यह सब उपनिवेशवादियों का ढोंग मात्र ही था।

अफ्रीका के विद्यालयों में भी नस्लवादी भेद होता था और यूरोपीय विद्यार्थियों के लिए जो विद्यालय थे वे निश्चित ही मूल निवासियों के लिए जो विद्यालय थे उनसे बहुत श्रेष्ठ थे। यूरोपीय विद्यार्थियों के लिए जो विद्यालय थे उन पर मूल निवासियों के विद्यालयों से दस गुना अधिक व्यय होता था।[27] मूल निवासी समाज के पुनर्गठन करने के लक्ष्य को और उन्हें यूरोपीय समाज के अधीन करने के लक्ष्य को पाठ्यक्रम में ही डाल दिया गया था जिससे कि उनका 'आर्थिक, सामजिक और राजनैतिक भविष्य निर्धारित किया जा सके'।[28] उपनिवेशवादी शिक्षा ज्ञान के उत्पादन और सामाजिक संवाद को नियंत्रित करने का एक ढंग मात्र था।[29] उपनिवेशवादी शिक्षा को सामाजिक तंत्र में ऊपर चढ़ने की सीढ़ी की भांति प्रस्तुत किया गया था और इस प्रकार से उसका उपयोग भी होता था परन्तु एक बात तय थी कि

इस सामाजिक पिरामिड में मूल निवासी विद्यार्थी चाहे जो भी कर लें, गोरे यूरोपियों से आगे नहीं निकल सकते।[30]

उपनिवेशवादी पाठ्यक्रम को ब्रिटेन और उत्तर अमेरिका से ज्यों का त्यों उठा लिया गया। उसका लक्ष्य था ऐसे अफ्रीकी लोगों की पीढ़ी तैयार करना जो स्वयं को सदैव यूरोपीय लोगों से तुच्छ मानें और यूरोपीय हितों की ही सेवा करें। इस शिक्षा का आविष्कार ही हुआ था मूल निवासी बच्चों को ऐसे बड़ा करना कि वे स्वयं ही उपनिवेशवादियों के हित का काम करें और उनके नीचे दास जैसे दायित्व संभाले रहे।[31] भोले-भाले अफ्रीकी बच्चों को यह पढ़ाया जाता था कि 'सभ्य' अफ्रीकी वह है जो कि स्वयं को पूर्णतः यूरोपीय संस्कृति में ढाल लेता है। अध्यापकों को प्रशिक्षण दिया जाता था कि वे अफ्रीकी और यूरोपीय विद्यार्थियों को ब्रिटिश उपनिवेशों में अलग-अलग शिक्षा दें।[32] उपनिवेशवादी शिक्षा का लक्ष्य ही था श्वेत श्रेष्ठता को बनाए रखना। विद्वान कहते हैं:

> भूरे श्रमिक को सदैव यूरोपी मालिक के नीचे काम करना पड़ता था जिससे कि कोई लड़ाई न हो। मूल निवासियों का मस्तिष्क ही नहीं कि वह मार्गदर्शन कर सके। न ही वह युक्तिमान है और न ही यांत्रिकी में पारंगत है। वह केवल निचले स्तर के काम ही कर सकता है और यूरोपियों से तो वह कभी भी बराबरी नहीं कर सकता।[33]

विद्यालयों में श्वेत और अश्वेत विद्यार्थियों के लिए पृथक पाठ्यक्रम का आधार नस्लवाद था जिसके तहत श्वेत, भारतीय, भूरे और काले अफ्रीकियों को पृथक शिक्षा प्रदान करना आवश्यक था।[34] इसका आधार यह था कि अफ्रीकी विद्यार्थी 'किताबी विषयों' को पढने में असमर्थ माने जाते थे और इस दिशा में वे कभी भी यूरोपी विद्यार्थियों का सामना नहीं कर पायेंगे ऐसा माना जाता था। उन्हें केवल व्यवसाय सम्बंधित अथवा औद्योगिक शिक्षा ही मिलती थी। कभी-कभार अगर अश्वेत विद्यार्थी को 'अकादमिक पाठ्यक्रम' पढ़ने भी दिया जाता था तो उसका माध्यम अंग्रेजी हुआ करता था, जिसकी जानकारी इन विषयों के अध्ययन[35] में बहुत आवश्यक मानी जाती थी। इन पाठ्यक्रमों का विषय भी यूरोप और उत्तरी अमेरिका ही रहता था जिन्हें कि 'आधुनिक' और 'विकसित' बताया जाता था और अफ्रीकी देशों को 'पारंपरिक' और 'पिछड़ा' हुआ माना जाता था। नस्लभेद केवल शिक्षा तक ही सीमित नहीं था अपितु पाठ्यक्रम के अलावा होने वाली गतिविधियों जैसे

कि खेलकूद में भी प्रचुर मात्रा में था। क्रिकेट, रग्बी, टेनिस, हॉकी और पोलो जैसे खेल जिसमें आय बहुत अधिक थी उन्हें केवल श्वेत लोगों के लिए आरक्षित रखा गया और वहीं पर सॉकर, नेटबॉल, वॉलीबॉल, ट्रैक और फील्ड जैसे खेलों को 'दूसरों' के लिए छोड़ दिया गया।

उपनिवेशवादी शिक्षा के लक्ष्य पर टिपण्णी करते हुए नेल्सन मंडेला कहते हैं:

> पढ़ा-लिखा अंग्रेज़ बनना हमारा लक्ष्य बन गया। हमें पढ़ाया गया कि अंग्रेजी विचार ही श्रेष्ठ विचार हैं और सबसे अच्छी सरकार अंग्रेज़ सरकार है और सबसे अच्छे लोग भी अंग्रेज़ ही हैं।[36]

मंडेला को भलीभांति पता था कि उपनिवेशवादी शिक्षा का लक्ष्य था एक 'अश्वेत कुलीन वर्ग' का निर्माण करना जो कि उपनिवेशवादी शक्तियों को अपना आदर्श मानता हो। जैसा कि पहले बताया गया है श्वेत और अश्वेत विद्यार्थियों को अफ्रीका में पृथक शिक्षा दी जाती थी। जहां पर श्वेत को शासन करना सिखाया जाता था तो अश्वेत विद्यार्थियों को दासता करना। यही उपनिवेशवादी शक्तियों का लक्ष्य था।[37]

परन्तु उपनिवेशवादियों का यह प्रयत्न केवल शिक्षा तक ही सीमित नहीं था। 1884 के बेल्जियम सम्मलेन के अनुसार अफ्रीका ब्रिटेन, फ्रांस, जर्मनी और बेल्जियम जैसी उपनिवेशवादी शक्तियों के बीच में बंटा हुआ था। इन देशों की शिक्षा का बीड़ा ईसाई मिशनरी, व्यापारी और उपनिवेशवादी सरकारों का था। मिशनरी शिक्षा के अपने लक्ष्य को छुपाने का बिलकुल भी प्रयत्न नहीं करते थे और वह लक्ष्य था अफ्रीकी लोगों का ईसाईकरण।[38] उस समय का साहित्य हमें बताता है कि मिशनरियों को अफ्रीका में भेजने का लक्ष्य भी वही था।[39] कई पीढ़ियों तक चलने वाली जो मानसिक क्षति इन मिशनरियों ने अफ्रीका के मूल निवासी समाज को दी है उसका तो आंकलन भी नहीं किया जा सकता।

जबकि अफ्रीका के कुछ समाज पूरी तरह यूरोपीय उपनिवेशवादी शिक्षा की चपेट में आ गए, कुछ दूसरे समाजों ने इनका विरोध भी किया। यहां पर विद्यालय क्रान्ति के अड्डे बन गए और यहां कई स्वतंत्रता संग्रामों का जन्म भी हुआ।[40] परन्तु उपनिवेशवादी शिक्षा का अधिकतर प्रभाव यह रहा कि उपनिवेशित समाजों में अपने अतीत को लेकर केवल एक धुंधली-सी

स्मृति ही रह गयी और उनकी मूल परंपराएं धीरे-धीरे लुप्त होती चली गयीं। उपनिवेशवादी शिक्षा ने इन समाजों का आत्मविश्वास तोड़ दिया। वे अपने इतिहास को, अपने अतीत को एक बंजर भूमि की भांति देखने लगे जिस पर कभी कुछ लाभकारी फल नहीं ऊगा। इससे विमुख हो कर वे यूरोपीय संस्कृति की ओर देखने लगे जो कि उनके मूल समाज की प्रकृति से कोसों दूर थी। इस प्रकार उपनिवेशित समुदाय अपनी धरोहर से दूर हो गए और उनका वैयक्तिक स्तर पर भी स्वयं से आत्मविश्वास टूट गया।

यूरोपीय उपनिवेशिकता ने मूल निवासी समाज और प्रकृति के रिश्ते को तोड़ दिया; उनके धर्म को नष्ट कर दिया; उनकी भाषा, राजनीती और समाज के तंत्रों को बदल दिया; उनकी ज्ञान परंपराओं को भस्म कर दिया। एक प्रकार से यूरोपीय उपनिवेशवादियों ने मूल निवासी संस्कृति को पूर्णत: नष्ट कर दिया। इससे मूल निवासी मनोवैज्ञानिक और सांस्कृतिक रूप से अधिकारविहीन हो गए।[41] विद्वानों के अनुसार यह एक मनोवैज्ञानिक प्रक्रिया है जिसके तहत जब किसी समाज की सांस्कृतिक पहचान खो जाती है तो उस समाज में सामाजिक और व्यक्तिगत अव्यवस्था हो जाती है। जिसके फलस्वरूप इस समाज में आत्मविश्वास की कमी, निर्धनता, शोषण, विषाद, हिंसा, नशा, लघु आयु, अशिक्षा, बेकारी, बीमारी, और अशौच फैलता है।[42] जैसे कि ऐसे समाज को लकवा ही मार जाता है। न तो वह पूर्णत: उपनिवेशवादी जैसा हो सकता है और न ही स्वयं के स्वरुप में वापस लौट सकता है। यह मानसिक आघात बिना हल के पीढ़ियों तक मूल निवासी समाज को सताता रहता है, तब तक जब तक कि उपनिवेशिकता जीवित रहती है।[43] मूल निवासी समाज की सराहना करनी पड़ेगी कि उन्होंने जैसे तैसे अपनी संस्कृति का कुछ बचा खुचा भाग बचाए रखा। उनके अन्दर की इस शक्ति ने ही इन देशों में स्वतंत्रता संग्रामों को जन्म दिया। यह संग्राम इस बात का साक्ष्य हैं कि कम से कम राजनैतिक क्षेत्र में तो उपनिवेशवादी शिक्षा का उल्टा असर हुआ।

हम अगले अध्याय में जानेंगे कि कैसे इन देशों के स्वतंत्रता संग्रामों पर भी उपनिवेशिकता का असर पड़ा। इसका असर सेनानियों की 'स्वंतंत्रता' की परिभाषा पर पड़ा। स्वतंत्रता के बाद वे कैसे संस्थान अपने देश में चाहते हैं इस पर भी उपनिवेशिकता का असर पड़ा। एक वि-उपनिवेशित समाज कैसा हो उनकी यह अवधारणा ही बदल गयी। उनकी स्वदेशी और स्वायत्ता की अवधारणा को ही उपनिवेशिकता ने प्रभावित कर के बदल दिया।

उपनिवेशिकता का प्रभाव सभी उपनिवेशित समाजों पर अलग-अलग पड़ा हालांकि ऐसा कोई भी समाज नहीं था जो इस प्रभाव से पूर्णतः बच पाया हो। स्वतंत्रता के बाद कई देशों में उपनिवेशिकता का सेकुलरीकरण हो गया और इस रूप में उपनिवेशिकता अभी भी इन समाजों की राजनीती, विधि और यहां तक कि वहां के धर्म को भी प्रभावित करती है। यही कारण है कि इनमें से कई देश गर्व से कहते हैं कि उनमें और उपनिवेशवादी समाज के बीच एक 'साझा विधि' का सम्बंध है। अथवा वे 'सभी देशों की कामनवेल्थ' का हिस्सा हैं। कुछ तो स्वयं को 'मैगना कार्टा' से लाभान्वित मानते हैं। ऐसा इस कारण से है कि उन्होंने यूरोपीय राजनैतिक सिद्धांतों में से सबसे मूल सिद्धांत 'राष्ट्र-राज्य' को अपना लिया है।

अध्याय 4

यूरोपीय राजनैतिक तंत्रों द्वारा उपनिवेशिकता का स्थायीकरण

मार्टिन लूथर का प्रोटेस्टेंट सुधार
मार्टिन लूथर पोप के आदेश को जलाते हुए।

यूरोपीय उपनिवेशिकता पर हुई अभी तक की चर्चा से हम निम्न बातें कह सकते हैं:

1. यूरोपीय उपनिवेशक प्रकल्प, जो कि कोलंबस की 1492 की यात्रा से प्रारम्भ हुआ, उसकी मूल प्रेरणा ईसाईयत ही थी। ईसाईयत प्रकृति को और गैर-ईसाई नए विश्व को कार्टेसियन द्वैतात्मक/मानववादी ऐनक से ही देखती थी।

2. इस द्वैतात्मक तरीके ने यूरोपीय उपनिवेशवादियों को प्रकृति के प्रति और प्रकृति-पूजकों के प्रति एक विशिष्टता का भाव प्रदान किया जिससे वे यह समझने लगे कि उनका स्तर प्रकृति पूजकों से बहुत ऊंचा है। इससे प्रकृति का यूरोपीय उपनिवेशवादी की आवश्यकता के अनुसार दोहन किया जाने लगा। उनके विशिष्टता के भाव ने नस्लवाद को जन्म दिया और वे पूरे विश्व में 'आत्माविहीन' मूल निवासियों को सभ्य बनाने और उनकी संस्कृति को उखाड़ फेंकने के बाद वहां पर यूरोपीय संस्कृति का रोपण करने के लिए निकल पड़े। इसने पूरे विश्व के भूगोल को बदल के रख दिया और पूरे विश्व के श्रमिकों और संसाधनों का मज़हबी और नस्लवादी सिद्धांतों पर बंटवारा हुआ। इन सभी तंत्रों का ही फल है आधुनिक अर्थ व्यवस्था और उससे प्रेरित राजनैतिक संस्थान।

उपनिवेशवादियों द्वारा स्थापित राजनैतिक, मज़हबी, विधि सम्बंधित और शैक्षणिक संस्थान उपरोक्त लक्ष्य की प्राप्ति में लगे थे। पर हर देश और समाज की स्थिति अलग थी। उपनिवेशवादी किस स्तर तक मूल निवासी समाज में अपनी पकड़ बना पा रहे थे यह इस बात पर निर्भर था कि वहां के सामाजिक और भौगोलिक समीकरण कहां तक उनके लिए सहायक थे। पैट्रिक जिल्टनर के अनुसार जहां पर राजनैतिक एकीकरण आसान था वहां पर उपनिवेशवादी बस गए और वहां पर उनके संस्थान और भी गहराई से पैर जमाने लगे।[1] शासकीय और विधिक संस्थानों के बाद वहीं पर शैक्षणिक संस्थान भी बनाए गए जहां पर समाज की बागडोर दृड़ता से उपनिवेशवादियों के हाथ में थी।[2] दूसरी ओर जहां पर राजनैतिक जड़ें नहीं जमाई जा सकती थीं परन्तु वहां प्राकृतिक संसाधन बहुत थे वहां पर ऐसे संस्थान बनाए गए जिससे कि संसाधनों का दोहन हो सके। इसके लिए वहां के कुछ ऐसे राजाओं का सहयोग लिया गया जो उपनिवेशवादियों का साथ देते थे।

जिस ढंग से मूल निवासियों को उपनिवेशवादी शासन तंत्र में अपनाया गया वह इस बात को बताता था कि यूरोपीय कितनी गहराई तक नस्लवादी और मज़हबी सिद्धांतों से प्रभावित थे। उपनिवेशवादी उस वर्ग से सैनिकों की भर्ती करते थे जिनको कि 'लड़ाकू नस्ल' का माना जाता था। एक पूरी विचारधारा बना दी गयी और इसको भारतवर्ष में पूर्णतः अपनाया गया।[3] ब्रिटिश भारतीय सेना मज़हब, धर्म और जाति के आधार पर बनी थी जिससे

कि उपनिवेशवादी शक्तियों के धर्म और जाति के नस्लवादी विचारों का पता चलता है। मूल निवासी सामाजिक ढांचों के प्रति इस प्रकार की सोच का प्रभाव आज तक है और हमारी जाति के बारे में अवधारणा अभी तक इससे प्रभावित है। भारत में और विदेश में आज तक जो भी शोध जाति पर हो रहे हैं उस पर भी इस सोच का प्रभाव है। सेना को लेकर ऐसी ही सोच ब्रिटिश बोर्नेओ, बर्मा और अफ्रीका में ब्रिटिश उपनिवेशों में अपनाई गयी। डच लोग भी अपने उपनिवेशों में ऐसी ही नीतियों का प्रयोग करते थे।

भर्ती करने की यह नीति सिविल समाज में भी लागू की जाती थी। मूल समाज के अभिजात्य वर्ग को यूरोपीय शिक्षा में प्राथमिकता दी जाती थी जिससे कि उन्हीं लोगों को उपनिवेशवादी शासकीय तंत्र में महत्वपूर्ण पद मिलें जो कि यूरोप को सभ्यता का चरम मानते थे। जो ईसाईयत में धर्मान्तरित हो गए थे उन्हें तो निश्चित ही बड़े पद मिलते थे। श्रीलंका के ईसाई समुदाय की कहानी हमें यही बताती है। एक समूह को प्राथमिकता देकर मूल निवासी समाज में उपनिवेशवादी शक्तियों ने बंटाव पैदा किया। आर्थिक मोर्चे पर भी ऐसी ही विचारधारा से भ्रम फैलाए गए कि अमुक समाज किसी व्यापार में अधिक निपुण हैं। रूढ़ियों को इस प्रकार से उपनिवेशवादियों ने उपनिवेशवादी नीतियों का पालन करके और प्रगाढ़ किया। इस प्रकार उन्होंने मूल निवासी समाजों के सनातन प्रवाह को रोक कर सदैव के लिए विकृत कर दिया।

जो राजनैतिक तंत्र ईसाई उपनिवेशवादियों ने मूल निवासी समाजों में बनाया उससे उनका आर्थिक दोहन और शोषण हुआ। साथ ही समाज कई धड़ों में बंट गया और एक-दूसरे से लड़ने लगा। वहीं पर उपनिवेशवादी शासन तंत्र का पंजा मूल समाज के राजनैतिक और भौगोलिक पटल पर और तीव्रता से कसता रहा। इससे यह बात निर्धारित हो गयी कि बहुत लम्बे समय तक मूल समाज एकजुट होकर उपनिवेशवादी शक्ति का विरोध नहीं कर पायेगा। बल्कि जीवन यापन करने के लिए ही मूल निवासी उपनिवेशवादी विचारों और संस्थाओं पर निर्भर रहेंगे। मूल समाज के अभिजात्य वर्ग यह मानने लगे थे कि अगर उपनिवेशवादी वहां से चले जाते हैं तो उनका समाज टूट के टुकड़ों-टुकड़ों में बिखर जाएगा। मूल निवासियों के मस्तिष्क में यह छवि बन गयी थी कि चूंकि उपनिवेशवादी उन्हें दबाने में सफल हुए इस कारण से वे निश्चित ही श्रेष्ठ होंगे और उनके राजनैतिक और विधिक तंत्र निश्चित ही मूल निवासी तंत्रों से श्रेष्ठ होंगे। चूंकि बहुत सारे मूल निवासी उपनिवेशवादी

तंत्र में कार्यरत थे और उनकी शिक्षा भी उपनिवेशवादी हुई थी तो उनको निश्चित ही उपनिवेशवादियों की राजनैतिक और विधिक तंत्रों में बड़ा विश्वास था। उपनिवेशवादी सिद्धांत और अभ्यास में इसका बहुत बड़ा महत्त्व था।

19वीं शताब्दी के मध्य तक पूरे विश्व में उपनिवेशवादी शक्तियां लगभग एक शताब्दी से भी अधिक से विराजमान थीं। पूरे विश्व को 'सभ्य' बनाने के यूरोपीय ईसाई लक्ष्य पर सेक्युलर और सार्वभौमिक परत चढ़ चुकी थी। इसका अर्थ यह था कि उपनिवेशित समाजों को अब यह आभास भी नहीं रह गया था कि उपनिवेशवादी दृष्टिकोण के पीछे ईसाई ज्ञान मीमांसा छुपी हुई है। इस कारण से उपनिवेशवादी राजनैतिक, शासकीय और विधिक तंत्रों के पीछे जो सिद्धांत थे उन्हें मूल निवासियों ने सार्वभौमिक समझ कर ज्यों का त्यों मान लिया था। आश्चर्य की बात यह है कि जब इन मूल समाजों के वि-उपनिवेशित भविष्य के बारे में चिंता होती तो भी यूरोपीय विचार और संस्थान उसके योगदान में महत्वपूर्ण समझे जाते। उनकी स्वतंत्रता भी यूरोपीय विचारों और शब्दावली में परिभाषित हुई। यूरोपीय विचारों पर आधारित एक 'राष्ट्र-राज्य' की कल्पना हुई जो कि स्वतंत्रता उपरान्त बनाया जाएगा। मूल निवासी विचार स्वाधीनता को लेकर अधिकतर इसी ओर झुके हुए थे।[4] इस सम्बंध में हमें उपनिवेशवादी राजनैतिक संरचना को लेकर कुछ विचार और उनकी प्रेरणा को समझना होगा कि कैसे यह प्रेरणा सेक्युलर नहीं बल्कि ईसाई थी। इस वि-उपनिवेशिक गतिविधि का लक्ष्य है कि सेक्युलरवाद और संविधानवाद जैसे विचारों का इन उपनिवेशित समाजों के स्वतंत्रता संग्रामों पर क्या प्रभाव पड़ा और किस तरह से अंततः इन विचारों से राष्ट्र-राज्य की परिकल्पना बनी जो कि उपनिवेशवादी धरोहर पर ही आधारित है।

एक विचार उठ सकता है कि क्या हुआ अगर यूरोपीय राजनैतिक तंत्र प्रारम्भ में ईसाई ढांचे पर बना हो अगर अंत में वह सेक्युलर हो गया हो तो? क्यों हम उपनिवेशवादी के मज़हब पर इतना ध्यान दें? परन्तु हमारा लक्ष्य ही है उपनिवेशवादी संरंचना के मूल मज़हबी आधार की चर्चा करना क्योंकि इसके बिना उसका अस्तित्व ही कल्पित नहीं हो सकता। एक वि-उपनिवेशित सोच को विकसित करने के लिए इस मज़हबी प्रेरणा की खोज करना आवश्यक है। जाकोब दे रूवर के सेकुलरवाद पर शोध को पढ़कर पता चलता है कि कैसे जानबूझ कर ईसाई ज्ञान-मीमांसा और तत्त्विकी के सेकुलरवाद के विकास में योगदान को छुपाया गया।[5] कैसे मूल विचार

को दबाकर उसकी बाहरी अभिव्यक्ति पर ही ध्यान दिया गया। परन्तु इस मूल विचार को जानना अभिव्यक्ति को जानने के लिए बहुत आवश्यक है क्योंकि जो इस ज्ञान परंपरा में विश्वास नहीं रखते उन्हें इसके बारे में, इसकी व्युत्पत्ति और इसके थोपे जाने के बारे में जानने का पूरा अधिकार है। यह हर उस समाज का अधिकार है जो कि स्वदेशी विचारों से स्वयं को देखना और चलाना चाहता है। यह जानने के बाद कि किसी अमुक विचार की उत्पत्ति कहां और कैसे हुई उसके बाद उसे अपनाया अथवा नकारा जा सकता है।

एक विदेशी सिद्धांत के किसी समाज में लागू करने से पहले उस समाज के लोगों को उस सिद्धांत की प्रेरणा और उत्पत्ति के बारे में जानने का पूरा अधिकार है। इस उत्पत्ति के बारे में बात न करना मेरे अनुसार शुद्ध धोखा है। उपनिवेशवादियों के राजनैतिक और आर्थिक तंत्रों को मूल निवासी समाज पर बलपूर्वक थोपा गया था, यह हम भलीभांति जानते हैं। तो ऐसे में उन तंत्रों के पीछे विचारों की उत्पत्ति की खोज और भी आवश्यक हो जाती है। तो हमें इस प्रेरणा के मज़हबी/ईसाई आधारों के बारे में खोज करना आवश्यक होगा। इस बात से हमारी खोज पर कोई प्रभाव नहीं पड़ता कि कैसे इस उपनिवेशवादी विचार को सार्वभौमिक बनाया गया क्योंकि उपनिवेशिकता का लक्ष्य ही था उपनिवेशवाद को सार्वभौमिक बनाना। अगर मूल निवासी स्वदेशी विचारों से अपनी सभ्यता को चलाना चाहते हैं तो इस जांच पड़ताल से भले ही किसी के हृदय को आघात पहुंचे इसे करना बहुत ही आवश्यक है।

प्रोटेस्टेंट सुधार, दो साम्राज्यों की अवधारणा, सेकुलरवाद और राष्ट्र-राज्य

विद्वान इस पर एक मत हैं कि राष्ट्र-राज्य की अवधारणा का जन्म 24 अक्टूबर 1648 में हुई 'वेस्टफालिया की शान्ति' समझौते में हुआ। इस समझौते ने तीस वर्ष के युद्ध को समाप्त किया। इस समझौते को पहुंचने में पांच वर्ष लगे।[6] लेकिन यह युद्ध किस बारे में था? वह क्यों हुआ? क्या यह युद्ध मज़हबी अथवा सेक्युलर था? अगर मज़हबी था तो कौन से मज़हब से उसका रिश्ता था? इस समझौते का उपनिवेशवाद और उपनिवेशिकता में क्या योगदान था?

वेस्टफालिया राज्य की स्थापना के पहले यूरोप में ईसाईयत का एक छत्र राज था जिसमें सत्ता पोप, बिशप, रोमन सम्राट और वहां के राजकुमार और कुलीन वर्ग के लोगों के बीच में बंटी हुई थी। वे सभी स्वयं को ईसाई सभ्यता का हिस्सा समझते थे। वहां पर राज्य और शासक तो थे परन्तु वे सभी पोप और सम्राट की छत्रछाया में काम करते थे। एक तरह से वे सभी सामंतवादी परंपरा के भाग थे। वेस्टफालिया से सौ साल पहले कैथोलिक चर्च के विरुद्ध विद्रोह प्रारम्भ हो चुका था। जो कि जर्मन मार्टिन लूथर और फ्रांसिसी जॉन कैल्विन द्वारा मार्गदर्शित था। इस विद्रोह को हम 'प्रोटेस्टेंट सुधार' के नाम से जानते हैं। इस विरोध का कारण था पोप द्वारा अपने अधिकारों का दुरुपयोग करना और कैथोलिक पादरियों द्वारा ईसाईयत और समाज पर सम्पूर्ण अधिकार स्थापित करना। हमें यह समझना बहुत आवश्यक है कि पोप को वेस्टफालिया की शांति पर प्रोटेस्टेंट ज्ञान परंपरा का क्या प्रभाव था, यह समझने के लिए किस प्रकार की चुनौती का सामना करना पड़ा। कैसे इस समझौते में से राष्ट्र-राज्य व्यवस्था निकली जो कि बाद में उपनिवेशित समाजों पर थोपी गयी। प्रोटेस्टेंट सुधार का एक और पक्ष है जिसके कारण हमें इसकी प्रकृति को समझना बहुत आवश्यक है और यह कारण है–उनका पुजारियों के प्रति द्वेष। यह द्वेष उपनिवेशवादी काल में सभी उपनिवेशित समाजों में ज्यों का त्यों थोपा गया। जो गलतियां प्रोटेस्टेंट सुधारवादियों को रोमन कैथोलिक चर्च में दिखाई दीं उनका प्रक्षेपण उन्होंने उपनिवेशित समाजों के उन वर्गों पर किया जिनको वे रोमन कैथोलिक पुजारियों के समकक्ष मानते थे। भारत में ब्राह्मण प्रोटेस्टेंट सुधारवादियों की घृणा का केंद्र थे।

इस विषय पर डॉ. जाकोब दे रूवर की पुस्तक 'यूरोप, इंडिया एंड द लिमिट्स ऑफ सेकुलरिज्म' बहुत महत्वपूर्ण है। इससे पहले मैं एक बात कहना चाहूंगा जो उस झिझक के साथ जुड़ी है जो कि सेकुलरवाद की जड़ों पर प्रश्न उठाने से मना करती है। डॉ. रूवर का शोध उत्कृष्ट है परन्तु फिर भी भारत में उसकी कोई पूछ नहीं है जबकि यहां पर इन विचारों की बहुत आवश्यकता है। उनका विषय ही है भारत पर यूरोपीय सेकुलरवाद का प्रभाव। उनका ध्यान इस बात पर है कि कैसे प्रोटेस्टेंट सुधार और फिर यूरोपीय ज्ञानोदय की जड़ों में ईसाईयत की प्रेरणा थी। ऐसे में अगर इस शोध को दबाया जाता है और अनदेखा किया जाता है तो इसका अर्थ केवल एक ही

हो सकता है कि इस शोध पर ध्यान देने से भारत में जो स्थिति अभी बनी हुई है वह भारतीय सभ्यता के पक्ष में झुक जायेगी और भारत के अभिजात्य वर्ग यह नहीं चाहते क्योंकि उनको मिल रहे लाभ इससे रुक जायेंगे। तो जहां भी मुझे ऐसा लगा है कि किसी शोध को जान बूझ कर अनदेखा किया गया है तो मैंने उसे इस पुस्तक में विस्तार से चर्चा का विषय बनाया है इस आशा में कि इस शोध को उसका वांछित अवधान मिले।

डॉ. रूवर कहते हैं कि 'आधुनिक' राष्ट्र-राज्य सेक्युलर और धार्मिक में जो भेद करता है उसके पीछे ईसाई मज़हबी विचार ही हैं। 16वीं शताब्दी में यह विचार प्रोटेस्टेंट सुधार की नींव में भी था। पश्चिम में आज उदारवादी विचार तंत्र के अनुसार मज़हबी सहिष्णुता और सेकुलरवाद के जो विचार प्रचलित हैं उनकी जड़ों में जो सिद्धांत हैं उनकी प्रेरणा ईसाई है और उनकी उत्पत्ति प्रोटेस्टेंट सुधार के समय हुई। रूवर इसे कहते हैं: 'ईसाई स्वतंत्रता की राजनैतिक अवधारणा और दो साम्राज्यों की अवधारणा।' प्रोटेस्टेंट सुधार से जनित राजनैतिक विचारधारा और ईसाई होने की परिभाषा के बीच के तंत्र को वे अच्छी तरह शोध करते हैं। यह शोध भारत जैसे पूर्व उपनिवेशों के लिए बहुत आवश्यक है जहां पर उपनिवेशवादी राजनैतिक ढांचा अभी भी बना हुआ है। ऐसे समाजों को इनका शोध पढ़ना अति आवश्यक है यह जानने के लिए कि 'सेक्युलर' और 'धार्मिक' के बीच में भेद करने की जो प्रक्रिया है वह कितनी गैर-सेक्युलर है।

डॉ. रूवर के अनुसार, ईसाईयत के प्रोटेस्टेंट सुधार के समय हुए सेकुलरीकरण की प्रक्रिया को समझने के लिए हमें यह समझना होगा कि उनके लिए 'सुधार' क्या था। इसके लिए हमें प्रोटेस्टेंट सुधार से पहले विराजमान रोमन कैथोलिक ज्ञान परंपरा को भी थोडा जानना होगा। हमें यह जानना होगा कि धर्मांतरण का क्या अर्थ समझा जाता था। आज धर्मांतरण का अर्थ है गैर-ईसाईयों का बप्तिस्मा करना और उनको ईसाई बनाना। परन्तु हमें यह समझना होगा कि सबसे पहले जिनका बप्तिस्मा हुआ वे ईसाई ही थे। धर्मांतरण की प्रक्रिया मरुस्थल में रहने वाले ईसाई वैरागियों ने सबसे पहले गढ़ी थी। उस समय इसका अर्थ था एक कड़े अनुशासन में रह कर ईसाईयत की सेवा करना। इस प्रकार से यह धर्मांतरण की प्रक्रिया सही मायने में एक 'आतंरिक धर्मांतरण' की प्रक्रिया थी। चूंकि इस पूरी प्रक्रिया का सम्बंध ईसाईयत जैसे मज़हब से ही था इस कारण से हम इसे 'मत परिवर्तन' कहेंगे।

इस मत परिवर्तन का लक्ष्य था ईसाई ईश्वर अथवा गॉड के प्रति सम्पूर्ण दासता का भाव पैदा करना। पारलौकिक लक्ष्य के लिए यहां पर सभी भौतिक लक्ष्यों का त्याग किया जाता था। इस प्रक्रिया का लक्ष्य था मनुष्य को गॉड की प्रतिकृति बनाना और इसके लिए उसे 'मूल पाप' से छुटकारा पाना बहुत आवश्यक था जो उसके 'सुधार' में बाधक था।[7]

यह मत परिवर्तन मनुष्य को और समाज को दो धडों में बांट देता था–सांसारिक और पार-लौकिक। सांसारिक का महत्व जीसस के वापस आने तक ही था और पार-लौकिक का महत्व सदैव रहने वाला था। जीसस के आने तक एक सच्चे ईसाई का कर्त्तव्य था कि शरीर की वृत्तियों पर अधिकार पा कर वह अपनी आत्मा और शरीर दोनों को पार-लौकिक के पास ले जाए।[8] परन्तु यह चिर-प्रक्रिया थी क्योंकि 'मूल पाप' के कारण शरीर की वृत्तियों पर पार पाना असंभव था और ऐसा करने में मनुष्य विफल ही होंगे। ऐसा होने से उनका चिर-पापी होने का चरित्र और प्रगाढ़ बन जाएगा और दूसरा कि इस प्रक्रिया को जीसस के दूसरी बार पृथ्वी पर आने तक निरंतर बनाए रखना था।

परन्तु जितना कोई ईसाई अपने शरीर को साध लेता स्वर्ग में उसका पथ उतना ही आसान हो जाता। जिन्होंने गॉड को स्वयं को भेंट कर दिया था उन पर मानवीय नियम लागू नहीं होते थे। स्वयं को भेंट कर देने से शरीर की वृत्तियों पर अधिकार पाने की शक्ति भी उनमें बढ़ती थी ऐसा माना जाता था। परन्तु इस सभी का आधार था क्राइस्ट में अंधविश्वास चूंकि क्राइस्ट को गॉड का वरदान था और इसके बिना पाप के ऊपर जीत स्थापित कर पाना असंभव माना जाता था। तो ईसाईयत के अनुसार क्राइस्ट में अंधविश्वास होने के अलावा मनुष्य के पास कोई और रास्ता नहीं था।

मध्य युग में ऐसे कई ईसाई मठ हुए जिन्होंने इस मत परिवर्तन की प्रक्रिया को संस्थागत बना दिया। इसका चर्च के ऊपर बहुत गहरा प्रभाव पड़ा। चूंकि इन मठों ने और उनके ईसाई वैरागियों ने अपना पूरा जीवन कठिन तप को भेंट कर दिया था तो इसने उनकी समाज में प्रतिष्ठा बढ़ा दी और उनका बोलबाला संसारिक बातों में भी होने लगा। इसका लक्ष्य पुनः गैर ईसाईयों का धर्मांतरण ही था। चर्च ने इन वैरागियों के तप को मानकर उन्हें चर्च में बिशप और अन्य कई शासकीय पदों पर नियुक्त कर दिया। इसका परिणाम यह हुआ कि समाज में एक सुधार आया और पूरे समाज को इन मठों की कार्य पद्धति पर बढ़ने का प्रोत्साहन मिला। डॉ. रूवर इस प्रक्रिया को चर्च

का और पूरे ईसाई जगत का मठीकरण बोलते हैं। ऐसे मठ पूरे ईसाई जगत में फैल गए और उनका प्रभाव चर्च के ऊपर 10वीं और 12वीं शताब्दी के बीच बहुत रहा। धीरे-धीरे अनेक मठों में पालन किये जाने वाले नियमों का सार्वभौमिकरण भी हुआ और उसका लक्ष्य और दृढ़ता से धर्मांतरण और मत परिवर्तन हो गया।

इस प्रक्रिया में दूसरी कड़ी थी पार-लौकिक सत्ता को मठाधीशों और पादरियों में बांटना चूंकि मठ पूरी तरह से चर्च से नहीं मिले थे। परन्तु मठों का प्रभाव पादरियों के जीवन पर अवश्य पड़ा था और उनका जीवन भी मठ के ईसाईयों की भांति चार स्तर का था, जो थे–व्यवसाय, सुधार, मत परिवर्तन और शुद्धि। चूंकि चर्च के अनुसार ईसाई वैरागी की जीवनशैली अनुकरणीय थी इसीलिए ये वैरागी समाज में सबसे ऊंचे स्तर पर माने जाते थे। उनके बाद आते थे चर्च के अधिकारी और सबसे नीचे थे साधारण ईसाई। गॉड का दास जो जितनी अधिक श्रद्धा से बनता था उसका स्तर समाज में उतना ही ऊंचा होता था और उसको इस लोक में और परलोक में भी ऊंचा स्तर प्राप्त होता था। इन लोकों को वैरागियों और पादरियों के बीच में बांट दिया गया था। जहां पर परलोक में वैरागी सबका पथप्रदर्शन करते थे वहीं इस संसार में चर्च के पादरी गडरिये की भूमिका निभा के भेड़-बकरियों जैसे साधारण ईसाईयों का मार्गदर्शन करते थे।[9] इस तरह से पुजारी मुक्ति और गॉड को पाने का साधन बन गए क्योंकि उनको गॉड का सच्चा दास माना जाता था। ईसाई मत का यह मूल मन्त्र है–मुक्ति केवल जीसस क्राइस्ट के द्वारा ही मिल सकती है और क्राइस्ट केवल चर्च के द्वारा ही मिल सकते हैं। इस कारण से चर्च के बाहर मुक्ति की कोई संभावना नहीं।

चूंकि चर्च ही ईसाई ईश्वर गॉड तक पहुंचने का अंतिम साधन माना जाता था तो चर्च को 'आत्मा' और राजाओं को 'शरीर' की संज्ञा दी गयी। चूंकि चर्च को आत्मा माना गया तो उसने यह दायित्व ले लिया कि संसार में भी राजाओं का और समाज का मार्गदर्शन करने का दायित्व उसका है। चाहे कोई प्रसंग मज़हबी हो अथवा सेक्युलर हो। इसने ईसाईयत को पादरियों का मज़हब बना दिया और ईसाई जगत को चर्च की संपत्ति। चर्च ने स्वयं को किसी भी सांसारिक जांच से ऊपर माना और अपने लिए सांसारिक सत्ता को भी हथिया लिया। इसका एक लक्ष्य चर्च के ऊपर पूर्ण सत्ता पादरियों की ही

स्थापित करना भी था क्योंकि 11वीं शताब्दी तक चर्च वहां के सम्राटों और राजाओं की संपत्ति हुआ करती थी।

समाज पर अपना आधिपत्य जमाने में चर्च इस कारण से सफल हो पायी क्योंकि उसने पहले ही सांसारिक और पारलौकिक जगतों के बीच में भेद कर दिया था और जो कि ईसाईयत का मूल विचार भी था। बाइबिल के कुछ पाठ पढ़ कर यह मत बनता है जैसे कि जॉन 18:36 (मेरी सत्ता इस संसार की नहीं है), ल्यूक 20:20 और मार्क 12:17 (राजा को राजा की सत्ता, और गॉड को गॉड की सत्ता)। सबसे महत्वपूर्ण बात यहां यह है कि सांसारिक और पार-लौकिक के बीच में जो भेद है उसको ईसाईयत ने ही प्रेरित किया था। यह विचार कहीं बाहर से नहीं आया था। संत विक्टर के ह्यू कहते हैं कि:

> दो जीवन हैं, एक पार्थिव, दूसरा स्वर्गीय, एक साकार, दूसरा मज़हबी। एक से शरीर आत्मा से जीता है, दूसरे से आत्मा परमात्मा से रहती है। प्रत्येक की अपनी अच्छाई होती है जिसके द्वारा वह सक्रिय और पोषित होता है ताकि वह निर्वाह कर सके। सांसारिक जीवन सांसारिक वस्तुओं से पोषित होता है, मज़हबी जीवन मज़हबी वस्तुओं से। पार्थिव जीवन में वे सब वस्तुएं हैं जो पार्थिव हैं, मज़हबी जीवन में वे सब वस्तुएं हैं जो आत्मिक हैं। सामान्य लोगों में, जिनके उत्साह और पूर्वाभास से सांसारिक जीवन के लिए आवश्यक चीजें संबंधित हैं, शक्ति पार्थिव है। पादरियों के बीच, जिनके लिए मज़हबी जीवन है, शक्ति दिव्य है। इसलिए एक शक्ति को सेक्युलर कहा जाता है, दूसरी मज़हबी।[10]

सेक्युलर और मज़हबी सत्ता का विभाजन भी ईसाई ज्ञान परंपरा के तहत ही आता है।[11] रूवर कहते हैं कि ईसाईयत के कुछ मूल सिद्धांत हैं: आत्मा और शरीर का विभाजन, संसारिक और मज़हबी जीवन का विभाजन, पारलौकिक शक्ति और क्राइस्ट के साम्राज्य का विभाजन। बिना इन सिद्धांतों के मज़हबी और सेक्युलर विभाजन का आधार भी नहीं बचेगा।[12] इस कारण से इन दोनों शब्दों का नाता चाहे वह 'मज़हब' हो चाहे वह 'सेक्युलर' हो, ईसाईयत से नहीं तोडा जा सकता।[13] रूवर कहते हैं कि इन दोनों जगतों की सीमाएं भी ईसाई ज्ञान परंपरा के अनुसार तय हुई और इसमें रोमन कैथोलिक चर्च का पूरा पूरा योगदान था।

चूंकि जो स्वतंत्रता चर्च ने अपने लिए अर्जित कर ली थी उसका प्रयोग वह सेक्युलर क्षेत्र में भी कर रही थी इस कारण से रोमन कैथोलिक चर्च और और राजाओं में शत्रुता पनपने लगी। जन साधारण भी जीवन के हर पहलू में ईसाईयत के हस्तक्षेप से तंग आकर उसका विरोध करने लगा। ईसाई पादरी लगातार पाप को धोने की बात करते रहते थे और इससे साधारण व्यक्ति चिढने लगा और वह इसलिए क्योंकि पादरियों के स्वयं के जीवन पवित्र नहीं थे। आश्चर्य की बात है कि इससे साधारण जन मानस की श्रद्धा ईसाईयत में समाप्त नहीं हुई बल्कि उन्होंने केवल चर्च का ही विरोध किया और प्राचीन मठों के उदाहरण को लेकर चर्च के विरोध में छोटे छोटे गुटों में खड़े हो गए। पर चूंकि साधारण ईसाई का जीवन मठ के वैरागियों से बहुत भिन्न था इस कारण से समाज में मत परिवर्तन की बात होने लगी और समाज प्रोटेस्टेंट सुधार की ओर जाने लगा। रूवर इसे दैन्य जीवन का मठीकरण कहते हैं। इसने रोमन कैथोलिक चर्च और साधारण समाज के टकराव की भूमिका तैयार कर दी। सेकुलरीकरण के कारण पाप और पश्चाताप के ऊपर चर्च ने जो एकाधिकार अर्जित कर लिया था वह टूटता जा रहा था। मत परिवर्तन और सुधार की प्रक्रिया का गैर-चर्चीकरण हो रहा था और इस तरह चर्च का आधार ही समाप्त होता जा रहा था।

चर्च की समस्या बढ़ती जा रही थी चूंकि चर्च के कई पादरी बहुत पतित जीवन जीते थे और धीरे-धीरे जन-सामान्य यह मानने लगा कि चर्च ईसाई जीवनशैली में सहायक नहीं अपितु बाधा है। चर्च और उसके पादरियों को अब गॉड तक पहुंचने का एकमात्र साधन नहीं माना जा रहा था और न ही यह माना जाता था कि पार-लौकिक कृपा के वे विशेष अधिकारी हैं। इससे यह संभावना हुई कि साधारण ईसाई बिना चर्च और पादरी की सहायता के आस्था का पालन कर सके और गॉड को पाने का प्रयत्न कर सके। प्रोटेस्टेंट सुधार की यही नींव थी।

यहां पर हम जान लें कि भारत में ब्राह्मण विरोध का आरम्भ यूरोपीय उपनिवेशवादियों के आगमन के पश्चात हुआ। हमें पता चलेगा कि किस तरह से ब्राह्मणों, उनकी संस्थाओं, नियमों और समुदायों का जो विरोध भारत में हुआ वह उसी छवि में हुआ जिसमें कि प्रोटेस्टेंट सुधार के तहत रोमन कैथोलिक चर्च का विरोध हुआ था। इस प्रोटेस्टेंट ऐनक से देखने पर ही ईसाई यूरोपीय उपनिवेशवादियों ने बौद्ध धर्म, जैन धर्म और सिख धर्म को

हिन्दू धर्म का विरोधी बताया और सुधारवादी बताया। मूल धर्मों और समाजों के इतिहास को भी इसी प्रोटेस्टेंट ऐनक से देखा गया और इतिहास को विकृत करके प्रस्तुत किया गया।

प्रोटेस्टेंट सुधार में योगदान देते हुए मार्टिन लूथर और जॉन कैल्विन ने मत परिवर्तन की प्रक्रिया को मठीय और पोप के शासन से मुक्त किया। लूथर ने 1520 में पुस्तक लिखी 'फ्रीडम ऑफ अ क्रिस्चियन' और उसमें कहा कि मुक्ति के लिए क्राइस्ट में आस्था ही पर्याप्त है और इस आस्था के होने पर मनुष्य मानवीय नियमों और दायित्वों से मुक्त हो जाता है। लूथर और दूसरे सुधारकों ने कहा कि दैवी सत्ता में आस्था रखने वालों पर गॉड की कृपा होती है और यह कृपा पवित्र आत्मा लाती है। इस स्थिति में चर्च जैसे किसी साधन की आवश्यकता नहीं होती और न ही आवश्यकता होती है पादरियों और चर्च के दूसरे अधिकारियों की। सुधारकों ने पोप की तानाशाही का विरोध किया, और मत परिवर्तन पर उनके एकाधिकार को तोड़ने की बात कही। उन्होंने कहा कि कोई भी ईसाई पुजारी नहीं है और हर कोई भी है। उनके अभियान ने ईसाईयत की जड़ें और गहरी कर दीं।

एक पग आगे बढ़ते हुए सुधारकों ने बोला गॉड को समर्पण वैरागियों और पुजारियों को सांसारिक नियमों से मुक्ति देता है। फिर वे कहने लगे कि साधारण ईसाईयों पर भी यही सिद्धांत लागू होता है अगर वे मत परिवर्तन में इतनी तीव्रता ले आयें जो वैरागी ला सकते हैं। परन्तु उन्हें यह भी आभास हुआ कि ऐसा करने से समाज में अराजकता तो फैलेगी ही और उनका पंगा सीधे शासकों से होने लगेगा। तब लूथर और कैल्विन ने बाइबिल के आधार पर 'दो साम्राज्यों' का सिद्धांत दिया–क्राइस्ट की पारलौकिक सत्ता को राजाओं की सांसारिक सत्ता से अलग करने के लिए। सांसारिक सत्ता में सेक्युलर नियम लागू होंगे। ऐसा कहा गया कि ईसाईयों को पार-लौकिक क्षेत्र में तो स्वतंत्रता है परन्तु सेक्युलर क्षेत्र में उन्हें नियमों का उतना पालन करना पड़ेगा जिससे कि राजा उनकी स्वतंत्रता को समाप्त न कर सकें। इसमें भी एक अपवाद जोड़ दिया गया। वह यह था कि सच्चा ईसाई किसी भी नियम से परे है जिस प्रकार से कैथोलिक चर्च में भी कहा जाता था परन्तु तब यह अनिवार्य था कि ऐसे सच्चे ईसाई कैथोलिक चर्च के अधिकारी ही हों। परन्तु अब ऐसा नहीं था। सुधारकों ने कैथोलिक चर्च की सत्ता को नकार दिया था और कह रहे थे कि चाहे वह पादरी हो अथवा साधारण ईसाई हो, किसी को

भी सच्चा ईसाई कहा जा सकता है अगर उसका मत परिवर्तन सच्चा है और उस स्थिति में उसे किसी नियम को मानना आवश्यक नहीं है।

रोमन कैथोलिक चर्च के द्वारा बनाए गए सभी नियमों को प्रोटेस्टेंट सुधारकों ने 'झूठा मज़हब' कहकर झुठला दिया। उन्होंने कहा कि यह नियम सच्चे ईसाईयों के शोषण के लिए बनाए गए थे। उनका कहना था कि कोई भी मनुष्य मज़हबी नियम नहीं बना सकता और उसके पास यह शक्ति ही नहीं है क्योंकि इस पूरी प्रक्रिया में कुछ भी 'दैवी' नहीं है। कैल्विन ने बोला कि क्राइस्ट के साम्राज्य पर रोमन कैथोलिक चर्च ने और उसके नियमों ने घुसपेठ कर ली थी और इसके कारण क्राइस्ट के सच्चे भक्तों का शोषण हो रहा था। उन्होंने कहा कि क्राइस्ट ने 'अन्तः करण की स्वाधीनता' का अधिकार हर ईसाई को दिया है। यहां पर ध्यान देना आवश्यक है कि 'अन्तः करण की स्वाधीनता' का उल्लेख यहां हुआ है। यह शब्दावली अब 'सभ्य देशों' की मज़हबी स्वाधीनता के चर्चा के सम्बंध में बहुत उल्लेखित होती है।

दो साम्राज्यों का सिद्धांत चर्च और राज्य के विभाजन के सिद्धांत का प्रेरक है। लूथर और कैल्विन दोनों ने कहा कि सांसारिक सत्ता कभी भी दैवी और मज़हबी विषयों पर नहीं बोल सकती है और केवल इस संसार में ही मान्यता रख सकती है। दैवी सत्ता तो केवल ईसाई ईश्वर का विभाग है। आजकल आधुनिक राज्य को सेक्युलर ही माना जाता है परन्तु प्रोटेस्टेंट सुधारकों के मत में राज्य भी दैवी सत्ता का एक हिस्सा था। ऐसे राज्य का अस्तित्व ईसाईयों को गलत पथ पर जाने से रोकने के लिए था। राज्य की व्यवस्था एक ईसाई आवश्यकता थी जिससे कि ईसाई नैतिकता को विधि द्वारा साधारण ईसाईयों में फैलाने के लिए प्रयोग किया जाता था। इस स्थिति में राज्य और चर्च बाइबिल में बताये गए ईसाई दायित्वों को निभाने के लिए एक साथ काम करते थे।

'आधुनिक' राष्ट्र-राज्य के साथ जिस प्रकार के गैर-मज़हबी अथवा 'सेक्युलर' विचार को जोड़ा जाता है वह गलत है। चर्च और राज्य के बीच की दूरी का कोई ऐतिहासिक आधार नहीं है। प्रोटेस्टेंट सुधार का इतिहास इस बारे में साफ है। दो साम्राज्यों की अवधारणा के पीछे ईसाई विश्वास ही हैं। यह वार्तालाप ईसाईयत के अन्दर की बात थी और इस कारण से अगर आज कोई यह कहता है कि चर्च और राज्य के विभाजन की प्रेरणा उन्हें ईसाईयत के बाहर से मिलती है तो यह गलत होगा। डॉ. रूवर यह स्पष्ट

कर देते हैं कि प्रोटेस्टेंट सुधार में जिस सेक्युलर सरकार की बात हो रही है वह निश्चित रूप से ईसाई सेक्युलर सरकार ही है। इसका जन्म ईसाईयत में ही हुआ है।[14] आज के स्वतंत्र देशों के लिए और पुराने उपनिवेशों के लिए यह ध्यान देने वाली बात है। उन्हें आजकल के ईसाई भुलावे में आने की आवश्यकता नहीं है।

प्रोटेस्टेंट सुधारक रोमन कैथोलिक चर्च पर उसकी मूर्ती पूजा, भ्रष्टाचार और शक्ति के दुष्प्रयोग को लेकर उन पर आक्रमण कर रहे थे। इसी श्रृंखला में 1521 में पवित्र रोमन सम्राट चार्ल्स पंचम द्वारा 'वर्म्स का अध्यादेश' आया। इसके पीछे पोप लियो दशम का हाथ था। इस अध्यादेश ने प्रोटेस्टेंट विचारों के फैलाने पर रोक लगा दी, उनके अनुयाइयों की भर्त्सना की और लूथर को बहुत भयंकर मुशरीक कह कर उसको ईसाई समुदाय से बाहर कर दिया। इस अध्यादेश ने जो थोड़ी बहुत शान्ति वहां थी उसको भी भंग कर दिया और अगले कुछ दशकों में प्रोटेस्टेंट सुधार का एक विकराल रूप आग की तरह ईसाई जगत में फैल गया। इसके विरोध में कैथोलिक चर्च भी बहुत हिंसक हो गयी। केवल यही लड़ाई नहीं थी। लुथरन और कलविनिस्ट समुदायों में भी बहुत लड़ाई थी।

तीन दशकों तक यह लडाइयां चलती रहीं और 1555 तक यूरोप के बहुत बड़े हिस्सों पर लुथरन और कलविनिस्ट समुदायों का प्रभाव स्थापित हो गया। इस स्थिति में लुथरन और कैथोलिक चर्च के बीच में 'औग्स्बर्ग की शांति' नामक समझौता हुआ। इस समझौते ने लुथरन चर्च को भी मान्यता प्रदान कर के उसे एक ईसाई मत का स्तर प्रदान किया।[15] ईसाई जगत के शासकों को यह स्वतंत्रता थी कि वे इन दोनों ईसाई मतों में से किसी को भी चुन सकते थे। इस समझौते का यह सबसे बड़ा प्रभाव था। अपनी ईसाई पहचान चुनने का अधिकार ही यूरोप में सॉवरेन राज्य की स्थापना का प्रेरक था। इसके साथ ही ईसाई रोमन साम्राज्य का भी पतन प्रारम्भ हो गया परन्तु इस समझौते ने कलविनिस्ट मत को फिर भी नहीं माना और इसमें ही आगे आने वाले 'तीस वर्ष के युद्ध' की नींव पड़ी।

प्रोटेस्टेंट सुधार के पहले बहुत-सी छोटी-छोटी आर्थिक और राजनैतिक इकाइयों में बंटे होने के बाद भी कैथोलिक चर्च, पोप की सत्ता और रोमन सम्राट की ईसाई पहचान ने ईसाई जगत को एकजुट कर रखा था। प्रोटेस्टेंट सुधार ने इन राज्यों और समुदायों का कैथोलिक चर्च से जुड़ाव तो कम कर

दिया परन्तु उनके अन्दर की ईसाईयत और भी प्रगाढ़ हो गयी। तो इस तरह से 'औग्स्बर्ग की शांति' ईसाईयत के अन्दर ही मज़हबी स्वतंत्रता का एक उदाहरण है और न कि ईसाईयत के अलावा किसी और धर्म अथवा मज़हब को चुनने की स्वतंत्रता है। इस शांति के बाद हर राज्य ने स्वयं को या तो कैथोलिक अथवा लुथरन घोषित कर दिया।

परन्तु 1608 में स्थिति बिगड़ गयी। 'इम्पीरियल डाइट' जो कि ईसाई रोमन साम्राज्य की इकाई थी उसने 'औग्स्बर्ग की शांति' को नहीं माना। इसके फलस्वरूप एक प्रोटेस्टेंट यूनियन का गठन हुआ। उसके बदले में 'कैथोलिक लीग' भी 1609 में बनायी गयी और यूरोप धीरे-धीरे 'तीस वर्षीय युद्ध' की ओर बढ़ने लगा। प्रकरण था ईसाई मतों को चुन लेने की स्वाधीनता। 1618 में युद्ध प्रारम्भ हुआ और 1648 तक चला जिसका अंत 'वेस्टफालिया की शांति' में हुआ।[16] इस समझौते की शर्तें हैं:

1. 1555 के 'औग्स्बर्ग की शांति' के समझौते में यह सिद्धांत प्रतिपादित हुआ कि ईसाईयत के अन्दर राज्यों को अपना मत चुनने की स्वतंत्रता है। इन क्षेत्रों के राजा रोमन कैथोलिक चर्च और ईसाई रोमन साम्राज्य के हस्तक्षेप के बिना अपना ईसाई मत चुन सकेंगे। समझने वाली बात यह है कि इस समझौते ने 'सेक्युलर' स्वायत्त राज्यों का निर्माण नहीं किया। बल्कि यह युद्ध ही हुआ था इस बात पर कि हर राज्य को बिना रोमन कैथोलिक चर्च के हस्तक्षेप के अपना ईसाई मत चुनने की छूट होनी चाहिए। परन्तु नास्तिक राज्य की इसमें कोई कल्पना नहीं थी।
2. इन स्वायत्त राज्यों का अपनी प्रजा पर सम्पूर्ण अधिकार था बिना किसी और के हस्तक्षेप के, चाहे प्रसंग सेक्युलर अथवा मज़हबी हो। इससे ये राजा अपनी प्रजा पर कर लगाकर बड़ी सेनायें खड़ी कर सकते थे जो कि तीस वर्षीय युद्ध के बाद बहुत महत्वपूर्ण हो गया था। वेस्टफालिया की शान्ति में झगड़ों को बातचीत से सुलझाने का निर्देश नकार दिया गया था। इस सबके पीछे सिद्धांत था शक्ति का संतुलन। ये राज्य एक-दूसरे के साथ गठबंधन में आ सकते थे बस ईसाई रोमन साम्राज्य के विरुद्ध नहीं।
3. वे ईसाई जिनका मत उनके राज्य के ईसाई मत से भिन्न था उन्हें अपने मत को अपने घर में पालन करने की स्वतंत्रता थी परन्तु सार्वजनिक

स्थानों पर उनके अधिकार कम थे। महत्वपूर्ण बात यह है कि यहां पर 'अल्पसंख्यक' ईसाई अल्पसंख्यक ही थे। गैर ईसाईयों का यहां कोई काम नहीं था। यह ईसाई अल्पसंख्यक अपने मत का पालन करने के लिए अपने राजा और बहुसंख्यक ईसाई मत पर पूर्णतः निर्भर थे।

4. कलविनिजम जिसे औग्स्बर्ग में ईसाई मत की तरह नहीं माना गया था उसे वेस्टफालिया में एक ईसाई मत की पदवी मिल गयी और उसे कैथोलिक और लुथरन के अलावा तीसरा मत घोषित कर दिया गया।

पोप और ईसाई रोमन साम्राज्य के पर इस तरह से कुतर दिए जाने पर पोप इनोसेंट दशम ने 'जेल डोमस' नामक एक फतवा निकाला जिसमें वेस्टफालिया के समझौते को जड़ से नकार दिया और उसकी घोर भर्त्सना की।[17] परन्तु इस समझौते के लिखने वालों ने पहले ही इस बात की कल्पना कर ली थी कि पोप इसका विरोध अवश्य करेंगे और इस कारण से समझौते में लिखा था कि पोप इस समझौते को नहीं नकार सकते।

कैसे इस ईसाई समझौते ने स्वायत्त राष्ट्र राज्य की अवधारणा की नींव डाली यह हमें 'मोंटेवीडियो कन्वेंशन ओन द राइट्स एंड ड्यूटीज ऑफ स्टेट्स' (1933) में राज्यों की परिभाषा से पता चलता है।[18] धारा 1 कहती है कि:

> राज्य के पास (1) स्थायी जनसंख्या, (2) घोषित भूमि, (3) सरकार, और (4) दूसरे राज्यों के साथ समझौते करने का अधिकार होना चाहिए।

इस तरह से हम समझ सकते हैं कि 'वेस्टफालिया की शान्ति' का समझौता चरित्र में पूर्णतः ईसाई था। बाद में ही इसका सेकुलरीकरण हुआ है।[19] यह सच है कि वेस्टफालिया समझौते ने शक्ति और आधिपत्य को ईसाई रोमन साम्राज्य से छीन कर स्वायत्त राज्यों को दे दिया परन्तु इसमें हर दल स्वयं को गर्व से ईसाई यूरोप का घटक मानता था। साम्राज्य से छुटकारा पाने के बाद यह राज्य अपनी पहचान बनाने और चुनने में समर्थ थे। इस पहचान का आधार नस्ल, भाषा और ईसाई मत था जिससे कि यह राज्य अपने मज़हबी, आर्थिक और राजनैतिक लक्ष्यों की प्राप्ति कर सकें। रोमन कैथोलिक चर्च से छुटकारा पाने से यह संभव हो गया कि साधारण ईसाई अपने राज्य से अधिक निकटता पा सके। इससे राष्ट्र-राज्य बनाने लगे और यूरोपीय राष्ट्रवादिता का पथ प्रदर्शन हुआ।

यह सभी राज्य स्वयं को ईसाईयत का रक्षक मानते थे। चूंकि अब साम्राज्य का आधिपत्य नहीं रहा था इसीलिए उन्होंने अपने अलग-अलग नैतिकता के मूल्य बनाए जो कि हर राज्य में अलग थे परन्तु जो सभी ईसाई ज्ञान परंपरा से प्रेरणा लेते थे। अब इन राज्यों का प्रयत्न यह था कि अधिक संसाधनों को प्राप्त करके ईसाईयत के अपने अपने लक्ष्यों को पूरा कर सकें। कोलंबस की यात्रा 1492 में हुई थी और स्पेनी और पुर्तगाली लोगों द्वारा औपनिवेशीकरण पहले से ही प्रारम्भ हो गया था परन्तु इस समझौते ने नए विश्व के संसाधनों को झपटने वाले कई नए देश बना दिए। इन नए देशों ने बिना समय गंवाए नए विश्व के संसाधनों को लूटने के लिए उपनिवेश बनाने की प्रक्रिया प्रारम्भ कर दी।

इससे प्रतिस्पर्धक राष्ट्रवादिता का उदय हुआ परन्तु यह सभी राज्य पूर्णतः ईसाई थे। यह बताना बहुत आवश्यक है चूंकि आजकल इस पूरे इतिहास को सेक्युलर रंग से रंगने का प्रयत्न होता रहता है। यह राज्य एक-दूसरे से ईसाई मतों की प्रतिस्पर्धा करते थे कि कौन-सा मत सर्वश्रेष्ठ है और इस प्रतिस्पर्धा का उदय प्रोटेस्टेंट सुधार और वेस्टफालिया की शान्ति के समझौते के साथ हुआ था। इन नए, राज्यों के बीच धन, भूमि, संसाधनों के लिए प्रतिस्पर्द्धा लग गयी कि कौनसे ईसाई मत मानने वाला देश श्रेष्ठ है। नया विश्व अथवा गैर-ईसाई उपनिवेश इनके क्रीडा स्थल बन गए।

इन औपनिवेशिक गतिविधियों को आर्थिक समर्थन यूरोपीय राज्यों के धनी व्यक्ति करते थे क्योंकि उन्हें अपने सामाजिक पद को बनाए रखना है। 'ईसाई सेक्यूलर' राजाओं के राज्यों के फैलने से उन्हें बहुत लाभ था यह वे भलीभांति समझते थे। अभिजात्य वर्ग के इन धनी व्यापारियों और शासक वर्ग के बीच में जो गठबंधन हुआ उससे वणिकवाद और राष्ट्रवादिता का जन्म हुआ बल्कि यह कहना श्रेष्ठ होगा कि राष्ट्रवादी वणिकवाद का जन्म हुआ।[20] कुछ विद्वान यह कहते हैं कि इस गठजोड़ से ही पूंजीवाद का भी जन्म हुआ जो कि अभी भी उस तंत्र का एक लक्षण है जो वेस्टफालिया के राष्ट्र-राज्य के साथ उदय हुआ। यहां पर जिनके पास धन है और जिनके पास राजनैतिक शक्ति है वे साथ में कार्य करते हैं जिससे कि राष्ट्रीय हितों को लाभ मिले। वेस्टफालिया के राज्य की जो अवधारण है उसमें और 'सभ्यता के स्तर' जो कि आज अंतर-राष्ट्रीय विधि तय करती हैं, दोनों में बहुत समानता है। इसको

समझना आवश्यक है क्योंकि इसका प्रभाव आज भी इन यूरोपीय राज्यों के पूर्व उपनिवेशों में देखने को मिलता है।

अंतर्राष्ट्रीय विधि के अनुसार 'सभ्य देशों' की उपनिवेशिकता: वेस्टफालिया की देन

वेस्टफालिया के समझौते ने केवल राष्ट्र-राज्य की परिकल्पना ही नहीं की। बल्कि उसका लक्ष्य था अंतर्राष्ट्रीय विधि के द्वारा यूरोपीय मापदंडों को पूरे विश्व की सभ्यता का मापदंड बना देना और उससे विभिन्न संस्कृतियों का आंकलन करना। अगर हम 1945 में बने इंटरनेशनल कोर्ट ऑफ जस्टिस की धारा 9 और 38(1) को देखें तो हमें पता चलता है कि इसका वेस्टफालिया से क्या सम्बंध है[21]:

> धारा 9: प्रत्येक चुनाव में, निर्वाचकों को न केवल इस बात को ध्यान में रखना चाहिए कि चुने जाने वाले व्यक्तियों में व्यक्तिगत रूप से आवश्यक योग्यताएं होनी चाहिए, बल्कि यह भी कि 'सभ्यता के मुख्य रूपों' और प्रमुख कानूनी प्रणालियों का प्रतिनिधित्व भी होना ही चाहिए।
>
> धारा 38(1): न्यायालय, जिसका कार्य अंतरराष्ट्रीय विधि के अनुसार ऐसे विवादों को तय करना है जो इसके सामने प्रस्तुत किए गए हैं, लागू करेगा:
>
> - अंतरराष्ट्रीय सम्मेलन, चाहे सामान्य हो या विशेष, ऐसे नियमों की स्थापना करें जो कि सभी राज्यों द्वारा स्पष्ट रूप से मान्यता प्राप्त हों;
> - अंतरराष्ट्रीय प्रथा, विधि के रूप में स्वीकृत एक सामान्य प्रथा के प्रमाण के रूप में;
> - 'सभ्य राष्ट्रों' द्वारा मान्यता प्राप्त विधि के सामान्य सिद्धांत;
>
> अनुच्छेद 59 के प्रावधानों के अधीन, न्यायिक निर्णयों और विभिन्न राष्ट्रों के सबसे उच्च योग्य प्रचारकों की शिक्षाओं को, विधि के नियमों के निर्धारण के लिए सहायक साधन के रूप में।
>
> (2) यदि पक्षकार इससे सहमत होते हैं, तो यह प्रावधान न्यायालय की एक मामले के पूर्व समान रूप से निर्णय लेने की शक्ति पर प्रतिकूल प्रभाव नहीं डालेगा।"

जहां धारा 9 में 'सभ्यता के मुख्य रूपों' का उल्लेख हुआ है वहीं धारा 38(1)(सी) में 'सभ्य राष्ट्रों' का उल्लेख किया गया है। इन शब्दों का एक अंतर्राष्ट्रीय कोर्ट में अंतर्राष्ट्रीय विधि के रूप में प्रयोग हुआ है जो कि संयुक्त राज्य के अंतर्गत आता है तो हमें इसका सटीक अर्थ जानना होगा। धारा 38 को अंतर्राष्ट्रीय विधि को निर्धारित करने के लिए एक स्रोत समझा जाता रहा है। परन्तु विद्वान मानते हैं कि यह स्रोत स्वयं पश्चिमी सभ्यता की ही देन हैं। वे मानते हैं कि अंतर्राष्ट्रीय विधि पश्चिमी सभ्यता का जीता जागता नमूना है। साथ ही वह वेस्टफालिया के समझौते का भी नमूना है। 'अंतर्राष्ट्रीय विधि' के रूप में जब यूरोप और संयुक्त राज्य अमेरिका ने जब इसे पूरे विश्व पर थोपा तो वेस्टफालिया के समझौते का राजनैतिक और ईसाईयत प्रेरित ढांचा पूरे विश्व में फैल गया।[22] तो यह कहा जा सकता है कि अंतर्राष्ट्रीय विधि उपनिवेशिकता का ही एक हथियार है चूंकि पूर्व उपनिवेशों के पास कोई और चारा नहीं था इसके अलावा कि वे यूरो-केन्द्रित/पश्चिमी विचारों, विधियों और संस्थानों को अपना लें।

विद्वान यह मानते हैं कि धारा 38(1) में इंगित किये गए स्रोत पश्चिम द्वारा जनित 'सभ्यता के मापदंड' से ही निर्धारित होते हैं। यह मापदंड निर्धारित करते हैं कि कौन-सा समाज और देश 'सभ्य' है और कौन-सा नहीं और इन सभी देशों से अपेक्षित होता है कि वे इस 'अंतर्राष्ट्रीय विधि' को आवश्यक रूप से मानें।[23] इसका एक और कारण यह था कि यूरोप उन गैर-यूरोपीय समाजों से लेन देन करना चाहता था जहां पर यह 'सभ्यता के नियम' लागू हों। इससे यह निर्धारित रहेगा कि व्यापार यूरो-केन्द्रित ढांचे में ही हो जिससे कि पश्चिमी देशों के नागरिकों का और पश्चिमी विचारों से जनित 'सार्वभौमिक अधिकारों/ढांचों' का बचाव हो सके। जिन समाजों ने इन अधिकारों और स्वतंत्रताओं को सार्वभौमिक मानकर अपना लिया वे समाज 'सभ्य' घोषित कर दिए गए। पर ध्यान दिया जाए, कि पश्चिमी 'सभ्यता के नियमों' को केवल मूल निवासी समाज में रह गए पश्चिमी नागरिकों पर ही लागू नहीं करना था परन्तु मूल निवासियों को स्वयं के जीवन को इस समझौते के ढांचे में ढाल के बदल लेना था। इसका अर्थ था कि यह परिवर्तन इन गैर-यूरोपीय समाजों में बहुत गहरे थे। पश्चिम बाकी के समाजों से जो बदलाव की अपेक्षा रखता था वे निम्न उल्लेखित हैं[24]:

1. जो अधिकार पश्चिम के नागरिकों को पश्चिम में मिलते थे अपेक्षा थी कि वही अधिकार उन्हें गैर-पश्चिमी देशों में भी मिलें।
2. गैर-पश्चिमी समाजों से यह अपेक्षित था कि वे पश्चिम जैसी ही राजनैतिक और शासकीय प्रणाली अपनाएं जिससे कि पश्चिमी नागरिकों की संपत्ति और स्वतंत्रता इन देशों में भी सुरक्षित रखी जा सके। इसका अर्थ था एक ऐसी सरकार का सार्वभौमिकरण जो कि संविधान पर आधारित हो और जिसके तीन अंग हों: विधान सभा, कार्यकारिणी और न्यायपालिका। इस सरकार की सीमाएं शक्तियों के पृथक्करण के सिद्धांत द्वारा निर्धारित हों। इसकी नींव ज्ञानोदय के फलसफों द्वारा 18वीं शताब्दी में दी गयी थी जैसे कि जॉन लॉक, बैरन दे मोंतेस्क्यु। इसके लिए कोर्ट की सहायता से नियमों का प्रतिबद्ध किया जाना बहुत आवश्यक था जिसको कि पश्चिमी नागरिकों के हितों की सुरक्षा के लिए आवश्यक माना गया था। लॉक का प्रभाव इस पूरी प्रक्रिया पर अमिट था।
3. गैर-पश्चिमी समाजों से यह अपेक्षित था कि वे स्वयं को इस तरीके से संगठित और सुचालित करें जिससे कि पश्चिमी नागरिकों के हितों का ध्यान रखा जा सके। दूसरी ओर यही पश्चिमी नागरिक उस देश के क्षेत्रीय नियमों से परे थे जहां पर वे रह रहे थे। वे केवल पश्चिमी सरकारों के उत्तरदायी थे। इस व्यवस्था का आधार नस्लवाद था। पश्चिम का मानना था चूंकि गैर-पश्चिमी देश 'सभी' नहीं थे इस कारण से पश्चिमी नागरिकों से 'असभ्य' राजनैतिक और विधिक तंत्रों को मानने को कहना सही नहीं था।
4. गैर-पश्चिमी समाजों से यह अपेक्षित था कि वे अपनी सीमाओं की सुरक्षा करने में स्वयं सक्षम हों। उनके पास यह अवसर था कि वे राज्य की स्वायत्ता और अंतरराष्ट्रीय कूटनीति के बारे में वेस्टफालिया के समझौते को अपना लें जिसमें दूसरे देशों के निजी कार्यों में हस्तक्षेप न करने की धारा थी।
5. गैर-पश्चिमी समाजों से अपेक्षित था कि वे 'अंतर्राष्ट्रीय विधि' और 'राष्ट्र-राज्य' को अपना के 'विधि के शासन' को अपना लें जिससे कि पश्चिमी नागरिकों के हित सुरक्षित रहे। इतना ही नहीं इन समाजों से अपनी रीतियां, रूढ़ियां और जीवन जीने के तौर तरीके भी बदलना अपेक्षित था। आशा यह थी कि वे पश्चिमी समाज जैसे हो जाएं।

यूरोपीय साम्राज्यवादी शक्तियों ने गैर-पश्चिमी समाजों के देशों और भूमि पर अंतर्राष्ट्रीय विधि के द्वारा वर्चस्व स्थापित कर लिया। यह विधि प्रोटेस्टेंट सुधार से प्रेरित वेस्टफालिया के सिद्धांतों पर आधारित थी।[25] इस पुस्तक के तीसरे भाग में जहां पर भारत के संवैधानिक यात्रा की चर्चा की गयी है वहां पर यह विस्तार से बताया गया है। 'सभ्यता के इन नियमों' को लागू करना लीग ऑफ नेशंस जैसी अंतर्राष्ट्रीय संस्थाओं में सम्मिलित होने की अनिवार्य शर्त हो गया। लक्ष्य था यूरोपीय विधि को अंतर्राष्ट्रीय विधि कहकर आर्थिक और विधिक तंत्रों को 'सुसंगत करना'। अंतर्राष्ट्रीय व्यापार अथवा मानवाधिकार को लेकर अगर आजकल हो रही चर्चाओं को देखा जाए तो स्थिति बिलकुल भी नहीं बदली है। औपनिवेशिक काल के समाप्त होने के बाद तो यूरोपीय उपनिवेशिकता की पहुंच अंतर्राष्ट्रीय विधि के द्वारा और भी बढ़ गयी है क्योंकि पश्चिम के पूर्व उपनिवेश आज भी आर्थिक रूप से स्वतंत्र नहीं हैं।

यह ध्यान देने वाली बात है कि 20वीं शताब्दी के मध्य में जब यूरोप के बहुत से उपनिवेश स्वतंत्र हो रहे थे पश्चिम का ध्यान अचानक से 'तीसरे विश्व' की निर्धनता को दूर करने में लग गया और यह झट से भुला दिया गया कि इन देशों की निर्धनता यूरोप के उपनिवेशवाद की ही देन है। परन्तु यूरोप ने एक नयी बात छेड़ दी। कहा गया कि 'विकास' के क्षेत्रों में इन 'नए देशों' को पश्चिम की बराबरी करनी है।[26] जो पहले औपनिवेशक देश थे वे अपने पूर्व उपनिवेशों को 'विकास' के लिए बड़ी-बड़ी धनराशि देने लगे। इस धन का पूर्व उपनिवेशों के समाज में हो रही चर्चा पर क्या असर पड़ता है यह अध्ययन करने लायक विषय है। चूंकि उपनिवेशिकता इन देशों की आर्थिक आवश्यकता का लाभ उठाकर उन्हें उपनिवेशिकता के कुएं में और नीचे धकेल देती है।

सभ्यता की एक ही पहचान बची जिसे हम 'सभ्यता के नियम' कह सकते हैं। इसने सांस्कृतिक और सभ्यतागत विविधता को समाप्त कर दिया और उसका स्थान पश्चिमी सार्वभौमिकता ने और वेस्टफालिया की 'उदारवादी' वैश्वीकृत सभ्यता ने ले लिया। वेस्टफालिया का तंत्र एक ओर तो राज्य की स्वायत्ता और राष्ट्र-राज्यों में हस्तक्षेप न करने की बात करता था और दूसरी ओर गैर-पश्चिमी देशों के कार्यों में लगातार हस्तक्षेप करता था। राज्यों की स्वायत्ता का सिद्धांत पक्षपात पूर्ण तरीके से केवल कुछ पश्चिमी

देशों पर लागू होता था और दूसरे गैर-पश्चिमी देशों पर नहीं। इससे हमें पता चलता है कि वेस्टफालिया का समझौता कोई सेक्युलर, उदारवाद या समानता लाने वाली घटना नहीं थी। इस समझौते के अनुसार केवल वे बराबरी के स्तर पर माने जाते थे जो ईसाई थे। गैर-ईसाई मूल निवासी समाजों के लिए यह बराबरी उपलब्ध नहीं थी। इन्हें तो अंतर्राष्ट्रीय विधि के अनुसार 'सभ्य' बनाना था और उनका 'सुधार' करना था।

विद्वानों का मानना है कि 'उदारवादी' वैश्विक सभ्यता वेस्टफालिया की सभ्यता का ही सेक्युलर नमूना है और यह सेकुलरवाद ज्ञानोदय में उपजता है। इस कारण से यह बहुत महत्त्वपूर्ण है कि ज्ञानोदय की ईसाई सेक्युलर प्रकृति को हम जानें। इस विषय पर डॉ. एस.एन. बालगंगाधर और डॉ. डे रूवर का काम बहुत ही महत्त्वपूर्ण है।[27]

ईसाईयत, ज्ञानोदय और उपनिवेशिकता

ऐसा माना जाता है कि ज्ञानोदय का अर्थ था तर्क की आस्था के ऊपर विजय, केवल यूरोप में ही नहीं परन्तु पूरे विश्व में। यह भुला दिया जाता है कि विभिन्न सभ्यताओं और संस्कृतियों की सभ्यता की यात्रा विभिन्न भी हो सकती है। यूरोपीय इतिहास को सम्पूर्ण विश्व के इतिहास की तरह बताना जान बूझ कर किया जाता है। उपनिवेशित समाजों को इससे बहुत घाटा हुआ है। उनकी स्वयं की सांस्कृतिक यात्रा, उनके अनुभव और उनकी ज्ञान मीमांसा और ज्ञान परंपरा को कहीं स्थान दिया ही नहीं जाता। ऐसा माना जाता है कि उनको किसी प्रकार के अनुभव का कोई अधिकार ही नहीं है। उनका कोई व्यक्तिगत और सामूहिक अस्तित्व ही नहीं है अथवा उनको स्वयं की दिशा निर्धारण करने का और स्वयं के बारे में विचार करने का कोई अधिकार ही जैसे नहीं है। यह कहा जाता है कि उनका इतिहास नहीं है और उनका समाज तो केवल मनघड़ंत किस्से-कहानियां, मिथक और अंधविश्वासों से भरा हुआ है। ज्ञानोदय के अनुसार इस दृष्टि को बड़ा ज्ञानमयी और परिष्कृत कहा जाता है। चूंकि यह दृष्टिकोण अभी भी बना हुआ है इस कारण से हमें ज्ञानोदय के सेक्युलर चरित्र को समझना होगा। प्रोटेस्टेंट सुधार और वेस्टफालिया के समझौते के सम्बंध को तो समझा जा सकता है। परन्तु ज्ञानोदय को अधिकतर ऐसा माना जाता है कि वह ईसाईयत और मज़हब के विरुद्ध एक क्रान्ति थी

और उसने 'उदारवादी' और सेक्युलर विचारों पर आधारित 'तर्क के युग' का प्रारंभ किया। हमें ज्ञानोदय के इन आधारों की जांच करनी पड़ेगी यह जानने के लिए कि क्या ज्ञानोदय सच में सेक्युलर था अथवा वह केवल 'ईसाई सेक्युलर' था। ज्ञानोदय का यूरोपीय उपनिवेशवादियों के राजनैतिक और मज़हबी ढांचे पर क्या प्रभाव पड़ा यह भी देखना पड़ेगा।

इसके बारे में बात करते हुए डॉ. रूवर पहले मज़हबी सहिष्णुता के बारे में बात करते हैं जिसे ज्ञानोदय के एक बड़े स्तम्भ की भांति देखा जाता है। अगर हम इस दावे को मान लें तो ज्ञानोदय अवश्य ही सेक्युलर अथवा गैर-ईसाई लगेगा। क्योंकि ईसाईयत तो सदैव धर्मांतरण का प्रचार करती है तो वह क्यों दूसरी आस्थाओं को सहन करने की बात करेगी? तो ऐसी स्थिति में क्या सहिष्णुता का उदय गैर-मज़हबी था? और क्या इसका अर्थ दंड मिलने के भय के बिना अपने अन्तः करण के अनुसार व्यवहार करना था? डॉ. रूवर इन कुछ विषयों पर चर्चा करते हैं।

सबसे पहले डॉ. रूवर ज्ञानोदय के सबसे बड़े दार्शनिकों में से एक जॉन लॉक की चर्चा करते हैं। लॉक के मज़हबी सहिष्णुता, समानता और अधिकारों के बारे में विचार ज्ञानोदय की नींव रहे हैं। डॉ. रूवर, लॉक के बारे में दो प्रकार के मतों की बात करते हैं। एक मत के अनुसार लॉक के मत सेक्युलर और उदारवादी थे और दूसरे मत के अनुसार लॉक के मतों के पीछे प्रोटेस्टेंट ईसाईयत का बहुत बड़ा प्रभाव है।[28] इस मत के अनुसार अगर हम लॉक के विचारों को प्रोटेस्टेंट ईसाईयत के ढांचे से अलग कर दें तो उनका कोई अर्थ ही नहीं निकलेगा। डॉ. रूवर कहते हैं कि गैर-ईसाई समाजों के लिए लॉक के विचारों के उद्गम को समझना बहुत आवश्यक है क्योंकि एक ऐसा उदारवादी तंत्र जो कि प्रोटेस्टेंट ढांचे से प्रेरित है वह निश्चित ही आगे चल कर मूल निवासी और गैर-ईसाई समाजों में हस्तक्षेप करेगा। ईसाईयत की प्रकृति, 'भगवान' और मनुष्य के संबंधों को लेकर जो अवधारणायें हैं वे मूल निवासी समाजों और धर्मों से ठीक विपरीत हैं चूंकि अधिकतर मूल निवासी समाज प्रकृति की पूजा करते आये हैं और स्वयं को प्रकृति का अंग मानते हैं न कि उसके अधिपति। इस कारण से ईसाईयत और मूल निवासी प्राकृतिक धर्मों के बीच कोई समानता नहीं है।

क्या इसका अर्थ यह है कि उदारवाद का सेक्युलर के अलावा कोई आधार हो ही नहीं सकता? विधि और दर्शन के विद्वान जेरेमी वालद्रन कहते

हैं कि एक दशा में यह संभव है कि उदारवाद को गैर-ईसाई विचारों पर आधारित किया जा सकता है परन्तु अगर इतिहास के प्रति हम सच्चे हैं तो हमें यह मानना पड़ेगा कि कैसे 'आधुनिक' समानता के विचार और उदारवाद के विचार का जन्म ईसाईयत के परिप्रेक्ष्य में हुआ।[29] उनका कहना है कि समानता का जो विचार अभी प्रचलित है वह ईसाईयत के बगैर नहीं चल सकता। जिसे हम समानता और उदारवाद समझते हैं वह सच्चाई में ईसाई समानता और ईसाई उदारवाद हैं। यूरोपीय उपनिवेशिकता के प्रभाव को देखते हुए वालद्रन का दावा बिलकुल सही लगता है। समानता के विचार से गैर-ईसाई समाज अनभिज्ञ नहीं थे परन्तु हर समाज को समानता को परिभाषित करने का अधिकार स्वयं होना चाहिए। अपनी सांस्कृतिक यात्रा को ध्यान में रखते हुए और ईसाई उपनिवेशिकता को नकारते हुए इन सिद्धांतों की रचना होनी चाहिए। अगर समानता की एक सार्वभौमिक परिभाषा संभव है भी तो इस परिभाषा में गैर-ईसाई मतों को भी सम्मिलित करना चाहिए जो अभी तक नहीं हुआ है।

डॉ. रूवर लॉक के समाज को सिविल और मज़हबी धड़ों में विभाजन करने की बात कहते हैं जो उन्होंने 'लैटर कंसर्निंग टोलरेशन' में लिखी है। रूवर बताते हैं कि लॉक के विचार में और ईसाईयत के दो साम्राज्यों के विचार में और ईसाई स्वतंत्रता के विचार में कितनी समानता है। लॉक कहते हैं कि मनुष्यों की प्रवृत्ति ही है दूसरों के परिश्रम के फल को चुरा लेना और इसीलिए किसी सिविल सत्ता का होना बहुत आवश्यक है जिसे कि मज़हबी विषयों से कोई लेना देना नहीं हो। रूवर कहते हैं कि यह उस ईसाई विचार का सेक्युलर अनुवाद है जिसके अनुसार हम पापी हैं और इस कारण से हमें किसी राजकीय नकेल से नियंत्रण में रखना आवश्यक है। लॉक और प्रोटेस्टेंट विचारधारा के बीच जो सबसे बड़ी समानता है वह है समाज का दो धड़ों–सिविल और मज़हबी एवं सांसारिक और मज़हबी–में विभाजन। यह दोनों विचार ईसाई ज्ञान परंपरा से ही प्रेरणा लेते हैं। डॉ. रूवर कहते हैं कि गैर-ईसाई समाजों में यह विभाजन अस्तित्व नहीं रखता। उनके समाज में धार्मिक और सांसारिक विषयों में इस प्रकार का कोई विरोधाभास नहीं देखने को मिलता। दूसरी ओर लॉक ने अपनी मज़हबी सहिष्णुता में कैथोलिक चर्च और नास्तिकता को सम्मिलित नहीं किया जो कि यह बताता है कि उनके विचार कैसे प्रोटेस्टेंट थे और 'झूठे मज़हब' की अवधारणा रखते थे।

परन्तु फिर भी प्रश्न यह है कि अगर प्रोटेस्टेंट ढांचे में क्राइस्ट और ईसाई ईश्वर में आस्था आवश्यक है तो फिर दूसरे मतों को सहन करने की बात कहां से आयी? लॉक कैथोलिक और नास्तिक लोगों को अपनी सहिष्णुता की परिभाषा से बाहर रखते थे परन्तु कुछ और विचारक कैथोलिक, यहूदी, मुसलमान और कुछ तो कि पेगन, जिन्हें ईसाई 'शैतान के पूजक' मानते थे, उनको भी इस परिभाषा में सम्मिलित करने की बात करते थे। इसके लिए हमें 'सहिष्णुता' की परिभाषा में गहराई से जाना पड़ेगा। यहां पर सहिष्णुता का अर्थ अंगीकार करना अथवा परस्पर सम्मान नहीं था। 'झूठे मज़हबों' को सहन करने का विचार सेकुलरवाद से नहीं आया था। इसका उद्‌गम हुआ था एक ईसाई विचार में बदलाव लाकर जिसके अनुसार किसी भी अन्तः करण को बाध्य नहीं करना चाहिए अगर वह गॉड के आदेश को भी न माने तो। परन्तु जहां एक ओर बाध्यता की तलवार का प्रयोग करना इस विचार के अनुसार वर्जित था, वही दूसरी ओर ईसाई ईश्वर की आत्मा की तलवार का प्रयोग वर्जित नहीं था। ऐसा माना जाता था कि जीसस की कथा आत्मा को भेदने में और बचाने में समर्थ थी इस कारण से बल पूर्वक धर्मांतरण को बढ़ावा न दे के इस विचार के अनुसार जीसस की कथा का प्रयोग कर के धर्मांतरण करना वांछनीय था। तो यहां पर भी ईसाई स्वतंत्रता की ही बात हो रही थी और अंततः लक्ष्य था धरती पर ईसाई ईश्वर के आदेश का पालन। तो इस प्रकार ज्ञानोदय की 'सहिष्णुता' ईसाई कर्त्तव्य का एक सेक्युलर अवतार था। इसमें मतांतरण का भी विचार था जिसके अनुसार ईसाई और गैर-ईसाईयों का भी मत परिवर्तन अंतिम लक्ष्य था। प्रोटेस्टेंट सुधार की मज़हबी अवधारणा का गहरा प्रभाव ज्ञानोदय पर हुआ था।

इस कारण से डॉ. रूवर सेकुलरवाद और उदारवाद को ईसाई ज्ञान मीमांसा और ज्ञान परंपरा का ही एक अवतार मानते हैं। सेक्युलर ऐनक से देखने के कारण इतिहास का यह पन्ना थोड़ा धूमिल हो गया है। डॉ. रूवर के अलावा और भी विद्वान यह मत रखते हैं। कार्ल एल. बेकार, एस. जे. बार्नेट, और एलिजबेथ एस. हर्ड का यह कहना है कि हमें यह तो मानना होगा कि ज्ञानोदय को जिस प्रकार ईसाईयत से दूर जाने का आंदोलन बोलते हैं वह बिलकुल गलत है। तथ्य यह है कि ज्ञानोदय की प्रक्रिया को बाद में सेक्युलर परत पहनाई गयी। ऐसा इसलिए है क्योंकि बहुत से ज्ञानोदय के दार्शनिक अपने निजी जीवन में कट्टर ईसाई थे और उनके दर्शन भी इस

प्रकार से ईसाईयत से इतने प्रभावित थे कि उनको इसका आभास भी नहीं था। यह दार्शनिक 'आधुनिक' भाषा में बात इस कारण से कर रहे थे कि ईसाई रूढ़िवादिता का समय लोप हो गया था और यह उस समय का चलन था कि रूढ़िवादिता के विरोध में दार्शनिक अपनी बात रखें। पर जो भी हो, यह सब वार्तालाप ईसाईयत के भीतर ही चल रहा था।[30] इसका दूसरे धर्मों अथवा मज़हबों से बहुत अधिक संपर्क नहीं था। विद्वान तो यहां तक कहते हैं कि यह दार्शनिक मांग कर रहे थे कि अलग-अलग देशों और समाजों में अलग-अलग चर्च हो। इससे तो ज्ञानोदय का ईसाई चरित्र ही सिद्ध होता है।[31] बात ईसाईयत को फैलाने की ही थी और पूरे विश्व में इसको कैसे फैलाया जाए चिंता इस पर था। जर्मन दार्शनिक इम्मानुएल कान्त के विचार भी इसी मत की पुष्टि करते हैं। नैतिकता पर उनके विचार ईसाईयत का ही एक प्रकार हैं। बस वे मतों के झगड़ों में नहीं पड़ते थे।[32] उन्होंने नैतिकता को व्यक्तिगत कर दिया परन्तु उसके ईसाई लक्षण बने रहने दिए।

अगर चर्च को समाज में शान्ति बनाए रखने में ज्ञानोदय के सबसे क्रांतिकारी चिंतकों द्वारा भी बहुत आवश्यक माना जा रहा था तो इसका अर्थ ईसाई इतिहास से पीछा छुडाना तो नहीं हुआ। इसका अर्थ हुआ ईसाईयत को सेक्युलर रूप में अपनाना जो कि प्रोटेस्टेंट सुधार का प्रभाव था। यूरोपीय इतिहास का सबसे सेक्युलर माना जाने वाला मील का पत्थर, ज्ञानोदय, प्रोटेस्टेंट ईसाईयत से गहराई से प्रभावित था। ज्ञानोदय का ईसाईयत से पृथक कोई अस्तित्व ही नहीं हो सकता। प्रोटेस्टेंट ईसाईयत की ज्ञान परंपरा के सेकुलरीकरण की यह दूसरी कड़ी थी जिसने प्रोटेस्टेंट सुधार की मज़हबी और राजनैतिक विचारधारा को आगे बढ़ा के और अधिक प्रगाढ़ कर के 'एक सच्चे मज़हब' की भांति प्रस्तुत किया। इस विचार में मज़हबों, धर्मों और संस्कृतियों का वर्गीकरण सम्मिलित है। तो इस प्रकार से आज की पश्चिमी सोच के पीछे जो आधार है और ज्ञानोदय के पीछे जो आधार है वह ईसाईयत का ही है। पश्चिम इस छुपाने का बहुत प्रयत्न करता है परन्तु इतिहास और साक्ष्य यह कहते हैं कि यह प्रयास विफल है और पश्चिम का आधार अभी भी ईसाईयत ही है।

बहुत महत्वपूर्ण बात यह है कि ज्ञानोदय ने कभी भी साम्राज्यवाद और उपनिवेशवाद को रोकने की चेष्टा नहीं की। यहां तक कि उस पर कोई प्रश्न भी नहीं उठाया। 'सच्चे मज़हब' का जो घमंड ज्ञानोदय के दार्शनिकों को था

वही घमंड कैथोलिक और प्रोटेस्टेंट उपनिवेशवादियों की गतिविधियों के पीछे भी था और इस विचार ने उपनिवेशवाद के प्रकल्प को और 'सभ्य' बनाने के यूरोपियों के अभ्यास को बहुत शक्ति प्रदान की। इसका भी कोई साक्ष्य नहीं है कि ज्ञानोदय ने मनुष्य और प्रकृति के बीच जो सम्बंध ईसाईयत ने स्थापित करा था उसको थोड़ा भी बदला। न ही ईसाईयों और गैर-ईसाईयों के बीच के संबंधों को ज्ञानोदय ने बदला। अगर सहिष्णुता के सिद्धांत का प्रयोग ज्ञानोदय को सेक्युलर, उदारवादी और खुले विचारों वाला बताने के लिए प्रयोग होता है कि तो ज्ञानोदय के लेखकों की कृतियां इसका जोर से खंडन करती हैं। सहिष्णुता एक साधन था 'सच्चे मज़हब' के बाहर पैदा हुए लोगों की 'आत्मा को बचाने' का। इस काम में अज्ञान और अंधेरे को चीरने के लिए जिस तलवार का प्रयोग होना था वह थी बाइबिल की तलवार।

जिस 'वैज्ञानिक प्रवृत्ति' की बात की जाती है उसने नस्लवादी विचारों को और श्वेत ईसाई यूरोपीय उपनिवेशवादियों के श्रेष्ठ होने के भाव की 'तार्किक पुष्टि' करने के अलावा कुछ और नहीं किया। ऐसा हमें कान्त के लेखन से पता चलता है। यह सच है कि 1795 तक भी, जब कान्त 71 वर्ष के थे, तब भी उनके विचार नस्लवाद से बहुत प्रेरित थे और वे समझते थे कि श्वेत लोग अश्वेत लोगों से ऊंचे स्तर के होते हैं। 1788 में उनके विचारों को पढ़ के पता चलता है कि वे मानते थे कि अफ्रीका और भारत के लोग आलसी होते हैं और उनमें काम करने की चाह ही नहीं होती और इस कारण से उनके मस्तिष्क में यह क्षमता ही नहीं है कि वे उत्तरी यूरोप के वातावरण में सफलता पूर्वक काम कर लें।[33] दूसरी ओर वे उत्तर अमेरिका के मूल निवासियों को अशक्त, आलसी, संस्कृति में असमर्थ मानते थे जिन्हें समाज के सबसे निचले स्तर पर ही रखना चाहिए। 71 वर्ष की आयु तक उनके मन में यह बात बैठी हुई थी कि श्वेत लोग दोषहीन थे। ऐसे दार्शनिक ने उस समय की सार्वभौमिक नैतिक सिद्धांतों को जन्म दिया था यह हमें भूलना नहीं चाहिए। हमारा अब यह कर्त्तव्य है कि कम से कम हम कान्त के समानता और नैतिकता के बारे में जो विचार हैं उन पर प्रश्न उठाएं, जो उनकी सबसे प्रसिद्ध पुस्तक 'क्रिटिक ऑफ प्योर रीजन' में दिए हैं।

1764 और 1795 के बीच कान्त के विचार नस्लवाद पर दृड़ रहे और इनमें कोई बदलाव नहीं आया। 1764 में लिखी गयी पुस्तक 'ओब्सेर्वेशन ओन द ब्यूटीफुल एंड द सबलाइम' (1764) में वे लिखते हैं कि एक नीग्रो अथवा

अश्वेत बढ़ई जो भी कहता है वह निरर्थक है क्योंकि बढ़ई का रंग अश्वेत है। वे यह भी लिखते हैं कि श्वेत और अश्वेत लोगों की मानसिक क्षमता में उतना ही अंतर होता है जितना अंतर उनके रंग में है।[34] हिन्दुओं को वे नीग्रो से ऊपर मानते थे। परन्तु उनका मानना था कि हिन्दुओं को केवल कला की शिक्षा दी जा सकती है और न कि विज्ञान की और दूसरे विषयों की जिसमें सूक्ष्म चिंतन की आवश्यकता होती है। कुछ विद्वान ऐसा मानते हैं कि 1795 के बाद के उनके विचार इस पक्ष में थोड़े श्रेष्ठ हुए थे।[35] ऐसा कहने वाले विद्वान यह भूल जाते हैं कि कान्त की और दूसरे ज्ञानोदय के चिंतकों की नस्लवादी नैतिकता का फल मूल निवासी समाजों को झेलना पड़ा था। क्योंकि यह सभी चिन्तक समानता और नैतिकता का पाठ पूरे विश्व को पढ़ाते थे और साथ ही साथ श्वेत ईसाई श्रेष्ठता का भाव भी उनमें कूट-कूट कर भरा हुआ था। यह दोमुही सोच इन उपनिवेश्वादियों की सोच में और मूल निवासियों, गैर-ईसाईयों के प्रति उनके व्यवहार से स्पष्ट थी। यह उपनिवेशवादी इसके लिए प्रेरणा लेते थे ज्ञानोदय के विचारकों और चिंतकों से जिन्होंने इस नैतिक विरोधाभास को सहज बना दिया था और बल्कि उसे 'वैज्ञानिक' कह कर प्रतिपादित करते थे।

ज्ञानोदय का एक पहलू यह भी है कि उसने प्रोटेस्टेंट सुधार के सार्वभौमिक और तानाशाही वाले लक्षणों को सेक्युलर, उदारवादी और वैज्ञानिक परत पहना कर प्रस्तुत किया। यह यूरोपीय उपनिवेशवादियों के लिए बहुत ही लाभदायक था। ज्ञानोदय के दार्शनिकों की सोच कट्टर थी और उसे वे सार्वभौमिक समझते थे। उन्हें यह भी लगता था कि गैर-ईसाई और विभिन्न मूल निवासी संस्कृतियों का बहुत विभिन्न अनुभव नहीं रहा होगा। ज्ञानोदय के दार्शनिकों के इस घमंड भरे आत्मविश्वास ने उपनिवेशवादियों का आत्मविश्वास और बढ़ा दिया और उनकी उपनिवेशिकता और भी प्रगाढ़ हो गयी।[36] हमें यहां पर यह कहना आवश्यक है कि एक ईश्वर और एक नैतिकता की ईसाई मानसिकता इस सोच के पीछे थी चाहे उसे कितनी भी सेक्युलर अथवा उपनिवेशवादी परतों में ढक दिया गया हो। यह कोई आकस्मिक बात नहीं कि उपनिवेशवाद का चरम काल ज्ञानोदय के चरम काल के साथ-साथ ही था। वे दोनों एक-दूसरे से पोषण लेते थे।[37]

अगर हम मान भी लें कि कुछ ज्ञानोदय दार्शनिकों ने मूल निवासियों के साथ दुर्व्यवहार का विरोध भी किया होगा तो इसमें हमें दो पहलुओं की ओर

देखना होगाः उनका विरोध केवल व्यक्ति के साथ किया गए दुर्व्यवहार के लिए था न कि उनकी सभ्यता को नष्ट करके उस पर उपनिवेश बनाने की प्रक्रिया से था। चूंकि गैर-ईसाई लोगों को 'सभ्य' बनाना तो उनके 'सहिष्णुता' के प्रकल्प का एक हिस्सा था और दूसरा यह कि उस काल के सेक्युलर उदारवादी चिंतकों ने यह ठीक नहीं समझा कि मूल निवासियों की नैतिकता और मूल्यों की अवधारणा को भी अपनी गणना में लिया जाए। चूंकि उन्होंने कभी भी मूल निवासी विचारों को यूरोपी और ईसाई विचारों के समकक्ष नहीं समझा यह इस बात का साक्ष्य है कि मूल निवासी दृष्टिकोण के प्रति उनका मत बहुत ही तिरस्कार पूर्ण था। यह तो तय था कि उन्होंने मूल निवासियों के प्रति कोई समानता का व्यवहार नहीं किया और सार्वभौमिक सिद्धांतों की रचना करते हुए उन्होंने कभी भी मूल निवासी विचारों को नहीं समझा और सदैव यूरोप और उसकी सभ्यता को ही विश्व का केंद्र माना। ज्ञानोदय के इस अंधेरे इतिहास को लेकर और शोध और चर्चा की आवश्यकता है मुख्यतः उन पूर्व उपनिवेशों को जिनके समाज और संस्कृति को ज्ञानोदय के विचारों से बड़ी गहरी हानि हुई है।

पूर्व उपनिवेशों के लिए तात्कालिक रूप से एक बात समझना आवश्यक है कि जो राजनैतिक तंत्र हमारे समाज पर थोपे गए हैं। उन पर उपनिवेशिकता की गहरी छाप है और उनका उद्गम प्रोटेस्टेंट और नस्लवादी विचारों में हुआ है। दूसरी बात यह है कि ज्ञानोदय के सेकुलरवादिता, उदारवादिता, निष्पक्षता, समानता और सार्वभौमिकता के दावे खोखले हैं। इसमें कई विद्वान जैसे कि मिग्नोलो भी ऐसा मानते हैं।[38] उपनिवेशवादी और उपनिवेशितों के बीच के संबंधों को देखते हुए इन दावों का खोखलापन हमें देखने को मिलता है। तीसरी बात यह है कि वे मूल निवासी समाज जो अपना अस्तित्व बचाने में कुछ सीमा तक सफल हुए उन्हें अपने मूल्यों पर आधारित दृष्टिकोण रखने का पूरा अधिकार है। इस स्वदेशी दृष्टिकोण के आधार पर उनको अपने राजनैतिक संदर्भ को बदलने की आवश्यकता है चूंकि इससे उनका पूरा जीवन प्रभावित होता है। सबसे महत्वपूर्ण यह बात कि उन्हें स्वयं को यूरोपी चुनौती पर खरा उतारने की कोई आवश्यकता नहीं है। यह इस कारण से महत्वपूर्ण है क्योंकि पूर्व उपनिवेश जो स्वतंत्र हो गए पर फिर भी उपनिवेशक के राजतन्त्र को अपना लिया वे आज भी यूरो-केन्द्रित व्यवस्था के पुर्जे बन कर ही रह गए हैं और यही उनसे अपेक्षा भी थी।

राष्ट्र-राज्य की परिकल्पना कैसी हो, स्वायत्ता की परिकल्पना कैसी हो यह सभी यूरोप ने पहले से ही निर्धारित कर लिया था। इस पर कोई मौलिक चिंतन होने की संभावना नहीं थी। जो समाज इसको नहीं मानते थे उन्हें 'शैतान' देश माना जाता था जो कि 'विश्व शान्ति' के लिए संकट हैं और जिनको यूरोपीय बार-बार लताड़ते हैं ऐसा मानते हुए जैसे कि वे किसी तुच्छ परंपरा के वाहक हैं और यूरोपीय किसी श्रेष्ठ परंपरा के। आज भी स्थिति ऐसी ही है। मूल निवासियों से यह अपेक्षित था कि वे अपने राजनैतिक और सामाजिक तंत्रों को पूरी तरह त्याग करके यूरोपीय परिभाषित राष्ट्र-राज्य को स्वीकार कर लें। इस परिभाषा में एक मातृभाषा का दूसरी सभी भाषाओं और संस्कृतियों को दबाकर राष्ट्र भाषा बन जाना बहुत महत्वपूर्ण था। मज़हब के साथ भी यही नियम था। लक्ष्य था किसी एक मज़हब और एक भाषा के प्रभुत्व वाला राष्ट्र-राज्य बनाना जिसमें कि 'अल्पसंख्यकों' के लिए एक सुरक्षित स्थान बनाया जाए।

ऐसा करने से मूल निवासी समाजों में पहचान को लेकर विनाशकारी झगड़े प्रारम्भ हो गए। भारत जैसी विविध और बहुल संस्कृतियों को सबसे अधिक हानि पहुंची। उनके अन्दर की एकता एक बहुत लम्बी और गहरी सभ्यता से आती थी और इसको किसी एक मानवजाति में, एक भाषा में अथवा, ईसाईयत के जैसे किसी एक मज़हब में नहीं बांधा जा सकता था। ऐसे समाजों में जब राष्ट्र-राज्य की परिकल्पना का जन्म हुआ तो पहचान की हर इकाई, चाहे वह असली अथवा नकली हो, संघर्ष का विषय बन गयी। बहुत से धड़े स्वयं को राष्ट्र मानने लगे और उप-राष्ट्र की इकाइयां बनाने लगीं। लोग यह जानने का प्रयत्न करने लगे कि किसी एक अमुक उप-राष्ट्र की इकाई में अन्दर के लोग कौन हैं और बाहर के कौन। एक ही देश और समाज में इस प्रकार से बहुत से धड़े बन गए और वे आपस में राष्ट्रवादिता और देशभक्ति को लेकर लड़ने लगे। इसका अर्थ यह नहीं कि यूरोपीय उपनिवेशवादियों के आगमन से पहले इनमें देशी-विदेशी का भेद-भाव नहीं था। परन्तु सहस्राब्दियों के क्रमिक विकास से इन समाजों ने ऐसी स्थिति पा ली थी कि वे कई पहचान एक साथ ले कर चल सकते थे। उनकी सामुदायिक पहचान तो थी ही पर उनकी विविधता भी पूर्णतः बनी हुई थी और वे एक-दूसरे के साथ बिना हिंसा के रह सकते थे। परन्तु जब राष्ट्र-राज्य की परिकल्पना ने उनकी राजनीती और समाज को जकड लिया

तो उनके सामने एक नयी चुनौती खड़ी हो गयी। चूंकि वे अब एक यूरोपीकृत विश्व में रह रहे थे, इस कारण से वे इसे अनदेखा भी नहीं कर पाए।

राष्ट्र-राज्य के सिद्धांत ने इस प्रकार इन उपनिवेशित समाजों में पृथकतावादी मानसिकता पैदा कर दी। जब यह देश स्वतंत्र हुए तो उन्होंने अपनी एकता को बचाने के लिए संविधान अपना लिया जो कि ज्ञानोदय की ही देन था। धीरे-धीरे, संविधान ने एक धार्मिक पुस्तक का स्थान ले लिया। जबकि पहले वह राष्ट्र-राज्य को बनाने का एक साधन मात्र था। साधन लक्ष्य बन गया और संविधान के उपनिवेशवादी चरित्र के कारण मूल निवासी जीवन पद्धति की परिधि सिमटने लगी। इस बार राजनैतिक तंत्र पर विराजमान कोई उपनिवेशवादी नहीं था परन्तु उपनिवेशित मूल निवासी लोग ही थे। यह मूल निवासी संविधान, संवैधानिक नैतिकता और यूरोपीय/पश्चिमी मानक का प्रशंसक हो चुका था। इस कारण से संविधानवाद और उसकी उपनिवेशिकता को हमें गहराई से देखना पड़ेगा।

उपनिवेशिकता/आधुनिकता और 'मुक्त' संविधानवादः पूर्व उपनिवेशों का एक सच्चा मज़हब

प्रोटेस्टेंट सुधार के इतिहास से, वेस्टफालिया सभ्यता के उद्‌गम से और ज्ञानोदय के बारे में जानने से अभी तक हमें यह पता चला है कि इन मील के पत्थरों ने यूरोपीय उपनिवेशिकता का निर्माण किया और उसे पोषित किया। यह उपनिवेशिकता उनके राजनैतिक तंत्रों में देखने को मिलती है। तो इस बात में कोई आश्चर्य नहीं है कि जो संविधान उपनिवेशवादियों ने अपने पूर्व उपनिवेशों में लागू किये वे संविधान इन्हीं विचारों से प्रेरित थे। इनमें सबसे महत्वपूर्ण विचार है उपनिवेशित समाज का राष्ट्र-राज्य में परिवर्तन जो कि पश्चिमी राजनैतिक तंत्र का लक्ष्य बन गया।

वेस्टफालिया के समझौते से जब यूरोपीय राष्ट्र-राज्य का उदय हुआ तो वे ईसाई यूरोप का ही भाग थे। उस समय तीन ईसाई मत एक-दूसरे से प्रतिस्पर्धा में थे। परन्तु एक-दूसरे से प्रतिस्पर्धा में होते हुए भी विश्व को जीत कर ईसाईयत का प्रचार करने का लक्ष्य उन सभी के लिए सर्वोपरी था। ईसाई राष्ट्र-राज्य अपने आस पास के क्षेत्र के मज़हबी भूगोल को भलीभांति जानते थे। उनका राष्ट्र-राज्य चरित्र में शुद्ध ईसाई था और उनका लक्ष्य था

ईसाई यूरोप के अन्दर अन्दर अपनी सीमाओं का निर्धारण करना। इन राज्यों को सेक्युलर कहना केवल उनके बस की बात है जो इतिहास को किसी एक रंग के ऐनक से ही देखते हैं।

यूरोपीय राष्ट्र-राज्यों से यह कभी भी अपेक्षित नहीं था कि वे अपनी ईसाईयत को भूल जाएं। परन्तु जो सेकुलरीकृत नमूना पूर्व उपनिवेशों में भेजा गया उसने मूल निवासियों से यह अपेक्षा रखी कि वे अपने इतिहास, संस्कृति और पहचान को पूर्णतः विस्मृत कर दें और ऐसे प्रारम्भ करें जैसे कि मानों उनका जन्म ही उपनिवेशवादी शक्तियों के उनके देशों में आगमन से हुआ। उपनिवेशवादियों के लिए राष्ट्र-राज्य के अलावा कोई भी स्वीकृत नमूना नहीं था। इसके चलते लगभग सभी पूर्व उपनिवेशों ने भौगोलिक राष्ट्रवाद को अपना लिया जिसने उनकी प्राथमिकताओं को मूलभूत ढंग से बदल दिया। उनकी 'आधुनिक' पहचान का उनके इतिहास, संस्कृति और सभ्यता से कोई भी नाता नहीं रहा। फलस्वरूप वे केवल अपनी भौगोलिक अक्षुणता को बचाने में रह गए और अपनी सभ्यतागत अखंडता को लगातार उपनिवेशिकता के आगे खोते रहे। सभ्यता की चेतना क्या होती है और अखंडता क्या होती है यह निर्धारित करना पश्चिमी साम्राज्यवाद का एकाधिकार बन कर रह गया। वहीं दूसरी ओर गैर-ईसाई और गैर-यूरोपीय विश्व से यह अपेक्षित किया गया कि वे अपनी जड़ों को पूर्णतः विस्मृत कर दें। एक तरह से पश्चिम के लिए वे बस आधार सामग्री बन कर रह जाएं। इस प्रकार से उपनिवेशवाद के युग के बाद भी पश्चिम के पास सार्वभौमिक नियम और विधि बनाने का अधिकार बना रहा।

राष्ट्र-राज्य के सिद्धांतों, जैसे कि चर्च और राज्य का विच्छेद, सहिष्णुता, स्वतंत्रता और अधिकार और दायित्व की अवधारणा, इन सभी का सेकुलरीकरण हुआ जिससे कि इन्हें सार्वभौमिक रंग प्रदान किया जा सके। यह सेक्युलर मूल्य राष्ट्रीय संविधान में जा पहुंचे। मूल निवासियों को यह आभास ही नहीं हुआ कि इनकी प्रेरणा प्रोटेस्टेंट ईसाईयत में है और यह सिद्धांत यूरो-केंद्रित सार्वभौमिकता को जन्म देता है। राष्ट्रीय संविधान उपनिवेशिकता के स्रोत बन गए और यूरो-केंद्रित विचारों के प्रतिपादन का केंद्र बन गए।[39] यह दावा तो करते थे सेक्युलर होने का परन्तु इनके साथ जो गरिमा जोड़ी जाती थी वह किसी मज़हबी उन्माद से कम नहीं थी। उपनिवेशवादी संविधानवाद सेकुलरीकरण और सार्वभौमिकीकरण की तीसरी लहर बन गया और इससे

प्रोटेस्टेंट ईसाईयत का भी सार्वभौमिकरण हुआ। इसके साथ ही उपनिवेशिकता/आधुनिकता/तार्किकता के सिद्धांतों ने हमारे संस्थानों में पैठ बना ली। इन विचारों को ज्ञानोदय में और 'तर्क के युग' में परिष्कृत किया गया। ईसाई मत परिवर्तन और सुधार की प्रक्रिया को सेक्युलर परत पहना कर संविधान का स्वरूप दिया गया। तो इस प्रकार से संविधान का यह दावा कि वह निष्पक्ष है उतना ही सही जितना कि चुनाव के समय किसी नेता का वचन।

मूल निवासी देशों में राष्ट्रीय संविधानों के अपनाने से राष्ट्र-राज्य बनता गया। परन्तु इसका कारण केवल 'अंतर्राष्ट्रीय विधि' का थोपा जाना था। उसका अर्थ यह बिलकुल भी नहीं था कि मूल निवासियों की राजनैतिक संरचनाएं प्रभावशाली नहीं थीं। देश का दावा करने के लिए दुविधा यह थी कि एक ओर तो मूल निवासी समाजों को अपने इतिहास की स्मृति को जीवित रखना था और दूसरी ओर 'सभ्य देशों के राष्ट्रमंडल' का भाग बनाने के लिए उन्हें अपनी पहचान, इतिहास और संस्कृति को भूलना था। इन विरोधाभासों ने इनके संविधानों पर भी प्रभाव डाला पर अधिकतर उपनिवेशिकता की ही जीत हुई। उपनिवेशिकता से भरे इन संविधानों में इन उपनिवेशित राष्ट्र-राज्यों जैसे कि मार्टिन लूथर की नकल करते हुए चिल्ला चिल्ला कर मूल निवासियों को नयी बाइबिल, अथवा संविधान के अनुसार 'सभ्य' बनाने का प्रयत्न करने लगे। 'मूल निवासी को सुधारने' के लिए आज भी राज्य का एक संस्थान दूसरों से प्रतिस्पर्द्धा करता है और उसकी प्रेरणा संविधान होता है। इसमें जनता से वार्तालाप का भी कोई प्रावधान नहीं है और इस नैतिकता को ऊपर से ही थोपा जाता है। गणतंत्र और जनतंत्र का दावा करने के बाद भी राष्ट्र-राज्य आज भी नैतिकता, मूल्यों और आस्था के विषयों पर एकाधिकार बनाए हुए हैं ठीक ऐसे ही जैसे यूरोप में ईसाई राष्ट्र बनाते थे।

पूर्व उपनिवेशों में न्यायपालिका ने रोमन कैथोलिक चर्च का स्थान ले लिया। कैथोलिक चर्च ने सुधार के बाद अपनी सत्ता को बनाए रखा परन्तु प्रोटेस्टेंट और सुधारवादी विचारों को प्रतिपादित करना प्रारम्भ कर दिया। जहां पर नैतिकता का विकेंद्रीकरण होना चाहिए था वहां उल्टा ही हुआ। आदर्श रूप से मूल निवासियों को अपनी विधि और नीति का निर्धारण संस्कृति के आधार पर करना चाहिए था। परन्तु इस तंत्र में नैतिकता और दृष्टिकोण के निर्धारण का कार्य इन आधुनिक संस्थानों को ही दे दिया गया। रोमन कैथोलिक चर्च का काम था ईसाई ईश्वर की चर्च के द्वारा सेवा करना,

एक सच्चे मज़हब ईसाईयत और एक सच्चे पैगम्बर क्राइस्ट में आस्था रखना और ईश्वर की आकृति में मनुष्य का मत परिवर्तन करना। ठीक उसी तरह आधुनिक संविधान का काम है राष्ट्र-राज्य के तंत्रों के द्वारा मूल निवासियों को यूरोपीय समाज की आकृति में ढाल देना। इसके पीछे विचार है कि कदाचित मूल निवासी समाज का मोक्ष पश्चिम की नकल बन जाने में है।

मूल निवासी समाज को बदलने के इस प्रकल्प को 'प्रगतिशील संविधानवाद' अथवा 'सुधारवादी संविधानवाद' कहा गया जो कि उपनिवेशिकता से प्रभावित थे। उनके इतिहास और सामाजिक तथा आर्थिक स्थिति के चलते इस संविधानवाद का प्रभाव अलग-अलग देशों में अलग-अलग हुआ। दक्षिण अफ्रीका में इसी संविधानवाद ने रंग भेद के राज्य को उखाड़ के जनतांत्रिक तंत्र स्थापित किया जिसने उपनिवेशवाद को उखाड़ फेंकने का काम किया और शिक्षा का अफ्रीकीकरण किया।[40] इसके विपरीत भारत में इस संविधानवाद ने यहां की सभ्यता और संस्कृति को यहां के संविधान से काट दिया है और इस कारण से यह घातक है। इस संविधानवाद के लक्ष्यों और भारतीय समाज की ऐतिहासिक परिस्थिति में धरती अम्बर का भेद है। अगर इसका आधार उस इतिहास पर आधारित है जो उपनिवेशवादी शक्तियों ने अपने उपनिवेशों के बारे में लिखा है तो स्वाभाविक ही है कि यह संविधानवाद मूल निवासी की पहचान बदलने का प्रयत्न करेगा। दूसरी ओर अगर मूल निवासी समाज के इतिहास और संस्कृति को आधार बनाया जाए तो संविधानवाद हमारी ज्ञान परंपरा और ज्ञान मीमांसा सहित हमारी चेतना को भी बदल डालेंगे और पश्चिम से हटाकर हमारी चेतना का केंद्र हमारी स्वयं की सभ्यता हो जायेगी।

कई पूर्व उपनिवेशों में राजनैतिक और विधिक तंत्र ऐसे हैं कि वे कैथोलिक चर्च की नकल करते हुए सेक्युलर और ज्ञानोदय के विचारों को और प्रोटेस्टेंट ज्ञान परंपरा को बढ़ावा देते हैं। इसका फल यह होता है कि मूल संस्कृति के विचार दब कर रह जाते हैं। संविधान में उल्लेखित अधिकारों को पाने के लिए मूल निवासी ज्ञान परंपरा तंत्रों को मज़हब और मत की उन परिभाषाओं को मानना पड़ता है जो उपनिवेशवादियों ने बनाई हैं और जो ईसाई ज्ञान परंपरा में केन्द्रित हैं। इस प्रकार से सहस्राब्दियों पुरानी मूल ज्ञान परंपराओं को ऐसी राजनैतिक विचारधारा के आगे घुटने टेक देना पड़ा जो कि कुछ दशकों अथवा सदियों पुरानी ही थीं। मूल निवासी धर्मों को दो चुनौतियों

पर खरा उतरना पड़ता था: पहली तो कि उनके पास ईसाईयों की बाइबिल की भांति लिखा हुआ ग्रन्थ हो और मूल निवासी तौर-तरीकों, परंपराओं और आस्थाओं को उस 'तर्क' पर खरा उतरना था जो कि सेक्युलर और प्रोटेस्टेंट ज्ञान परंपरा में उदय हुआ हो।

जो परंपराएं इस मापदंड पर खरी नहीं उतरतीं उन्हें रूढ़िवादी, पारंपरिक, कालभ्रमी बोला गया और धीरे-धीरे मूल निवासी परंपराओं का प्रोटोस्टेंटीकरण होता चला गया। इस कारण से अधिकतर पूर्व उपनिवेशों में समानता की आड़ में संविधान की सहायता से ईसाई दृष्टिकोण को जनता पर थोपा जाता है। जहां पर अभी भी गैर-ईसाई बचे हुए हैं वहां पर मूल निवासी दृष्टिकोण को अभी भी दबाया जाता है। वह बंटा हुआ है इस उहापोह में कि एक ओर अपना अस्तित्व बचाए रखे और दूसरी ओर विनाश से बचने के लिए संवैधानिक अपेक्षा को पूरा करे।

उदाहरण के लिए 1978 के अमेरिकन इंडियन रिलीजियस फ्रीडम एक्ट के बाद भी अमेरिकी मूल निवासियों को बार-बार अपने हितों की रक्षा और अपनी धार्मिकता एवं पूजा पद्धति को संरक्षित रखने के लिए कोर्ट में जाना पड़ा है। उन्होंने तो विधि की प्रक्रिया पर और समानता के सिद्धांत पर पूरा भरोसा किया परन्तु फिर भी उनके मंदिरों को तोड़कर हाईवे बनाए गए।[41] यह प्रक्रिया केवल वहां तक सीमित नहीं है जहां पर मूल निवासी अल्पसंख्यक हैं।

यहां तक कि भारत में भी जहां पर मूल निवासी बहुसंख्यक हैं वहां भी कुछ टुकड़ों को छोड़ दें तो मूल पहचान सेक्युलर हो गयी है। भारत के धर्म की स्थिति अमेरिका के मूल निवासी समाजों से बहुत श्रेष्ठ नहीं है। मूल ज्ञान परंपराओं के वाहकों को सदैव स्वयं को सिद्ध करना पड़ता था। और उनकी परंपराओं को विचित्र बताकर और उसके बारे में दिग्भ्रमित कर के उसको पचा लिया जाता था। उसको रूढ़ियों में बांध के उसका शोषण तो होता ही था। 'पर्यटन' और 'विकास' ने इस प्रक्रिया को और भी तेज कर दिया है और मूल निवासियों को बाध्य किया है कि वे और छोटे दायरे में सिमटते जाएं जहां पर वे 'आधुनिक जांच' से बच कर परंपरा का वाहन कर सकें। ऐसे समाज को अपने ही लोगों से विरोध का सामना करना पड़ता है उपनिवेशवादी शक्तियों के अलावा और इस कारण से उनका कष्ट और अधिक है। दूसरी ओर उन्हें बहुसंख्यक कहा जाता है और उन्हें संदेह से देखा जाता है। सच यह है कि सच जानने और बोलने वाले लोग मूल निवासी

समुदाय में बहुत बड़े अल्पसंख्यक हैं। सच यह है कि एक देश में ऐसा कोई भी मूल निवासी बहुसंख्यक समुदाय वैश्विक पटल पर अल्पसंख्यक ही है। इस प्रकार से अपनी ज्ञान परंपरा के अनुसार रहने वाले व्यक्ति बहुत ही सूक्ष्म मात्र के अल्पसंख्यक हैं। अपनी सभ्यता और संस्कृति के यह आखिरी वाहक हो सकते हैं।

'बहुसंख्यक' होने के नाते इन बचे खुचे वैश्विक अल्पसंख्यकों को यह दिखाने के लिए कि वे 'सहिष्णु' हैं अपने इतिहास और पहचान को लेकर बिलकुल चुप रहना पड़ता है। आधुनिक संविधानवाद का ही यह एक प्रभाव है जिसकी चर्चा ही नहीं होती। इतिहास को सेक्युलर बनाने का प्रयत्न होता रहता है। इसका प्रभाव शिक्षा नीति पर और अंत में पाठ्यक्रम बनाने में भी पड़ता है। न ही केवल इतिहास और भूतकाल को सेक्युलर दृष्टि से देखा जाता है मूल निवासी समाज से यह अपेक्षित रहता है कि उपनिवेशवादी ज्ञान परंपरा के अपनी संस्कृति के ऊपर आक्रमण को देखकर वह शांत रहे। एक संवैधानिक मिथक उन्हें सुनाया जाता है कि कैसे सारी ज्ञान परंपराएं समान हैं और उन्हें समान संवैधानिक अधिकार हैं। गैर-ईसाई समाज के पास अवसर ही नहीं रह जाता कुछ और करने का और वे भी सेक्युलर पहचान को अपनाकर इस 'बराबरी' को बरतने के लिए चल पड़ते हैं। बदले में यह दिखाने के लिए कि कैसे उनके अन्दर भी उदारवादी संवैधानिक वृत्तियां हैं वे भी उपनिवेशवादी की ज्ञान परंपरा को 'बराबरी' का अधिकार प्रदान करते हैं। सभी संस्कृतियों को 'सामान अधिकार' देना विधि के कुछ मिथकों में से एक है और पिछली पांच अथवा छः शताब्दियों से इसने मूल समाजों की अप्रतिम हानि की है।

इन पूर्व उपनिवेशों में संविधान को एक धार्मिक पुस्तक की भांति देखा जाता है अपने पूर्व उपनिवेशवादी स्वामी को अपने आधुनिक, सेक्युलर और उदारवादी का साक्ष्य देने के लिए और यह सिद्ध करने के लिए कि कैसे वे भी 'सभी देश' हैं। उपनिवेशित मूल समाज द्वारा यह बताया जाता है कि कैसे वे भी यूरोपीय/पश्चिमी/आधुनिक/तार्किक हैं। इस उपनिवेशिकता ने बहुत विचित्र सिद्धांतों को जन्म दिया है जैसे कि 'संवैधानिक देशभक्ति'। संविधानवाद से जुड़ाव समझा जा सकता है हालांकि यह उपनिवेशिकता का ही एक चिह्न है। संवैधानिक देशभक्त यह भूल जाते हैं कि संविधान का लक्ष्य होना चाहिए मूल निवासी संस्कृति और पहचान की रक्षा।

इस प्रकार की संवैधानिक देशभक्ति अपना लक्ष्य भूल जाती है चूंकि उसके पास अपने इतिहास और संस्कृति का कोई पैमाना नहीं होता। मूल निवासी दृष्टिकोण के लिए यह बहुत घातक है चूंकि इस प्रकार के संवैधानिक देशभक्त ने यूरो-केंद्रित/पश्चिमी मानदंडों को आत्मसात कर लिया है और जाने अनजाने उपनिवेशिकता/आधुनिकता/तार्किकता के समूह को पूर्णतः स्वीकार लिया है। उनकी स्वयं की पहचान को ही उनकी स्वजातीय चेतना के विरुद्ध खड़ा कर दिया गया है और आधुनिकता, तार्किकता और संवैधानिक देशभक्ति के शोर में यह सत्य कहीं खो गया है।

ऐसे देशों में जो पहले यूरोप के उपनिवेश थे उनमें संविधान का प्रयोग यूरोप की नकल में समाजों को गढ़ने के लिए हो रहा है। ऐसे में मूल निवासी समाज का दायित्व है कि संविधान का ही वि-उपनिवेशीकरण करें। पहले तो मूल निवासी संस्कृति अपने देश में वांछित स्थान प्राप्त करे और फिर पूरे विश्व में वह स्थिति प्राप्त करे जो उसे मिलनी चाहिए। चूंकि आज तो संविधानवाद सर्व व्याप्त है और उसके उपनिवेशित चरित्र के कारण वह समाज को सर्वसत्तावाद की ओर ले जाता है।

इस कारण से संविधान जो कि आज नैतिकता का स्रोत है सबसे पहले उसका वि-उपनिवेशीकरण होना चाहिए। वि उपनिवेशिकता के विद्वानों का ध्यान केंद्र भी यही होना चाहिए जब तक कि मूल निवासी संस्कृति अपना स्थान न प्राप्त कर ले। चूंकि अगर मूल संस्कृति का आदर अपनी ही भूमि पर नहीं है और उसे केवल आभूषण की तरह ओढ़ लिया जाता है तो फिर विश्व पटल पर उसके चिह्न छोड़ने की कोई आशा ही नहीं है।

अभी तक हमने उपनिवेशिकता, आधुनिकता और तार्किकता की बात की है। अब हमें वि-उपनिवेशिकता, मूल निवासी संस्कृति, व्यक्तिपरकता और सम्बंधपरकता की भी बात करनी चाहिए। यह भी समझना आवश्यक है कि वे क्या नहीं हैं क्योंकि उन्हें 'विदेशी भीती' (विदेशियों का भय) अथवा नस्लवादी राष्ट्रवाद समझ लेना बहुत आसान है। दुष्प्रचार करने के लिए ऐसे बहुत से शब्दों का प्रयोग होता है जिससे कि कोई भी मूल संस्कृति अपने अधिकार न पा सके। इस कारण हेतु ही अगले अध्याय में हम इन्हीं सिद्धांतों की चर्चा करेंगे।

अध्याय 5

वि-उपनिवेशिकता, स्वदेशीता, व्यक्तिपरकता और सम्बंधपरकता

मूल अमरीकी सूर्य की पूजा करते हुए
मूल निवासी अमरीकी सूर्य की पूजा करते हुए और उन्हें धान्य चढ़ाते हुए। बसंत ऋतु के प्रारम्भ में शाक से भरी हिरन की खाल को स्तम्भ पर टांगकर अच्छे वर्ष की कामना करते हुए।
(यूनिवर्सिटी ऑफ साउथ फ्लोरिडा के सौजन्य से)

पहले अध्याय में मैंने चार विचार सम्प्रदायों के बारे में बात की थी:

1. आधुनिक सम्प्रदाय, जो कि यूरो-केन्द्रित सार्वभौमिकता में विश्वास रखता है और मानता है कि यह अभी भी प्रासंगिक है;
2. उत्तर-आधुनिक सम्प्रदाय, जो कि मुख्यतः संस्कृति के संदर्भ में इस सार्वभौमिक दावे को नकारता है;

3. उत्तर-औपनिवेशिक सम्प्रदाय, जो कि उत्तर-आधुनिक सम्प्रदाय से सम्बंध रखता है, उपनिवेशवाद और यूरो-केंद्रीयता की आलोचना करता है परन्तु उसके मूल में नहीं जाता;
4. वि-उपनिवेशिकता सम्प्रदाय (स्कूल), जो कि उत्तर-उपनिवेशवाद सम्प्रदाय से भी आगे जाता है यह मानते हुए कि यूरोपीय उपनिवेशिकता का प्रभाव उपनिवेशवाद के जाने के बाद भी बना हुआ है; यूरोपीय ज्ञान परंपरा की आलोचना करता है और मूल निवासी संस्कृति को उपनिवेशिकता के चंगुल से छुड़ाना चाहता है।

इस अध्याय में अधिकतर चर्चा उत्तर-औपनिवेशिक और वि-उपनिवेशिकता सम्प्रदायों के परस्पर संबंधों के बारे में होगी। पहले सम्प्रदाय का प्रभाव भारत में है और दूसरे का होना चाहिए। इस कारण से मैं यहां पर उत्तर-औपनिवेशिक सम्प्रदाय और उसके उत्तराधिकारी सबाल्टर्न सम्प्रदाय की कमियों के बारे में बताना चाह रहा हूं।[1] यह सम्प्रदाय मूल निवासी संस्कृति को शक्ति प्रदान करने में असफल रहे हैं। यहां तक कि उत्तर-औपनिवेशिक सम्प्रदाय ने उपनिवेशवादी रूढ़ियों को ही आगे बढ़ाया है और इस कारण से वि-उपनिवेशिकता को हमें अच्छे से अध्ययन करना चाहिए क्योंकि यह गूल गिवासी संस्कृति के लिए एक विकल्प हो सकता है। इस पुस्तक के उत्तर भाग में मैंने यह बताया कि वि-उपनिवेशिकता को भारत में कैसे लागू करें और इस अध्याय में हम चर्चा करेंगे कि हमें ऐसा क्यों करना चाहिए।

'वि-उपनिवेशिकता' न कि 'उत्तर-औपनिवेशिकता'

चाहे वह व्यक्ति हो अथवा समाज स्वयं को परिभाषित करने का अधिकार कभी किसी दूसरे को नहीं देना चाहिए। ऐसा करने का अर्थ है अपनी चेतना और पहचान को ही स्वयं से दूर कर देना। यह एक अभ्यास हो जाता है और फिर उसको बदलना बहुत कठिन होता है। यह प्रवृत्ति अपना एक जीवन ले लेती है। इस अधिकार को वापस लेना चाहे जितना भी कठिन हो किसी भी मूल निवासी संस्कृति के पास और कोई भी विकल्प नहीं है। इसके विपरीत अगर कोई मूल संस्कृति यह सोचती है कि उसके लिए दूसरी संस्कृति द्वारा परिभाषित पथ पर ही चलना अच्छा है तो यह बहुत ही निंदनीय है। ऐसा मानने वाले स्वयं को परिभाषित करने के अधिकार को समझते ही नहीं है

और यह भी नहीं समझते कि कैसे संस्कृति और जीवन के कई पहलू इससे ही निकलते हैं।

पूर्व उपनिवेशों की दृष्टि से जो भी दृष्टिकोण उन्हें अपनी चेतना के ऊपर अधिकार वापस देता है और जो उपनिवेशिकता को उखाड़ फेंकता है वह दृष्टिकोण उनके पुनरोदय के लिए सही है। इस कारण से वि-उपनिवेशिकता विचार सम्प्रदाय बहुत महत्वपूर्ण है। जब क्विहानो ने वि-उपनिवेशिकता के विचार को समझाया तो उन्होंने उस सिद्धांत की चर्चा की जिससे यूरोपीय उपनिवेशिकता उपनिवेशवादियों के जाने के बाद भी प्रभावी रहती है। यूरोपीय उपनिवेशवाद के पीछे की प्रेरणा को समझने में वि-उपनिवेशिकता का सम्प्रदाय दूसरे सम्प्रदायों से अधिक सफल रहा है। उपनिवेशिकता की अवधारणा ही वि-उपनिवेशिकता सम्प्रदाय को दूसरे सम्प्रदायों से अलग करती है। यह अवधारणा उपनिवेशवादियों की मानसिकता को परखती है और यह यूरोपीय ज्ञान परंपरा को भी परखती है जिसने उपनिवेशिकता की मानसिकता को जन्म दिया। इससे हम यह अध्ययन कर सकते हैं कि कैसे भिन्न-भिन्न देशों के यूरोपीय उपनिवेशिवादी भिन्न-भिन्न उपनिवेशों में एक सा ही बर्ताव क्यों करते रहे। सबसे महत्वपूर्ण कि यह हमें आज के संस्थानों और ढांचों के भीतर छुपी उपनिवेशिकता के बारे में भी बताता है। यूरोपीय उपनिवेशवादी अपनी क्षेत्रीय अवधारणा को सार्वभौमिक नाम दे कर पूरे विश्व पर थोपना चाहते हैं।[2] वि-उपनिवेशिकता यह समझते हुए ऐसा मानती है कि व्यक्तिपरकता केवल एक प्रकार की नहीं कई प्रकार की हो सकती है।

उत्तर-औपनिवेशिक सम्प्रदाय इसके विपरीत प्रयत्न ही नहीं करता कि उपनिवेशवादियों की चेतना को समझ कर उससे बाहर आने का प्रयास करे। वह बस यहां तक रुक जाते हैं कि उपनिवेशवादियों को मूल निवासियों के साथ अच्छा बर्ताव करना चाहिए था और और यूरो-केन्द्रित तंत्र को उपनिवेशित समाज पर लागू करने का वह विरोध करता है।[3] उत्तर-औपनिवेशिक सम्प्रदाय की नींव उत्तर-आधुनिकता ही है और यूरोपीय आधुनिका को यह चुनौती भी देता है। परन्तु यह सम्प्रदाय भाषा और कार्य के स्तर पर अभी भी यूरोपीय संस्कृति और चेतना में ही फंसा हुआ है।[4] पहले तो इतिहास को समझने में उत्तर-औपनिवेशिक सम्प्रदाय उपनिवेशवादियों के दावे को तो झुठला देता है परन्तु यूरोपीय ज्ञान परंपरा से नाता नहीं छुड़ा पाता और उसी परंपरा में वह मूल निवासी संस्कृति और इतिहास को ईसाई और यूरोपीय

भाव से अथवा बड़े तुच्छ भाव से देखता है। दूसरी ओर स्वयं के विचार को सार्वभौमिक मानने की मानसिक बीमारी भी वह यूरोपीय उपनिवेशवादियों से ही लेता है।[5] उत्तर-औपनिवेशिक सम्प्रदाय को यह पता भी नहीं है कि उस पर उपनिवेशिकता का कितना गहरा प्रभाव है और वह एक प्रकार से एक और उपनिवेशिकता का रूप ही लिए हुए है। यह सम्प्रदाय उपनिवेशवादियों द्वारा की गयी कुछ बर्बरता की तो आलोचना करने में समर्थ होता है परन्तु यह बर्बरता क्यों की गयी और उपनिवेशिकता का कारण क्या है यह खोज करने में असमर्थ होता है। उपनिवेशी सत्ता का तो यह विरोध करता है परन्तु मूल संस्कृति से उपजे किसी विकल्प को खोजने में यह पूर्णतः असमर्थ है।[6] यह सम्प्रदाय इस बात को समझने में भी असमर्थ है कि उपनिवेशिकता की पहुंच बहुत गहरी है और यह हर समकालीन संस्थान के पीछे छुपी हुई है। इस कारण से ही 'उत्तर' का प्रयोग यह सम्प्रदाय करता है। लेकिन सबसे महत्वपूर्ण बात है कि यह सम्प्रदाय मूल निवासी संस्कृति को सशक्त करने में पूर्णतः असमर्थ है।[7] जब उसे इस समस्या के बारे में पता ही नहीं तो हल क्या खोजेगा?

घटनाक्रम की बात करें तो उत्तर-औपनिवेशिक सम्प्रदाय 18वीं शताब्दी तक ही पहुंच पाता है जबकि वि-उपनिवेशिकता सम्प्रदाय उपनिवेशिकता की जड़ों को को 15वीं शताब्दी–कोलंबस की 1492 की यात्रा तक ले जाता है चूंकि इस घटना से ही 'खोज के युग' का प्रारम्भ माना जाता है और इससे ही उपनिवेशवाद और बड़े स्तर पर धर्मांतरण का प्रारम्भ हुआ। उत्तर-औपनिवेशिक सम्प्रदाय भारत और फिलिस्तीन तक सीमित रहता है[8] जबकि वि-उपनिवेशिकता सम्प्रदाय की जड़ें लैटिन अमेरिका में हैं।[9] समय और व्यक्तिपरकता के बारे में पश्चिम की अवधारणा को उत्तर-औपनिवेशिक काल ज्यों का त्यों मान लेता है जबकि वि-उपनिवेशिकता इस एकाधिपत्य को जड़ से नकार देती है क्योंकि वह मानती है कि व्यक्तिपरकता बहु हो सकती हैं और होती ही हैं। पश्चिमी साम्राज्यवाद उपनिवेशिकता से ही उपजता है यह बात वि-उपनिवेशिकता सम्प्रदाय को समझ आती है परन्तु उत्तर-औपनिवेशिक सम्प्रदाय को नहीं। इस कारण से विद्वान मानते हैं कि उत्तर-औपनिवेशिक सम्रदाय का ही वि-उपनिवेशीकरण होना चाहिए।

वाल्टर मिग्नोलो मानते हैं कि वि-उपनिवेशिकता एक राजनैतिक प्रकल्प है और उपनिवेशिकता, आधुनिकता और तार्किकता एक-दूसरे से अन्तरंग रूप

से जुड़े हुए हैं। वि-उपनिवेशिकता वहीं रह सकती है जहां पर उपनिवेशिकता न हो।[10] आधुनिकता/तार्किकता के सिद्धांत का उत्तर वि-उपनिवेशिकता के अनुसार है—मूल निवासी संस्कृति, आत्मवाद और सम्बंधपरकता का प्रभावी होना। क्विहानो के अनुसार, वि-उपनिवेशिकता का मुख्य लक्ष्य है ज्ञान मीमांसा का वि-उपनिवेशीकरण होना जिससे कि एक नए प्रकार का अंतर-सांस्कृतिक संवाद प्रस्तुत हो।[11] ज्ञान उत्पादन का एकाधिपत्य जो पश्चिम के पास है वि-उपनिवेशिकता उसको तोड़ना चाहती है। इस प्रक्रिया से विचारों और आत्मवादी सिद्धांतों की विविधता पैदा होगी और मूल निवासी विचार पद्धतियों का पुनरोदय होगा। इसे क्विहानो[12] और मिग्नोलो[13] ज्ञान मीमांसा का पुनर्गठन भी कहते हैं।[14] इस प्रक्रिया में ज्ञान की पुनर्स्थापना मूल संस्कृति और उनके वाहकों के बीच में होती है क्योंकि अपनी चुनोतियों का सामना करने के लिए यही अच्छा है कि वे दूसरों के बनाए गए पथ पर न चलें। इसमें मूल निवासी संस्कृतियों को यूरोप की तार्किकता का खंडन करना है जो कि कार्टेसियन द्वैतात्मकता पर आधारित है। यह सबसे अधिक महत्वपूर्ण इस कारण से है क्योंकि यही दृष्टिकोण यूरोप के प्रकृति के प्रति वैमनस्य का कारण है। गैर-ईसाई समाजों के प्रति शत्रुता भी इस दृष्टिकोण से ही निकलती है। विषय और वस्तु में बांटने वाली इस कार्टेसियन द्वैतात्मकता ने मानव विज्ञान और मानवजाति विज्ञान पर बहुत गहरा असर डाला है। गैर-यूरोपीय इसमें केवल वस्तु बन कर रह गए हैं और विषय बनने का अधिकार केवल यूरोपीय लोगों को रहा। चूंकि विषय ही वस्तु का अध्ययन कर सकता है इस कारण से यूरोप ने स्वयं को उस स्थिति में डाला कि वह सभी को वस्तु की भांति देख सके और और निर्णय ले सके।

वि-उपनिवेशिकता यह मानती है कि उपनिवेशिकता का चरित्र एकाधिपत्य स्थापित करने का है। परन्तु समग्रता का सिरे से खंडन नहीं करती। इसके अनुसार उपनिवेशवादी समग्रता को यूरोपीय समुदाय तक सीमित रहना चाहिए और पूरे विश्व की मूल निवासी संस्कृतियों को ज्ञान उत्पादन में यूरोपीय प्रकल्प से स्वतंत्र हो जाना चाहिए।[15] उपनिवेशिकता मानती है कि हर संस्कृति में समग्रता का दृष्टिकोण होता है। अंतर इतना है कि मूल निवासी संस्कृति की समग्रता दूसरी संस्कृतियों पर हावी न होकर यह मानती है कि हर संस्कृति का समग्रता का सिद्धांत पृथक होगा। दूसरी ओर ईसाई ज्ञान परंपरा से निकली समग्रता समझती है कि पूरे विश्व में केवल ईसाई समग्रता को ही फैलाना

चाहिए। इस बात में ईसाई यूरोपीय औपनिवेशक ईसा पूर्व के मूल निवासी रोमन साम्राज्य से भी बहुत भिन्न थे चूंकि ईसाई औपनिवेशक नस्लवाद और मज़हबी उन्माद के नशे में चूर थे। अगर हम विचार और अनुभूती की विविधता की बात करें तो मूल निवासी रोमन साम्राज्यवाद, ईसाई यूरोपीय साम्राज्यवाद से बहुत श्रेष्ठ था। परन्तु ईसाईयत के कारण यूरोपीय साम्राज्य का चरित्र आक्रामक उपनिवेशिकता से भरा था।

वि-उपनिवेशिकता का एक पहलू यह भी है कि, उत्तर औपनिवेशिकता की भांति, कोई एक सार्वभौमिक परिभाषा नहीं है। मिग्नोलो और वाल्श इस बात को कहते हैं कि वि-उपनिवेशिकता वैयक्तिक और संदर्भ सहित है अथवा किसी एक सार्वभौमिक परिभाषा से इसका काम नहीं चलेगा।[16] इस विधा का लक्ष्य है विभिन्न मूल निवासी समाजों के विचारों, इतिहासों और कहानियों को एक साथ लाना जिससे आधुनिकता की राजनैतिक और बौद्धिक हिंसा को चुनौती मिल सके। सम्बंधपरकता पर उनका जोर इस कारण से है कि वि-उपनिवेशिकता को सोचने का कोई एक तरीका न बन सके बल्कि विभिन्न तरीके उपजें। इसका अर्थ यह है कि समाज को यह अधिकार है कि उनके समाज और संस्कृति के संदर्भ में उपनिवेशिकता क्या है इसका निर्धारण वे स्वयं कर सकें। साथ ही एक बहुत महत्त्वपूर्ण लक्ष्य है कि वि-उपनिवेशिकता विश्वविद्यालयों और शैक्षणिक संस्थानों के अन्दर बंद न रह जाए। उनका कहना है कि वि-उपनिवेशिकता एक विकल्प है, एक मत है, एक प्रकल्प है और उनका मानना है कि यह एक परिपाटी और एक अभ्यास बने। वे कहते हैं कि हमें विचार और अभ्यास के अंतर को लांघ कर वि-उपनिवेशिकता के बारे में सोचना पड़ेगा। चूंकि उपनिवेशिकता एक मनोवस्था ही है इस कारण से उसका वैचारिक विरोध अगर वि-उपनिवेशिकता की दृष्टि से किया जाए तो यह विचार और अभ्यास दोनों का काम करेगा।

वाल्श और मिग्नोलो मानते हैं कि और मैं उनसे सहमत हूं कि वि-उपनिवेशित विश्व पुनर्जागरण और यूरोपीय ज्ञानोदय के सिद्धांतों पर आधारित नहीं होना चाहिए। रामोन ग्रोसफोगैल भी मानते हैं कि मूल निवासी समाज यूरो-केंद्रीयता का विरोध यूरो-केंद्रीय विचारों से ही कर रहे हैं। यह कारण है कि पुराने उपनिवेशों में यूरोप जैसे राष्ट्रवाद पनप रहा है। यह समाज अपनी संस्कृति और सभ्यता पर आधारित हल नहीं खोज रहे हैं।[17] उन्हें यूरोप की 'सभ्य देशों' की अवधारणा के बारे में प्रश्न पूछना चाहिए। परन्तु मूल

निवासी समाज इस बात को जताने पर तुले हुए हैं कि वे अब 'असभ्य' नहीं हैं और सत्य यह है कि इस 'असभ्यता' के विचार को उपनिवेशी शक्तियों ने उन पर थोपा था। उनके ऐसे व्यवहार और सोच से एक अंदरूनी उपनिवेशिकता उपजती है और यह तथ्य बहुत कम लोग समझ पाते हैं। इस प्रक्रिया की एक दूसरी अतिश्योक्ति भी है जिसमें कि यूरोप से उपजने वाली हर विचार और वस्तु को हम नकार दें। ऐसा करने वाले यह भूल जाते हैं कि यूरोप के कई विचार मूल निवासी संस्कृतियों से ही उत्प्रेरित हो सकते हैं जो उन्होंने मूल संस्कृतियों से बिना बताये उठा लिए थे।

इस कारण से एक मध्य मार्ग की बात की जाती है जिसके तहत पश्चिम उपनिवेशिकता और असमान शक्ति तंत्रों को ध्यान में रखते हुए दूसरी संस्कृतियों से बातचीत करे और विचारों का आदान-प्रदान करे। वि-उपनिवेशिकता से मूल निवासी समाजों को यह अवसर मिलता है कि वे पश्चिम की बनायी गयी बिसात पर न खेलें। खासतौर पर राजनैतिक तौर से वे वेस्टफालिया समझौते के बाहर सोच सकें। ज्ञान परंपरा की दृष्टि से देखें तो वि-उपनिवेशिकता एक प्रकार से ज्ञान मीमांसा का प्रतिकार है जो किसी एक ही विषय में सीमित नहीं है। इस दृष्टिकोण को एक वि-उपनिवेशित समाज की ओर मुड़ने की प्रक्रिया कहा गया है। ऐसे में मूल निवासी समाजों के पास दो विकल्प हैं। या तो वे अपनी ज्ञान परंपरा की पुनर्स्थापना करें और अपने मूल्यों और संस्थानों का निर्धारण करें। अगर यह संभव नहीं हो तो मूल निवासी ज्ञान परंपरा पर आधारित नयी परिभाषाओं का निर्माण करें जो कि यूरोपीय परिभाषाओं का स्थान ले सकें।[18] मूल निवासी समाज के निश्चय की दृढ़ता को देखते हुए और इस बात को ध्यान में रखते हुए कि हमारा विश्व अब कितना जुड़ा हुआ है उपरोक्त में से कोई भी विकल्प चुना जा सकता है। इसका अर्थ यह है कि अगर मूल निवासी समाज चाहे तो वह अपना राजनैतिक तंत्र पूर्णतः मूल निवासी विचारधारा पर आधारित रख सकता है। अगर चाहे तो कुछ उपनिवेशवादी ढांचे को रखते हुए अपनी ज्ञान परंपरा पर आधारित सिद्धांतों के अनुसार राज्य और अधिकारों अथवा कर्त्तव्यों को निर्धारित कर सकता है। यह विकल्प ऐसा भी है: एक ओर तो वामपंथ, दक्षिणपंथ की पद्धति को ही नकार दिया जाए और दूसरी ओर उसे मूल निवासी विचार के ढांचे में ढाल लिया जाए।

रोचक बात यह है कि उपनिवेशवाद के विद्वान स्वीकार करते हैं कि इस तरह के वैचारिक विभाजन जो यूरो-केंद्रित उपनिवेशिकता से निकले हैं और जिन्होंने हर समाज को बांट दिया है उनक सामना तो होना चाहिए, विशेषत: उन देशों में, जो पूर्व उपनिवेश रहे हैं। रेमन ग्रोसफोगुएल जैसे विद्वानों के विचार भारत के लिए प्रासंगिक हैं। वे कहते हैं कि वामपंथी यह नहीं देख पाए कि समसामयिक संस्थानों में कैसे उपनिवेशिकता की सोच बसी हुई है। यही कारण है कि मूल निवासियों का सम्मान उनके ही देशों में नहीं होता है और उनके साथ द्वितीय श्रेणी का बर्ताव होता है।[19] पूर्व उपनिवेशों में मूल निवासियों के साथ उपनिवेशवादी कुलीनों द्वारा वामपंथ के समर्थन के कारण जो बुरा व्यवहार हुआ है उससे वामपंथ की सत्य और न्याय के लिए जो तथाकथित प्रतिबद्धता है उससे सभी का मोहभंग हुआ है।

अन्य महत्वपूर्ण पहलू जो औपनिवेशिक दृष्टिकोण से उभरता है, वह यह है कि वि-उपनिवेशिकता मूल निवासी ज्ञान परंपरा के पुनर्जीवन पर प्राथमिक ध्यान केंद्रित करती है। नस्लवाद और नृवंशविज्ञान में नहीं फंसती है जबकि इस नस्लवाद ने उपनिवेशवाद को पोषित किया है और वह उत्तर-उपनिवेशवाद को भी प्रभावित करता है। वि-उपनिवेशिकता पर 'पहचान की राजनीति' करने का आरोप नहीं लगाया जा सकता है।[20]

ज्ञान परंपरा के संदर्भ में वि-उपनिवेशिकता 'चेतना' और पहचान के प्रश्न पर आती है दो कारणों से है: पहला, कि जो भी समकालीन राष्ट्रीय और अंतर-राष्ट्रीय या उप-राष्ट्रीय पहचान हैं भौगोलिक क्षेत्रों के औपनिवेशिक रीमैपिंग और उनकी पहचान के निर्माण के बाद ही बनीं हैं और इसलिए यह पहचान वि-उपनिवेशिकता के दृष्टिकोण का आधार नहीं बन सकती। दूसरा, संस्कृति के प्रति विशुद्ध रूप से नृजातीय-केंद्रित दृष्टिकोण उपनिवेशवाद की विशेषता है, जिसका वि-उपनिवेशिकता प्रतिवाद करना चाहती है।[21] संस्कृति, चेतना और मूल निवासी संस्कृति के विषयों पर वि-उपनिवेशिकता उत्तर अमेरिकी शैली को नकार देती है क्योंकि यह शैली रक्त आधारित है। क्योंकि यह समाज की ज्ञान व्यवस्था को अपने प्राथमिक मापदंड के रूप में उपयोग करती है। यह उपनिवेशवाद की अंतर्निहित ईसाई-प्रेरित नस्ल चेतना के विपरीत है, जिसे हर मूल निवासी आंदोलन पर प्रक्षेपित किया जाता है। इसलिए, वि-उपनिवेशिकता द्वारा मूल निवासी चेतना के गैर-नस्लवादीकरण

के प्रयास जब किये जाते हैं तो उस पर जातिगत राष्ट्रवाद और जेनोफोबिया (विदेशी भीति) जैसे आरोप लगते हैं जिनका उपयोग अक्सर मूल निवासी आंदोलनों की वैधता को कम करने के लिए किया जाता है।

यह स्पष्ट करना महत्वपूर्ण है कि वि-उपनिवेशिकता ऐतिहासिक वास्तविकताओं सहित नृजातीयता के विषयों को अनदेखा नहीं करता है क्योंकि कहीं कहीं नृजातीयता ही उपनिवेशवादियों द्वारा भेदभाव का आधार बनी है। इसके अलावा, वि-उपनिवेशिकता 'संस्कृति' और 'सभ्यता' दोनों को उपनिवेशवाद के सिद्धांत से छुटकारा दिलवाने का प्रयास करती है। वह प्रयास करती है मूल निवासी समाजों को मुक्त करने का पश्चिमी- मानकों से।

नृजातीयता वि-उपनिवेशिकता के दृष्टिकोण के घटकों में से एक है उसका सम्पूर्ण कारण नहीं। यह इस कारण से है क्योंकि केवल नृजातीय दृष्टिकोण एक भुलावा हो सकता है, क्योंकि इतिहास में लोगों के निरंतर प्रवास या आक्रमण होते रहे हैं। यही कारण है कि विउपनिवेशिकता ज्ञान परंपरा के दृष्टिकोण से संस्कृति को देखती है क्योंकि ज्ञान परंपरा ही संस्कृति या सभ्यता को सूचित करती है। इस ज्ञान परंपरा के दृष्टिकोण का परिणाम है कि कुछ मूल निवासी उपनिवेशवादी की सभ्यता का सीधा हिस्सा न होने के बाद भी यूरोपीय विश्वदृष्टि की सदस्यता में भाग लेने का प्रयत्न करते हैं, वैसे ही गैर-औपनिवेशिक गैर-मूल निवासी हैं जो मूल निवासी न होने के बाद भी मूल निवासी संस्कृति और ज्ञान परंपरा की रक्षा के लिए प्रतिबद्ध हैं। चूंकि यदि उपनिवेशिकता एक मन:स्थिति है जो किसी को भी ग्रस सकती है तो वि-उपनिवेशिकता भी एक मन:स्थिति है।

मूल निवासी समाजों के एक अन्य पहलू को संबोधित करना भी महत्वपूर्ण है, जैसे कि उपनिवेशवादी समाज के नस्ल-सचेत दृष्टिकोण के परिणामस्वरूप वंशानुगत सामाजिक संरचनाएं जो नस्ल चेतना के तले दब गयी हैं। मूल निवासी समाज और उनकी पारंपरिक सामाजिक संरचनाओं को नस्लीय चेतना के संबंध में पश्चिम के (नए खोजे गए) अपराध-बोध के साथ गलत तरीके से जोड़ा गया है। इस संबंध में, औपनिवेशिक पूर्वाग्रहों के बिना मूल निवासी लेंस के माध्यम से ऐसी संरचनाओं को समझने के लिए वि-उपनिवेशिकता का दृष्टिकोण होना चाहिए। प्रत्येक मूल निवासी समाज को अपनी ज्ञान परंपरा के आधार पर बिना अपराध-बोध के बोझ के ऐसी संरचनाओं का आंकलन करना चाहिए। यह दृष्टिकोण वि-उपनिवेशिकता की

विविधता के प्रति प्रतिबद्धता के अनुरूप है। इस बिंदु को पुस्तक के अगले भाग में भारत के बारे में 'जाति' और 'जनजाति' के बारे में चर्चा के संदर्भ में बेहतर ढंग से समझाया जाएगा।

पिछली चर्चा का सार यह है कि, जहां भी संभव हो, मूल निवासी विश्वदृष्टि के साथ अन्याय किए बिना, मूल निवासी चेतना को संरक्षित करने के लक्ष्य से वि-उपनिवेशिकता का दृष्टिकोण अपनाना सही है। ऐसा करने से असुविधाजनक लेकिन अपरिहार्य वास्तविकताओं का सामना करने में मूल निवासी समाज सक्षम होगा, जैसे कि इन-ग्रुप और आउट-ग्रुप की पहचान करना। दुर्भाग्य से, इन और आउट-ग्रुप्स की पहचान करने के सुझाव से ही 'संकीर्णता', 'संकीर्ण-मस्तिष्क' आदि की आलोचनाओं का ढेर लग जाता है लेकिन तथ्य यह है कि 'आधुनिक' और 'उदार' समकालीन विश्व में भी ये विषय महत्ता रखते हैं। यह बात और सटीक बैठती है जब विरासत, पहचान और संसाधनों के प्रश्न भी सम्मिलित हों। न तो आधुनिकता और न ही उदारवाद 'पहचान की राजनीति' से छुटकारा पाने में सक्षम है। ऐसी राजनीती करने वालों के जन्मजात उपनिवेशवाद ने इस तरह की चर्चाओं को नृजातीयतावाद की ओर धकेल दिया है, मुख्यतः भारत जैसे मूल निवासी समाज में। चूंकि 'इन-ग्रुप' 'आउट-ग्रुप' जीवन की एक वास्तविकता है जिसे टाला नहीं जा सकता है, इसलिए चेतना के आधार पर ऐसा करना श्रेष्ठ है न कि 'पहचान' के आधार पर। तदनुसार, औपनिवेशिक दृष्टिकोण से, यह पहचान के बजाय चेतना के आधार पर मूल निवासी को परिभाषित करने में सहायता करेगा।

अभी तक मैंने उपनिवेशितों से उपनिवेशवादियों को अलग करने के लिए 'मूल निवासी' का प्रयोग किया है। मैंने यह भी समझाने का प्रयास किया है कि वि-उपनिवेशिकता के अनुसार मूल निवासी पहचान ज्ञान परंपरा केन्द्रित होनी चाहिए। क्योंकि वि-उपनिवेशिकता विशुद्ध रूप से नृवंश-केंद्रित होने का विरोध करती है क्योंकि नृजातीयतावाद और नस्ल-चेतना उपनिवेशवाद के केंद्र में हैं। वैचारिक स्पष्टता और निरंतरता के हित में, और यह देखते हुए कि वि-उपनिवेशिकता के लिए स्वदेशीता/मूल निवासी पहचान केंद्र में है, हमें इसमें और गहराई से उतरना पड़ेगा।

'मूल निवासी लोगों' से 'स्वदेशीता' तक का औपनिवेशिक विकास

इससे पहले कि मैं वि-उपनिवेशिकता के साहित्य में 'मूल निवासी लोगों' और 'स्वदेशीता' के उपयोग पर चर्चा करने के लिए आगे बढ़ूं, यह सराहना की जानी चाहिए कि उपनिवेशवाद के परिणामस्वरूप मूल निवासी लोगों की पहचान और मूल निवासी भावना की आवश्यकता उत्पन्न हुई है चूंकि उपनिवेशिवाद ने ही मूल निवासी समाज और संस्कृति को नष्ट किया है। चूंकि मूल निवासी चेतना को एक ऐसी संस्कृति ने ढक लिया जिसके लिए 'काफिर' जैसी इकाई बनाना सांस्कृतिक रूप से आवश्यक था इस कारण से मूल निवासी संस्कृति के लिए 'स्वयं' अथवा हम क्या हैं यह खोजना अब और भी आवश्यक हो गया है। उपनिवेशवाद के कारण, 'अन्य बनाने' के भाव ने सार्वभौमिकता, वैश्विकता और विश्वव्यापीवाद के बाद भी केन्द्रता धारण कर ली है। यह सभी वाद पश्चिमी प्रांतीय विचारों के सार्वभौमिकरण की औपनिवेशिक नींव पर आधारित हैं।

आगामी भागों में, मैं सबसे पहले अंतरराष्ट्रीय विधि पर चर्चा करूंगा जिसका सम्बंध मूल निवासियों से है और फिर मैं स्वदेशीता पर वि-उपनिवेशिकता के अध्ययन की चर्चा करूंगा। जबकि कम से कम एक दर्जन अंतरराष्ट्रीय संलेख हैं जो मूल निवासी लोगों के विभिन्न अधिकारों से संबंधित हैं,[22] यह विधिक प्रस्तावना इस आकलन तक सीमित है कि क्या 'मूल निवासी लोगों' के संबंध में विधि और नीति निर्माण पर चर्चा उपनिवेशवाद द्वारा सूचित की जाती है। अगर यह सही है तो इसकी वि-उपनिवेशिकता के सिद्धांत के अनुसार समीक्षा होनी चाहिए। इसके हिस्से के रूप में, मैं यह भी जांचूंगा कि क्या विधि मूल निवासी लोगों और स्वदेशीता के बीच के अंतर को मान्यता देती है।

'मूल निवासी लोगों' से संबंधित विषयों पर काम करने वाले प्रारम्भिक संगठनों में अंतर्राष्ट्रीय श्रम संगठन था, जिसने 1957 में मूल निवासी और जनजातीय जनसंख्या सम्मेलन को अपनाया था।[23] हालांकि इस समझौते में मूल निवासी लोगों के लिए कोई विशिष्ट परिभाषा नहीं है, अनुच्छेद 1 समझौता के आवेदन के लागू करने की सीमा को निम्नानुसार बताता है:

'1. यह समझौता इस पर लागू होता है:
  - स्वतंत्र देशों में आदिवासी या अर्द्ध-आदिवासी जनसंख्या के सदस्य जिनकी सामाजिक और आर्थिक स्थिति राष्ट्रीय समुदाय के अन्य वर्गों

द्वारा प्राप्त चरण की तुलना में कम उन्नत स्तर पर है, और जिनकी स्थिति पूरी तरह या आंशिक रूप से अपने स्वयं की रीतियों द्वारा नियंत्रित होती है या परंपराओं अथवा विशेष कानूनों, विनियमों द्वारा;

- स्वतंत्र देशों में आदिवासी या अर्द्ध-आदिवासी जनसंख्या के सदस्य, जिन्हें देश में रहने वाली जनसंख्या से उनके वंश के कारण मूल निवासी माना जाता है, या देश का एक ऐसा भौगोलिक क्षेत्र, जो उपनिवेश के समय, उस समय के सामाजिक, आर्थिक और सांस्कृतिक संस्थानों के अनुरूप अधिक रहते हैं, न कि उस राष्ट्र/देश के संस्थानों के साथ, जिससे वे संबंधित हैं।

2. इस समझौते के प्रयोजनों के लिए, अर्द्ध-जनजातीय शब्द में ऐसे समूह और व्यक्ति सम्मिलित हैं, जो अपनी जनजातीय विशेषताओं को खोने की प्रक्रिया में हैं, फिर भी राष्ट्रीय समुदाय में एकीकृत नहीं हुए हैं।
3. इस अनुच्छेद के पैराग्राफ 1 और 2 में उल्लेखित मूल निवासी और अन्य जनजातीय या अर्द्ध-आदिवासी जनसंख्या को इसके बाद "संबंधित जनसंख्या" के रूप में संदर्भित किया गया है।'

अंतर्राष्ट्रीय श्रम संगठन द्वारा 1989 में मूल निवासी और जनजातीय जनसंख्या पर एक दूसरा सम्मेलन अपनाया गया था, जिसमें लक्षित लाभार्थियों के लिए एक समान दृष्टिकोण लिया गया था, जो नीचे दिया गया है[24]:

'अनुच्छेद 1

1. यह समझौता लागू होता है:
   - स्वतंत्र देशों में आदिवासी लोगों पर जिनकी सामाजिक, सांस्कृतिक और आर्थिक स्थिति उन्हें राष्ट्रीय समुदाय के अन्य वर्गों से अलग करती है, और जिनकी स्थिति पूरी तरह या आंशिक रूप से अपने स्वयं के रीति-रिवाजों या परंपराओं या विशेष कानूनों या विनियमों द्वारा नियंत्रित होती है;
   - स्वतंत्र देशों में उन लोगों पर, जो देश में निवास करने वाली जनसंख्या से उनके वंश के कारण मूल निवासी माने जाते हैं, या एक भौगोलिक क्षेत्र जिससे देश का संबंध है, जो कि उपनिवेश या वर्तमान राज्य की सीमाओं की स्थापना के समय पर, अपनी विधिक स्थिति के बाद भी, अपने स्वयं के

सामाजिक, आर्थिक, सांस्कृतिक और राजनीतिक संस्थानों में से कुछ या सभी को बनाए रखते हैं।

2. मूल निवासी या आदिवासी के रूप में स्व-पहचान को उन समूहों को निर्धारित करने के लिए एक मौलिक मानदंड माना जाएगा जिन पर इस समझौते के प्रावधान लागू होते हैं।
3. इस समझौते में "व्यक्तियों/लोगों" शब्द के प्रयोग का यह अर्थ नहीं लगाया जाएगा कि इसका अंतरराष्ट्रीय विधि के तहत शब्द से जुड़े अधिकारों के संबंध में कोई निहितार्थ है।'

1957 और 1989 के सम्मेलनों के इन प्रावधानों से, यह स्पष्ट है कि दोनों 'जनजाति' और 'मूल निवासी लोगों' या 'मूल निवासी जनसंख्या' जैसे शब्दों का प्रयोग करते हैं, जो उन्हें पूर्व उपनिवेशों के 'राष्ट्रीय समुदायों' से अलग करते हैं। इस तरह का नृजातीय भेद उन उपनिवेशों के संदर्भ में समझ में आता है जहां पर उपनिवेशवादी बस गए और अभी भी बसे हुए हैं। लेकिन परिभाषा को देखते हुए ऐसा प्रतीत होता है कि वह समान रूप से भारत जैसे उन पूर्व उपनिवेशों पर भी लागू होती है, जहां यूरोपीय बसने वाली जनसंख्या पर्याप्त नहीं है। इसके परिणामस्वरूप, भारत जैसे देशों में, 'प्रमुख राष्ट्रीय समुदायों' और 'मूल निवासी/जनजाति लोगों' के बीच में अंतर किये जाने के कारण, 'अल्पसंख्यक आदिवासी समुदायों' को नस्लीय और सांस्कृतिक रूप से 'बहुसंख्यक' से अलग माना जाता है और भारत की मूल जनसंख्या के भीतर एक आंतरिक उपनिवेशवाद की अवधारणा को जन्म देता है। इस अवधारणा का कोई वास्तविक आधार नहीं है। अंतरराष्ट्रीय उपकरण के माध्यम से भारत के समाज के बीच में एक कृत्रिम सीमा को बनाया जाता है जो बहुसंख्यक राष्ट्रीय समुदायों को उपनिवेशवादी और जनजातियों की तुलना में कम मूल निवासी मानती है। ऐसे राष्ट्रीय समुदायों को यूरोपीय उपनिवेशवादी के समान श्रेणी में रखना बहुत ही हानिकारक है क्योंकि यह भारत जैसे देशों के राष्ट्रीय समुदायों को यूरोपीय उपनिवेशवाद की विरासत का उत्तराधिकारी बनाता है और उन्हें मूल निवासी भूमि पर पूर्व-यूरोपीय उपनिवेशवादियों के रूप में ही मानता है। इस वर्गीकरण की उत्पत्ति उपनिवेशवादी समाजों में यूरोपीय उपनिवेशवादियों द्वारा एक 'आदिवासी' पहचान के निर्माण के साथ होती है। इसका उद्देश्य मूल निवासी समाजों में नृजातीय शत्रुता पैदा करना है जिससे कि एक ओर प्रभावशाली

सांस्कृतिक अभिजात वर्ग को उपनिवेशवादी शक्तियों के साथ लिया जा सके और दूसरी ओर बाकी के 'मूल निवासी आदिवासी समुदायों' का धर्मांतरण किया जा सके। उपनिवेशी लोगों के लिए एक औपनिवेशिक श्रेणी के रूप में 'जनजाति' के निर्माण के इस तथ्य को भारत के संदर्भ में पुस्तक के दूसरे खंड में प्रस्तुत किया गया है। इससे यह सिद्ध होता है कि अंतर्राष्ट्रीय श्रम संगठन सम्मेलनों की रूपरेखा राष्ट्रीय समुदायों और जनजातियों के बीच भेद करती है क्योंकि वे जनजाति नामक औपनिवेशिक निर्माण पर आधारित हैं।

इस औपनिवेशिक वर्गीकरण को बाद में सबाल्टर्न अध्ययनों द्वारा आगे बढ़ाया गया, जो उत्तर-औपनिवेशिक विचारों से उत्पन्न होता है क्योंकि उत्तर-औपनिवेशिकता यूरो-केन्द्रित लेंस के माध्यम से मूल निवासी इतिहास को देखती है और यह मानती है कि 'बहुसंख्यक राष्ट्रीय समुदाय' ने यूरोपीय उपनिवेशवादी के समान व्यवहार किया।[25] मूल निवासी लोगों को स्वदेशीता और अपनी पहचान के बारे में अपनी परिभाषाएं तैयार करने के अधिकार को स्वीकारने के बजाय, अंतर्राष्ट्रीय समझौतों के माध्यम से पश्चिम की अवधारणा को आत्मसात कर लिया गया। इसने पश्चिम को पूर्व उपनिवेशों के इतिहास में हस्तक्षेप करने की अनुमति दी, जिससे उनकी संप्रभुता और साथ ही साथ उनके सांस्कृतिक अनुभव पर उनकी पकड़ ढीली हो गई। मैंने पहले कहा है कि अंतरराष्ट्रीय विधि उपनिवेशवाद का एक साधन मात्र रह गयी है और यह बात मेरे पहले के बिंदु को सिद्ध करती है। इसके अलावा, अंतर्राष्ट्रीय श्रम संगठन की दोनों परिभाषाओं का ध्यान 'चेतना' के विपरीत 'पहचान' पर है। पहचान की राजनीती का केंद्र यह पता लगाने में है कि मूल निवासी लोग कौन है जबकि चेतना आधारित समाज यह जानने का प्रयत्न करता है कि स्वदेशीता क्या है।

इस संबंध में, एक अन्य महत्वपूर्ण विधिक साहित्य है 1972 में संयुक्त राष्ट्र द्वारा प्रारम्भ किया गया पत्र-'मूल निवासी जनसंख्या के विरुद्ध भेदभाव की समस्या पर अध्ययन'। यह अध्ययन 'अल्पसंख्यकों के संरक्षण और भेदभाव की रोकथाम पर उप-आयोग' के विशेष प्रतिवेदक होसे आर. मार्तिनेज कोबो द्वारा लिखा गया था।[26] मार्टिनेज कोबो इस अध्ययन के लिए जाने जाते हैं। यह अभ्यास, जिसे 1987 में पूरा किया गया था, इस विषय पर सबसे व्यापक कार्यों में से एक माना जाता है। इसमें 'मूल निवासी' कौन और क्या है, इसकी एक कार्यशील परिभाषा प्रदान की गई थी, जो इस प्रकार है:

मूल निवासी समुदाय, लोग और राष्ट्र, वे हैं, जो आक्रमण-पूर्व के और पूर्व-औपनिवेशिक काल के ऐसे समाजों के साथ ऐतिहासिक निरंतरता रखे हुए हैं, जो उन्हीं के क्षेत्रों में विकसित हुए, और जो स्वयं उस देश के अन्य समाजों से भिन्न मानते हैं। वे वर्तमान में समाज के गैर-प्रमुख हिस्से हैं और अपने स्वयं की मूल संस्कृति, सामाजिक संस्थान और विधिक तंत्रों के अनुसार, अपने पूर्वजों के क्षेत्रों, और उनकी नृजातीय पहचान को संरक्षित करने, विकसित करने और भावी पीढ़ियों तक प्रसारित करने के लिए दृढ़ संकल्पित हैं।

यह ऐतिहासिक निरंतरता वह है जो कि निम्नलिखित कारकों में से एक या अधिक के वर्तमान तक पहुंचने पर निर्धारित होती है:

1. पैतृक भूमि पर अथवा उसमें कम से कम एक हिस्से पर अधिकार;
2. इस भूमि के मूल निवासियों के साथ सामान्य वंश;
3. संस्कृति अथवा उसके कुछ अवतार (जैसे धर्म, एक आदिवासी व्यवस्था के तहत; एक मूल निवासी समुदाय, वेश-भूषा, आजीविका के साधन, जीवन शैली, आदि की सदस्यता);
4. भाषा (चाहे केवल मातृभाषा के रूप में प्रयोग हो, घर पर या परिवार में संचार के साधन के रूप में, अथवा मुख्य, प्रिय, अभ्यस्त या सामान्य भाषा के रूप में);
5. देश के कुछ हिस्सों में, या विश्व के कुछ क्षेत्रों में निवास;
6. अन्य प्रासंगिक कारक।

व्यक्तिगत आधार पर, एक मूल निवासी व्यक्ति वह है जो मूल निवासी (समूह चेतना) के रूप में स्वयं की पहचान करता है और इस प्रकार मूल निवासी समाज से संबंधित है और उस समाज के द्वारा इसके सदस्यों (के समूह) में से एक के रूप में पहचाना और स्वीकार किया जाता है।

इससे इन समुदायों के बाहरी हस्तक्षेप के बिना, यह तय करने के संप्रभु अधिकार और शक्ति को सुरक्षित रखता है कि वे कौन हैं।

स्पष्ट है कि इस परिभाषा में कुछ स्वीकार्य पहलू हैं क्योंकि यह परिभाषा मूल निवासी लोग कौन हैं और जो उन्हें मूल निवासी क्या बनाता है, इन दोनों को जोड़ती है और यह परिभाषा नृजातीय विचारों से परे है। फिर भी यह परिभाषा भी उन देशों के लिए भी बेहतर है जहां यूरोपीय बड़ी संख्या में बसे हुए हैं, जैसे अमेरिका, न्यूजीलैंड और ऑस्ट्रेलिया, क्योंकि यह इस सिद्धांत पर

आधारित है कि ऐसे मूल निवासी समूह तुलना में गैर-प्रभुत्व की स्थिति में हैं। इस परिभाषा को भारत जैसे देशों पर, जहां पर यूरोपीय जनसंख्या नगण्य है, लागू करने में वही घाटा है जो अंतर्राष्ट्रीय श्रम संगठन की परिभाषाओं को मानने में है। यह परिभाषा भी भारत के मूलनिवासी 'प्रमुख/बहुसंख्यक राष्ट्रीय समुदायों' को यूरोपीय उपनिवेशवादियों के उत्तराधिकारी के रूप में देखकर उनके अपराध को भारतीय समुदायों पर हस्तांतरित करती है।

भारत में, प्रमुख / 'बहुसंख्यक' राष्ट्रीय समूहों और हाशिए पर / 'अल्पसंख्यक' मूल निवासी/जनजातीय समूहों के आधार पर भेद करने की प्रक्रिया ने केवल मूल समाज को घाटा पहुंचाने का काम किया है क्योंकि 'आदिवासी' समूहों को 'धार्मिक/मज़हबी अल्पसंख्यकों' के साथ असंगत रूप से रखा गया है। इस प्रकार से इन आदिवासी समूहों को बाकी 'बहुसंख्यक' जनसंख्या के विरुद्ध खड़ा किया गया है, जिसका वे सहस्राब्दियों से एक जैविक हिस्सा रहे हैं। भारत में उपनिवेशवादियों द्वारा आदिवासी पहचान के निर्माण की चर्चा चलते मैं इस पर पुस्तक के दूसरे खंड में अधिक विस्तार से कर्चा करूंगा परन्तु यहां पर यह कहना आवश्यक है कि मार्टिनेज कोबो की कार्यशील परिभाषा ऐसी स्थिति पैदा करती है जैसे कि भारत जैसे देशों में उपनिवेशवाद के पहले कोई इतिहास ही नहीं था। यह देखते हुए कि कोबो की परिभाषा 1986-1987 में तैयार की गई थी, यानी क्विजानो के उपनिवेशवाद के निर्माण 1989 में निर्माण से पहले, कोबो की परिभाषा के लिए वि-उपनिवेशिकता के विकल्प का उपयोग अनिवार्य है। मूल निवासी लोगों और उनके विषयों पर अंतर्राष्ट्रीय समझौते 'मूल निवासी लोगों' और 'प्रमुख बहुसंख्यक जनसंख्या' को इस प्रकार बांटकर कार्टेशियन विषय-वस्तु संबंध पर ही अभी भी कार्य कर रहे हैं। इनका मानना है कि यह 'मूल निवासी जनजातियां' अनंत काल के लिए एक भौतिक और सांस्कृतिक बाड़े में रहने के लिए नियत हैं जिनका वस्तुओं की भांति अध्ययन किया जाए।

स्वदेशिता के लिए यह औपनिवेशिक दृष्टिकोण सितंबर 2007 में 144 देशों द्वारा मूल निवासी लोगों के अधिकारों की संयुक्त राष्ट्र घोषणा (यू.एन. डी.आर.आई.पी.)[27] को अपनाने के बाद भी नहीं बदला है, जिसके विरुद्ध संयुक्त राज्य अमेरिका, कनाडा, ऑस्ट्रेलिया और न्यूजीलैंड ने मतदान किया था। 11 देशों ने, अर्थात् अजरबैजान, बांग्लादेश, भूटान, बुरुंडी, कोलंबिया, जॉर्जिया, केन्या, नाइजीरिया, रूसी संघ, समोआ और यूक्रेन मतदान नहीं

किया था। घोषणा में उल्लेखित अधिकार 'विश्व के मूल निवासी लोगों के अस्तित्व, सम्मान और कल्याण के लिए न्यूनतम मानकों का गठन करते हैं'।[28] यह घोषणा स्वशासन, भूमि, शिक्षा, रोजगार, स्वास्थ्य और अन्य क्षेत्रों में मूल निवासी लोगों के सामूहिक अधिकारों और व्यक्तिगत अधिकारों दोनों की रक्षा करती है। परन्तु यह अनिवार्य रूप से मूल निवासी विषयों का यूरोपीयकरण है क्योंकि मूल निवासी चेतना को मुख्यधारा में लाने का प्रयास यहां भी नहीं दिखता है। हालांकि, कम से कम यह घोषणा मूल निवासी लोगों को या उनके निर्धारण के मानकों को परिभाषित नहीं करती है जिससे पूर्व उपनिवेशों को औपनिवेशिक रूढ़ि और मापदंड तोड़ने का मौका मिलता है। भले ही अनभिज्ञ रूप से परन्तु एक सार्वभौमिक परिभाषा की अनुपस्थिति वि-उपनिवेशिकता की झलक देती है और पूर्व उपनिवेशों को स्वदेशीता के विषयों को संबोधित करने के लिए एक बहुआयामी अवसर प्रदान करता है।

परन्तु इसमें अंतर्राष्ट्रीय हस्तक्षेप के लिए बहुत स्थान है ताकि सदस्य राज्यों में 'अंतर्राष्ट्रीय उपकरणों के तहत मूल निवासी लोगों पर लागू होने वाले अपने सभी दायित्वों का पालन प्रभावी ढंग से किया जा सके'। समझौते के तहत: 'राज्यों और मूल निवासी लोगों के बीच संधियां और समझौते, कुछ स्थितियों में अंतरराष्ट्रीय चिंता, रुचि एवं दायित्व के विषय हैं।' स्पष्ट रूप से, यह समझौते पूर्व उपनिवेशों की संप्रभुता को कमजोर करने का कार्य करते हैं, जिसमें अंतर्राष्ट्रीय समुदाय एक बड़े भाई के रूप में होता है जो कि इन सभी घटनाओं की जांच कर सके।

इनमें से कोई भी समझौता (उपकरण) 'आदिवासी' जनसंख्या को ईसाईयत में धर्मान्तरित करने के प्रयासों के विषय को संबोधित नहीं करता है, जैसा कि अमेरिका और अन्य क्षेत्रों के इतिहास को देखते हुए स्पष्ट रूप से होना चाहिए था। विडंबना यह है कि जहां मूल निवासी समाज के राष्ट्रीय बहुमत से 'मूल निवासी लोगों' की पहचान होती है, वहीं मिशनरी समूहों को 'शिक्षित करने' अथवा 'सभ्य' बनाने के नाम पर मूल निवासी जीवन के पाठ्यक्रम में हस्तक्षेप करने से रोकने के लिए कोई अंतरराष्ट्रीय प्रतिबद्धता नहीं है। यह सिद्ध करता है कि मूल निवासी लोगों के अधिकारों से संबंधित समझौतों और नियमों की समीक्षा करने से पहले अंतरराष्ट्रीय विधि पर उपनिवेशिकता की कितनी गहरी पकड़ है। यह नियम वास्तव में मूल निवासी लोगों के समान व्यवहार को वैध बनाने और सुनिश्चित करने का

प्रयास करते हैं। यह नियम 'मूल निवासी लोगों या मूल निवासी पहचान' के लिए सुरक्षित स्थानों के निर्माण तक सीमित हैं और यह सही है कि इसकी भी आवश्यकता है। परन्तु उपनिवेशिकता का उपयोग करके मूल निवासियों द्वारा पूर्णतः अपनी नियति को अलग करने का प्रयास अभी भी नहीं हो रहा है। इसके कारण और मूल निवासी अधिकारों में निरंतर थोड़ी वृद्धि होते रहने के बाद भी उनकी दशा में वह वांछित सुधार नहीं है।

मूल निवासी लोगों पर विधिक स्थिति को समझने के बाद, 'विकास' की औपनिवेशिक और आधुनिक प्रकृति को समझना महत्वपूर्ण हो जाता है, जो आज विश्व में सबसे शक्तिशाली सामाजिक, सांस्कृतिक और राजनीतिक शक्तियों में से एक है जो मूल निवासी जीवनशैली को प्रभावित करती है। यह उन पूर्व उपनिवेशों के लिए विशेष रूप से प्रासंगिक है जिन्हें उपनिवेशवादी शक्तियों के जाने के बाद 'अविकसित' या 'विकासशील' के रूप में वर्गीकृत किया गया था।[29] इस संबंध में कोलंबियाई-अमेरिकी मानवविज्ञानी आर्टुरो एस्कोबार का कार्य बहुत महत्त्वपूर्ण है क्योंकि वह इस तथ्य पर प्रकाश डालता है कि पश्चिम द्वारा यह सुविधाजनक वर्गीकरण यह धारणा बनाने में सफल रहा कि पूर्व उपनिवेश हमेशा 'पिछड़े' थे जबकि 'पश्चिम' सदैव प्रगति और वैज्ञानिक स्वभाव का प्रकाश स्तंभ रहा है।[30] उन्हें यह विडम्बना लगती है कि इस कथानक में पूर्व उपनिवेशों को 'प्राप्तकर्ता देश' और उपनिवेशवादी देशों को 'विकसित' और 'आधुनिक' बताया गया है और साथ ही साथ पश्चिमी साम्राज्यवादी को दानवीर कर्ण की भूमिका प्रदान की गयी है। इन पूर्व उपनिवेशों में प्रकृति के सम्मान से लेकर मूल निवासी लोगों के अधिकारों तक सब कुछ आधुनिक अवधारणाओं से प्रभावित होता है। यह पूर्व उपनिवेश मूल निवासी ढांचे के आधार पर स्वयं के लक्ष्यों की पहचान करने के बजाय पश्चिमीकरण की इच्छा रखते हैं।[31] इस विकास का मूल निवासी जीवनशैली और सोचने के तरीके पर क्या असर पड़ा इसमें गहरा जाने की आवश्यकता है।[32]

2007 की घोषणा को मूल निवासी अधिकारों पर सबसे व्यापक संलेख कहा जाता है। परन्तु यह संलेख विकास को सार्वभौमिक मानता है जिसमें मूल निवासी जीवन केवल एक उपसमुच्चय, एक द्वीप है। इस तरह से वह स्वदेशिता की अवधारणा को समझने और विकास की समकालीन धारणाओं में अंतर्निहित उपनिवेशवाद को संबोधित करने में विफल रहता है। न केवल

विकास की परिभाषा पश्चिम द्वारा परिभाषित आधुनिकता के साथ जुड़ी हुई है, परन्तु किस तरह से विकास को आगे बढ़ाया जाना चाहिए यह भी पश्चिम द्वारा तय किया गया है। पश्चिम ने यह भी तय किया कि उसके द्वारा दिया गया अनुदान इन पूर्व उपनिवेशों को पश्चिम के ढांचे में ढालने के लिए आवश्यक है। परिणामस्वरूप विकास को कई पूर्व उपनिवेशों के राष्ट्रीय लक्ष्य के रूप में अपनाया गया है। जीवन के सभी पहलुओं को, विधि से लेकर धर्म तक, ज्ञान और शिक्षा के उत्पादन तक पश्चिमी शैली के विकास की उपलब्धि की ओर उन्मुख कर दिया गया है। इसलिए, जब तक विकास को वि-उपनिवेशिकता की दृष्टि से नहीं देखा जाता, तब तक यह मूल निवासी लोगों को पश्चिमी भविष्य की ओर बढ़ने के लिए प्रेरित करता रहेगा। क्योंकि यह सबसे पहले किसी भी समुदाय के प्रकृति के साथ संबंधों को प्रभावित करता है, जो यह प्रभाव हर एक व्यक्ति तक होता है और समुदाय तक ही सीमित नहीं रहता। एक ओर है औपनिवेशिक धारणा जो कि मानव जाति को प्रकृति के केंद्र में मानती है और दूसरी ओर है मूल निवासी धारणा जो कि मानवता को प्रकृति का एक अंग मानती है न कि केंद्र बिंदु।

स्वदेशीता पर बात करें तो, अंतर्राष्ट्रीय श्रम संगठन की परिभाषाओं के विपरीत, जो कि अत्यधिक नृजातीय हैं और उत्तर-औपनिवेशिक स्कूल द्वारा भी मानी जाती हैं, वि-उपनिवेशिकता का केंद्र है मूल निवासी चेतना क्योंकि इसकी मान्यता है कि यूरोपीय उपनिवेशवादी द्वारा आदिवासी पहचान का आविष्कार किया गया था और इस आविष्कार का लक्ष्य था उपनिवेशवाद के लक्ष्यों को आगे बढ़ाना। वि-उपनिवेशिकता का विचार पहचान के सतही स्तर से परे मूल निवासी होने की स्थिति का गठन करने वाले सिद्धांतों के बहुआयामी दृष्टिकोण पर ध्यान केन्द्रित करता है।[33] लैटिन के शब्द 'इंडिजिनस' का अर्थ है 'देश में पैदा हुआ'। इस शब्द का प्रयोग स्वदेशिता का निर्धारण करने में होता है। इस तरह के स्वदेशिता के विशुद्ध रूप से जन्म-आधारित दृष्टिकोण से उन उपनिवेशवादियों को भी मूल निवासी बोला जा सकता है जिनका जन्म किसी उपनिवेश में हुआ है। चेतना के दृष्टिकोण से यह परिभाषा निरार्थिक होगी। हालांकि किसी भी दृष्टि से देखें तो, स्वदेशिता के निर्धारण के लिए नृजातीय शुद्धता की धारणाओं को ताक पर रख कर कुछ अनैतिहासिक और अवैज्ञानिक अनुमानों को मानना ही पड़ेगा।

अगर नृजातीयता या जन्म को मूल निवासी के लिए प्राथमिक मापदंड के रूप में स्वीकार किया जाता है, तो यह उन स्थितियों को संबोधित करने में विफल होगा जहां धर्मांतरण हो गया है और नृजाति न बदलने के बाद भी पूरी ज्ञान परंपरा ही बदल गयी है। इसलिए स्वदेशीता के निर्धारण के लिए केवल जन्म-आधारित या नृजातीय दृष्टिकोण रखना स्वदेशिता के विषय को समझने के लिया पर्याप्त नहीं है। चूंकि राष्ट्रीयता निर्धारण के समकालीन नियम एक औपनिवेशिक विधि के ढांचे के भीतर काम करते हैं तो उनका उपयोग उस स्वदेशीता को समझने के लिए नहीं किया जा सकता है जो स्वदेशिता प्रस्तुत तंत्र को चुनौती देने की आशा रखती है।

अंत में कई उपनिवेशवादी समाज, उपनिवेशवादी के मज़हब को न अपनाने के बाद भी, अपने पूर्व-औपनिवेशिक अतीत को बहुत पीछे छोड़ कर आगे बढ़ गए हैं क्योंकि उन्होंने सेक्युलर उपनिवेशिकता अर्थात् आधुनिकता को अपना लिया है। इसका अर्थ यह है कि जो लोग मूल निवासी जीवन शैली और मूल निवासी चेतना को बनाए रखे हैं, उनकी संख्या घट रही है जबकि मूल निवासी पहचान केवल एक बाहरी विधिक चिह्न बन कर रह गई है। मूल निवासी चेतना मन की एक अवस्था या स्थिति है, जबकि मूल निवासी पहचान केवल एक विधिक स्थिति है। वि-उपनिवेशिकता के लक्ष्यों में से एक है उपनिवेशवाद की प्रतिक्रिया के रूप में मूल निवासी चेतना को पुनर्जीवित करना और इस कारण से स्वदेशिता शब्द जिसका अर्थ है मूल निवासी चेतना और संस्कृति को संजोये रखना वह शब्द है जिसका प्रयोग इस पूरी व्यवस्था को समझाने में अच्छे से हो सकता है।

मिग्नोलो जैसे विद्वान स्वीकार करते हैं कि मूल निवासी चेतना अथवा स्वदेशिता के पुनः उभरने के लिए पश्चिमी साम्राज्यवाद की हमारे जीवन पर जो पकड़ है उसे ढीला करना होगा। परन्तु वह यह भी कहते हैं कि वि-उपनिवेशिकता का अर्थ 'मूल निवासी संघर्ष' से समानार्थी नहीं है और न ही यह एक नृजातीय, राष्ट्रीय या धार्मिक पहचान की परियोजना है।[34] मेरे अनुसार, वि-उपनिवेशिकता का लक्ष्य उपनिवेशवाद की आधुनिकता/तार्किकता के सार्वभौमिक दावे को सीमित करना हो सकता है; हालांकि, उपनिवेशवाद की जगह किसको लेना चाहिए और स्वदेशिता की प्राथमिकता क्या होनी चाहिए, इसका निर्धारण वि-उपनिवेशिकता के विद्वानों द्वारा नहीं किया जाना चाहिए। इसका निर्धारण गैर-औपनिवेशिक मूल निवासी समाजों द्वारा किया

जाना चाहिए, भले ही यह उनके इतिहास के आधार पर एक नृजातीय या धार्मिक पहचान की परियोजना का रूप ही क्यों न ले ले।

व्यावहारिक प्रयोग में इसका क्या अर्थ है? लैटिन अमेरिका के संदर्भ में, वि-उपनिवेशिकता के विद्वान यह मानते हैं कि स्वदेशिता को मूल निवासी समाजों की उस स्थिति के रूप में परिभाषित किया गया है जो 1492 से पहले, यानी कोलंबस के अभियान से पहले हुआ करती थी। लेकिन गैर-लैटिन अमेरिकी समाज, जिन्होंने उपनिवेशवादी आक्रमण के पहले भी उपनिवेशवाद का अनुभव किया है (जैसे कि मध्य पूर्वी उपनिवेशवाद), को अपनी स्वदेशिता को परिभाषित करने का अधिकार स्वयं होना चाहिए। यह इसलिए क्योंकि वि-उपनिवेशिकता अमूर्त सार्वभौमिक नियमों को थोडा अनदेखा करते हुए प्रासंगिकता के प्रति प्रतिबद्ध है। इसलिए, प्रत्येक समाज को अपने अद्वितीय इतिहास और अनुभव के आधार पर उपनिवेशिकता और वि-उपनिवेशिकता को पहचानने और परिभाषित करने का अधिकार है।

स्वदेशिता की भूमि को लेकर समझ

मूल निवासी और प्रकृति के बीच संबंध बहुत महत्वपूर्ण विषय है क्योंकि प्रकृति के प्रति उपनिवेशवाद के दृष्टिकोण से ही वर्तमान समय की समस्याओं का उदय हुआ है। ईसाई यूरोपीय उपनिवेशवादी के दृष्टिकोण से, मूल निवासी लोगों के साथ जो बलप्रयोग हुआ और उपनिवेश बना वह उनका वास्तविक उद्देश्य नहीं था अपितु आकस्मिक फल था। यह वास्तविक उद्देश्य था यूरोपीय ईसाई विश्वदृष्टि को लागू करने के लिए भूमि का अधिग्रहण और उन लोगों का धर्मांतरण अथवा नरसंहार जो उनके इस उद्देश्य के बीच में आ गए। उपनिवेशवादी के लिए मूल निवासी लोगों का कोई उपयोग नहीं था क्योंकि मूल निवासी लोग ईसाईयों के किसी भी भूमि अथवा क्षेत्र को अधिग्रहण करने के पथ में बाधा थे और यह अधिग्रहण ईसाई अपना मूल अधिकार समझते थे। ईसाईयों के अनुसार मूल निवासी लोगों का एकमात्र उद्देश्य था ईसाईयों को अपने कर्त्तव्य पालन करने का अवसर प्रदान करना। उपनिवेशवाद और प्रकृति/भूमि/भूगोल के बीच का संबंध स्वामी-दासता का था जिसमें यह भूमि उपनिवेशवादियों के आनंद के लिए थी। इस भाव के पीछे ईसाई परंपरा से निकले हुए मानवतावाद के पीछे का द्वैतात्मक विचार है।

उपनिवेशवाद के स्वामित्व के दृष्टिकोण के विपरीत, भूमि/प्रकृति के प्रति मूल निवासी दृष्टिकोण संबंध पर आधारित है।[35] पहले संबंधपरकता का उपयोग अंतरसांस्कृतिक संचार को सुविधाजनक बनाने के संदर्भ में हुआ था परन्तु यहां इसका उपयोग अलग है। यहां संबंधपरकता का अर्थ है मनुष्य को प्रकृति के भाग के रूप में देखना न कि उसके बाहर देखना। इसका अर्थ है प्रकृति के प्रति दायित्वों का अनुभव करना, जिसमें मनुष्यों और प्रकृति के बीच पारस्परिक दायित्व सम्मिलित हैं। इस तरह की संबंधपरकता न केवल मूल निवासी समुदायों और प्रकृति के बीच संबंधों को सूचित करती है, यह उनके ज्ञानमीमांसा और विश्वासों को भी आकार देती है जैसा कि हमने पहले देखा था।[36] विशिष्ट अनुष्ठान और परंपराएं विकसित की जाती हैं जो वहां की धरती को प्रधानता देती हैं और इस सम्बंध को एक पवित्र स्थिति तक ले जाती हैं। हम भारतीय यह बात अच्छी तरह से समझ सकते हैं। इस तरह के दृष्टिकोण की तुलना उपनिवेशवादी के स्वामित्व के व्यवहार से नहीं की जा सकती है।

भूमि के प्रति उपनिवेशवादियों के दृष्टिकोण की क्षेत्रीयता के कारण, उपनिवेशवादियों का राष्ट्रवाद भी प्रादेशिक है। इसके विपरीत स्वदेशीता और प्रकृति के बीच जो सम्बंध हैं वह आध्यात्मिक हैं जिसे उपनिवेशवादी कभी नहीं समझ सकते। मैं आध्यात्मिक शब्द का उपयोग किसी रहस्यमय अर्थ में नहीं कर रहा बल्कि मैं उस ज्ञान परंपरा की ओर ध्यान आकर्षित कर रहा हूं जो कि सहस्राब्दियों के जीवित अनुभव का फल है और जो प्रकृति के लिए पीढ़ी-दर-पीढ़ी समान सम्मान बनाए रखती है। स्पष्ट रूप से, यूरोपीय ईसाई उपनिवेशवादियों और गैर-ईसाई पूर्व-औपनिवेशिक समाजों के भूमि से परस्पर सम्बंध में एक उल्लेखनीय अंतर है। इसका अर्थ यह नहीं है कि भूमि के लिए मूल निवासी दृष्टिकोण में क्षेत्रीयता का कोई तत्व नहीं है; परन्तु इस क्षेत्रीयता के पीछे सम्बंधपरकता है और इससे ही भूमिगत ज्ञान जन्म लेता है।[37] यह अवश्य एक सामान्यीकरण हो सकता है क्योंकि वास्तविक स्थिति का सबसे अच्छा उत्तर प्रत्येक मूल निवासी समाज या पूर्व उपनिवेशों में मूल निवासी के प्रतिनिधियों द्वारा ही दिया जा सकता है। इसलिए, बहुलता और व्यक्तिपरकता के प्रति वि-उपनिवेशिकता की प्रतिबद्धता को ध्यान में रखते हुए और इस बात को ध्यान में रखते हुए कि वि-उपनिवेशिकता किसी भी सार्वभौमिक कथन से बचती है, मैं अगले भाग में भारत-विशिष्ट चर्चा करूंगा।

एक ऐसे उत्तर-औपनिवेशिक निष्कर्ष पर पहुंचना सरल है जिसमें यह कहा जाए कि अंततः उपनिवेशवाद और स्वदेशिता दोनों ही भूमि, संसाधनों और श्रम पर स्वामित्व स्थापित करने के बारे में हैं, परन्तु यह सही नहीं होगा। उपनिवेशवाद का प्रभाव भूमि प्रभाव से बहुत अधिक है और बहुत विस्तृत है। प्रश्न है मूल निवासी दृष्टिकोण और भूमि के साथ उसके परस्पर आध्यात्मिक सम्बंध का। इससे यह भी पता चलता है कि मूल निवासी ज्ञान परंपरा अपने लोगों को भूमि के संरक्षक के रूप में क्यों देखती है, जबकि यूरोपीय राष्ट्रवाद क्षेत्र को एक वस्तु के रूप में मानता है जिस पर अधिकार करना बहुत आवश्यक है। वि-उपनिवेशिकता के केंद्र में एक भावना है कि मानव और प्रकृति के बीच में फिर से एक आध्यात्मिक सम्बंध की स्थापना हो। ऐसा होने पर ही स्वदेशिता की जड़ें शक्तिशाली होंगी और इसका प्रभाव सभ्यता और संस्कृति के सभी आयामों पर होगा। उपनिवेशवाद को मूल निवासी चेतना से अलग करने की प्रक्रिया को यह पूर्ण करने में सक्षम है।

इस खंड में की गई चर्चा से कुछ प्रश्न उठ सकते हैं। उदाहरण के लिए, वि-उपनिवेशिकता का विकल्प कितना व्यावहारिक है? यदि उपनिवेशवाद सर्वव्यापी है और इसके परिणामस्वरूप एक वैश्वीकृत विश्व बन गया है जो पश्चिम को शीर्ष पर रखता है और शेष को नीचे रखता है, तो वि-उपनिवेशिकता स्थापित विश्व व्यवस्था को कैसे पलट सकती है? साथ ही, वि-उपनिवेशिकता की भविष्य की दृष्टि क्या है, अगर हम मान भी लें कि उसके पास अपने लक्ष्यों को प्राप्त करने के लिए साधन हैं?

मानव इतिहास के दृष्टिकोण से 500 साल कुछ भी नहीं है और इसलिए, यह मानने का कोई कारण नहीं है कि पिछली पांच शताब्दियों का इतिहास आगे के लिए निर्धारक सिद्ध होगा। उदाहरण के तौर पर पश्चिम वह नहीं है जो आधी सदी पहले भी था। दूसरा, वि-उपनिवेशिकता के विषय पर अलग-अलग टिप्पणीकारों और अध्ययनकर्ताओं के अलग-अलग विचार हो सकते हैं, परन्तु जितना मैंने समझा है इसका लक्ष्य मूल निवासी लोगों के लिए थोडा स्थान बनाना है, जो उन्हें उन्मुक्त रूप से अपनी गाथा, अपनी कहानी सुनाने का अवसर प्रदान करे।

कुछ का मानना है कि यूरोपीय उपनिवेशवाद के कारण विश्व हमेशा के लिए बदल गया है और पूर्व-औपनिवेशिक जीवन शैली को वापस नहीं पाया जा सकता और इस प्रकार से मूल निवासी सदैव के लिए श्रापित हैं।

हालांकि जब से वैश्वीकरण और अंधा बाजारवाद चल पड़ा है तब से उसने इस बात को इंगित किया है कि प्रकृति पर उपनिवेशिकता का कितना बुरा प्रभाव पड़ा है। यह उपनिवेशवाद का ही फल है और इस कारण पूरा विश्व संकट में आ गया है और इसलिए आशा यह है कि विश्व उन विकल्पों की खोज करेगा जो प्रकृति का सम्मान करते हैं और प्रकृति को सभ्यता के केंद्र में रखते हैं न कि एक संसाधन मात्र की भांति देखते हैं। यह प्रयास संभवतः विश्व को मूल निवासी ज्ञान प्रणालियों के दरवाजे पर ला सकता है, जो प्रकृति के साथ एक संबंधपरक जुड़ाव की ओर ले जा सकता है और यही वि-उपनिवेशिकता का अपेक्षित परिणाम है।

प्रकृति के प्रति मानव व्यवहार की अभी जो समीक्षा चल रही है यही अवसर है कि स्वदेशिता और मूल निवासी विचारों को उनके देशों और संस्कृतियों में पुनः स्थापित कर दिया जाए और इसके साथ ही यूरोप का सार्वभौमिक दावा भी नकार दिया जाए। पैक्स यूरोपिया या यूरोपीय शांति से पहले बाकी विश्व अंधेरे युग में नहीं रह रहा था, और निश्चित रूप से पैक्स यूरोपिया के निधन के बाद अज्ञानता और अंधेरे में नहीं डूबेगा यह स्थापित करना आवश्यक है। इसलिए, इस विचार को त्यागने का समय आ गया है कि शेष विश्व ईसाई 'वाइट मेंस बर्डन' है।

वि-उपनिवेशिकता यूरोपवाद को संभवतः समाप्त न कर पाए परन्तु यह इसको सीमित कर सकती है, और मूल निवासी चेतनाओं को अपना स्थान मिल सकता है भले ही पहले यह थोडा सा ही क्यों न हो। यूरोप भी अपने पूर्व-ईसाई अतीत का आत्मनिरीक्षण और पुनरीक्षण कर सकता है, और ईसाई कार्टेशियन द्वैतवाद को हटाकर अपनी ज्ञान परंपरा में प्रकृति की केंद्रीयता को फिर से स्थापित कर सकता है। यदि निकट भविष्य में, मूल निवासियों को अपने औपनिवेशिक बंधनों से छुटकारा मिल जाए और स्वयं के भौगोलिक क्षेत्रों में सम्मान और स्वीकृति मिल जाए तो यह अच्छा प्रारम्भ होगा।

उपनिवेशिकता और वि-उपनिवेशक विचारों के अध्ययन के बाद, अगला खंड भारत की मूल निवासी चेतना पर उपनिवेशिकता के प्रभाव की जांच करेगा।

खंड 2

सभ्यता

अध्याय 6

भारत, उपनिवेशिकता और उपनिवेशवादी चेतना

मुगलों के सामने सर थॉमस

सर थॉमस रो ने भारत में अपने करियर का प्रारम्भ मुगल शासक जहाँगीर के दरबार में किया था। 1614-1618 के बीच उन्होंने ईस्ट इंडिया कंपनी को बहुत ऊंचाई तक पहुंचाया।

मैंने पिछले भाग में, उपनिवेशिकता और वि-उपनिवेशिकता का सार प्रस्तुत किया जिससे कि भारत के सम्बंध में उनकी प्रासंगिकता समझी जा सके और भारत की मूल निवासी चेतना को पुनः प्राप्त किया जा सके। इसके लिए, मैंने निम्नलिखित भारत-विशिष्ट प्रश्न तैयार किए हैं:

1. यूरोपीय उपनिवेशवाद और उपनिवेशिकता पर साहित्य को देखते हुए और भारत के उसके साथ लम्बे सम्बंध को देखते हुए, क्या यह माना जा सकता है कि भारत के प्रति यूरोपीय उपनिवेशवादियों के लक्ष्य और आचरण अन्य उपनिवेश समाजों के साथ उनके व्यवहार से अलग थे, या भारत की चेतना इससे अप्रभावित बनी रही?
2. यदि भारत की चेतना वास्तव में उपनिवेशिकता से प्रभावित हुई, तो क्या इसने भारत को यह समझने में असमर्थ किया कि यूरोप के पूर्व भी उसने एक और उपनिवेशिकता को झेला है और जिसका प्रभाव अभी भी भारत की चेतना पर है?
3. यदि भारत की मूल निवासी चेतना को यूरोपीय और पूर्व-यूरोपीय दोनों उपनिवेशिताओं ने ग्रहण लगा दिया है, तो क्या वि-उपनिवेशिकता उत्तर-औपनिवेशिक विचार की तुलना में भारत की मूल निवासी चेतना पुनः प्राप्त करने के लिए भारत के लिए बेहतर ढांचा है?
4. यदि हां, और यदि भारत पर वि-उपनिवेशिकता के ढांचे को लागू किया जाता है तो इसकी स्वयं की अवधारणा क्या है? क्या यह सभ्यता है, राष्ट्र है या उपनिवेश का कृत्रिम उत्पाद है? इसके अलावा, भारत की स्वदेशीता क्या है और इसकी रूपरेखा कैसे बनाई जाती है?
5. वि-उपनिवेशिकता की दृष्टि से देखा जाए तो क्या संविधान भारत की स्वदेशीता, उसकी मूल निवासी अवधारण और चेतना से सूचित है? क्या संविधानवाद का इतिहास इसका साक्ष्य देता है?
6. यदि संविधान का इतिहास भारत की स्वदेशीता के अनुरूप है, तो भारत का एक बड़ा वर्ग ऐसा क्यों मानता है कि भारत का संविधान का भारत की स्वदेशीता के साथ परस्पर मेल नहीं है?
7. वैकल्पिक रूप से, यदि भारत का संविधान उपनिवेशिकता की उपज है, तो इसको वि-उपनिवेशिकता की दृष्टि से देखने पर क्या होगा?

पहले चार प्रश्न मानविकी के प्रासंगिक क्षेत्रों में प्रशिक्षित विशेषज्ञों की सीमा में आते हैं। इसलिए मैं उन्हें एक शिक्षार्थी के रूप में संक्षेप में संबोधित

करूंगा। उक्त विषयों की प्रकृति को देखते हुए, उन्हें परंपरागत ढंग से प्रस्तुत करना संभव नहीं है और इसलिए इसे हमें गैर-रेखीय रूप से देखना होगा। जहां तक अंत के तीन प्रश्न हैं, एक वकील के रूप में अपने प्रशिक्षण और सभ्यतागत महत्व के विषयों में संवैधानिक विधि और इतिहास के अपने अनुभव को देखते हुए, मैं उन्हें इस खंड और अगले खंड में संबोधित करूंगा। इन खण्डों में 1600 में अंग्रेजी ईस्ट इंडिया कंपनी की स्थापना से 1919 तक लीग ऑफ नेशंस की स्थापना तक की चर्चा है। इसी समय भारत के लिए पहला ब्रिटिश-निर्मित संविधान पारित किया गया था, अर्थात् 1919 का भारत सरकार अधिनियम। उसके बाद की अवधि की बात, 26 जनवरी 1950 को स्वतंत्र भारत के संविधान को अपनाने और 1951 में संविधान में पहला संशोधन करने तक की बात अगली पुस्तक में की जायेगी। इसलिए स्वतंत्र भारत का संविधान उपनिवेशवाद से ग्रस्त है या नहीं, और यदि हां, तो किस सीमा तक है, अगली कड़ी में संबोधित किया जाएगा, जिसकी नींव इस पुस्तक में रखी जाएगी।

पिछले खंड में, हमने देखा कि वि-उपनिवेशिकता का साहित्य पंद्रहवीं शताब्दी में यूरोपीय उपनिवेशवाद की उत्पत्ति को विशेष रूप से 1492 में देखता है, जब खोज का युग क्रिस्टोफर कोलंबस के भारत की खोज के अभियान के साथ प्रारम्भ हुआ। इस खोज के तहत जब कोलंबस भारत की खोज में अमेरिका पहुंच गया और इसके परिणामस्वरूप उसका उपनिवेशीकरण हुआ। इसलिए, 1492 में भारत की 'खोज' में थोड़ी देरी हुई, यद्यपि केवल एक छोटी अवधि के लिए, क्योंकि उसी शताब्दी के अंत तक वास्को डी गागा का आगमन भारत में हुआ, जिसके बाद डच, ब्रिटिश, फ्रेंच और अन्य लोगों का आगमन हुआ। ईसाई यूरोपीय लोगों के भारत में आगमन का प्रत्यक्ष उद्देश्य था व्यापार, परन्तु पोप अलेक्जेंडर षष्ठम् द्वारा निकाला गया 1493 का इंटर कैटरा नामक फतवा इसके लिए उत्तरदायी है। यह फतवा स्पेन और पुर्तगाल को मूल निवासी लोगों को उपनिवेशित बनाने के लिए, धर्मान्तरित करने और दास बनाने के लिए अधिकृत करता है। इससे यह पता चलता है कि चाहे कोई भी यूरोप का देश क्यों न हो उसका लक्ष्य उपनिवेशीकरण ही है।

यदि इंटर कैटरा से पोप की प्रेरणा का पता चलता है तो उपनिवेशित समाजों का अनुभव उस लक्ष्य की वास्तविकता को दर्शाता है। अमेरिका,

कैरिबियन, अफ्रीका, ऑस्ट्रेलिया और विश्व के अन्य हिस्सों में मूल निवासी विश्वदृष्टि का प्रतिस्थापन करके ईसाई यूरोपीय विश्वदृष्टि की स्थापना की गयी। इसके अलावा, कम से कम पांच शताब्दियों तक यूरोपीय उपनिवेशवादियों द्वारा लगभग पूरे विश्व पर वर्चस्व बना रहा और इसलिए, यूरोपीय उपनिवेशवाद का वैश्वीकरण हो गया और यह सर्वव्यापी हो गया। यूरोपीय उपनिवेशवाद मैट्रिक्स (स्वप्न) की तरह है। बस इसके बारे में जागरूक होने की आवश्यकता है। एक बार देखने के बाद इसे अनदेखा करना असंभव है, खासकर धर्म, राजनीति, शिक्षा, अर्थशास्त्र और विधि के विषयों में।

इसके अलावा हमें यह नहीं भूलना चाहिए कि भारत कोलंबस के अभियान का मूल गंतव्य स्थान था। इस तरह हम कैसे यह मान सकते हैं कि भारत में यूरोपीय उपनिवेशवादियों के कार्य केवल नस्लवाद और सत्ता और धन के लिए उनकी लालसा से प्रेरित थे? ईसाई उपनिवेशवादी के स्पष्ट रूप से ईसाई लक्ष्य और आचरण को सेक्युलर बताने की इस प्रवृत्ति को हम क्या कहें? इसके लिए हम अंतर्निहित उपनिवेशिकता को दोषी ठहरा सकते हैं जिसके परिणामस्वरूप भारत के यूरोपीय उपनिवेशीकरण को एक अनोखी घटना माना जाता है जबकि इसे ईसाई उपनिवेशवादियों द्वारा नई विश्व के उपनिवेशीकरण के हिस्से के रूप में ही देखना चाहिए।

विडंबना यह है कि कई मूल निवासी समाजों की धार्मिक पहचान उपनिवेशवादियों द्वारा पूर्णतः नष्ट कर दी गई है या अल्पमत में आ गई है। भारत में मूल निवासी समाज को ईसाईयत में धर्मांतरित करने में इन उपनिवेशवादियों को विफलता मिली और इस विफलता को सेक्युलर और व्यापारिक दृष्टि के प्रमाण के रूप में बताया जाता है। ईसाईयत का विरोध करने के लिए मूल निवासी ज्ञान परंपरा की अंतर्निहित शक्ति को श्रेय देने के बजाय उपनिवेशवादी को सहिष्णु बोल दिया जाता है। यह अधूरा दृष्टिकोण है जो निरर्थक प्रश्नों को जन्म देता है, जैसे 'क्या उपनिवेशीकरण भारत की अंतर्निहित दुर्बलता का ही प्रमाण है? ईसाई उपनिवेशवादी की मंशा और आचरण के प्रति ऐसा अनैतिहासिक, धर्मनिरपेक्ष और आत्म-पराजित दृष्टिकोण समकालीन भारत की चेतना में निहित उपनिवेशिकता का स्पष्ट प्रमाण है। इस कारण से भारत में उपनिवेशवाद का विश्लेषण नस्ल और अर्थशास्त्र के ऐनक से होता है, जबकि ईसाईयत और उसकी ज्ञान परंपरा पर

कोई आंख उठा कर भी नहीं देखता। विडंबना यह है कि इस उपनिवेशवाद के बजाय मूल निवासी ज्ञान परंपरा की जांच पड़ताल बहुत अधिक होती है।

यही कारण है कि शेष विश्व में यूरोपीय उपनिवेशवादियों की गतिविधियां जो कि नस्लीय वर्चस्ववाद में फंसी हुई हैं उन्हें हमें बेहतर ढंग से समझना चाहिए, भले ही हमारी रुचि भारत तक ही सीमित हो वैश्विक परिघटना को समझने का कोई और तरीका नहीं है। दुर्भाग्य से कुछ विद्वानों को छोड़कर, इस पहलू का भारत में उस तरह अध्ययन नहीं किया गया है जैसा वांछित है। भारतीय चेतना की गहरी शक्ति ने उपनिवेशवाद की सुनामी को अधिकांश अन्य मूल निवासी समाजों की तुलना में (जिनकी संस्कृतियों, सभ्यताओं और चेतना का लगभग सफाया हो गया था) सफलता पूर्वक रोक लिया है। परन्तु इसको कभी पहचाना और स्वीकारा नहीं जाता है। इसका अर्थ यह नहीं है कि यूरोपीय उपनिवेशवाद ने भारत में गहरी पैठ नहीं बनाई है। हर तथ्य को सेक्युलर दृष्टि से देखने की प्रवृत्ति इसी से आयी है। इस प्रवृत्ति ने एक ऐसे समाज को गहरी निद्रा में सुला दिया है जिसे एक से अधिक प्रकार की उपनिवेशिकताओं का लगातार सामना करने की आवश्यकता है।

भारत भी इसी उपनिवेशिकता का शिकार हुआ है। उपनिवेशिकता की स्थानीय अभिव्यक्तियों और इसके निरंतर प्रभावों को समझने के लिए भारत-विशिष्ट साहित्य को समझने की आवश्यकता है। इसका उद्देश्य वि-उपनिवेशिकता के मूल विचार आधार को साबित करना है, जो इसे उत्तर-औपनिवेशिक आलोचना से अलग करता है। जिसका कहना है कि भारत के उपनिवेशवाद के समाप्त होने के साथ उपनिवेशिकता का अस्तित्व समाप्त नहीं हुआ। उसका अस्तित्व सेकुलरवाद के साथ स्वतंत्र भारत में सफलतापूर्वक चालू रहा। इस उपनिवेशिकता का आधुनिकीकरण हो चुका है इतिहास की विस्मृति की स्थिति में।

भारत में यूरोपीय उपनिवेशवाद का आंतरिकीकरण हो चुका है यह इस बात से पता चलता है कि यहां का अभिजात्य वर्ग निरंतर यह कहता है कि अंग्रेजों ने टुकड़े टुकड़े जोड़ कर यह देश बनाया नहीं तो भारत एक राजनीतिक इकाई नहीं होता; भारत में बुनियादी ढांचे की कमी होती। भारत का विचार, उसकी सभ्यतागत एकता, समय के साथ उसका संबंध और उसकी व्यक्तिपरकता, उपनिवेशवादियों के आगमन से जोड़ दी गयी है। ऐसा माना जाता है कि इनसे स्वतंत्र होकर भारत की अपनी कोई चेतना नहीं थी

और न ही होगी। वैश्विक इतिहास और उपनिवेशवाद की प्रकृति के बारे में घटिया समझ का यह स्पष्ट प्रमाण है।

इस सोच का सबसे स्पष्ट प्रमाण है कि स्वतंत्र भारतीय राज्य वैश्विक मंच पर अपनी स्थिति का परीक्षण अपनी चेतना को पुनः प्राप्त करने की और अपने स्वयं के मूल्यों से जीने की क्षमता पर नहीं करता। 'वैश्विक समाज' में उसको 'सभ्य देश' मानते हैं या नहीं परीक्षण इस बात पर होता है। भारतीय राज्य की ओर से उपनिवेशवाद द्वारा निर्मित सार्वभौमिक कल्पनाओं और भ्रमों से मुक्त होने के लिए कोई भी सचेत प्रयास होता हुआ नहीं दीखता। इसलिए, भारत को उपनिवेशवाद से मुक्त करने के लिए एक वि-उपनिवेशिकता का दृष्टिकोण अनिवार्य है।

उत्तर-उपनिवेशवाद की प्रबलता को चुनौती दिए बिना यह संभव नहीं है चूंकि यह परंपरा भी भारत में उपनिवेशिकता को बढ़ावा देती है। इसके लिए भारत में उपनिवेशिकता की विशिष्ट अभिव्यक्तियों को समझना महत्वपूर्ण है। इन अभिव्यक्तियों ने इसकी चेतना को मौलिक रूप से बदल दिया है। यह अभिव्यक्तियां हैं:

1. ईसाई यूरोपीय उपनिवेशवादियों की मज़हब की अवधारणा का भारतीय ज्ञान परंपरा पर प्रभाव। प्रकृति से अलगाव इसी से जुड़ा हुआ है;
2. भारत की सामाजिक संरचनाओं पर उपनिवेशवादियों के नस्लीय लेंस का उपयोग, जिसने जाति और जनजाति की अवधारणा को जन्म दिया;
3. मूल निवासी ज्ञान उत्पादन और शिक्षा प्रणालियों के स्थान पर उपनिवेशवादियों की शिक्षा प्रणाली का प्रारम्भ;
4. एक विविध सभ्यतागत समाज पर वेस्टफेलियन राष्ट्र-राज्य मॉडल को थोपना; तथा
5. उपनिवेशवादी की विकास की धारणा का प्रभाव।

आश्चर्य की बात यह है कि इन सभी पर प्रचुर मात्रा में साहित्य उपलब्ध है जबकि इसके अंतर्निहित कारण, उपनिवेशिकता पर ध्यान नहीं दिया गया है।

मैं यह नहीं कह रहा कि यूरोपीय उपनिवेशवादियों के आगमन से पहले भारतीय समाज में स्तरीकरण नहीं था। पर मैं यह अवश्य कहूंगा कि

समकालीन भारत में धर्म, जाति और जनजाति को जिस तरह से समझा जाता है, उस पर उपनिवेशिकता की छाप है। सेक्युलर प्रोटेस्टेंट सुधारवादी ईसाईयत का प्रभाव इस पर स्पष्ट है। अगर हम भारत की समकालीन सामाजिक संरचनाओं या उनके अतीत को जानना चाहते हैं, तो वि-उपनिवेशिकता के दृष्टिकोण की आवश्यकता होगी। उपनिवेशिकता के ज्ञानोदय की दृष्टि से इसको समझना संभव नहीं है। बस इतना समझना आवश्यक है कि उपनिवेशकों के आने के पहले ये तंत्र कैसे थे।

इन विचारों में मुझे डॉ. एस.एन. बालगंगाधर, डॉ. जैकब डी. रूवर और निकोलस बी. डिर्क्स जैसे कई विद्वानों के उत्कृष्ट कार्यों का समर्थन प्राप्त है। मैं बस इतना कहना चाहता हूं कि इन विद्वानों का कार्य वि-उपनिवेशिकता के केंद्रीय विषय के अनुरूप है। इसका अर्थ यह है कि उपनिवेशिकता का अस्तित्व एक तथ्य है। कोई भी शोध जो जानबूझकर भारतीय सामाजिक संरचनाओं और गतिशीलता पर उपनिवेशिकता के प्रभाव की उपेक्षा करता है, उपनिवेशिकता का पोषण ही कर रहा है।

इस संबंध में, डॉ बालगंगाधर और डॉ डी रूवर के कार्य विशेष रूप से महत्वपूर्ण हैं क्योंकि वे औपनिवेशिक चेतना के अस्तित्व को स्वीकार करते हैं और इस कारण से वे वि-उपनिवेशिकता के विचार के निकट हैं, और उनकी मान्यता क्विजानो की मान्यता के समान है।[1] मुझे आश्चर्य इस बात का है कि वि-उपनिवेशिकता के विद्वान जो कि उत्तर अमेरिका पर काम करते हैं और 'औपनिवेशिक चेतना' के विद्वान जिनका केंद्र भारत है, साथ में कार्य क्यों नहीं करते। इससे पहले कि मैं भारत के संदर्भ में धर्म, जाति, जनजाति और राजनीतिक विचारों पर उपनिवेशिकता के प्रभाव पर चर्चा करूं, बालगंगाधर और डी रूवर की 'औपनिवेशिक चेतना' की प्रकृति को समझना महत्वपूर्ण है।

औपनिवेशिक चेतना, उत्तर-उपनिवेशवाद और मूल निवासी विकल्प

बालगंगाधर और डी रूवर इस बात पर प्रकाश डालते हैं कि वामपंथ और दक्षिणपंथ, उदारवाद और रूढ़िवाद जैसे शब्द औपनिवेशिक विश्वदृष्टि से ही उपजते हैं। यह 'औपनिवेशिक चेतना' का उत्पाद है, जिसके बारे में उनका

मानना है कि भारत में इसे पर्याप्त रूप से नहीं समझा गया है क्योंकि यहां पर उत्तर-औपनिवेशिक स्कूल ने केवल उपनिवेशवाद और उसके प्रभाव की बाहरी अभिव्यक्तियों पर ही ध्यान दिया है। यह इन दोनों विद्वानों को उपनिवेशिकता के निकट लाता है।

औपनिवेशिक विद्वानों की तरह वे मानते हैं कि समकालीन संरचनाओं और दृष्टिकोणों में इसकी निरंतर उपस्थिति को देखते हुए औपनिवेशिक चेतना अतीत की बात नहीं है। चाहे उपनिवेशवाद के रूप में हो अथवा पश्चिमी साम्राज्यवाद के रूप में हो औपनिवेशिक चेतना का उद्देश्य पश्चिम की सभ्यतागत श्रेष्ठता को स्थापित करना है। यह दोनों विद्वानों का मानना है कि उपनिवेशवादी चेतना उपनिवेशित लोगों से उनके सांस्कृतिक अनुभवों की अभिव्यक्ति को छीन लेती है और उन्हें ऐसा बना देती है कि वे केवल उपनिवेशवादी द्वारा निर्धारित ढांचे और शब्दावली का उपयोग करके ही अपने अनुभवों को प्रस्तुत कर पाएं। इस तरह की चेतना ऐसे दृष्टिकोण का निर्माण करती है जो मूल निवासी समाजों में औपनिवेशिक विरासत को संरक्षित करती है। मूल निवासी लोगों में 'अपनी संस्कृति के बारे में लज्जा की भावना आ जाती है, उन्हें यह लगने लगता है कि वे पिछड़े हैं, और उनके अन्दर उपनिवेशवादियों से सीखने की इच्छा' उत्पन्न हो जाती है, और इस ग्लानी की भावना को 'वैज्ञानिकता' का फैशन और प्रगाढ़ कर देता है। फलस्वरूप भौतिक और धार्मिक क्षेत्रों में उपनिवेशवादियों की कथित श्रेष्ठता को वैज्ञानिक माना जाता है, उपनिवेशिवाद को सही ठहराया जाता है और साथ ही साथ उपनिवेशित समाजों को शक्तिहीन बताया जाता है।

इन विचारों में वि-उपनिवेशिकता स्कूल के उपनिवेशवाद के विच्छेदन और उसके प्रभाव की प्रतिध्वनी मिलती है। जो मूल निवासी व्यक्तिपरकता से वंचित है और यूरो-केंद्रित व्यक्तिपरकता का सार्वभौमिकरण करती है। बालगंगाधर और डी. रूवर के अनुसार उपनिवेशवाद और औपनिवेशिक चेतना अनैतिक इसलिए हैं क्योंकि ये शक्तियां मूल निवासी समाज को अपने सांस्कृतिक अनुभव से दूर जाने को उकसाती हैं। दोनों उपनिवेशवाद को एक शैक्षिक परियोजना कहते हैं, क्योंकि, शिक्षा के समान, उपनिवेशवाद मानव अनुभव को बदल देता है। यह उपनिवेशक के इस विश्वास से स्पष्ट होता है कि वह मूल निवासी को 'शिक्षित' और 'सभ्य' करने का कारण देता है कि यह तो उसका नैतिक दायित्व है जो कि ईसाई परंपरा से उपजता है जिसमें

कहा गया है कि शैतान की पूजा करने वाले मूर्तिपूजकों को मूर्तिपूजा से, झूठे धर्म से और अनैतिकता से बचाना उनका दायित्व है।

चूंकि भारत अभी भी ईसाई उपनिवेशवादियों की दृष्टि में काफिरों का गढ़ है और इस कारण से यह स्वाभाविक है कि अभी भी यहां 'झूठे धर्म' और 'झूठे देवताओं' का बोलबाला है। इस अवधारणा ने औपनिवेशिक रूढ़िवादिता की नींव रखी कि मूल निवासी मूर्ति-पूजा करने वाला हिंदू 'अविश्वसनीय, अनैतिक, भ्रष्ट और कायर' है। तुलना में मुसलामानों को 'अडिग' और 'दृड़' बताया गया जिन्होंने ईसाईयत को तो ठुकरा दिया था, परन्तु जो ईसाई विश्वदृष्टि के निकट थे। मुसलमान भी ईसाईयों की दृष्टि में 'किताबी लोग' थे'। यह रूढ़ियां अंग्रेजों के जाने के लंबे समय बाद भी बनी हुई हैं जो औपनिवेशिक चेतना के निरंतर अस्तित्व का साक्ष्य हैं। बालगंगाधर और डी रूवर के अनुसार औपनिवेशिक चेतना को इस गैर-भारतीय विचार की निरंतरता के लिए उत्तरदायी ठहराया जाना चाहिए।

उत्तर-औपनिवेशिक स्कूल यह मानता है कि बौद्ध धर्म और जैन धर्म ब्राह्मणवादी आधिपत्य के विरुद्ध विद्रोह थे। यह मानसिकता प्रोटेस्टेंट क्रान्ति से निकली है जिसमें ईसाई पुजारियों का विरोध हुआ था। देशी आस्था प्रणालियों और प्रथाओं में सुधार की परियोजना, जो औपनिवेशिक काल में प्रारम्भ हुई और जिसने कई सुधारवादी आंदोलनों को जन्म दिया, समकालीन भारत में भी यह वामपंथियों अथवा दक्षिणपंथियों के बीच में उतनी ही प्रसिद्ध है।

इसका तर्क यह नहीं है कि भारत के समाज में सुधार की आवश्यकता नहीं थी। यह एक दूसरा ही विषय है जिसे हम तब तक नहीं समझ सकते जब तक कि भारत की मूल निवासी संस्कृति और समाज की पूर्व-औपनिवेशिक स्थिति को समझा न जा सके। हमारी सोच और दृष्टि के पीछे भी औपनिवेशिक विचार हैं और जब तक उस लेंस के स्थान पर मूल निवासी लेंस नहीं आता तब तक सुधार की आवश्यकता पर चर्चा की संभावना नहीं है।

इस संबंध में, बालगंगाधर और डी रूवर का विचार है कि औपनिवेशिक चेतना के स्थान पर देशी/भारतीय चेतना को बैठाने से पूर्व-औपनिवेशिक जीवन शैली पर वापस नहीं जाया जा सकता क्योंकि उपनिवेशवाद ने उपनिवेशितों के जीवन को सदैव के लिए बदल दिया है। इस स्थिति में औपनिवेशिक चेतना को पहचानने का उद्देश्य क्या है? उनके अनुसार, औपनिवेशिक चेतना

को बनाए रखने में अपनी-अपनी भूमिकाओं को उपनिवेशवादी और मूल निवासी दोनों को स्वीकारना होगा। तत्कालीन उपनिवेशवादी और उसके उत्तराधिकारी, पश्चिमी साम्राज्यवादियों को उपनिवेशित समाजों में सक्रिय रूप से औपनिवेशिक चेतना डालने का उत्तरदायित्व लेना चाहिए, जबकि मूल निवासियों को उपनिवेशवाद हटने के बाद भी इसे आगे बढ़ाने का उत्तरदायित्व लेना चाहिए। इन विद्वानों का कहना है कि उपनिवेशित मूल निवासियों ने भी उपनिवेशवादियों का लक्ष्य आगे बढ़ाया है। यह बात मिग्नोलो और वॉल्श भी कहते हैं।

भारत जैसे उपनिवेशित समाजों को सेकुलरवाद जैसी अवधारणाओं के उद्भव के पीछे प्रोटेस्टेंट ईसाई ज्ञान परंपरा को देखना चाहिए। चूंकि उनकी अपनी संस्कृति की आलोचना इस सिद्धांत से ही उपजती है।[2] मूल निवासी समाज उस ईसाई मज़हबी और सांस्कृतिक विचार से अनभिज्ञ हैं जिसने 'आधुनिक' और 'सेक्युलर' जैसे विचारों को जन्म दिया और यह उन्हें बाध्य करती है कि वे भी औपनिवेशिक चेतना को बनाए रखें।

उपनिवेशिकता या औपनिवेशिक चेतना के बारे में जागरूकता पूर्व उपनिवेशों में यह चेतना फैलाएगी कि कैसे उनकी संस्कृति एक खिचड़ी बन गयी है और कैसे वे अपनी संस्कृति को पाश्चात्य संस्कृति और सभ्यता के लेंस से देखते हैं। वि-उपनिवेशिकता और उत्तर-औपनिवेशिक स्कूलों में यह एक और विभिन्नता है। वि-उपनिवेशिकता का विचार इस खिचड़ी को स्वीकारने से मना कर देता है क्योंकि ऐसा करने पर उनकी मूल संस्कृति को दोयम स्थान ही मिलता है और जो कि प्राच्यवाद का आधार है। दूसरी ओर, उत्तर-औपनिवेशिक विचार मिली-जुली संस्कृति को पश्चिम के विरुद्ध सांस्कृतिक प्रतिरोध के रूप में देखता है क्योंकि उनका मानना है कि इस माध्यम से पश्चिम भी विकृत होता है। लेकिन बालगंगाधर और डी रूवर का विचार है कि पश्चिमी विचारों की संकरता भले ही प्रतिरोध की रणनीतियों में आती हो, परन्तु इसको वे मूल निवासी समाजों की नैतिक भीरुता समझते हैं।

पश्चिमी ढांचे के भीतर कार्य करके पश्चिमी विचारों को नष्ट करने की आशा करना इस बात को अनदेखा कर देती है कि इससे केवल पश्चिम की सार्वभौमिक वैधता के दावों को बढ़ावा मिलेगा। दोनों स्थिति में परिणाम वही है। जबकि उपनिवेशवादी की उपनिवेशिकता ने मूल निवासी को अनैतिक घोषित किया चूंकि उसका धर्म 'झूठ' है उसी तरह उत्तर-औपनिवेशिक

स्कूल संस्कृति की संकरता को पहचान देता है और इस प्रकार से सांस्कृतिक नकल को सही ठहरा के इस बात को ही बढ़ावा देता है कि मूल निवासी की संस्कृति पर विश्वास नहीं किया जा सकता। उत्तर-औपनिवेशिक विचार के अनुसार, जीवन जीने का एक तरीका, एक विश्वदृष्टि, एक ही विकल्प है–औपनिवेशिक विकल्प। इस कारण से उत्तर-उपनिवेशवाद उपनिवेशिकता/औपनिवेशिक चेतना का अवैतनिक चैम्पियन बन जाता है। भले ही इसका मूल उद्देश्य पश्चिमी आधिपत्य को मिटाना था, इसके अनपेक्षित परिणाम, (कम से कम भारत के विषय में) हैं: उपनिवेशवाद का सुदृढ़ीकरण, और सेकुलरवाद (जिसकी उत्पत्ति सेक्युलर नहीं है) का सुदृढ़ीकरण, मूल निवासी के मन में अपने सांस्कृतिक अनुभव के लिए अलगाव, मूल निवासी चेतना का दमन, और आत्म-घृणा की स्थापना।

मध्य पूर्वी उपनिवेशिकता, उत्तर-औपनिवेशिक विचार और मार्क्सवाद

उत्तर-औपनिवेशिक दृष्टिकोण का एक और पहलू भी है जिससे निपटने की आवश्यकता है ताकि वि-उपनिवेशिकता और उत्तर-औपनिवेशिक स्कूलों के बीच कौन श्रेष्ठ है इसका चुनाव स्पष्ट हो जाए। उत्तर-औपनिवेशिक स्कूल, यूरोपीय उपनिवेशवाद का विरोध करता है और सच के ऊपर उसके एकाधिकार को चुनौती देता है। परन्तु मध्य पूर्वी उपनिवेशवाद को लेकर जिसको भारत में लाने वाले इस्लाम मज़हब के अनुयायी थे यह विचार विचित्र रूप से असंगत हो जाता है। जबकि इस साम्राज्यवाद का चरित्र भी यूरोपीय उपनिवेशिकता के जैसा ही है।[3] चूंकि इस्लाम को मानने वाले कुछ उपनिवेशवादी मध्य एशिया से आए थे, मध्य पूर्वी उपनिवेशवाद कहना ही अप्रासंगिक माना जाता है। लेकिन मैं इसका प्रयोग करता हूं क्योंकि उपनिवेशवाद की पहचान और उद्देश्य उस चेतना के भौगोलिक स्थान से परिभाषित होते हैं जिससे वह अपनी प्रेरणा लेता है। इसलिए, 'मध्य पूर्व' का संदर्भ चेतना के एक निश्चित रूप से है जिसने उपनिवेशवादियों को उनकी जनजातीयता या भौगोलिक मूल को न देखते हुए केवल विचार से प्रेरित किया।[4] दूसरे शब्दों में, जिस प्रकार पश्चिम एक मनोस्थिति है न कि केवल भूगोल, मध्य पूर्व भी मन की एक अवस्था ही है।

यूरोपीय उपनिवेशवाद और मध्य पूर्वी उपनिवेशवाद के लिए उत्तर-औपनिवेशिक विचारों का द्वंदित दृष्टिकोण इसके फिलीस्तीनी संबंध के प्रभाव के कारण हो सकता है। या फिर ऐसा भी हो सकता है कि मध्य पूर्वी चेतना और भारतीय चेतना को प्राच्य (ओरिएण्टल) की श्रेणी में साथ रखा गया है और उन्हें समान रूप से बेचारे भाव से देखा जाता है। मध्य पूर्वी चेतना और भारतीय सभ्यता की चेतना एक जैसी हैं यह धारणा देने का प्रयत्न निंदनीय है और इतिहास में इसका कोई आधार नहीं है।

उत्तर-औपनिवेशिक स्कूल, यूरोपीय उपनिवेशवाद के लंबे दावों को अमान्य करता है पर साथ ही साथ मध्य पूर्वी उपनिवेशवाद और उसकी उपनिवेशिकता के किसी भी विश्लेषण को सक्रिय रूप से बाधित करता है और इस प्रकार से मध्य पूर्वी उपनिवेशवाद को वह बढ़ावा देता है।[5] यूरोपीय और मध्य पूर्वी उपनिवेशों की ज्ञान परंपराओं में महत्वपूर्ण समानता को देखते हुए, कम से कम, उत्तर-औपनिवेशिक विचार को मध्य पूर्वी उपनिवेशिकता के सत्य पर एकाधिकार के दावों को तो नकार ही देना था जिस प्रकार वह ईसाई उपनिवेशिकता के दावों को नकारता है। दोनों उपनिवेशवाद अपनी ज्ञान परंपरा से ही प्रभावित हैं और यह परंपरा उन्हें मूर्ति पूजा करने वाले मूल निवासी समाजों को उपनिवेश बनाने और दास बनाने के लिए प्रेरित करती है।[6]

दोनों स्वयंसिद्ध अनुमान को मान के चलते हैं कि उनके आगमन से पहले, उपनिवेशित समाज अंधेरे और अज्ञानता/'जाहिलिया' में रह रहे थे और इसलिए उन्हें अपने 'प्रकाश' को फैलाना आवश्यक है।[7] वास्तव में पूर्व-ईसाई और पूर्व-मुस्लिम इतिहास के प्रति उनका दृष्टिकोण अपने देश के संदर्भ में भी अवमानना और कृपालुता का है। अपने जन्म स्थान में इन मूल निवासी धर्मों को समाप्त करके फिर वे उपनिवेशवाद दूसरे स्थानों पर उनकी मूल निवासी संस्कृति को समाप्त कर उन्हें 'एक सच्चा मज़हब' देने का प्रयत्न करते हैं। दोनों सच्चे विश्वास और मूर्तीभंजन की अवधारणा में विश्वास करते हैं, जो 'दूसरों' (दूसरी संस्कृतियों) को अमानवीय घोषित कर देता है। दोनों काफिरों की भूमि को विजय की वस्तुओं के रूप में देखते हैं। यह अभ्यास उपनिवेश में बस जाने के बाद भी चलता रहता है क्योंकि दोनों की निष्ठा एक ऐसी ज्ञान परंपरा में है जिसका जन्म स्थल कहीं और है और इन मूल निवासी देशों के बाहर है।

इसके अलावा, प्रकृति के प्रति भी उनका दृष्टिकोण समान है, जिससे उनके लिए भारत जैसे मूल निवासी समाजों द्वारा परंपरा के माध्यम से प्रकृति की पूजा और ज्ञान के संकलन से संबंधित होना असंभव हो जाता है। जहां तक भारत का सम्बंध है, उपनिवेशवाद के दोनों रूप गैर-मूल निवासी हैं क्योंकि वे जिन ज्ञान परंपराओं से प्रेरित हैं, वे न केवल भारत से बाहर की हैं, बल्कि सकारात्मक रूप से भारतीय ज्ञान परंपरा की विरोधी हैं। भारत और इसके मूल निवासी केवल एक जीतने की वस्तु हैं इन दोनों उपनिवेशवादों के लिए। मूल निवासी विश्वदृष्टि को किसी भी मूल्य पर किसी भी उपलब्ध सहयोगी के साथ मिलकर नष्ट किया जाना चाहिए, ऐसा इन दोनों उपनिवेशवादों का मानना है। इस कारण ही भारत में मार्क्सवाद के साथ इन दोनों उपनिवेशवादों के मधुर सम्बंध रहे हैं।

भारत ने एक सभ्यता के रूप में उपनिवेशवाद और उपनिवेशिकता के दोनों रूपों का सामना किया है। इसके विपरीत अमेरिका ने केवल यूरोपीय उपनिवेशवाद का सामना किया है और इसलिए भारत को अपनी जांच की सीमा को सीमित करने की आवश्यकता नहीं है। क्योंकि 1947 में धार्मिक/सभ्यता के आधार पर भारत का विभाजन हुआ[8] और भारत के भीतर चलते तनाव, जैसे कि कश्मीर, बंगाल, केरल और देश के अन्य हिस्सों में चल रहे हैं वे भी धर्म, मज़हब और सभ्यता आधारित ही हैं इस कारण से भारत को मध्य पूर्वी उपनिवेशवाद और उसके औपनिवेशिक दृष्टिकोण के बारे में उतना ही शोध करना चाहिए जितना यूरोपीय उपनिवेशवाद के बारे में। इसलिए, भारत की उपनिवेशिकता और वि-उपनिवेशिकता को उपनिवेशवाद के दोनों रूपों को सम्मिलित करना चाहिए।

यह स्थिति उचित है क्योंकि समकालीन वि-उपनिवेशिकता का शोध मुख्य रूप से यूरोपीय उपनिवेशवाद के प्रभाव का अध्ययन करता है, और भारत ने मध्य पूर्वी उपनिवेशवाद को यूरोपीय संस्करण का अनुभव करने की तुलना में अधिक समय तक अनुभव किया है। यह उपनिवेशवादी भारत में बड़ी मात्रा में बस गए। मध्य पूर्वी उपनिवेशवाद के अनुयायी वर्तमान में भारत की सीमाओं के साथ-साथ इसके तत्काल पड़ोस में भी बड़ी मात्रा में पनप रहे हैं। यह पड़ोसी देश बल के माध्यम से भारत से छीने गए थे। जबकि अमेरिका में पूर्व उपनिवेश मुख्य रूप से यूरोप के साथ जुड़े हैं भारत के

दृष्टिकोण से यूरोपीयवाद मध्य पूर्वी उपनिवेशवाद का एक अधिक परिष्कृत और व्यवस्थित संस्करण है।

मैं जानबूझकर परिष्कृत और व्यवस्थित शब्दों का उपयोग करता हूं, क्योंकि मध्य पूर्वी उपनिवेशवाद के बल प्रयोग ने भारत के मूल निवासियों को बाध्य किया कि वे उपनिवेशवादियों का भरपूर विरोध करें जबकि कई देश बिलकुल नष्ट हो गए जब उनके सामने ऐसा उपनिवेशवाद आया। दूसरे समाज के लिए घृणा और उसको नष्ट कर देने की मंशा मध्य पूर्वी उपनिवेशवादियों द्वारा छुपाई नहीं गयी थी और इसलिए भारत के मूल निवासियों को स्वयं की रक्षा करने की आवश्यकता के बारे में पूरी तरह से पता था। इसके विपरीत, यूरोपीय उपनिवेशवाद ने मूल निवासी समाज को सहयोजित करने और यूरोपीयवाद को लक्ष्य के रूप में प्रस्तुत करने के लिए संस्थागत तंत्रों का उपयोग किया। इसने मूल निवासी समाज को एक भुलावे में डाल दिया कि सह-अस्तित्व संभव था। ऐसा लगता है कि मूल निवासी समाज यूरोपीय उपनिवेशवादियों को सहनशीलता नारे के कारण झेलने लगा बिना जाने कि उनका अंतिम लक्ष्य क्या था। इस प्रकार उत्तर-औपनिवेशिक स्कूल सक्रिय रूप से उपनिवेशिकता की जांच में बाधा डालता है। जबकि यह स्पस्ट है कि भारत में उपनिवेशवाद के दोनों रूप जीवित हैं और मूल निवासी चेतना को सम्पाप्त करने में जुटे हैं।

भारत में 'सबाल्टर्न' कौन है इस पर उत्तर औपनिवेशिक स्कूल का विचार उपनिवेशिकता से भरा हुआ है क्योंकि यह मूल निवासी समाज के बारे में औपनिवेशिक धारणाओं को मानता है। विशेष रूप से जाति व्यवस्था को लेकर इसकी मान्यता उपनिवेशिकता से भरी हुई है। जहां तक भारत का संबंध है, उत्तर-औपनिवेशिक और मार्क्सवादी स्कूलों ने एक साझेदारी बनाई है और दोनों यूरोपीय और मध्य पूर्वी उपनिवेशों का प्रचार प्रसार कर उन्हें आगे बढ़ाते हैं और मूल निवासी चेतना को विभाजित करते चलते हैं। यही सबाल्टर्निज्म है।

यह आश्चर्य की बात नहीं है क्योंकि मार्क्स यूरो-केन्द्रित विश्वास रखता था और मानता था कि ब्रिटिश उपनिवेशवाद भारत के लिए अच्छा था।[9] मार्क्स का मानना था कि इंग्लैंड को भारत में एक दोहरा मिशन पूरा करना था, अर्थात् पुराने एशियाई समाज का विनाश, और एशिया में पश्चिमी समाज की भौतिक नींव रखना।[10] भारत के ब्रिटिश उपनिवेशवाद की स्वार्थी प्रकृति

के बारे में जानने के बाद भी उनके यही विचार थे, जो उनके इस कथन से पता चलते हैं कि 'इंग्लैंड के अपराध चाहे जो भी हों, वह उस क्रांति को लाने में इतिहास का अचेतन उपकरण था', अर्थात 'नये विश्व के भौतिक आधार' की नींव रखने में। भारत में उपनिवेशवाद के मार्क्सवादी दृष्टिकोण की घुसपैठ इस तथ्य से स्पष्ट रूप से सिद्ध होती है कि भारत में समकालीन उपनिवेशित मानसिकता का अभिजात वर्ग मार्क्स के विचार से सहमत है कि यूरोपीय उपनिवेशवाद भारत के लिए अच्छा था क्योंकि इसके परिणामस्वरूप यहां पर विकास हुआ, जैसे भारत में रेल प्रणाली का आना। मार्क्सवाद के अनुसार अंग्रेजी साम्राज्यवाद के बिना भारत में वैज्ञानिक स्वभाव, प्रगति और विकास की अवधारणा अनजानी रहती।[11] इस अर्थ में, मार्क्सवाद यूरो-केन्द्रित आस्था रखता है कि विज्ञान पश्चिम का एकाधिकार है, और तर्कसंगतता, हालांकि सार्वभौमिक है, परन्तु इसकी उत्पत्ति यूरोप में हुई है।

यूरोपीय और मध्य पूर्व उपनिवेशवाद के प्रति मार्क्सवादी दृष्टिकोण ने ईसाई मार्क्सवाद[12] और इस्लामी मार्क्सवाद[13], जैसे जीवों को जन्म दिया है। इस रूप में मार्क्सवाद यूरोपीय और मध्य पूर्वी उपनिवेशिक्ताओं को आगे बढ़ाने का कार्य करता है। मार्क्सवाद वैसे तो एक स्वतंत्र विचारधारा का ढोंग रचता है परन्तु भारत में इसने उपनिवेशवादी मानसिकता का वाहन बनने का काम किया है। इन दोनों उपनिवेशादों का मूल निवासी चेतना के प्रति दृष्टिकोण अवमानना भरा रहा है, और ये दोनों ही मूल निवासी समाज के साथ शांतिपूर्ण सह-अस्तित्व नहीं रखना चाहते हैं।

भारत में उत्तर-औपनिवेशिक और मार्क्सवादी स्कूलों के बीच अनैतिक और संदिग्ध गठबंधन है। दोनों ही उपनिवेशिताओं के लिए ये वाहन बने हुए हैं और इस कारण से भारत की स्वदेशिता की खोज में यह दोनों ही सहायक नहीं होंगे। भारत के सभी प्रचंड विद्वानों को जैसे कि सीताराम गोयल, राम स्वरूप, धर्मपाल, डॉ. कोएनराड एल्स्ट, डॉ. बालगंगाधर और डॉ. डी रूवर, चाहे वे मूल निवासी हों या नहीं, उन्हें उत्तर-औपनिवेशिक और मार्क्सवादी दोनों स्कूलों द्वारा चरमपंथी या अति-दक्षिणपंथी कहा गया है। दुःख की बात यह है कि इन विद्वानों को उनसे भी यही बर्ताव झेलने को मिला है जो कि मूल निवासी चेतना की बात करते हैं परन्तु यह समझते हैं कि इन कठिन बिन्दुओं पर बात करे बिना ही स्वदेशी चेतना को वापस पाया जा सकता है।

उत्तर-औपनिवेशिक और मार्क्सवादी दोनों स्कूलों ने स्वयं को इंडिया स्टडीज, और साउथ एशिया स्टडीज के स्व-नियुक्त अभिभावक घोषित कर दिया है, जो उन्हें भारत की व्यक्तिपरकता, इतिहास और भविष्य पर एकाधिकार देता है। यही कारण है कि मैंने उपनिवेशिकता पर वैश्विक साहित्य के साथ-साथ औपनिवेशिक चेतना पर भारत-विशिष्ट साहित्य की तुलना की है यह बताने के लिए कि वि-उपनिवेशिकता पर अध्ययन को अमेरिका में जहां सम्मान मिलता है वहीं पर भारत में समान अध्ययन को तिरस्कार और दुरेक्षा मिलती है। जबकि भारत में मूल निवासी समाज के आस पास धर्मांतरण करने वाले मिशनरी मंडरा रहे हैं। भले ही उत्तर-औपनिवेशिक और मार्क्सवादी स्कूलों ने भारत के बाहर मूल निवासी लक्ष्यों को आगे बढ़ाया हो, परन्तु यह तय है कि भारत की मूल निवासी चेतना को सशक्त बनाने से अधिक उन्होंने इसे ह्रास किया है।

इन उपर्युक्त कारणों के लिए वि-उपनिवेशिकता का स्कूल गंभीरता से विचार करने योग्य है।[14] वि-उपनिवेशिकता का विकल्प मूल निवासी चेतना को वाणी देता है, जो दोनों उपनिवेशिताओं के विरुद्ध बोलने में आवश्यक हैं।[15] मेरे विचार से वि-उपनिवेशिकता, एक श्रेष्ठ पद्धति इसलिए है क्योंकि यह सार्वभौमिक प्रवृत्ति को कम करती है, उपनिवेशिकता के प्रति जागरूक करती है और स्वयं के सांस्कृतिक अनुभव की ओर बढ़ने को प्रेरित करती है। क्या मूल निवासी चेतना की ओर यह आंदोलन अंततः औपनिवेशिक चेतना को बनाए रखता है या मूल निवासी चेतना को अपना लेता है अथवा एक मिली-जुली ज्ञान परंपरा को अपनाता है इसकी व्याख्या तो विषय ज्ञानी ही करेंगे। इस तरह के प्रकल्प इस व्यावहारिकता पर निर्भर हैं कि कैसे मूल निवासी चेतना उपनिवेशवादी चेतना को विस्थापित करेगी।

अगर दोनों उपनिवेशिकताओं को हम ध्यान में रखें तो हमें पता चलेगा कि लगभग 8वीं शताब्दी में भारत में उपनिवेशिकता ने पग धरा जब भारत में अरब मुसलमान आक्रमण प्रारम्भ हुआ। यह यूरोपीय उपनिवेशवाद के निर्धारण के समान है जिसका प्रारम्भ पंद्रहवीं शताब्दी में औपनिवेशिक स्कूल द्वारा लगाया जाता है जब खोज का युग प्रारम्भ हुआ था। हालांकि बारहवीं और सोलहवीं शताब्दी के बीच की अवधि में भारत में इस्लामी आक्रमणों का अधिक बोलबाला रहा परन्तु आठवीं शताब्दी में निश्चित रूप से इसका प्रारम्भ हुआ। हो सकता है कि इतिहास में प्रशिक्षित विद्वान मुझसे असहमत

हों इस बात पर कि यह कब प्रारम्भ हुआ, लेकिन मैं जिस अंतर्निहित सिद्धांत को आगे बढ़ाना चाहता हूं वह लैटिन अमेरिका में वि-उपनिवेशिकता के शोधकर्ता की स्वदेशिता की अवधारणा के सामान ही है।

इस संबंध में, मैं डॉ. बी.आर. अंबेडकर के विचारों से सहमत हूं, जिसमें वे आठवीं शताब्दी में भारत में इस्लामी आक्रमणों और पाकिस्तान की मांग के बीच निरंतरता देखते हैं जब दो राष्ट्र सिद्धांत का हवाला देते हुए पाकिस्तान के भावी नेताओं ने आंदोलन किया। उनकी पुस्तक 'पाकिस्तान और भारत का विभाजन' से कुछ प्रासंगिक उद्धरण निम्नलिखित हैं, जिसमें डॉ अंबेडकर भारत के इस्लामी आक्रमण के काल का प्रारंभ करते हैं 711 ई. के सिंध में अरबों की घुसपेठ से और उसे 1761 ई. के अहमद शाह अब्दाली और मराठा साम्राज्य के बीच पानीपत की तीसरी लड़ाई के युद्ध तक देखते हैं[16]:

> ये मुस्लिम आक्रमण केवल लूट या विजय की लालसा से नहीं किए गए थे। उनके पीछे एक और लक्ष्य था। मोहम्मद बिन कासिम द्वारा सिंध के विरुद्ध अभियान बहुत क्रूर चरित्र का था और सिंध के राजा दाहिर को दंडित करने के लिए किया गया था, जिन्होंने सिंध के समुद्री बंदरगाह शहर देबुल में एक अरब बेड़े को जब्त करने की क्षतिपूर्ति करने से इनकार कर दिया था। लेकिन, इसमें कोई संदेह नहीं है कि हिंदुओं की मूर्तिपूजा और बहुदेववाद पर प्रहार करना और भारत में इस्लाम की स्थापना करना भी इस अभियान का एक उद्देश्य था।
>
> यह सब केवल लोभ या नैतिक विकृति का परिणाम नहीं था। दूसरी ओर, जो किया गया वह इस्लाम के नेताओं के सत्तारूढ़ विचारों के अनुसार था। मुस्लिम विधि के तहत हिंदुओं की विधिक स्थिति जानने के लिए सुल्तान अला-उद-दीन द्वारा पूछे गए एक प्रश्न के उत्तर में काजी द्वारा इन विचारों को अच्छी तरह से व्यक्त किया गया था। काजी ने कहा:
>
> 'उन्हें जजिया देने वाले कहा जाता है, और जब राजस्व अधिकारी उनसे चांदी की मांग करते हैं, तो उन्हें बिना किसी प्रश्न के, और पूरी विनम्रता और सम्मान के साथ सोना देना चाहिए। यदि अधिकारी उनके मुंह में गन्दगी फेंकता है (थूकता है), तो उन्हें इस थूक को पीने के लिए इक्षा से अपना मुंह खोलना चाहिए। इस जजिया को देने में और उनके मुंह में गंदगी फेंकने से धिम्मी की उचित अधीनता प्रदर्शित होती है। इस्लाम की महिमा करना एक कर्तव्य है, और इस्लाम की अवमानना व्यर्थ है। अल्लाह उन्हें (मूर्तिपूजकों को) तिरस्कार में रखता है, क्योंकि

> वह कहता है, "उन्हें वश में रखो।" हिंदुओं को नीचा दिखाना विशेष रूप से एक धार्मिक कर्तव्य है, क्योंकि वे पैगंबर के सबसे कट्टर दुश्मन हैं, और क्योंकि पैगंबर ने हमें उन्हें मारने, उन्हें लूटने और उन्हें बंदी बनाने की आज्ञा दी है, यह कहते हुए, "उन्हें इस्लाम में परिवर्तित करें या उन्हें मार डालो, और उन्हें दास बनाओ, और उनका धन और अच्छी तरह से लूट लो।" महान विद्वान (हनीफा) ने, जिसके स्कूल से हम सम्बंध रखते हैं, हिन्दुओं पर जजिया थोपने की आज्ञा दी है; जबकि अन्य स्कूलों के डॉक्टर हिन्दुओं को "मृत्यु या इस्लाम" के अलावा कोई अन्य विकल्प नहीं देते हैं।'

मध्य पूर्वी उपनिवेशवाद के संदर्भ में मैं विशेष रूप से डॉ. अंबेडकर को उद्धृत करता हूं और इस विषय पर उनके विचारों पर सीमित निर्भरता रखता हूं। इसका कारण यह है कि भारतीय संविधान की समिति के अध्यक्ष डॉ अंबेडकर का विचार था कि 'टू नेशन थ्योरी' एक वास्तविकता थी जिसे भारत के मूल निवासी समाज को नकारने के बजाय स्वीकार करना चाहिए। भारत के मुस्लिम आक्रमणों के इतिहास के सारांश के बाद उनके विचार निम्न हैं:[17]

> हिंदुओं के लिए यह कहना कहां तक सही है कि उत्तरी भारत आर्यावर्त का अभिन्न हिस्सा है? हिंदुओं के लिए यह कहने का अधिकार कहां तक सही है कि एक बार यह उनका हो गया, तो इसे सदैव के लिए इसे भारत का अभिन्न अंग बना रहना चाहिए? जो लोग अलगाव का विरोध करते हैं और एक प्राचीन तथ्य से उत्पन्न 'ऐतिहासिक भावना' को पकडे हुए हैं कि अफगानिस्तान सहित उत्तरी भारत सदैव भारत का हिस्सा था और उस क्षेत्र के लोग या तो बौद्ध थे या हिंदू, उनसे पूछा जाना चाहिए कि क्या इन 762 वर्षों के लगातार मुस्लिम आक्रमणों के वर्षों को, और इन आक्रमणकारियों द्वारा अपनाई गई विधियों को हम ऐसे मान लें जैसे कि उनका कोई उद्देश्य ही नहीं था?
>
> उन अन्य परिणामों के अलावा इन आक्रमणों ने उत्तरी क्षेत्रों की संस्कृति और चरित्र को इतनी गहराई से बदल दिया है, कि उन्हें अब पाकिस्तान में सम्मिलित करने का प्रस्ताव है। न केवल इन क्षेत्रों और भारत के दूसरे क्षेत्रों के बीच कोई एकता नहीं है बल्कि एक परस्पर शत्रुता है।
>
> इन आक्रमणों का पहला परिणाम शेष भारत का उत्तरी भारत से टूटना था। उत्तरी भारत पर अपनी विजय के बाद, मुहम्मद गजनी ने इसे भारत से अलग कर दिया और गजनी से शासन किया। जब मोहम्मद

गोरी एक विजेता के रूप में मैदान में आया, तो उसने इसे फिर से भारत से जोड़ा और लाहौर से और फिर दिल्ली से इस पर शासन किया। अकबर के भाई हकीम ने काबुल और कंधार को उत्तरी भारत से अलग कर लिया। अकबर ने इसे फिर से उत्तरी भारत से जोड़ दिया। 1738 में नादिरशाह द्वारा उन्हें फिर से अलग कर दिया गया था और पूरे उत्तरी भारत को भारत से अलग कर दिया गया होता अगर सिखों का उदय नहीं होता। इसलिए उत्तर भारत ट्रेन के एक डब्बे की तरह रहा है, जिसे वर्तमान परिस्थितियों के अनुसार जोड़ा या तोडा जा सकता है। यदि उदाहरण चाहिए, तो अलसैस-लोरेन के विषय को लिया जा सकता है। अलसैस-लोरेन मूल रूप से जर्मनी का हिस्सा था, बाकी स्विट्जरलैंड और निम्न देशों की तरह। यह 1680 तक ऐसा ही रहा, जब इसे फ्रांस ने ले लिया और फ्रांसीसी क्षेत्र में सम्मिलित कर लिया। यह 1871 तक फ्रांस का था, जब इसे जर्मनी ने अलग कर दिया और अपने क्षेत्र का हिस्सा बना लिया। 1918 में इसे फिर से जर्मनी से अलग कर फ्रांस का हिस्सा बना दिया गया। 1940 में इसे फ्रांस से अलग कर जर्मनी का हिस्सा बना दिया गया।

आक्रमणकारियों द्वारा अपनाए गए तरीकों ने एक छाप छोड़ी है। एक परिणाम हिंदुओं और मुसलमानों के बीच की कड़वाहट है जो उन्होंने पैदा की है। दोनों के बीच की यह कड़वाहट इतनी गहरी है कि राजनीतिक जीवन की एक सदी ने न तो इसे शांत किया और न ही भुला पाया। चूंकि आक्रमणों के साथ मंदिरों का विनाश होता था और बलपूर्वक धर्मांतरण, संपत्ति की लूट, पुरुषों, महिलाओं और बच्चों के वध, और दासता होती थी तो क्या आश्चर्य की बात है कि इन आक्रमणों की स्मृति कभी भुलाए नहीं गयी है, मुसलमानों के लिए गर्व के रूप में और हिंदुओं के लिए लज्जा के रूप में? लेकिन इन बातों के अलावा, भारत का यह उत्तर-पश्चिम कोना एक थिएटर रहा है जिसमें कई नाटक खेले गए हैं। मुस्लिम समुदाय एक के बाद एक इस स्थान से भारत में घुसते और बसते चले आये हैं। ये धाराओं में शेष भारत में पहुंचे। जब तक उनका राज्य रहा उन्होंने भारत के इस उत्तर-पश्चिम कोने में मूल आर्य संस्कृति पर इस्लामी संस्कृति को थोप दिया, जिसने इसे धार्मिक/मज़हबी और राजनीतिक दोनों दृष्टिकोणों से अलग रंग दिया है।

निःसंदेह मुस्लिम आक्रमणकारी हिन्दुओं के विरुद्ध मन में घृणा रखे हुए भारत आए। पर वे केवल घृणा के गीत गाने और रास्ते में कुछ मंदिरों को जलाकर वापस चले जाने के लिए नहीं आये थे।

अगर ऐसा होता तो यह तो एक वरदान होता। वे इतने से परिणाम से संतुष्ट नहीं थे। उन्होंने इस्लाम के बीज बोने के लिए एक सकारात्मक कार्य किया। इस पौधे की वृद्धि उल्लेखनीय है। यह गर्मियों का पौधा नहीं है। यह वटवृक्ष के समान महान और मजबूत है। इसकी वृद्धि उत्तरी भारत में सबसे अधिक है। लगातार आक्रमणों ने यहां पर परतें जमा कर दी है। उत्तरी भारत में इसकी वृद्धि इतनी घनी है कि हिन्दू और बौद्ध संस्कृति के अवशेष मात्र झाड़ियां की भांति बचे हैं। इस वटवृक्ष को सिख कुल्हाड़ी भी नहीं गिरा सकती थी। सिख, निस्संदेह, उत्तरी भारत के राजनीतिक स्वामी बन गए, लेकिन उन्होंने उत्तरी भारत को उस आध्यात्मिक और सांस्कृतिक एकता में वापस नहीं लाया जिसके द्वारा वह हुआन त्सांग से पहले शेष भारत से बंधा हुआ था। सिखों ने इसे वापस भारत में जोड़ा। फिर भी, जहां तक शेष भारत का संबंध है, यह अलसैस-लोरेन की तरह राजनीतिक रूप से अलग करने योग्य और आध्यात्मिक रूप से पराया बना हुआ है। एक बहुत ही अकल्पनीय व्यक्ति ही इन तथ्यों पर ध्यान देने में विफल हो सकता है कि पाकिस्तान का अर्थ भारत को दो भागों में विभाजित करना ही है।

हिंदू, पाकिस्तान और हिंदुस्तान के बीच क्या एकता देखता है? यदि यह भौगोलिक एकता है, तो वह एकता नहीं है। भौगोलिक एकता प्रकृति की एकता है। भौगोलिक एकता पर राष्ट्रीयता के निर्माण में, यह याद रखना चाहिए कि यह एक ऐसा विषय है जहां प्रकृति प्रस्ताव करती है और मनुष्य उसका निपटारा करता है। बाहरी चीजों की एकता कोई एकता नहीं है। ऐसी एकता एक संयुक्त वातावरण के संपर्क का परिणाम है। यदि यह प्रशासनिक एकता है, तो वह फिर से यह एकता नहीं है। बर्मा का उदाहरण सामने है। 1826 में येन्दाबू की संधि द्वारा अराकान और तेनासेरिम को मिला लिया गया। 1852 में पेगु और मर्तबान को मिला लिया गया। 1886 में ऊपरी बर्मा पर कब्जा कर लिया गया था। भारत और बर्मा के बीच प्रशासनिक एकता 1826 में बनी थी। 110 से अधिक वर्षों तक यह प्रशासनिक एकता बनी रही। 1937 में दोनों के बंधन को काट दिया गया और किसी ने भी उस पर आंसू नहीं बहाए। भारत और बर्मा के बीच एकता मौलिक नहीं थी ऐसा भी नहीं है। परंतु यदि एकता को स्थायी चरित्र देना है, तो उसे भाईचारे की भावना पर स्थापित किया जाना चाहिए। संक्षेप में, यह बंधन आध्यात्मिक होना चाहिए। इन विचारों के आलोक में, पाकिस्तान और हिंदुस्तान के बीच एकता एक मिथक है। हिंदुस्तान और बर्मा के बीच पाकिस्तान और हिंदुस्तान की तुलना में

अधिक आध्यात्मिक एकता है। अगर हिन्दुओं ने बर्मा को भारत से अलग करने पर आपत्ति नहीं की, तो यह समझना मुश्किल है कि पाकिस्तान जैसे क्षेत्र को अलग करने पर हिंदू कैसे आपत्ति कर सकते हैं। क्योंकि पाकिस्तान तो राजनीतिक रूप से अलग, सामाजिक रूप से शत्रु और आध्यात्मिक रूप से भारत से अलग है।

इस विषय पर डॉ अंबेडकर के विचारों पर मेरी निर्भरता यह प्रदर्शित करने तक सीमित है कि भारत की चेतना में मध्य पूर्व उपनिवेशिकता भी यूरोपीय उपनिवेशिकता की भांति महत्वपूर्ण है। मैं भारतीय ज्ञान परंपरा को लेकर, विशेष रूप से जाति व्यवस्था पर, डॉ. अंबेडकर के विचारों को जानता हूं। उनकी शिक्षा औपनिवेशिक ढांचे में ही हुई थी। उनके अनुभवों का सम्मान करते हुए जाति पर उनके विचारों का पुनरावलोकन किया जाना चाहिए। वर्तमान चर्चा के लिए जो महत्वपूर्ण है वह यह है कि मध्य पूर्व उपनिवेशवाद का आधार उन ज्ञान परंपराओं में था जो भारतीय सभ्यता के ताने-बाने से बाहर थे।

डॉ. अंबेडकर स्पष्ट थे कि यदि कोई संस्कृति किसी क्षेत्र से विलुप्त हो जाती है तो वहां की भूमि पर भी उसका अधिकार समाप्त हो जाता है। उनकी टिप्पणियां पाकिस्तान के निर्माण के संदर्भ में थीं, और हमें यह याद रखना अच्छा होगा कि आज जो पाकिस्तान है, वह एक समय भारत का हिस्सा था और इसलिए, यदि भारत की स्वदेशीता को वि-उपनिवेशिकता की अनिवार्यता का भान नहीं होता है, तो उसे एक और बड़े 'क्षेत्र' को स्वयं से अलग करना पड़ेगा। आखिरकार, पाकिस्तान का निर्माण बहुत पुरानी बात नहीं है और इस घटना ने मध्य पूर्वी उपनिवेशवाद को समाप्त नहीं किया है; इसके बजाय, इसने केवल उस राज्य के संसाधनों का प्रयोग करके मध्य पूर्वी उपनिवेशवाद की व्यवस्थित उन्नति के लिए एक लॉन्च पैड बना दिया है। इस संबंध में पाकिस्तान की स्थापना और आयोजन के सिद्धांतों पर वेंकट धूलिपाला का शोध बहुत ही विद्वतापूर्ण और महत्वपूर्ण है।

अपनी पुस्तक 'क्रिएटिंग ए न्यू मदीना' में, धूलिपाला ने पाकिस्तान की विचारधारा और निर्माण के शोध के आधार पर प्रदर्शित किया कि इसकी कल्पना न्यू मदीना के रूप में की गई थी।[18] इस दावे का समर्थन करने के लिए, धूलिपाला पाकिस्तान के समर्थकों के बयानों का प्रमाण देते हैं, जैसे मौलाना शब्बीर अहमद उस्मानी, जो कि जामिया मिलिया इस्लामिया

विश्वविद्यालय के संस्थापक सदस्यों में से एक हैं और पाकिस्तान समर्थक राजनीतिक दल जमीयत उलेमा-ए-इस्लाम के संस्थापक भी हैं। धुलिपाला 1946 में लाहौर में दिए गए उस्मानी के भाषण का प्रमाण देते हैं:

> जिस तरह मदीना ने अरब में इस्लाम की अंतिम जीत के लिए आधार प्रदान किया था, पाकिस्तान पूरे उपमहाद्वीप पर सत्ताधारी रूप में इस्लाम की विजयी वापसी का मार्ग प्रशस्त करेगा। इस प्रकार पूरा हिंदुस्तान पाकिस्तान में बदल जाएगा, जैसे पैगंबर ने स्वयं पूरे अरब को पाकिस्तान में बदल दिया था।

उस्मानी ने कुरान के आधार पर टू नेशन थ्योरी का निर्माण किया इस आधार पर कि इस्लामिक पैगंबर द्वारा मोमिन और काफिर के बीच भी अंतर ऐसा ही किया गया था। उस्मानी के अनुसार, भारतीय मुसलमान एक अलग राष्ट्र थे और भारतीयों की समग्र राष्ट्रीयता का कोई भी दावा जिसमें मुसलमान भी आते थे, झूठा और इस्लाम विरोधी था। इसलिए इस्लामिक राज्य के रूप में पाकिस्तान के निर्माण के लिए एक ठोस इस्लामी नींव तैयार की गयी। यह स्पष्ट है कि पाकिस्तान के निर्माण की परिकल्पना एशियाई उपमहाद्वीप में इस्लाम की वापसी के रूप में की गयी थी।[19] इसके निर्माण और भारत के विभाजन के बाद, हमें स्वयं से पूछना चाहिए कि क्या मध्य पूर्वी उपनिवेशिकता और उपनिवेशवाद बढ़ गया है यह देखते हुए कि कितने ही ऐसे राजनीतिक और हिंसक आंदोलनों का जन्म भारत के भीतर और आसपास हुआ है जो मध्य पूर्वी ज्ञान परंपरा से नाता रखता है। मध्य पूर्वी उपनिवेशिकता का स्रोत उनका मज़हबी ग्रन्थ है। यह मानना अनुचित नहीं होगा कि भारतीय चेतना में मध्य पूर्वी उपनिवेशवाद से स्वयं को बचाने के लिए उतना ही प्रोत्साहन होना आवश्यक है जितना कि यूरोपीय उपनिवेशवाद से लड़ने के लिए उनके अन्दर है।[20] ऐसा कोई कारण ही नहीं है कि भारत इस उपनिवेशिकता से नहीं लड़े।

भारत की उपनिवेशिकता और वि-उपनिवेशिकता की परिभाषाओं में यूरोपीय और मध्य पूर्वी उपनिवेशिकताएं सम्मिलित होनी चाहिए और यह ध्यान रखा जाना चाहिए कि यूरोपीय उपनिवेशिकता मध्य पूर्व उपनिवेशिकता को संरक्षित करती है। भारत की मूल निवासी संस्कृति के सामने जो संकट है इसमें वि-उपनिवेशिकता एक विकल्प नहीं बल्कि एक सभ्यतागत अनिवार्यता है, जिसे अब और विलंबित नहीं किया जा सकता। हालांकि, मैं इस तर्क

को सार्वभौमिक बनाने की स्थिति में नहीं हूं क्योंकि इस संबंध में मेरी दृष्टि भारत तक ही सीमित है।

वि-उपनिवेशिकता से भारत की सभी सभ्यतागत चुनौतियां समाप्त नहीं होने वालीं परन्तु अपने अतीत को देखने के लिए यह निश्चित रूप से भारत के लिए एक सही लेंस है। इस लेंस से भारत अपनी स्वयं की दृष्टि का प्रयोग कर सकेगा और उन दृष्टिकोणों को त्याग सकेगा जो कि उपनिवेशवादी अतीत से उसकी हानि कर रहे हैं।

भारत एक सभ्यता है, जिसकी एक भिन्न चेतना है जिसमें यूरोपीय उपनिवेशिकता का हस्तक्षेप हुआ और इस कारण से यूरोप की जीवन पद्धति को एक मापदंड बना दिया गया। इससे पहले कि मैं भारत की चेतना पर यूरोपीय उपनिवेशिकता के प्रभाव पर चर्चा करना प्रारम्भ करूं, अगले अध्याय में मैं इस पर बात करूंगा कि भारत कम से कम समाज के स्तर पर एक बड़ी सभ्यता था, जिसका नीतियों और विधि बनाने पर बहुत प्रभाव पड़ता है। यह इस बात पर स्पष्टता प्रदान कर सकता है कि वह क्या है जो एक समाज को सभ्यता बना देता है और क्यों भारत को एक सभ्यता माना जाना चाहिए, ताकि भारत पर यूरोपीय उपनिवेशवादियों की राष्ट्र-राज्य परियोजना का सही प्रभाव का आंकलन किया जा सके और यह निर्धारित किया जा सके कि भारत की संविधानवाद तक की यात्रा में क्या यह भाव कहीं खो तो नहीं गया है कि भारत एक सभ्यता है।

अध्याय 7

भारत: एक सभ्यता

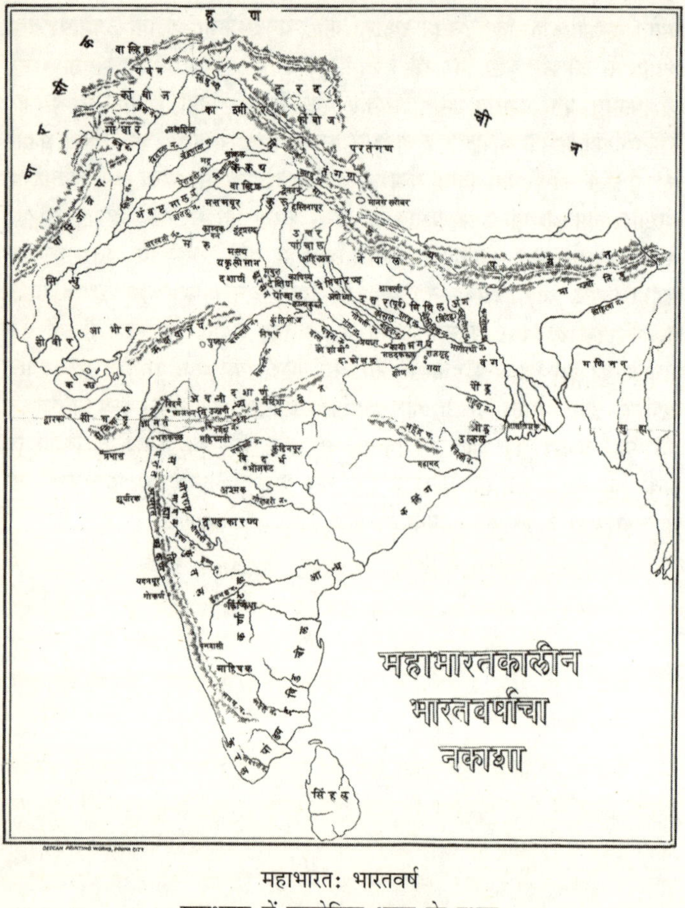

महाभारत: भारतवर्ष

महाभारत में उल्लेखित भारत के स्थान

(यू.एस. लाइब्रेरी ऑफ कांग्रेस; जियोग्राफी एंड माप डिवीजन)

लेखक और स्तंभकार मार्टिन जैक्स[1] ने लगभग एक दशक पहले प्रस्तावित किया था कि चीन एक सभ्यता-राज् है, जो यूरोप अपनी राष्ट्र-राज्य-आधारित विश्वदृष्टि से नहीं समझ सकता। भारत के बारे में भी समान दावे किए गए हैं।[2] 2014 में डॉ. कोएनराड एल्स्ट ने अपने ब्लॉग पर 'भारत एक सभ्यता-राज्य के रूप में' नामक एक लेख लिखा, जिसमें झांग वेईवेई की पुस्तक 'द चाइना वेव: राइज ऑफ ए सिविलाइजेशनल स्टेट',[3] का उदाहरण देते हुए उन्होंने तर्क दिया कि भारत को एक 'सभ्यता-राज्य' (सिविलाइजेशन-स्टेट) बनना चाहिए।[4] डॉ. एल्स्ट की स्थिति उनके इस विचार पर आधारित थी कि भारत की आत्म-समझ' उसे इस योग्य बनाती कि है कि वह एक 'सभ्यता-राज्य' बन जाए। इसके बाद, वर्तमान राष्ट्रीय सुरक्षा सलाहकार श्री अजीत डोभाल सहित अन्य लोगों ने भी यह बात दोहराई है।[5] इस विषय पर वैचारिक और व्यावहारिक दोनों दृष्टिकोण से चर्चा होनी चाहिए, यदि उद्देश्य विधि और नीति निर्माण का है तो नहीं तो यह एक और फैशनेबल शब्द बन कर रह जाएगा।

अगर हम यह दावा करते हैं कि भारत एक सभ्यता-राज्य है तो हमें कम से कम निम्नलिखित प्रश्नों को संबोधित करना पड़ेगा:

1. एक राष्ट्र और एक सभ्यता का निर्माण करने वाले तत्व क्या हैं और दोनों में क्या अंतर है?
2. सभ्यता-राज्य और राष्ट्र-राज्य किस प्रकार भिन्न हैं?
3. अगर भारत एक सभ्यता है, तो कैसे, और इसके घटक क्या हैं?
4. संविधान के प्रश्न के अलावा, इस विचार का आधार क्या है कि एक सभ्यता-राज्य तंत्र भारत के लिए राष्ट्र-राज्य तंत्र से श्रेष्ठ है?
5. यदि भारत एक सभ्यता है, तो क्या संविधान इसकी प्रकृति के साथ न्याय करता है?

मैं इनमें से प्रत्येक प्रश्न को यथासंभव संबोधित करने का प्रयास करूंगा। इसके लिए मैं उन भारतीय विद्वानों का सहारा लूंगा जिन्होंने भारत के एक सभ्यतागत राज्य होने का समर्थन किया है। मेरा दूसरा उद्देश्य पाठक का ध्यान भारतीय विद्वानों की ओर आकर्षित करना है, जिनके कार्यों को व्यवस्थित रूप से अनदेखा इस बात को लेकर कर दिया गया है कि उन्होंने हिंदू राष्ट्रवाद का समर्थन किया है। उत्तर-औपनिवेशिक और मार्क्सवादी स्कूलों

द्वारा ऐसे विद्वानों पर इन लेबलों को अपेक्षित रूप से फेंका गया था, जिन्होंने इस गालीशास्त्र को मुख्यधारा में प्रचलित कर दिया है। इसका मुख्य कारण यह है कि मार्क्सवादियों का शिक्षा, पत्रकारिता, संस्कृति और नीति निर्माण के क्षेत्र में एकाधिकार है। भारतीय विद्वानों के साथ उनकी स्थिति के गुण-दोष पर वाद-विवाद करने के बजाय, उत्तर-औपनिवेशिक और मार्क्सवादी स्कूलों का दृष्टिकोण ऐसे विद्वानों के बारे में ऐसा रहता है कि उनके विचार समाज में व्यापक स्तर तक पहुंच ही नहीं पाएं और इसके लिए वे भारतीय विद्वानों के लिए 'अल्पसंख्यक विरोधी' और 'अति-राष्ट्रवादी' जैसी अकादमिक गालियों का प्रयोग करते हैं।

यूरोपीय राष्ट्रवाद की काली विरासत और इसकी विनाशकारी प्रवृत्तियों को मूलनिवासी की वाणी को शांत कराने के लिए ऐसे किया गया है कि वि-उपनिवेशिकता की वाणी जहां कहीं भी हो वहीं दबा दी जाए। यूरो-केन्द्रित आलोचना और मूल निवासी चेतना पर अधिकार प्राप्त करने के लिए प्रयासों को दबाना उत्तर-औपनिवेशिक और मार्क्सवादी स्कूलों की रणनीति है। इसका सामना करने के लिए मैंने कुछ भारतीय विद्वानों का मत पाठक के सामने रखा है–जैसे हर बिलास सारदा, राधा कुमुद मुखर्जी, जदुनाथ सरकार और आरसी मजूमदार। यह सभी विद्वान भारत के एक 'सभ्यता-राज्य' होने का समर्थन करते हैं और मानते हैं कि भारत के साथ ऐसा ही व्यवहार किया जाना चाहिए।

ये विद्वान इतिहास में भारतीय पुनर्जागरण के प्रारम्भ का प्रतिनिधित्व करते हैं, जो उन्नीसवीं शताब्दी के उत्तरार्ध में प्रारम्भ होता है, जब भारत की आत्मनिर्णय की आकांक्षाओं पर प्रश्न उठाये जा रहे थे और कहा जा रहा था कि भारत कभी भी एक राष्ट्र नहीं था और इसलिए स्वतंत्र राज्य की आकांक्षा नहीं कर सका। इस औपनिवेशिक स्थिति के उत्तर में एक से एक प्रचंड विद्वानों और शोधकर्ताओं ने भारत के एक सभ्यता होने के पक्ष में अध्ययन किया। इन विद्वानों ने यह दावा किया कि 'भारत की मूल निवासी पहचान इस्लामिक काल (मध्य पूर्वी उपनिवेशवाद) से और यूरोपीय उपनिवेशवाद से पहले की अवधि में खोजी जानी चाहिए' और 'हिंदू धर्म इस सभ्यता को बांधने वाला सूत्र है।' हालांकि, इन विद्वानों ने चेतावनी दी कि भारतीय ज्ञान परंपरा को यूरोपीय उपनिवेशवादियों के विश्वास की आस्था की दृष्टि से नहीं समझा जाना चाहिए। इस प्रकार उन्होंने भारतीय धर्मों के लिए 'रिलिजन' शब्द

का प्रयोग झिझक के साथ किया था और इस कारण से भी कि यूरोपीय वही शब्द समझ सकते थे। इनमें से कुछ शोधों को अंग्रेजी में प्रकाशित किया गया जिसका उद्देश्य था मूल निवासी चेतना का स्वयं के बारे में बात करने के अधिकार को पुनः प्राप्त करना।

अपनी विद्वता के माध्यम से, इन दिग्गजों ने श्वेत यूरोपीय ईसाई उपनिवेशवादियों के इस दावे का सफलतापूर्वक खंडन किया कि यह उनकी सभ्यता का परोपकार था जिसके कारण 'भारत के असमान और असंबंधित समुदायों को एक राजनीतिक इकाई में जोड़ दिया गया'। ऐसे समय में जब यूरोपीय उपनिवेशवाद अपने चरम पर था, इस प्रकार की भारतीय वाणियां मूल निवासी के लिए उठ खड़ी हुईं, यह भारतीय चेतना की शक्ति का परिचायक है। भले ही ऐसे विद्वानों के कार्यों में कुछ सीमा तक औपनिवेशिक चेतना का प्रसार रहा हो परन्तु इतने कठिन शत्रु का सामना करते हुए उनके प्रयासों की मैं केवल सराहना ही कर सकता हूं। इन भारतीय विद्वानों ने उपनिवेशवादी के शासन में रहते हुए भी वि-उपनिवेशिकता के लक्ष्य को पाने का प्रयत्न किया। यह स्वतंत्र भारत की स्थिति के बिल्कुल विपरीत है जहां पर उपनिवेशिकता अपनी जड़ें गहरी जमा चुकी है और जहां पर कोई भी चर्चा पूर्वाग्रह के बिना नहीं की जा सकती।

प्रारम्भिक भारतीय विद्वानों में हर बिलास शारदा थे, जिनकी 1906 में प्रकाशित पुस्तक 'हिंदू सुपीरियरिटी' अपने समय के लिए बहुत प्रासंगिक और वि-उपनिवेशिकता के लेंस से देखने पर अपने समय से बहुत आगे थी।[6] पूरी पुस्तक में शारदा ने 'प्राचीन भारत' का उल्लेख करते हुए 'हिंदू सभ्यता' शब्दों का प्रयोग किया है। प्राचीन भारत और हिंदू/भारतीय सभ्यता की विशेषता पर अपनी चर्चा में, शारदा ने प्रकृति की अभिन्न और अपरिहार्य भूमिका को रेखांकित किया, जिसने हिंदू विधियों और संस्थानों को आधार बनाया। यह दो महत्वपूर्ण पहलुओं को सामने लाता है: एक, भारत की मूल पहचान भारतीय/ हिंदू पहचान है यह बात शारदा की चर्चा में विवाद का विषय नहीं लगती है और दूसरा, प्रकृति के साथ एक सामंजस्यपूर्ण संबंध हिंदू/भारतीय चेतना को परिभाषित करता है। इससे इसकी विश्वदृष्टि और संस्थान निकलते हैं।

हिंदू सभ्यता की कथा कहते हुए श्री शारदा महाभारत युद्ध की समाप्ति और कलियुग के प्रारम्भ को भारत के इतिहास में एक महत्वपूर्ण मोड़ के रूप में मानते हैं। यह दृष्टिकोण भारतीय ज्ञानमीमांसा प्रणाली के अनुरूप

है। शारदा की पुस्तक प्रकाशित होने के 115 वर्ष बाद भी अगर आज कोई अगर महाभारत युद्ध की ऐतिहासिकता या कलियुग की अवधारणा में विश्वास करता है तो उसका मिथक में विश्वास रखने के लिए उपहास किया जाएगा। भारतीय चेतना की समय पर पकड़ ढीली होने और भारत की व्यक्तिपरकता का पूर्णत: उपनिवेशिकता के अधीन हो जाने का यह चिह्न है। इसी उपनिवेशिकता का हम आज भारत में सामना कर रहे हैं। विडंबना यह है इस उपनिवेशित भारतीय मस्तिष्क को श्वेत यूरोपीय ईसाई उपनिवेशवादियों के मज़हब ईसाईयत के संस्थापक की ऐतिहासिकता को स्वीकार करने में कोई कष्ट नहीं होता।

भारत के इतिहास, चेतना और सभ्यता का सर्वेक्षण करते हुए शारदा का मानना है कि धर्म सभ्यता की एक कसौटी है। भारत के विषय में उनके अनुसार ज्ञान ही भारत का सच्चा धर्म है जो 'नैतिकता, दर्शन, साहित्य, विज्ञान और सामान्य संस्कृति' की श्रेष्ठता के कारण ही संभव हो पाया था। भारतीय चेतना के सम्मान करने की बात करते हुए, शारदा ने वर्तमान के लेंस से अतीत को परखने के विरुद्ध चेतावनी दी।

शारदा ने हिंदू धर्म को शाश्वत सत्यों के संकलन के रूप में परिभाषित किया है:

> हिंदू धर्म उन शाश्वत सिद्धांतों का ज्ञान और समझ है जो प्रकृति और मनुष्य को नियंत्रित करते हैं, वे अपरिवर्तनीय नियम जिन्हें एक क्षेत्र में विज्ञान कहा जाता है, दूसरे में सच्चा दर्शन कहा जाता है। इसका अर्थ उन वस्तुओं और सिद्धांतों से नहीं है जो कभी ही और किसी अमुक समय में ही सत्य होते हैं: इसके उपदेश सदैव सत्य होते हैं, अतीत में, वर्तमान में, और भविष्य में भी। सच्चा ज्ञान एक होने के कारण, बिना किसी भेद के, भारतीयों, अरबों, यूरोपीय, अमेरिकियों, अफ्रीकी और चीनी लोगों को अपने में समेट लेता है। इसके सिद्धांत पूरे विश्व और पूरी मानवता को नियंत्रित करते हैं।

जब इस विवरण के आलोक में 'रिलिजन' शब्द पर पुनर्विचार किया जाता है, तो यह स्पष्ट होता है कि यह शब्द सनातन धर्म के साथ न्याय नहीं करता है, जो पुन: उस समस्या को उजागर करता है कि भारत की मूल निवासी प्रणालियों पर औपनिवेशिक ईसाई ज्ञान परंपरा को लागू करने पर क्या होता है। स्वाभाविक रूप से श्वेत यूरोपीय ईसाई उपनिवेशवादी

'धर्म' के सिद्धांत को नहीं समझ सकते थे और उन्होंने यह मान लिया था कि नृजातीयता और धर्म का सम्बंध वैसा ही था जैसा कि नृजातीयता और ईसाईयत का था। समझ की इसी भूल के आधार पर भारतीय ज्ञान परंपरा और इसकी सामाजिक संरचनाओं को परखा गया।

1912 से प्रारम्भ होकर, एक अन्य विद्वान जिन्होंने भारतीय सभ्यता के विभिन्न पहलुओं पर चार दशकों तक विस्तार से लिखा, वे थे राधा कुमुद मुखर्जी। भारत के सभ्यतागत चरित्र को स्थापित करने के संदर्भ में उनकी पांच रचनाएं विशेष रूप से सहायक हैं–भारत की मौलिक एकता (1914), हिंदू संस्कृति में राष्ट्रवाद (1921), हिंदू सभ्यता (1936 और 1950)[7], सांप्रदायिक समस्या के लिए एक नया दृष्टिकोण (1943)[8] और अखंड भारत (1945)[9]। पहली दो पुस्तकें हमारे लिए सबसे महत्वपूर्ण हैं।

'द फंडामेंटल यूनिटी ऑफ इंडिया' में मुखर्जी उन केंद्रीय भारतीय स्रोतों से साक्ष्य जुटाते हैं जो भारत के भूगोल में एक सभ्यतागत एकता देखते हैं।[10] मुखर्जी ने स्पष्ट रूप से कहा कि ब्रिटिश उपनिवेशवादियों के भारत आगमन से सहस्राब्दियों पूर्व भारत में यह एकता रही है, और इस कारण से ब्रिटिश उपनिवेशवादी भारत को एकीकृत करने का दावा नहीं कर सकते। मुखर्जी कहते हैं कि एक समूह या समुदाय एक राष्ट्र या सभ्यता के रूप लेने में एक अपरिहार्य कारक है एक मूलस्थान अथवा मूल देश।

वह एक राष्ट्रीय या सभ्यतागत पहचान के विकास के लिए एक निश्चित भूगोल/देश की आवश्यकता की तुलना उस शरीर से करते हैं जिसमें आत्मा संचालित होती है। उनके अनुसार वह स्थान, भूगोल अथवा क्षेत्र ही है जो समुदाय की भावना को दृढ़ बनाता है, और फिर राष्ट्रीय या सभ्यता जैसी व्यापक पहचान की ओर ले जाता है। एक स्वतंत्र और सांस्कृतिक पहचान का विकास, जिसमें भाषा, ज्ञान परंपरा, साहित्य और संस्कृति सम्मिलित है, वह एक मूलस्थान से ही सम्बंधित है। भारत जैसे विविध समाज के विषय में, एक 'विशाल भौगोलिक चेतना' राजनीतिक इकाई के निर्माण के लिए एक आवश्यक है। भारतीय भौगोलिक चेतना के लिए अपना पक्ष रखने के लिए मुखर्जी कहते हैं कि कैसे पहले ब्रिटिश उपनिवेशवादियों ने भारत को एक देश नहीं बल्कि 'देशों का संग्रह' के रूप देखा। मुखर्जी ने इस यूरो-केन्द्रित धारणा को भारत को सही रूप में समझने में एक बाधा बताया है। इस प्रकार की धारणा राष्ट्र-राज्य की यूरोपीय अवधारणाओं पर आधारित है, यह मुखर्जी

के लिए स्पष्ट है क्योंकि वह विशेष रूप से एंग्लो-इंडियन अधिकारियों, जैसे जॉन स्ट्रैची के संदेही सोच का उदाहरण देते हैं, जो इस विचार के थे कि 'भारत अभी भी नहीं है और कभी भी एक देश नहीं था। या यहां तक कि भारत में ऐसा कोई भी देश नहीं हुआ जो कि यूरोपीय विचारों के अनुसार, किसी भी प्रकार की भौतिक अथवा राजनैतिक एकता रखता हो।'[11] यह उल्लेखनीय है कि भारत की चेतना और उसके इतिहास के समान संदेहपूर्ण विचार समकालीन भारत में भी प्रतिध्वनित होते हैं, जो निरंतर चली आ रही उपनिवेशिकता का ही प्रमाण है।

उपनिवेशवादियों के इस तर्क का खंडन करने के लिए कि भारत, राजनैतिक अथवा भौगोलिक किसी भी प्रकार की इकाई नहीं था। मुखर्जी भारत के भूगोल पर विन्सेंट आर्थर स्मिथ और जॉर्ज चिशोल्म का उदाहरण देते हैं जिनका मत निम्नलिखित था[12]:

> भारत, जैसा कि वह समुद्रों और पहाड़ों से घिरा हुआ है, निर्विवाद रूप से एक भौगोलिक इकाई है, और इस कारण से इसे एक नाम से जाना जाता है।...
>
> प्रकृति के द्वारा विश्व का कोई भी हिस्सा भारत से श्रेष्ठ रूप में एक क्षेत्र के रूप में चिह्नित नहीं है (बर्मा को छोड़कर)। यह वास्तव में भौतिक विशेषताओं और जलवायु में विरोधाभासों से भरा एक क्षेत्र है, लेकिन जो विशेषताएं इसे आसपास के क्षेत्रों से समग्र रूप से विभाजित करती हैं, उनकी अनदेखी नहीं की जा सकती है।

भारत की प्राकृतिक सीमाओं की स्पष्ट पहचान होने के बाद भी, इसमें निहित मानव विविधता किसी भी पर्यवेक्षक को भ्रमित कर सकती है जो भारत पर एक राष्ट्र के मानकों को लागू करने का प्रयास करता है। यह स्पष्ट है कि इस प्रकार की राष्ट्र की एकरंगी अवधारणा भारत के साथ न्याय नहीं करती है, और इसलिए भारत के लिए एक अलग सभ्यतागत मानदंड लागू किया जाना चाहिए, यह देखते हुए कि विविधता और पैमाने किसी भी सभ्यता के दो केंद्रीय मापदंड होते हैं। परन्तु विस्तार और विविधता के बाद भी, कुछ ऐसा है जो इस विशाल भूमि और मानवता के महासागर को एक सूत्र में बांधता है। वह कौन सी एकता है जो इस विविधता को एक सभ्यता के रूप देखने के लिए बाध्य करती है?

यहां पर 'ईसाई सभ्यता' और 'इस्लामी सभ्यता' के साथ समानताएं बतायी जा सकती हैं जिसमें विभिन्न जातियों के लोग, विभिन्न भाषाएं बोलने वाले, एक सभ्यता के भाग के रूप में देखे जाते हैं। हालांकि, यह देखते हुए कि ईसाईयत और इस्लाम एक आम विश्वास और प्रथाओं को अपने अनुयाइयों पर लागू करते हैं और जिनके पास अपने समुदाय से बाहर लोगों के लिए 'काफिर' जैसी इकाई है, उन्हें भी सभ्यता कहना संभव है या नहीं। यह भारतीय सभ्यता के बारे में नहीं कहा जा सकता है क्योंकि मज़हब, जैसा कि अब्राहमिक अर्थ में समझा जाता है, भारतीय ज्ञान परंपरा पर लागू नहीं होता है। इस कारण से ईसाईयत और इस्लाम जैसी 'एकता' भारतीय सभ्यता में नहीं ढूंढ़ी जा सकती। वास्तव में, इस प्रलोभन से बचना चाहिए क्योंकि जहां तक कि एक मौलिक अवधारणा को परिभाषित करने का प्रयास है, यह अचेतन रूप से अब्राहमिक उपनिवेशिकता का प्रमाण है। इससे भारतीय सभ्यतागत पहचान को वि-उपनिवेशिकता की दृष्टि से परिभाषित करने का प्रयास हार जाता है।

मुखर्जी सभ्यतागत एकता के प्रश्न को संबोधित करते हैं और इस विषय पर विन्सेन्ट आर्थर स्मिथ को उद्धृत करते हैं, जिन्होंने 1893 से लेकर 1919 के बीच में भारत पर व्यापक रूप से लिखा था[13]:

> भारत की सभ्यता में कई विशेषताएं हैं जो इसे विश्व के अन्य सभी क्षेत्रों से अलग करती हैं... और इसके कारण भारत को मानव समाज और उसके बौद्धिक विकास के इतिहास में एक इकाई की भांति देखा जा सकता है।

इस विचार पर मुखर्जी कहते हैं कि आंतरिक विविधता के बाद भी भारत के एक इकाई के रूप में देखे जाने में यूरोपीय उपनिवेशवादी द्वारा कोई भूमिका नहीं निभाई गई थी। मुखर्जी ने जंबूद्वीप और भारतवर्ष जैसे नामों के उपयोग का उदाहरण दिया। वह स्पष्ट करते हैं कि जहां जम्बूद्वीप एक भौगोलिक संदर्भ है, वहीं भारतवर्ष एक राजनीतिक संदर्भ है, जो सिद्ध करता है कि भारत तब से भौगोलिक और राजनीतिक चेतना के रूप में एकीकृत है जब कि ब्रिटेन का कोई अस्तित्व ही नहीं था। मुखर्जी के अनुसार यदि वृहद् प्राकृतिक और मानवीय विविधता वाले भूभाग को एक नाम दिया जाता है, तो यह इसका स्पष्ट प्रमाण है वहां पर भौगौलिक और राजनैतिक एकता है।

मुखर्जी भारत की सभ्यतागत एकता के लिए यह तर्क देते हैं कि सम्राट भरत द्वारा इस भूमि का एकीकरण हुआ और उनके नाम पर भारतवर्ष का नाम रखा गया है, जैसा कि रोम इसके संस्थापक रोमुलस के नाम पर बना। वह अपने तर्क का समर्थन करने के लिए ऋग्वेद के ऐतरेय ब्राह्मण से साक्ष्य लेते हैं। श्री मुखर्जी का वेदों पर इस बात के लिए निर्भर होना हमारी संस्कृति और ज्ञान परंपरा में वेदों की केन्द्रीयता को दर्शाता है। उपनिवेशिकता के अनुसार वेदों को अलंकृत और अतिरंजित मिथकों के रूप में नकार दिया जाना चाहिए, जबकि वि- उपनिवेशिकता के अनुसार हमें मूल निवासी ज्ञान परंपरा के प्राथमिक स्रोतों के रूप में वेदों का सम्मान करना चाहिए। इस भूमि और इसकी सभ्यता की यात्रा के बारे में मूल निवासी संस्कृति का क्या कहना है, इस पर औपनिवेशिक मापदंड लागू नहीं करना चाहिए।

हालांकि मुखर्जी का शोध एक आर्य पहचान के अस्तित्व पर आधारित प्रतीत होता है, जो आज तक भी गहन बहस का विषय बना हुआ है और प्रमाण आर्य आक्रमण सिद्धांत (ए.आई.टी.) के विरुद्ध जा रहे हैं। वास्तव में, ए.आई.टी. यूरोपीय उपनिवेशवादियों की नस्ल-प्रेरित चेतना द्वारा संचालित एक औपनिवेशिक आविष्कार है और इसकी चर्चा अध्याय 9 में संक्षेप में की जाएगी। भारतीय स्त्रोत इसका प्रमाण देते हैं कि सम्राट भरत के प्रयासों के माध्यम से एक सामान्य संस्कृति और सभ्यता का प्रसार भारत में हुआ और सम्राट भरत के नाम पर भारत नाम रखा गया। मुखर्जी के अनुसार, इस प्रकार के प्रयासों के परिणामस्वरूप विभिन्न पंथों, और संस्कृतियों के बीच सांस्कृतिक एकता स्थापित हुई, जिसमें प्रत्येक को अपनी विशेष विशेषताओं और प्रतिभा को संरक्षित करने और केंद्रीय संस्कृति को समृद्ध करने के लिए स्वतंत्रता थी।[14] इस अर्थ में, भारत की सभ्यता को एक संघीय सभ्यता के रूप में समझा जा सकता है जिसमें कई उप-पहचानें हैं जो अपनी पहचान बनाए रखने के लिए स्वतंत्र हैं लेकिन सदियों से सांस्कृतिक और राजनीतिक रूप से बंधी हुई हैं। इसका प्रमाण इस तथ्य से मिलता है कि इस भूमि का राजनीतिक रूप से भारतवर्ष या भारत के रूप में सदैव उल्लेख हुआ है। इसके उल्लेख होने का इतिहास बिना किसी रुकावट के इस्लामी आक्रमणों या यूरोपीय उपनिवेशीकरण के पहले भी, उसके बीच में और बाद में बाद भी रहा है। एक सांस्कृतिक, सभ्यतागत और राजनीतिक इकाई के रूप में भारत की आत्म-समझ नहीं बदली है और इसकी आंतरिक विविधता उसकी

एकता के पथ में नहीं आई है। यूरोपीय विश्वदृष्टि एक राष्ट्र के वर्चस्व को बनाने के लिए उस पर दूसरे की तानाशाही आवश्यक समझती है, स्वाभाविक रूप से, भारत को अपनी विविधता के बाद भी एकता रखने की बात को नहीं समझ सकती।

विश्व के इस भाग को एक सभ्यतागत इकाई के रूप में पहचानने के लिए एक प्रचलित नाम के उपयोग का उदाहरण देने के अलावा, मुखर्जी भारतीय भूमि की तात्विकी की व्याख्या करते हैं, जिसकी समझ भारत भूमि को यूरोपीय उपनिवेशवादियों के क्षेत्रीय ज्ञान से अलग करने के लिए महत्वपूर्ण है। मुखर्जी बताते हैं कि भारत और भारतीय सभ्यता का संबंध इस भूमि की पवित्रता पर टिका हुआ है। इस भूमि को मां के रूप में पूजा जाता है, जो अपनी भौगोलिक विशेषताओं के साथ एक देवी के रूप में विद्यमान है। भक्ति, एकता और देशभक्ति की भावनाओं को जगाने के लिए इस भाव को भजनों और प्रार्थनाओं में पिरो दिया जाता है। भूमि के प्रति यह आस्था भारत और उसकी सभ्यता के बीच अविभाज्य और सबसे मौलिक जुड़ाव का प्रमाण है। इस सभ्यता की भौगोलिक चेतना का विस्तार इसकी मूल चेतना के विस्तार के साथ-साथ चला और वेदों में हमें यह देखने को मिलता है। भारत को पूज्यनीय माना जाता है, और इसके भौगोलिक गुणों की बंदना की जाती है। एक ओर प्रकृति के प्रति मध्य पूर्वी और यूरोपीय उपनिवेशिक्ताओं के दृष्टिकोण हैं और दूसरी ओर प्रकृति के प्रति भारत का दृष्टिकोण है। पवित्र भूगोल के प्रति मूल निवासी भारतीय चेतना के दृष्टिकोण और उपनिवेशवादी दृष्टिकोण के बीच मूलभूत अंतर को यहां समझा जा सकता है। इस पर मुखर्जी कहते हैं[15]:

> हिमालय की बारहमासी सुंदरता ने राष्ट्रीय कल्पना को सदैव मोहित किया है और तीर्थयात्रियों की अंतहीन धाराओं को आकर्षित करते हुए उन्हें धार्मिक व्यक्तित्वों की शरणस्थली बना दिया है। वास्तव में हिंदुओं की तीर्थयात्रा सदैव ग्लेशियर से ढके पहाड़, ताड़ के वृक्षों से ढके समुद्र-तट, सागर-द्वीप, या पहाड़ी और जंगल के ऐसे क्षेत्र जहां मनुष्य लगभग होता ही नहीं है और प्रकृति अपने स्वच्छन्द रूप में रहती है, वहां पर होती है। इस प्रकार, भारतीय स्थान की सुंदरता को एक भिन्न प्रकार से मानते हैं, जो पश्चिम के लिए बहुत विचित्र हो सकता है: भारतीयों का प्रकृति को सराहने का तरीका बहुत अलग है। सुंदरता का स्थान सामाजिक

> आनंद या आत्म-भोग का स्थान नहीं है; यह आत्म-संयम का स्थान है, एकान्त ध्यान के लिए जो मन को प्रकृति से उठाकर प्रकृति के भगवान तक ले जाता है।
>
> अगर नियाग्रा जलप्रपात गंगा पर स्थित होता, तो मानवता द्वारा उसका मूल्यांकन कितना अलग होता। यदा-कदा पिकनिक और रेल यात्रा की सुख-सुविधाओं के स्थान पर पूजा-अर्चना करने वाली भीड़ की बारहमासी तीर्थयात्रा चलती रहती। पार्कों के बजाय, आश्रम होते। होटलों के स्थान पर मंदिर होते। दिखावटी बाहुल्य के स्थान पर साधारण जीवनशैली दिखती। मानव के लिए शक्तिशाली शक्तियों का दोहन करने की इच्छा के बजाय होता एक आत्मकेंद्रित व्यक्तित्व और बाहरी विश्व से एक पूर्ण अलगाव!
>
> इस प्रकार, तीर्थयात्रा की संस्था निस्संदेह लोगों में भौगोलिक भावना को विकसित करने के लिए सबसे शक्तिशाली साधन है जो उन्हें यह सोचने और अनुभव करने में सक्षम बनाती है कि भारत केवल भौगोलिक टुकड़ों का समूह नहीं है, बल्कि एक जीवित इकाई है जो लोगों से भरी हुई है। एक अनिवार्य धार्मिक कर्तव्य के रूप में पवित्र स्थानों की यात्रा ने भारतीयों में तीर्थ यात्रा को एक राष्ट्रीय जीवन शैली बना दिया है। समसामयिक यांत्रिक परिवहन के युग से पहले की यात्रा यात्रियों को उनके द्वारा खोजे हुए रास्तों का भी गहरा ज्ञान देती होगी जो आज की यात्रा में संभव नहीं है। यह वास्तव में सर्वोच्च भारतीय संस्था थी जिसने अतीत में आधुनिक यातायात का कार्यभार उठाते हुए पूरे देश को एक सूत्र में बांधे रखा और एक क्षेत्र को दूसरे से अवगत कराते हुए उनके बीच में सम्पर्क बनाए रखा। इसने किसी भी संकीर्ण, प्रांतीय भावना को विकसित नहीं होने दिया जो शक्तिशाली मातृभूमि की भौगोलिक एकता के विचार के विकास में हस्तक्षेप कर सके। अपनी मातृभूमि को गहराई से जानने के पवित्र कर्तव्य के रास्ते में भौतिक सुख-सुविधाओं को आड़े नहीं आने दिया। तीर्थयात्री थोड़े थोड़े समय पर रुकते रहते थे जिससे कि उनका कार्य आसान हो सके। इन असंख्य पवित्र स्थानों को गिनना वास्तव में कठिन है, जो पूरे भारत में उसकी धार्मिक भावना ने फैला दिए हैं।

यह अंश पिछले खंड में यूरोपीय उपनिवेशवादियों और मूल निवासी समाजों की भूमि चेतना में विशाल अंतर को दर्शाता है। इसके पहाड़ों से लेकर इसकी नदियों तक, भारत की लगभग हर भौगोलिक विशेषता को तीर्थ स्थान का रूप दिया गया है, जो प्रकृति, आस्था और देशभक्ति को एकसाथ लाता

है जिसका उपयोग विविधता को जीवित रखते हुए सांस्कृतिक एकता बनाने के लिए भारत में किया गया था। वास्तव में, मुखर्जी के अनुसार, तीर्थयात्रा पूरी भारत भूमि को पवित्र बनाती है। उदाहरण के लिए, सात नदियों, सात पहाड़ों, सात नगरों, चार धामों की पूजा की धारणा ने पवित्र भूमि के रूप में भारत का विचार खड़ा किया। परिणामस्वरूप, लोगों को स्वयं को एक जीवित सभ्यता के नागरिक के रूप में देखने के लिए भी प्रेरित किया गया, जिसकी क्षेत्रीय सीमाएं परंपराओं, प्रार्थनाओं और अनुष्ठानों के माध्यम से लोक स्मृति में गहराई से अंतर्निहित हो गयी थीं। पूरे भारतवर्ष में फैले मंदिरों के तंत्र ने स्वाभाविक रूप से लोगों के मन में एक सभ्यता का भाव उत्पन्न किया ताकि क्षेत्रीय पहचान के प्रति उनकी निष्ठा सभ्यता की पहचान पर हावी न हो पाए। वैदिक काल से लेकर आदि शंकराचार्य के समय तक, इस भूमि के हर छोर में तीर्थयात्राओं के एक तंत्र की स्थापना ने यहां के निवासियों के मन में प्रकृति के प्रति सम्मान पैदा किया और उनके मन में यह भाव उत्पन्न किया कि वे इस महान सभ्यता के उत्तराधिकारी हैं। मुखर्जी अपनी पुस्तक में इस दावे का समर्थन हिंदू स्रोतों के आधार पर करते हैं और हम इन स्रोतों को अपनी चर्चा के संदर्भ में भारतीय ज्ञान परंपरा कह सकते हैं।

इन स्रोतों ने एक विशिष्ट संस्कृति के एक भूभाग को जोड़ने का कार्य किया। दूसरी ओर यह सभी स्रोत जो कि भारत की धार्मिक और सांस्कृतिक पहचान के केंद्र थे एक ही भूभाग के भीतर स्थित हैं। मुखर्जी अपनी पुस्तक 'हिंदू संस्कृति में राष्ट्रवाद' (1921)[16] में इस स्थिति को बहुत सीमा तक दोहराते हैं। हालांकि, जो बात चर्चा को आगे ले जाती है, वह यह है कि हिंदू धर्म के प्रमुख संप्रदायों ने न केवल भारतीय आध्यात्मिक विचारों को आगे बढ़ाया, बल्कि देश के किसी विशेष भाग तक सीमित न रहकर भारतीयों के भूमि से जुड़ाव को और शक्तिशाली बनाया। मुखर्जी के अनुसार[17]:

> हिंदू धर्म के सभी संप्रदाय एक बड़े दृष्टिकोण के साथ एक मंच पर खड़े हैं। यह दृष्टिकोण है मातृभूमि की भौगोलिक अखंडता और व्यक्तित्व की अवधारणा; जहां तक मातृभूमि के प्रति समर्पण और उसके प्रति अखंड पवित्रता की भावना रखने की बात है तो उसका संबंध न केवल संपूर्ण भारत की पवित्रता बल्कि उसके प्रत्येक भाग की पवित्रता से है, सभी पंथों में एक समान सार्वभौमिकता से है।

... इस प्रकार, यदि कोई शैव है, तो शास्त्र उसके सामने उस विशाल क्षेत्र की समग्रता की अवधारणा को प्रस्तुत करते हैं जो अवधारणा भगवान शिव की पूजा के लिए समर्पित विभिन्न तीर्थों को एक सूत्र में पिरोती है। यदि वह अपने भगवान का सच्चा भक्त बनना चाहता है, तो उसे इन सभी विभिन्न तीर्थों की यात्रा करनी चाहिए, जिनमें से प्रत्येक तीर्थ को देवता के असंख्य पहलुओं में से किसी एक के साथ जोड़ा कर उसे विशेष बनाया गया है।

इसी प्रकार, वैष्णवों के लिए देश भर में असंख्य वैष्णव तीर्थ फैले हुए हैं ताकि उन्हें व्यापक भौगोलिक चेतना में प्रशिक्षित किया जा सके और जिससे वह संकीर्ण सीमाओं से परे उठ कर एक बहुत बड़े देश के हितों में अपना हित ढूंढ सके और अपने मूल जन्म स्थान की संकीर्णताओं से ऊपर उठ सके।

इस प्रकार, चाहे हिंदू एक शैव हो, वैष्णव हो, या शाक्त, उसे अपने सह-धर्मियों के साथ एक विस्तारित भौगोलिक चेतना की भावना को विकसित करना ही पड़ता है जिससे उसके मन और आत्मा का विस्तार होता है। वास्तव में यह सही दावा किया गया है कि भारत के भूगोल ने उसके इतिहास को प्रभावित किया है और उसकी संस्कृति और सभ्यता की यात्रा को प्रभावित किया है।

यह स्पष्ट है कि व्यक्तिगत संप्रदायों के लिए भी इस प्रकार के तंत्र स्थापित करने का उद्देश्य भारतीयों को क्षेत्रीय संकीर्णता की भावना से ऊपर उठाना था और साथ ही साथ संपूर्ण भारत में उनके दर्शन का प्रसारक है। भारतीय ज्ञान परंपरा और भारत के बीच यह दृढ़ क्षेत्रीय संबंध ही यह सिद्ध करता है कि भारतीय ज्ञान परंपरा इस भूमि की ही उपज है और इससे यह भी समझ में आता है कि मध्य पूर्वी और यूरोपीय उपनिवेशों को प्रेरित और संचालित करने वाली ज्ञान परंपराएं यहां की मूल क्यों नहीं है। यह व्यक्तिगत राय नहीं है बल्कि तथ्य है।

राष्ट्रवाद शब्द का प्रयोग वास्तव में मुखर्जी जैसे विद्वानों ने हिंदू राष्ट्रवाद पर आधारित भारतीय राष्ट्रवाद की अवधारणा बनाने के लिए किया गया है। उनके राष्ट्रवाद शब्द का उपयोग करने का अर्थ था भारत के सभ्यतागत चरित्र को नकारे बिना भारत को एक एकल राजनीतिक इकाई के रूप में प्रदर्शित करना। उस अर्थ में, मुखर्जी का संदर्भ सभ्यतावादी राष्ट्रवाद से है, जो कि एक जीवित संघीय सभ्यता है। यह स्पष्ट रूप से एक ऐसे राष्ट्र की

यूरोपीय अवधारणा से बहुत अलग है जिसकी स्थिति की मिसाल आंतरिक एकरूपता है।

इससे पहले कि मैं भारत की सभ्यता पर मुखर्जी के विचारों और इसके राजनीतिक-विधिक और सामाजिक बुनियादी ढांचे के लिए उनके हलों पर आगे चर्चा करूं, एक प्रासंगिक विषयांतर की आवश्यकता है ताकि यह विश्वसनीय रूप से प्रदर्शित किया जा सके कि मुखर्जी के चिंतन से भारतीय संविधान के निर्माता कैसे सामंजस्य रखते थे। जबकि इस पुस्तक के अगले भाग में और अगली पुस्तकों में मैं जांच करूंगा कि क्या संविधान और संविधान के प्रति भारत के आंदोलन को उपनिवेशिकता/औपनिवेशिक चेतना द्वारा सूचित किया गया है, परन्तु यहां पर हम सूत्रों के आधार पर इतना तो कह सकते हैं कि:

1. संविधान के निर्माता उस संपर्क को स्वीकार करते हैं जो स्वतंत्र भारत को उसके सभ्यतागत इतिहास से जोड़ता है; तथा
2. संविधान के अनुच्छेद 1 में 'इंडिया दैट इज भारत' की उपस्थिति का उल्लेख सभ्यता के प्रति उन जागरूक सुझावों का परिणाम है जो संविधान सभा के कई सदस्यों द्वारा प्रस्तुत किए गए थे, जिन्हें अंततः स्वीकार कर लिया गया।

पहले बिंदु के समर्थन में मैं संविधान सभा द्वारा 22 जनवरी 1947 को पारित 'ओब्जेक्टिव्ज रिसोल्यूशन' पर भरोसा रखूंगा, जो इस प्रकार है:[18]

> 1. यह संविधान सभा भारत को एक स्वतंत्र संप्रभु गणराज्य घोषित करने और उसके भविष्य के शासन के लिए एक संविधान तैयार करने के अपने दृढ़ और गंभीर संकल्प की घोषणा करती है;
> 2. वे क्षेत्र जो अभी ब्रिटिश भारत कहलाते हैं, वे क्षेत्र जो अब भारतीय राज्यों को बनाते हैं, और भारत के ऐसे अन्य भाग जो ब्रिटिश भारत से बाहर हैं, उसके राज्य अन्य क्षेत्र जो स्वतंत्र संप्रभु भारत के घटक बनने के इच्छुक हैं उन सभी का एक संघ होगा; तथा
> 3. उक्त क्षेत्र, चाहे उनकी वर्तमान सीमाओं के साथ या ऐसी सीमाओं के साथ जो संविधान सभा द्वारा निर्धारित की जा सकती हैं, उनके निर्धारण के बाद संविधान की विधि के अनुसार, स्वायत्त इकाइयों की स्थिति को बनाए रखेंगे और साथ में अवशिष्ट शक्तियों का प्रयोग कर सकेंगे, और सरकार और प्रशासन की सभी शक्तियां का

प्रयोग करेंगे उनको छोड़कर जो संघ में निहित या सौंपे गए हैं, या जो संघ में निहित हैं या उसके परिणामस्वरूप हैं, और

4. जहां संप्रभु स्वतंत्र भारत की सारी शक्ति और अधिकार, उसके घटक भाग और सरकार के अंग, जनता से प्राप्त होते हैं; तथा
5. जिसमें भारत के सभी लोगों को सामाजिक, आर्थिक और राजनीतिक न्याय का वचन और सुरक्षा मिलेगा; विधि के समक्ष स्थिति और अवसर की समानता; विधि और सार्वजनिक नैतिकता के अधीन विचार, अभिव्यक्ति, विश्वास, विश्वास, पूजा, व्यवसाय, संघ और कार्रवाई की स्वतंत्रता भी होगी; तथा
6. जहां अल्पसंख्यकों, पिछड़े और आदिवासी क्षेत्रों, और शोषित और अन्य पिछड़े वर्गों के लिए पर्याप्त सुरक्षा प्रदान की जाएगी; तथा
7. जहां न्याय और सभ्य राष्ट्रों की विधि के अनुसार गणराज्य के क्षेत्र की अखंडता और भूमि, समुद्र और वायु पर उसके संप्रभु अधिकारों को बनाए रखा जाएगा; तथा
8. यह 'प्राचीन भूमि' विश्व में अपना उचित और सम्मानित स्थान प्राप्त करे और विश्व शांति और मानव जाति के कल्याण को बढ़ावा देने के लिए अपना पूर्ण और इच्छुक योगदान दे।

संविधान निर्माताओं ने स्पष्ट रूप से स्वीकार किया कि वे एक नए देश की स्थापना नहीं कर रहे थे, बल्कि एक प्राचीन सभ्यता के लिए जिसके वे वंशज थे, उसके लिये एक तंत्र की स्थापना कर रहे थे। संविधान सभा की बहसों में ऐसा कुछ भी नहीं है जो यह कहता हो कि संविधान निर्माताओं ने इस विश्वास के तहत कार्य किया कि भारत औपनिवेशिक प्रयासों का एक सिंथेटिक उत्पाद था या भारत का अस्तित्व संविधान ने ही बनाया था। इस औपनिवेशिक मिथक का कोई आधार नहीं है कि भारत ब्रिटिश उपनिवेशवादियों द्वारा बनाया गया था, जिसके पहले एक इकाई के प्रकार इसका कोई अस्तित्व ही नहीं था।

संविधान के अनुच्छेद 1 में 'इंडिया दैट इज भारत' के प्रयोग के संबंध में उस बिंदु से प्रारम्भ करें जिस बिंदु पर 15 नवम्बर 1948 को संविधान सभा द्वारा वाद-विवाद का प्रारम्भ हुआ था उस प्रारूप संविधान पर जिसको प्रारूप समिति द्वारा तैयार किया गया था।[19] प्रारूप संविधान का प्रारूप अनुच्छेद 1 इस प्रकार है:

1. भारत राज्यों का संघ होगा।

2. राज्यों का अर्थ होगा पहली अनुसूची के भाग I, II और III में निर्दिष्ट राज्य।
3. भारत के क्षेत्र में सम्मिलित होंगे-
   - राज्यों के क्षेत्र;
   - पहली अनुसूची के भाग IV में निर्दिष्ट समय के लिए क्षेत्र; तथा
   - ऐसे अन्य क्षेत्र जिन्हें अधिग्रहित किया जा सकता है ।

उक्त अनुच्छेद पर 15 नवंबर 1948, 17 नवम्बर 1948, 17 सितम्बर 1949 और 18 सितम्बर 1949 को संविधान सभा में विचार और बहस हुई। देश के नामकरण के विषय पर 15 नवम्बर 1948 को हुई चर्चा पर कुछ महत्वपूर्ण उद्दरण अनुच्छेद 1 के प्रारूप में संशोधन के बारे में उक्त हैं:[20]

अनुच्छेद 1

श्री एम. अनंतस्यानम् आयंगर (मद्रास: जनरल): श्रीमान्, मैं निवेदन करता हूं कि संशोधन संख्या 83 से 96 पर कृपया विचार करने की अनुमति दी जाए। वे 'इंडिया' को–भारत, भारतवर्ष, हिंदुस्तान–से बदलने के लिए, अनुच्छेद 1 में, खंड (1) में कहते हैं।

इसके लिए कुछ विचार करने की आवश्यकता है। आपके माध्यम से मैं विधानसभा से अनुरोध कर रहा हूं कि इन संशोधनों को कुछ समय के लिए रहने दें। कुछ दिनों बाद जब हम प्रस्तावना पर आते हैं तो इन संशोधनों पर पुन: विचार किया जा सकता है। मैं संशोधन संख्या 83 से 96 की बात कर रहा हूं, दोनों समावेशी, और संशोधन संख्या 97 भी, जिसमें लिखा है कि:

'अनुच्छेद 1 के खंड (1) में "इंडिया" शब्द के स्थान पर "भारत (इंडिया)" शब्द और "राज्यों" शब्द के स्थान पर "प्रांत" शब्द रखा जाए।'

इसलिए मैं चाहूंगा कि यह सब निर्णय अभी नहीं लिए जाएं।

उपाध्यक्ष: क्या इस पर सदन की सहमति है?

माननीय सदस्य: हां।

श्री लोकनाथ मिश्र (उड़ीसा: जनरल): श्रीमान्, यदि आप इन संशोधनों पर दो या तीन दिन के लिये विचार करना स्थगित करते हैं, तो नि:संदेह मुझे कोई आपत्ति नहीं होगी, परन्तु मैं आपके ध्यान में उस संशोधन संख्या 85 को लाना चाहता हूं, जिसका लक्ष्य केवल इंडिया

के नाम को 'भारतवर्ष' में बदलना नहीं है, बल्कि इसका अर्थ कुछ और है और मुझे डर है कि यदि आप इस संशोधन को धारण करते हैं तो बाद में वे चीजें अनुचित होंगी। मैं निवेदन कर रहा हूं कि मुझे इस संशोधन को प्रस्तुत करने की अनुमति दी जा सकती है, निश्चित रूप से इंडिया के नाम को 'भारतवर्ष' में बदलने के लिए स्वयं को प्रतिबद्ध किए बिना या अन्यथा। हालांकि मैं अभी नाम बदलने पर जोर नहीं दे रहा हूं, लेकिन मैं चाहता हूं कि मुझे अपने संशोधन के दूसरे भाग को प्रस्तुत करने की अनुमति दी जाए।

इसके अतिरिक्त श्री एम. अनंतशयनं ऐयेंगर ने भी सम्बंधित प्रस्ताव रखे। देश को 'भारत' नाम से संवैधानिक रूप से नामित करने के संबंध में उपरोक्त प्रस्तावित संशोधनों के अलावा, भाग I के बाद संविधान में भाग I-A का सम्मिलन शिब्बन लाल सक्सेना द्वारा प्रस्तावित किया गया था। उनके द्वारा प्रस्तावित संशोधन का प्रासंगिक अंश निम्नलिखित है:

प्रो. शिब्बन लाल सक्सेना (संयुक्त प्रांत: जनरल): उपाध्यक्ष महोदय, श्री त्यागी द्वारा प्रस्तुत किया गया संशोधन एक बहुत ही महत्वपूर्ण संशोधन है। मैंने स्वयं एक ऐसे ही संशोधन (सं. 189) की सूचना दी है, जो इस प्रकार है:

कि निम्नलिखित नए भाग को भाग I के बाद डाला जाए और उसके बाद के भागों और लेखों को तदनुसार पुन: क्रमांकित किया जाए:

'भाग I-A सामान्य सिद्धांत'

6. संघ का नाम 'भारत' होगा।
7. भारत एक संप्रभु, स्वतंत्र, लोकतांत्रिक, समाजवादी गणराज्य होगा।
8. सरकार, विधायी, कार्यकारी और न्यायिक सभी शक्तियां लोगों से प्राप्त की जाएंगी, और इस संविधान द्वारा स्थापित सरकार के अंगों पर या उनके द्वारा ही प्रयोग की जा सकती हैं।
9. भारत का राष्ट्रीय ध्वज हाथ से काते और हाथ से बुने खादी के कपड़े के केसरिया, सफेद और हरे रंग का तिरंगा होगा, जिसमें अशोक का धर्मचक्र मध्य पट्टी में केंद्र में नीले रंग में अंकित होगा, इसकी लम्बाई और चौड़ाई का अनुपात 2:1 होगा।
10. देवनागरी लिपि में लिखी जाने वाली हिंदी भारत की राष्ट्रभाषा होगी:

संघ में प्रत्येक राज्य को, वहां उपयोग के लिए, हिंदी के अलावा अपनी क्षेत्रीय भाषा को अपनी राज्य भाषा के रूप में चुनने का अधिकार होगा।

11. इस संविधान के उद्घाटन के पहले पांच वर्षों की संक्रमण अवधि के बीच में अंग्रेजी भारत की दूसरी आधिकारिक भाषा होगी।
12. भारत का राष्ट्रगान 'वन्देमातरम' होगा जिसे द्वितीय अनुसूचित में पुनः प्रस्तुत किया गया है।"

    [नोट: बाद की अनुसूचियों को तदनुसार पुनः क्रमांकित किया जाए।]
13. भारत की भुजाओं में, आसन के ऊपर तीन सिंह और धर्मचक्र सम्मिलित हैं, जैसा कि सारनाथ में अशोक स्तंभ के शीर्ष पर दर्शाया गया है।
14. भारत की राजधानी दिल्ली नगर है।

चूंकि देश के नामकरण के प्रश्न को किसी अन्य तिथि के लिए स्थगित करने पर सहमति हो गयी थी, इसलिए इसे 17 नवम्बर 1948 को फिर से चर्चा में लिया गया।[21] हालांकि, उक्त तिथि पर पंडित गोविंद बल्लभ पंत चाहते थे इसे इस आधार पर स्थगित कर दिया जाए कि विधानसभा के सदस्य इस महत्वपूर्ण बिंदु पर एकमत नहीं हो पाए थे। एक अन्य सदस्य, सेठ गोविंद दास, इंडिया के स्थान पर भारत के प्रयोग के समर्थन में, ऐसा सोचते थे कि निर्णय सर्वसम्मति से लिया जाना चाहिए क्योंकि यह देश के नामकरण से संबंधित है और इसका प्रभाव पड़ता है कि शेष विश्व देश को कैसे देखता है। डॉ. अंबेडकर ने भी इस विषय को एक बार फिर स्थगित करने के निर्णय का समर्थन किया, और तदनुसार विषय को भविष्य के विचार के लिए स्थगित कर दिया गया। 17 नवम्बर 1948 की बहस के प्रासंगिक अंश निम्नलिखित हैं:

> उपाध्यक्ष: मैं देखता हूं कि जहां तक वस्तु संख्या 85 का संबंध है, उसके पहले भाग को स्थानांतरित किया जा सकता है क्योंकि दूसरे भाग का पहले ही निपटारा कर दिया गया है। इसलिए मैं श्री लोकनाथ मिश्रा से पहले भाग को प्रस्तुत करने का आह्वान करता हूं।
>
> माननीय पंडित गोविन्द बल्लभ पंत (संयुक्त प्रान्त: जनरल): श्रीमान्, मैं प्रस्ताव करता हूं कि अब हम अनुच्छेद 2 को पारित करते हैं और अनुच्छेद 1 के शेष संशोधनों पर चर्चा स्थगित करते हैं। अभी तक हम इस महत्वपूर्ण

विषय पर सर्वसम्मति पर नहीं पहुंच पाए हैं। मुझे आशा है कि यदि चर्चा स्थगित कर दी जाती है, तो बाद में कुछ समाधान खोजना संभव हो सकता है जो सभी को स्वीकार्य हो। अंततः आज, कल या परसों हमें निर्णय लेना ही होगा: इससे किसी को भी नुकसान नहीं होगा, लेकिन अगर हम ऐसा कुछ पा सकें जो सभी को संतुष्ट करे, तो मुझे लगता है कि सदन अपने सामने आने वाले कार्यों का सामना करने के लिए और अधिक शक्तिशाली अनुभव करेगा। मुझे आशा है कि इस विषय पर कोई मतभेद नहीं होगा और मुझे नहीं लगता कि किसी भी ओर से इस बात का विरोध नहीं होना चाहिए। अंततः हम निर्णय लेंगे। यहां पर कोई किसी वर्ग या किसी समूह की शक्ति को बढ़ाने या कम करने वाला नहीं है, और हम यहां वर्गों या समूहों के रूप में नहीं हैं। हम में से हर कोई इन सबसे जटिल और कठिन समस्याओं के समाधान के लिए अच्छा योगदान देने के लिए यहां है और अगर हम उन्हें थोड़ा धैर्य के साथ लेते हैं, तो मुझे आशा है कि हम उन्हें और अधिक संतोषजनक ढंग से निपटाने में सक्षम होंगे। अतः मेरा सुझाव है कि अनुच्छेद 1 के शेष संशोधनों पर चर्चा स्थगित कर दी जाए।

श्री एच वी कामथ (सीपी और बरार: जनरल): उपाध्यक्ष महोदय, मैं अपने माननीय मित्र पंडित गोविंद बल्लभ पंत द्वारा दिए गए तर्कों की सराहना करता हूं। श्रीमान्, मैं आपसे केवल यह जानना चाहता हूं कि इन संशोधनों संख्या 85 से 96 तक दोनों को ही कब तक रोक कर रखा जाएगा। श्रीमान, मैं निवेदन करता हूं कि... यदि हम पहले ही खंड के पहले शब्द से संबंधित संशोधनों पर विचार करना स्थगित कर देते हैं, तो यह बाहरी विश्व में और हमारे अपने देश में हमारे बारे में बहुत बुरा प्रभाव पैदा करेगा।

माननीय सदस्य: नहीं, नहीं।

श्री एच.वी. कामथ: और यदि हम इन संशोधनों पर विचार अनिश्चित काल के लिए स्थगित करते रहे तो निश्चित रूप से यह एक बुरा प्रभाव पैदा करेगा। इसलिए मैं जानना चाहता हूं कि मुझे कब तक रोक कर रखा जाएगा।

श्री आर के सिधवा (सीपी और बरार: जनरल): महोदय, मैं अपने माननीय मित्र श्री कामत के इस तर्क पर आश्चर्यचकित हूं कि अगर हम इस विषय को अनिश्चित काल के लिए स्थगित कर दें तो बाहरी विश्व आश्चर्यचकित रह जाएगा। इसके विपरीत, यदि हम इस विषय

पर एक संतोषजनक समाधान और एक सर्वसम्मत निर्णय पर आते हैं, तो बाहरी विश्व का वास्तव में इस सदन के बारे में बहुत उच्च विचार होगा। अत: मुझे लगता है कि मेरे आदरणीय मित्र पंडित पंत के सुझाव को सर्व सम्मति से अवश्य स्वीकार किया जाना चाहिए। मुझे आश्चर्य है कि सभी लोगों में से श्री कामत को इस प्रकार बोलने के लिए आगे आये। पंडित पंत ने जो कहा वह वास्तव में एक बहुत अच्छा समाधान था और मैं इस सदन से आशा कर रहा था कि किसी भी प्रकार का मतभेद पैदा करने के बजाय, यदि हम वास्तव में एक सर्वसम्मत निर्णय पर आते हैं, तो यह इस संविधान के इतिहास में एक कीर्तिमान होगा। इसलिए मैं अपने माननीय मित्र पंडित पंत द्वारा प्रस्तुत किए गए प्रस्ताव का पुरजोर समर्थन करता हूं।

माननीय डॉ. बी.आर. अंबेडकर: मैं पंडित गोविंद बल्लभ पंत के सुझाव का समर्थन करता हूं।

सेठ गोविंद दास (सीपी और बरार: जनरल): महोदय, मैं पंडित पंत के प्रस्ताव का पुरजोर समर्थन करता हूं। सदन अच्छी प्रकार से जानता है कि मैं अपने देश का नाम 'भारत' रखने के लिए कितना दृढ़ हूं, लेकिन साथ ही, हमें इस सदन में हर समूह को एकमत लाने का प्रयत्न करना चाहिए। अवश्य ही, अगर यह संभव नहीं है, तो हम कुछ और कर सकते हैं; लेकिन जब तक किसी समझौते से सर्वसम्मत निर्णय पर पहुंचने की संभावना हो, तब तक प्रयास किया जाना चाहिए। श्रीमान्, मैं इस प्रस्ताव का समर्थन करता हूं, और आशा करता हूं कि हमारे नेताओं के प्रयासों से इस प्रकार के मौलिक विषयों पर और अन्य प्रस्तावों, जैसे हमारी राष्ट्रीय भाषा, राष्ट्रीय लिपि आदि, पर कोई प्रभाव नहीं पड़ेगा और हम इन निर्णयों पर सर्वसम्मति पहुंचने में सक्षम होंगे। इसलिए, मैं माननीय पंडित पंत द्वारा व्यक्त किए गए विचारों का समर्थन करता हूं।

श्री एच.वी. कामथ: मैं केवल यह जानना चाहता था कि संशोधन कब तक रोके रहेंगे।

एक माननीय सदस्य: यह एक दिन, एक सप्ताह या दो सप्ताह तक रोका जा सकता है।

उपाध्यक्ष: मेरा मानना है कि इन कुछ खण्डों की चर्चा तब तक रोकी जानी चाहिये जब तक कि किसी प्रकार की सहमति पर पहुंचने के लिये पर्याप्त समय न दिया गया हो। यह सदन और पूरे देश के सर्वोत्तम हित में होगा।

अगली बार इस विषय को विधानसभा द्वारा महत्वपूर्ण चर्चा के लिए 17 सितंबर 1949 को उठाया गया था, अर्थात इसके परिचय के करीब एक वर्ष बाद। डॉ. अंबेडकर ने उक्त तिथि को सत्र के अंत में अनुच्छेद 1 के प्रारूप को इस प्रकार प्रस्तुत किया[22]:

> अध्यक्ष: एक और अनुच्छेद है, अनुच्छेद 1
>
> माननीय डा. बी.आर. अंबेडकर: श्रीमान्, मैं संशोधन संख्या 130 प्रस्तुत करने और उसमें अपना संशोधन संख्या 197 सम्मिलित करने का प्रस्ताव करता हूं जो उपखण्ड (2) में थोड़ा सा शाब्दिक परिवर्तन करता है।
>
> महोदय मैं मांग करता हूं: 'कि अनुच्छेद 1 के खंड (1) और (2) के स्थान पर निम्नलिखित खंड रखे जाएं:
>
> 1. इंडिया, अर्थात भारत, राज्यों का एक संघ होगा।
> 2. पहली अनुसूची के भाग I, II और III में निर्दिष्ट समय के लिए राज्य और उनके क्षेत्र राज्य और उनके क्षेत्र होंगे।

यह ध्यान देने योग्य है कि नवंबर 1948 में डॉ. अंबेडकर द्वारा विधानसभा में प्रस्तुत संविधान के प्रारूप अनुच्छेद 1 में 'भारत' शब्द नहीं था। इसके विपरीत, जब 17 सितंबर 1949 को अनुच्छेद 1 के प्रारूप पर चर्चा की गई, तो डॉ. अंबेडकर ने मूल ड्राफ्ट संस्करण को बदलकर उसमें 'इंडिया, अर्थात भारत' डाल दिया। हम यह कह सकते हैं कि डॉ अंबेडकर, सैद्धांतिक रूप में, लोकनाथ मिश्रा और शिब्बन लाल सक्सेना द्वारा प्रस्तावित संशोधनों से सहमत थे। हालांकि, इस बार मौलाना हसरत मोहानी चाहते थे कि इस प्रकार के मुख्य प्रावधान पर चर्चा करने के लिए समय की कमी का उदाहरण देते हुए चर्चा को अगले दिन के लिए स्थगित कर दिया जाए। उनकी प्राथमिक आपत्ति प्रारूप अनुच्छेद 1 में 'भारत' को सम्मिलित करने के लिए नहीं थी, बल्कि 'राज्यों के संघ' के उपयोग के संबंध में थी क्योंकि उन्होंने राज्यों के संघ के विरोध में एक गणराज्य की अवधारणा का समर्थन किया था। अंततः विषय को दूसरी तिथि के लिए स्थगित कर दिया गया। तो इस प्रकार देश के नामकरण के प्रश्न को सार्थक रूप से केवल 18 सितंबर 1949 को उठाया गया था, जब इस अनुच्छेद को अंततः अपनाया गया था।[23]

18 सितंबर को, जब इस विषय को अंततः उठाया गया, एचवी कामथ ने 'भारत' और 'हिंद' को इंडिया के विकल्प के रूप में प्रस्तावित किया। बहस

का प्रासंगिक अंश निम्नलिखित है, जो इस प्रकार के एक महत्वपूर्ण विषय पर विधानसभा के अन्य सदस्यों को सुनने में डॉ अंबेडकर की अशिष्टता को भी प्रदर्शित करता है:

अध्यक्ष: सभा अब अनुच्छेद 1 पर विचार करेगी। मैं समझता हूं कि श्री कामत ने संशोधन 220 प्रस्तुत करके अपना भाषण समाप्त किया है।

श्री एच.वी. कामथ: महोदय, मैंने अपना भाषण समाप्त नहीं किया है।

अध्यक्ष महोदय: तो, आगे बढ़ें।

श्री एच.वी. कामथ: मैं प्रस्ताव करता हूं कि: 'सूची IV (आठवें सप्ताह) के संशोधन संख्या 130 में अनुच्छेद 1 के प्रस्तावित खंड (1) के स्थान पर निम्नलिखित रखा जाए:

(1) भारत या, अंग्रेजी भाषा में, इंडिया, राज्यों का एक संघ होगा।'

या, वैकल्पिक रूप से, कि सूची IV (आठवें सप्ताह) के संशोधन संख्या 130 में, अनुच्छेद 1 के प्रस्तावित खंड (1) के स्थान पर निम्नलिखित रखा जाए:

'(1) हिंद, या, अंग्रेजी भाषा में, इंडिया, राज्यों का एक संघ होगा।'

मेरे पहले संशोधन, संशोधन संख्या 220 को लेकर, विश्व के अधिकांश लोगों में यह प्रथा है कि नवजात के लिए नामकरण समारोह करा जाता है। एक गणतंत्र के रूप में भारत का जन्म बहुत शीघ्र होने जा रहा है और स्वाभाविक रूप से देश में लगभग सभी वर्गों के बीच एक आंदोलन चल रहा है कि नए गणराज्य के इस जन्म के साथ एक नामकरण समारोह भी होना चाहिए। भारतीय गणराज्य के इस नए बालक को उचित नाम देने के लिए विभिन्न सुझाव दिए गए हैं। प्रमुख सुझाव भारत, हिंदुस्तान, हिंद और भारतभूमि या भारतवर्ष अथवा नाम रहे हैं। इस स्तर पर इस प्रश्न में जाना वांछनीय और संभवत: लाभदायक भी होगा कि नए बालक–भारतीय गणराज्य–के जन्म के इस अवसर पर कौन-सा नाम सबसे उपयुक्त है। कुछ लोग कहते हैं, नाम क्यों रखना है? इंडिया पर्याप्त होगा। ठीक है। यदि नामकरण संस्कार की आवश्यकता नहीं होती तो हम इंडिया को रख सकते थे, लेकिन यदि हम इस बात को स्वीकार करते हैं कि इस बालक का एक नया नाम होना चाहिए, तो निश्चित रूप से यह प्रश्न उठता है कि क्या नाम दिया जाना चाहिए।

अब जो लोग भारत या भारतवर्ष या भारतभूमि के लिए तर्क करते हैं, वे इस बात पर अपना पक्ष रखते हैं कि यह इस भूमि का सबसे प्राचीन नाम है। इतिहासकारों और भाषाविदों ने इस देश के नाम, विशेष

रूप से भारत नाम की उत्पत्ति के इस विषय में गहराई से अध्ययन किया है। भारत नाम की उत्पत्ति के संबंध में वे सभी सहमत नहीं हैं। कुछ लोग इसे दुष्यंत और शकुंतला के पुत्र के रूप में बताते हैं, जिन्हें 'सर्वदमन' या सर्व-विजेता के रूप में भी जाना जाता था और जिन्होंने इस प्राचीन भूमि में अपना आधिपत्य और राज्य स्थापित किया था। उसके बाद यह भूमि भारत के नाम से जानी जाने लगी। विद्वानों के एक अन्य स्कूल का मानना है कि भारत वैदिक काल का नाम है।

माननीय डॉ. बी.आर. अंबेडकर (बम्बई : जनरल): क्या इन सबका पता लगाना आवश्यक है? मुझे इसका उद्देश्य समझ में नहीं आ रहा है। यह किसी अन्य स्थान पर रुचिकर हो सकता है। मेरे मित्र 'भारत' शब्द को स्वीकार करते हैं। केवल एक बात यह है कि उनके पास एक विकल्प है। मुझे बहुत खेद है, लेकिन सदन के समक्ष सीमित समय को देखते हुए समय का ध्यान रखना चाहिए।

श्री एच.वी. कामथ: मैं आशा करता हूं कि डॉ. अंबेडकर का कार्य सदन के कार्य को विनियमित करना नहीं है।"

भारत और हिंद के बीच चयन करने के लिए विधानसभा के अध्यक्ष द्वारा दबाव डाले जाने पर, कामथ ने भारत को चुना और डॉ. अंबेडकर द्वारा प्रस्तावित 'इंडिया, अर्थात भारत' वाक्यांश पर आपत्ति जताई क्योंकि उन्हें लगा कि यह संविधान में प्रयोग के लिए अनुपयुक्त है। अपनी स्थिति का समर्थन करने के लिए, कामत ने आयरिश संविधान के चौथे अनुच्छेद का उल्लेख किया जो इस प्रकार है:

राज्य का नाम ऐएरै है, या, अंग्रेजी भाषा में, आयरलैंड है।

कामथ के अलावा, ब्रजेश्वर प्रसाद ने भी अनुच्छेद 1 के प्रारूप में एक संशोधन प्रस्तुत किया जिसमें भारत शब्द था। उक्त संशोधन इस प्रकार है:

(1) इंडिया अर्थात् भारत एक अभिन्न इकाई है।

सेठ गोविंद दास ने भारत को इंडिया पर प्राथमिकता दी और भारत के लिए अपना पक्ष रखने के लिए वेदों, उपनिषदों, विष्णु पुराण, ब्रह्म पुराण और चीनी भिक्षु और यात्री ह्वेनसांग के कार्यों का सहारा लिया। कल्लूर सुब्बा राव ने ऋग्वेद और वायु पुराण का उदाहरण देते हुए दास का समर्थन किया, जिसमें भारत की भौगोलिक सीमाओं की पहचान निम्नानुसार की गई है:

इसका अर्थ है कि वह भूमि जो हिमालय के दक्षिण में और (दक्षिणी महासागर) समुंद्र के उत्तर में है, भारत कहलाती है।

बी.एम. गुप्ता, राम सहाय और कमलापति त्रिपाठी ने भी भारत के उपयोग का समर्थन किया और जोर देकर कहा कि अगर डॉ. अंबेडकर ने अनुच्छेद 1 में इंडिया को बनाए रखने पर जोर दिया तो भारत का प्रयोग इंडिया से पहले किया जाना चाहिए। त्रिपाठी के तर्क वि-उपनिवेशिकता की भावना को दर्शाते हैं और स्वयं की पहचान की पुनर्प्राप्ति की बात करते हैं। कुछ प्रासंगिक अंश निम्नलिखित हैं:

> महोदय, मैं भारत के ऐतिहासिक नाम से आसक्त हूं। यहां तक कि इस शब्द के उच्चारण मात्र से ही हमारे सामने सदियों से चले आ रहे सुसंस्कृत जीवन का चित्र सामने आ जाता है। मेरे विचार से विश्व में ऐसा कोई भी देश नहीं है, जिसका ऐसा इतिहास, ऐसी संस्कृति और ऐसा नाम हो, जिसकी आयु हमारे देश के प्रकार सहस्राब्दियों में गिनी जाती हो। विश्व में कोई भी देश ऐसा नहीं है जो हमारे देश को जितने दमन, अपमान और लंबी दासता को झेलने के बाद भी अपने नाम और अपनी प्रतिभा को निरंतर रखने में सक्षम है। हजारों वर्ष बाद भी हमारा देश भारत के नाम से जाना जाता है। वैदिक काल से यह नाम हमारे साहित्य में आता रहा है। हमारे पुराणों ने भारत के नाम की स्तुति की है। स्वर्ग में देवता इस देश का नाम स्मरण करते रहे हैं।
>
> देवताओं को भारत की पावन भूमि में जन्म लेने और यहां अपना जीवन व्यतीत करने के बाद अपने सर्वोच्च लक्ष्य को प्राप्त करने की तीव्र इच्छा है। हमारे लिए यह नाम पवित्र स्मृतियों से भरा है। जैसे ही हम इस नाम का उच्चारण करते हैं, हमारे मस्तिष्क में हमारे प्राचीन इतिहास और प्राचीन गौरव और हमारी प्राचीन संस्कृति के चित्र आ जाते हैं। हमें स्मरण होता है कि यह वह देश है जहां पिछले युगों में महापुरुषों और महान महर्षियों ने एक महान संस्कृति को जन्म दिया था। वह संस्कृति न केवल इस भूमि के सभी विभिन्न क्षेत्रों में फैली हुई थी, बल्कि अपनी सीमाओं को पार करते हुए सुदूर पूर्व के कोने-कोने तक भी पहुंची थी। हमें स्मरण होता है कि एक ओर यह संस्कृति भूमध्य सागर तक पहुंची और दूसरी ओर इसने प्रशांत महासागर के तटों को छुआ। हमें स्मरण होता है कि हजारों वर्ष पहले इस देश के नेताओं और विचारकों ने एक महान राष्ट्र का निर्माण किया और अपनी संस्कृति को विश्व के चारों कोने में आने-जाने वालों तक पहुंचाया और अपने लिए प्रतिष्ठा का अर्जन किया।

> जब हम इस शब्द का उच्चारण करते हैं, तो हमें हमारे महर्षियों द्वारा कहे गए ऋग्वेद के मंत्रों की याद आती है जिसमें उन्होंने सत्य और आत्मा के अनुभव का वर्णन किया है। जब हम इस शब्द का उच्चारण करते हैं, तो हमें उपनिषदों के उन शब्दों की याद आती है, जिन्होंने मानवता को जागने, उठने और अपने लक्ष्य को प्राप्त करने का आग्रह किया था। जब हम इस शब्द का उच्चारण करते हैं, तो हमें भगवान कृष्ण के उन शब्दों की याद आती है, जिनके माध्यम से उन्होंने इस देश के लोगों को एक व्यावहारिक दर्शन सिखाया—वह दर्शन जो मानवता को शांति और आनंद के अपने लक्ष्य को प्राप्त करने के लिए सक्षम कर सकता है। जब हम इस शब्द का उच्चारण करते हैं, तो हमें भगवान बुद्ध की याद आती है। जिन्होंने विश्व भर के लोगों को साहसपूर्वक कहा था कि उनका लक्ष्य मानवता का कल्याण होना चाहिए, उन्हें जागना चाहिए और मनुष्यों और देवताओं के कल्याण को बढ़ावा देना चाहिए तथा विश्व को ज्ञान का मार्ग दिखाना चाहिए। जब हम इस शब्द का उच्चारण करते हैं, तो हमें शंकराचार्य की याद आती है, जिन्होंने विश्व को एक नई दृष्टि दी। जब हम इस शब्द का उच्चारण करते हैं, तो हमें भगवान राम की शक्तिशाली भुजाओं की याद आती है, जिन्होंने धनुष की प्रत्यंचा को तानकर हिमालय से लेकर समुद्रों और आकाश तक उसका गुंजन भेजा था। जब हम इस शब्द का उच्चारण करते हैं, तो हमें भगवान कृष्ण के उस चक्र की याद आती है जिसने भारत से क्षत्रियों के भयानक साम्राज्यवाद को नष्ट कर दिया और इस भूमि को अपने बोझ से मुक्त कर दिया।

हरगोविंद पंत 'भारतवर्ष' का उपयोग करने के पक्ष में थे और इंडिया शब्द को पूर्णतः समाप्त करने के इच्छुक थे क्योंकि उन्हें लगाता था कि इंडिया शब्द का प्रयोग करते रहना उपनिवेशवादी मानसिकता का प्रमाण है। इस विषय पर उनके विचार नीचे दिए गए हैं:

> श्री हरगोविन्द पंतः (संयुक्त प्रान्तः जनरल): अध्यक्ष महोदय, सभा की आरंभिक बैठकों के बीच में मैंने इस आशय का एक संशोधन प्रस्तुत किया था कि देश के नाम के लिए हमारे पास 'इंडिया' के स्थान पर 'भारत' या 'भारतवर्ष' शब्द होना चाहिए। मुझे यह देखकर हर्ष हो रहा है कि नाम में बदलाव के प्रस्ताव को अंततः स्वीकार कर लिया गया है। हालांकि, मैं यह समझने में विफल हूं कि भारतवर्ष शब्द सदन को स्वीकार्य क्यों नहीं है, जबकि इस शब्द के महत्व और महिमा को यहां सभी स्वीकार कर रहे हैं। इस गौरवशाली शब्द को स्वीकार करने के

संबंध में अन्य सदस्यों ने जो कहा है उसे मैं दोहराना नहीं चाहता, लेकिन मैं इस शब्द के संबंध में केवल कुछ टिप्पणियां करूंगा।

संकल्प का पाठ करते समय हम अपने दैनिक धार्मिक कार्यों में 'भारत' या 'भारतवर्ष' शब्द का प्रयोग करते हैं। स्नान करते समय भी हम संस्कृत में कहते हैं:

'जम्बू द्वीपे, भारतवर्षे, भारतखंडे, आर्यवर्ते, आदि।'

इसका अर्थ है कि मैं, आदि आदि, भारतखंड में आर्यावर्त का, आदि...

विश्व प्रसिद्ध कवि कालिदास ने अपने दो महान पात्रों–राजा दुष्यंत और उनकी रानी शकुंतला की कहानी को दर्शाते हुए अपने अमर नाटक में इस शब्द का प्रयोग किया है। इनसे उत्पन्न हुए पुत्र का नाम 'भरत' और उसके राज्य का नाम 'भारत' पड़ा। हमारे प्राचीन ग्रन्थों में भरत की वीरता के अनेक आकर्षक वर्णन मिलते हैं। कहा जाता है कि बचपन में वह शेर के शावकों के साथ खेलता था और उन पर हावी हो जाता था। भरत की कहानी से हम भली-भांति परिचित हैं। मुझे समझ में नहीं आ रहा है कि इस सब को देखते हुए हम अपने देश के नाम के रूप में 'भारतवर्ष' शब्द को अपने हृदय की गहराई से स्वीकार करने से क्यों कतरा रहे हैं।

जहां तक इंडिया शब्द का संबंध है, ऐसा लगता है कि सदस्यों को इससे कुछ लगाव है, और मैं समझ नहीं पा रहा कि क्यों? हमें पता होना चाहिए कि यह नाम हमारे देश को विदेशियों द्वारा दिया गया था, जिन्होंने इस भूमि के धन-धान्य के बारे में सुना था, जो इसके प्रति मोहित थे और जिन्होंने हमारे देश की संपत्ति प्राप्त करने के लिए हमारी स्वतंत्रता को हर लिया था। अगर हम फिर भी इंडिया शब्द से चिपके रहते हैं, तो यह केवल दिखाएगा कि हमें उस अपमानजनक शब्द को रखने में लज्जा नहीं है जो विदेशी शासकों द्वारा हम पर थोपा गया था। वास्तव में, मुझे समझ में नहीं आता कि हम इस शब्द को क्यों स्वीकार कर रहे हैं।

भारत या भारतवर्ष हमारे प्राचीन इतिहास और परंपरा के अनुसार सदियों से हमारे देश का नाम रहा है और वास्तव में यह शब्द हम में उत्साह और साहस को प्रेरित करता है; अत: मेरा निवेदन है कि इस शब्द को स्वीकार करने में हमें जरा भी संकोच नहीं करना चाहिए। यदि हम इस शब्द को स्वीकार नहीं करते हैं और हमारे देश के नाम के लिए कोई और शब्द रखते हैं तो यह हमारे लिए बहुत लज्जा की बात होगी। मैं भारत के उत्तरी भाग के लोगों का प्रतिनिधित्व करता हूं जहां

> श्री बद्रीनाथ, श्री केदारनाथ, श्री बागेश्वर और मानसरोवर जैसे पवित्र स्थान स्थित हैं। मैं इस भाग के लोगों की इच्छाओं को आपके सामने रख रहा हूं। श्रीमान्, मुझे यह कहने की अनुमति दी जा सकती है कि इस क्षेत्र के लोग चाहते हैं कि हमारे देश का नाम भारतवर्ष होना चाहिए और कुछ नहीं।

इस प्रकार की विस्तृत चर्चा के बाद, डॉ. अंबेडकर के संशोधन, 'इंडिया, अर्थात भारत' को अनुच्छेद 1 में अपनाया गया था। अंत में डॉ. अंबेडकर का संस्करण अपनाया गया जिसमें इंडिया और भारत दोनों थे। परन्तु यह बहस से बहुत स्पष्ट है कि संविधान सभा के सदस्य भारत के उपयोग के सभ्यतागत महत्व, इसकी पहचान और इसकी भौगोलिक सीमा से भली-भांति परिचित थे, जैसा कि भारत की मूल निवासी ज्ञानमीमांसा से प्रमाणित होता है। एक ऐसे नाम को अपनाकर जो एक सभ्यतागत पहचान को वापस लाता है और जो मध्य पूर्वी और यूरोपीय दोनों उपनिवेशों के आगमन के पूर्व के भारत की बात करता है, संविधान के निर्माताओं ने इस बात की पुष्टि की कि स्वतंत्र भारत वास्तव में भारतीय सभ्यता का उत्तराधिकारी राज्य है। पिछले अध्याय में मैंने भारत की स्वदेशीता को परिभाषित करने के लिए आठवीं शताब्दी की कट-ऑफ अवधि की बात की थी। इस संबंध में संविधान के निर्मात और मुखर्जी जैसे भारतीय विद्वान दोनों ही एकमत हैं। परन्तु यह तर्क दिया जा सकता है कि इंडिया और भारत दोनों का उपयोग एक दोहरे व्यक्तित्व का प्रतिनिधित्व करता है, जिसमें कुछ इंडिया के साथ और अन्य भारत के साथ अधिक पहचान रखते हैं।[24] वि-उपनिवेशिकता के अनुसार केवल भारत नाम को रखा जाना चाहिए और भारत को इंडिया के उपनेत्र से देखने की प्रवृत्ति को इतिहास, ज्ञान के उत्पादन, शिक्षा और विधि के क्षेत्र में सुधारना चाहिए।

केवल इसलिए कि भारत समाज एक जीवित सभ्यता है, इसका अर्थ यह नहीं है कि भारत एक सभ्यता-राज्य है। एक राज्य जो एक सभ्यता के इतिहास को विरासत में पाता है, एक सभ्यता-राज्य नहीं है; बल्कि एक राज्य जो अपने समाज के सभ्यतागत चरित्र के प्रति जागरूक है और स्वयं की संरचना सभ्यता के आधार पर करता है वह राज्य एक एक सभ्यता-राज्य है। इसलिए, हमें यह समझने के लिए भारत नाम से परे जाने की आवश्यकता है कि भारतीय राज्य जिस प्रकार से संरचित और कार्य करता है वह एक संघीय सभ्यता है, न कि यूरोपीय अर्थों में एक राष्ट्र है। भारतीय राज्य को

एक भारतीय सभ्यता-राज्य के रूप में मानने के लिए, हमें यह जांचना होगा कि क्या इसका राज्य इस सभ्यता के मूलभूत नींव पर बनाया गया है, और क्या इसके राजनीतिक और सामाजिक ढांचे को, संविधान के संदर्भ में, औपनिवेशिक चेतना को हटाकर भारतीय चेतना से बदलने के लिए निर्माण किया गया है।

यह हमें मुखर्जी की 'द फंडामेंटल यूनिटी ऑफ इंडिया' पुस्तक पर वापस ले जाता है, जिसमें वह बताते हैं कि एक सभ्यता-राज्य के रूप में भारत की रूपरेखा क्या रही है और होनी चाहिए और साथ ही भारत के आंतरिक अनुभव के आधार पर संप्रभु राष्ट्रों के बीच सामंजस्यपूर्ण सह-अस्तित्व के सिद्धांत क्या हैं। भारत का सभ्यतागत व्यवहार इसमें निहित है क्योंकि यह भारत को विश्व के सूक्ष्म रूप में मानता है। यह किसी दैवीय जनादेश के कारण नहीं, बल्कि इसलिए है कि इसकी विविधता और एक सभ्यता की इकाई के रूप में अस्तित्व को बाकी विश्व के लिए उदाहरण माना जाता है।

यह देखते हुए कि मुखर्जी के निष्कर्ष में भारत की चेतना और पहचान से संबंधित विषयों में कई परतें खोलने की आवश्यकता है और इसलिए मैंने एक महत्वपूर्ण भाग को यहां पुनः प्रस्तुत किया है:

> जिस देश में भौतिक संपत्ति की तुलना में सांस्कृतिक संपत्ति अधिक है वहां पर विनियोग की संभावना कम है। इसमें मिलन अधिक है, जीवन का आनंद अधिक है। इस प्रारम्भिक अवधारणा को रखते हुए भारत शीघ्र ही कई नस्लों, पंथों और संस्कृतियों का सुखद घर बन गया, जो बिना किसी आधिपत्य को ढूंढें और एक-दूसरे को नष्ट किये बिना एक साथ सह-अस्तित्व में रह रहे थे। इस उच्च दायित्व के साथ भारत नस्ल, भाषा, नागरिक और व्यक्तिगत विधि, सामाजिक संरचना और धार्मिक पंथ के संबंध में मिश्रित प्रणालियों की भूमि बन गया। अन्य राष्ट्रीय प्रणालियां में ऐसी विविधताओं की कोई संभावना नहीं है, और यह प्रणालियां छोटे समूहों को एक बनाने के प्रयास में टूट जाती हैं।
>
> ऐसी मिश्रित प्रणालियों का आधार व्यक्ति नहीं समूह होता है। यहां सामाजिक और राजनीतिक संरचना समूह पर आधारित है, न कि व्यक्ति पर: जैसे परिवार, ग्राम समुदाय, जाति, और कई अन्य समान निगम। इनमें से एक पर मैंने विशेष अध्ययन अपने एक शोध में किया है-'लोकल गवर्नमेंट इन एन्शंट इंडिया' (क्लेरेंडन प्रेस, ऑक्सफोर्ड, दूसरा संस्करण,

1920)। सामाजिक निर्माण का ऐसा सिद्धांत छोटी इकाइयों के टकराव को कम करता है और पूरे तंत्र के बीच सामंजस्य स्थापित करता है। इस प्रकार की सामाजिक इकाइयां जैविक जीवन के अधिक विकसित जीवन रूपों के अनुरूप हैं जो विकासवादी श्रृंखला में कम असंगत जीवों की तुलना में एकीकरण की अधिक शक्ति रखते हैं।

यह समूह-जीवन की धारणाएं और परंपराएं हैं जो आगे जाकर विधि बनती हैं, न कोई केंद्रीय आदेश। इन परिस्थितियों में विधि कोई ढोंग नहीं है, बल्कि आम सहमति और सामाजिक जीवन का स्वाभाविक विकास है। इस प्रकार सदैव नए सामाजिक और राजनीतिक निर्माण राज्य में समूहों के कार्यों से उत्पन्न होते हैं, न कि राज्य और विधि के हस्तक्षेप से। ऐसे सिद्धांतों पर बनी राष्ट्रीयता एक समग्र राष्ट्रीयता है। वह केन्द्रीयता ढूंढती तानाशाही नहीं है।

इस तरह की योजना में राज्य और उसके घटक एक-दूसरे के पूरक हो जाते हैं और एक-दूसरे को सीमा में रखते हैं। राज्य अपनी इच्छा से छोटी सामाजिक इकाइयां नहीं बनाता। बल्कि यह छोटे समूह राज्य को बनाते हैं और साथ ही साथ राज्य द्वारा स्थापित भी किए जाते हैं। हिंदुओं की प्रतिभा ने अपने इतिहास की सबसे प्रतिकूल परिस्थितियों के बीच राजनीतिक संगठन के इस मौलिक सिद्धांत का दृढ़ता से पालन किया है। यहां तक कि जब राज्य जैविक भी नहीं बचा (मुस्लिम शासन के बीच) तब भी उन्होंने उन नियमों का पालन किया जिन्होंने उन्हें एक समाज की भांति एकजुट बनाए रखा। वे राज्य की अपनी भारतीय अवधारणा से चिपके रहे जो समूह के अधिकारों पर टिकी थी और यह अवधारणा प्राकृतिक समूहों को बनने से कभी भी नहीं रोकती थी। इस प्रकार हिंदू राज्य विभिन्न प्रकार की संरचनाओं, संस्थानों और समूहों को एक साथ रखने के लिए पहचाना जाने लगा। यह व्यक्ति और राज्य के बीच के मध्यवर्ती समूह थे जो लोगों के जीवन के लिए और उनकी संस्कृति के संरक्षण के लिए सबसे अधिक महत्वपूर्ण थे।

जब ऐसा राज्य विदेशी राज के अधीन होता है तो उसके लोग उन सामाजिक प्रणालियों का प्रयोग करके अपनी स्वतंत्रता बनाए रखते हैं जो स्वभावत: किसी केंद्रीय तंत्र में कभी आते ही नहीं थे। सामाजिक और आर्थिक स्वशासन की एक विस्तृत मशीनरी राष्ट्रीय जीवन और संस्कृति के हितों की सुरक्षा करती है। एक महत्वहीन अंग ही इसमें खोया जाता है। अधिक महत्वपूर्ण अंग स्वतंत्र बने रहते हैं। यह ऐसा है जैसे कि केवल एक बाहरी परत ही विदेशी आक्रमण में गिरी हो और

इस सभ्यता की आत्मा शत्रुओं के सामने अडिग खड़ी रहे क्योंकि इस आत्मा पर किसी केंद्रीय शक्ति का कोई अधिकार कभी चला ही नहीं चूंकि इसका स्वभाव ही ऐसा है कि कोई भी विदेशी अथवा औपनिवेशक शक्ति इस समाज की उन प्रणालियों को छू भी नहीं सकती जो वास्तव में उस समाज के बने रहने के लिए महत्वपूर्ण हैं। तो इस प्रकार हिंदू संस्कृति का इतिहास निरंतर रहा है जो विदेशी प्रभुत्व के काल में भी निरंतर चलता रहा जबकि कोई और राष्ट्रीय संस्कृति अभी तक विदेशी शक्तियों के आगे झुक जाती।

राष्ट्रीयता और राजनीति के सम्मिश्र भारतीय नमूने की पूरी जांच कभी और करेंगे परन्तु संक्षिप्त में हम इस भारतीय व्यवस्था की मानव जाति के एकीकरण के लिए उपयोग की संभावनाओं को परख सकते हैं। भारतीय राजनीतिक निर्माण के सिद्धांत राष्ट्रवाद और अंतर्राष्ट्रीयवाद के आदर्शों का समन्वय करते हैं। यह एक ऐसा लक्ष्य है जिसे 'लीग ऑफ नेशंस' विफलता से पाने का प्रयास कर रहा है। राज्य के भीतर केंद्रीय सत्ता और संघटक समूहों के बीच जो संबंध भारतीय व्यवस्था में हैं वही बाहरी संबंधों की योजना भी बनाते हैं। तुलनात्मक राजनीति राज्यों के आंतरिक संविधान को नियंत्रित करने वाले सिद्धांतों और उनके बाहरी विस्तार को नियंत्रित करने वाले सिद्धांतों के बीच सम्बंध को इंगित करती है। अंतर्राष्ट्रीय और राष्ट्र के अंदरूनी सम्बंध मूल रूप से एक ही प्रकार के हैं। जो राज्य केंद्रीय प्रकार का है और कई समूहों को अपने में अवशोषित करके राजनैतिक एकीकरण करता है वह अंतर्राष्ट्रीय स्तर पर भी अन्य राज्यों के साथ सैन्यवादी भावना का प्रदर्शन करेगा। इसी प्रकार, भारतीय राज्य का विस्तार का अर्थ बाहरी राज्यों का विनाश और अवशोषण कभी नहीं होगा, बल्कि भारतीय राज्य विस्तारित होने पर उन सिद्धांतों को फैलाएगा जो उसके आंतरिक संविधान को नियंत्रित करते हैं। वे उदार समझ के सिद्धांत हैं जिसके तहत सभी व्यक्तियों को अपने स्वयं की रीतियों में और सभी राज्यों को अपने स्वयं के संविधान विधि में स्वयं को स्थापित करने का अधिकार होता है।

राष्ट्र संघ के समक्ष समस्या यह है कि कई राज्यों को एकसाथ लाने के साथ उसे व्यक्तिगत संप्रभु राज्यों की स्वतंत्रता को भी बनाए रखना है और राजनीतिक गठन के सैन्यवादी सिद्धांतों के तहत ऐसा कोई समाधान नहीं मिल पायेगा। परन्तु भारत में समाधान मिल सकता है। यह आशा की जाती है कि राष्ट्रीयता में भारतीय प्रयोग जो विभिन्न जातियों और संस्कृतियों, विधि और पंथ की विभिन्न प्रणालियों, विभिन्न समूहों और

निगमों को एक सर्व-व्यापक राजनीति में एकीकृत करने का प्रयास करता है बहुत महत्वपूर्ण होंगे। भारतीय पद्धतियों में सम्पूर्ण विश्व के लिए बहुत ही आवश्यक मार्गदर्शन मिलेगा।

एक सभ्यता की प्रकृति और सभ्यतागत समाज में राज्य की भूमिका के बारे में मुखर्जी की गहरी और भेदक समझ की सही मायने में सराहना करने के लिए इस निष्कर्ष को बार-बार पढ़ा जाना चाहिए। आज जब एक सभ्यता-राज्य की अवधारणा को बिना गंभीरता के ही प्रयोग किया जा रहा है मुखर्जी के विचार बहुत शिक्षाप्रद हैं।

सबसे पहले, जब वे भारत को भौतिक संपत्ति की तुलना में सांस्कृतिक अधिकार अधिक बताते हैं, तो मुखर्जी यूरोपीय उपनिवेशवादियों के क्षेत्रीय राष्ट्रवाद और भारतीय मूल निवासी के सांस्कृतिक सम्मान के बीच एक स्पष्ट अंतर करते हैं। यह सांस्कृतिक सम्मान और संबंधपरक संरक्षकता की भावना है जिसने भारत को विभिन्न धार्मिक संप्रदायों का मिलन स्थल बना दिया है। यही भाव भारतीय सभ्यतागत विश्वदृष्टि को उन लोगों से अलग करता है जो मध्य पूर्वी और यूरोपीय उपनिवेशों को संचालित करते हैं। यह उपनिवेश जो कि दूसरे के ऊपर वर्चस्व की धारणा और दूसरे की पहचानों के विनाश पर आधारित होते हैं और जो विश्वास रखते हैं कि क्षेत्रीय रूप से विस्तार करने के लिए उन्हें दैवीय रूप से नियुक्त किया गया है।

जब तक यह भिन्नता और असंगति बनी रहती है, तब तक भारतीय सभ्यतागत चेतना के पास दोनों उपनिवेशवादों के प्रति सतर्कता का बर्ताव रखने के अलावा कोई विकल्प नहीं है। भारत और शेष विश्व में इन दोनों उपनिवेशवादों के इतिहास को देखते हुए यह सतर्कता गलत नहीं होगी। चूंकि भारत भारतीय चेतना के लिए एकमात्र प्राकृतिक मातृभूमि है, भारतीय राज्य का यह सुनिश्चित करना सभ्यतागत कर्तव्य है कि यह स्थान ऐसा ही बना रहे, और किसी भी अन्य चेतना को यहां आवास देने से पहले यह ध्यान रखा जाए कि उस चेतना के मन में—भारत और भारतीय चेतना के बीच अविभाज्य संबंध के लिए सम्मान हो और उन सिद्धांतों को वे त्यागें जो भारतीय चेतना को अमानवीय बनाते हैं या इसके विनाश का आह्वान करते हैं, भले ही फिर वो उनके पवित्र ग्रंथों में क्यों न लिखा हो।

दूसरा अगर भारत को एक सांस्कृतिक संपत्ति माना जाता है तो इसमें इसकी भौगोलिक सम्पदा का सम्मान निहित है। भारत की मानसिकता में इस

भूमि का सम्मान इसकी मूल निवासी चेतना के संरक्षण के लिए महत्वपूर्ण है। यह उसके भूगोल और सीमाओं के प्रति उसके राजनीतिक दृष्टिकोण को उतना ही प्रभावित करता है जितना कि विकास के प्रति। इस पवित्र भूमि के किसी भी भाग का परीक्षण केवल प्राकृतिक संसाधन के रूप में इसकी उपयोगिता के आधार पर नहीं किया जाना चाहिए। इस सांस्कृतिक दृष्टि से देखें तो इससे अंतर नहीं पड़ता कि यहां की किसी भूभाग पर 'घास का एक तिनका भी' उगता है या नहीं अथवा कोई भूमि 'बेकार निर्जन भूमि' है। भारत के प्रथम प्रधानमंत्री जवाहरलाल नेहरू ने 1962 में इस पवित्र भूगोल के एक भाग का वर्णन करने के लिए इस प्रकार के शब्दों का प्रयोग किया था, और वह भी चीनी आक्रमण की पृष्ठभूमि में। यह इस बात का प्रतिबिंब है कि 1962 में भी भारतवर्ष, भूमि को देवी मानने वाली अपनी सांस्कृतिक भावना से कितना दूर आ चुका था और एक उपयोगितावादी और क्षेत्रीय दृष्टिकोण अपना लिया था। मेरी राय में, यह भाव कि इस भूमि का एक-एक इंच पवित्र है और इसकी पवित्रता सर्वोपरि है, इसकी अखंडता को बनाए रखने में अधिक सक्षम है बजाय कि उस व्यापारिक क्षेत्रीय यूरोपीय दृष्टिकोण की तुलना में जो अब भारत की चेतना में घर कर गया है।

भारतीय परिप्रेक्ष्य की यह विकृति इससे भी प्रतीत होती है कि आधुनिक भारत विकास के विषयों पर अब भूमि को केवल एक वस्तु मानता है। परंपरागत भारत प्राकृतिक रूप से संवेदनशील क्षेत्रों की पवित्र तीर्थ स्थलों के रूप में सुरक्षा करता था और इसके पीछे का सभ्यतागत तर्क आधुनिक भारतीय राज्य नहीं समझता। ऐसा इसलिए है क्योंकि राज्य धार्मिक पर्यटन और पारिस्थितिकी पर्यटन पर तुला हुआ है और यह भूल जाता है कि प्रकृति, धर्म और देशभक्ति के बीच में एक ताना-बाना है जो इस सभ्यता को सूचित करता है। गंभीर रूप से, इस ताने-बाने में गैर-मनुष्यों के अधिकारों और उनके आवास के लिए सम्मान सम्मिलित है। भारत की सभ्यता वह नहीं है जो प्रकृति को बस अध्ययन की एक और शाखा में, अर्थात् पर्यावरणवाद तक सीमित कर देती है। इसके बजाय, भारतीय चेतना और संस्कृति प्रकृति को अपनी विश्वदृष्टि के केंद्र में रखती है और प्रकृति के हर पहलू, रूप और अभिव्यक्ति में देवत्व को देखती है। एक ओर तो प्राचीन भारत पारिस्थितिक संतुलन को इतना महत्व देता था और दूसरी ओर आधुनिक भारत में अब यह स्थिति आ गयी है कि विकास और प्रकृति को बिल्कुल भिन्न माना जाता

है और विकास को प्राथमिकता दी जाती है। यह औपनिवेशिक चेतना के प्रसार का सबसे स्पष्ट प्रतिबिंब है। यह बात करने से 'ट्री हगर', 'लुडाइट' या 'विकास-विरोधी' होने जैसे लेबल चिपकाए जा सकते हैं, लेकिन ये सभी शब्द पश्चिम में उपयोग किए जाते हैं, जिससे प्रतिक्रियाओं में भी उपनिवेशिकता की चेतना देखने को मिलती है। न तो विकास पर समकालीन स्थिति मूल निवासी है और न ही उपनिवेशवादी विकास का विरोध करने वालों की प्रतिक्रिया में मूल निवासी दृष्टिकोण है। अब इससे अधिक मूल निवासी दृष्टिकोण का अभाव और कैसे स्पष्ट हो सकता है?

मेरी राय में, यह अवधारणा किसी विशेष व्यवस्था तक सीमित नहीं है। इस भूमि की चेतना के प्रति प्रतिबद्धता घोषित करने के सार्वजनिक व्यवसायों के बाद भी, अंतर केवल निश्चय और डिग्री में है। जबकि एक गुट सक्रिय रूप से उपनिवेशिकता को बढ़ावा देता है क्योंकि उसे अतीत में कुछ भी मूल्य नहीं दिखता है और उसने दोनों प्रकार के उपनिवेशों के चरणों में मूल निवासी एजेंसी को प्रभावी ढंग से आत्मसमर्पण कर दिया है। दूसरा गुट मूल निवासी चेतना में कुछ मूल्य देखता है परन्तु फिर भी अचेतन रूप से उपनिवेशिकता का शिकार है। इसके अलावा, विभिन्न क्षेत्रों में उपनिवेशिकता की श्रेणी अलग-अलग क्षेत्रों में अलग-अलग होती है, जो आवश्यकता और समीचीनता पर निर्भर करती है। परन्तु फिर भी इन गुटों के बीच झूठी समरूपता खींचना अनुचित होगा क्योंकि स्वतंत्र भारत के प्रारंभिक वर्षों में जो भी गुट शासन में रहा उसका दायित्व उस समय की उपनिवेशिकता का है। दुःख की बात यह है कि यहां की शिक्षा प्रणाली का प्रयोग करते हुए उपनिवेशिकता भारत में जड़ें और गहरी करती गयी। लगभग तीन पीढ़ियां इस उपनिवेशिकता को आत्मसात करते हुए आयी हैं और इतनी गहरी उपनिवेशिकता को उखाड़ फेंकना आसान नहीं है।

राज्य के तंत्र के अलावा, भारत के मूल निवासी समाज को भी संस्कृति और सभ्यता के विषयों को पूर्णतः राज्य पर छोड़ने के लिए कुछ दायित्व लेना चाहिए। सब कुछ राज्य पर छोड़ना हमारी परंपरा कभी भी नहीं था। इस प्रक्रिया में दशकों से भारत के मूल निवासी समाज ने अपनी संस्थागत स्वतंत्रता और क्षमताओं को राज्य के चरणों में सौंप दिया। परिणामस्वरूप यह समाज अब स्वयं को एक ऐसे राज्य की दया पर पाता है जो कि उस उपनिवेशिकता के चरणों में शीश नवाए हुए है जिनकी भारत की मूल निवासी

सभ्यता से शत्रुता एक ऐतिहासिक तथ्य है। इसलिए जितना भी समय, ऊर्जा और संसाधन लगे, वि-उपनिवेशिकता सभ्यतागत अनिवार्यता है जिसे कम से कम प्रकृति, ज्ञान, आस्था, इतिहास, शिक्षा, विधि और विकास के महत्वपूर्ण क्षेत्रों में किया जाना ही चाहिए। जिससे कि समाज अपनी भविष्य की चुनावी प्राथमिकताओं, विकल्पों और नीतियों में अपनी सभ्यतागत चेतना के अनुसार निर्णय ले सके।

तीसरा महत्वपूर्ण बिंदु यह है कि भारत में विभिन्न उप-पहचानों को देखते हुए, जो कि बड़े भारतीय सभ्यतागत ताने-बाने का हिस्सा हैं, इस सभ्यता के संघीय चरित्र की मान्यता विधि और नीति के निर्माण के दृष्टिकोण से महत्वपूर्ण है। यह धर्म, इतिहास, ज्ञान के उत्पादन, शिक्षा, भाषा और व्यक्तिगत विधियों सहित जीवन के तरीकों के संरक्षण में प्रासंगिक है। इसलिए, जब किसी भी क्षेत्र में और विशेष रूप से नागरिक विधि में एकरूपता की बात आये, तो इस सभ्यता के संघीय चरित्र को ध्यान में रखना चाहिए और यूरोपीय शैली के राष्ट्रीय हलों का सहारा लेने के पहले यहां की मूल संस्कृति की अवधारणा के बारे में सोचना चाहिए कि यहां पर उप-पहचानों के साथ संघ का क्या दृष्टिकोण रहता था। कम से कम भारत के संदर्भ में, भारत अपने उप-भागों में ही शक्तिशाली है और इन उप-भागों का अस्तित्व संपूर्ण भारत के अस्तित्व पर निर्भर है। इस संतुलन को बनाए रखना आसान नहीं है लेकिन जब तक राज्य इस संतुलन को बनाए रखने के लिए प्रतिबद्ध है तब तक यह भारत की सभ्यता, राजनीतिक और क्षेत्रीय अखंडता को भारत को विखंडित करने वाली शक्तियों से बचाए रखेगी।

इसके लिए, मुखर्जी दो महत्वपूर्ण पहलुओं को रेखांकित करते हैं जिन्हें समकालीन भारत में संभवत: ही कभी समझा जाता है, क्योंकि यहां के शासकीय तंत्र में अभी भी यूरोपीय उपनिवेशवादियों की विधि की समझ गहरी जड़ें जमाये हुए है। मुखर्जी कहते हैं कि एक संघीय सभ्यता के रूप में भारत के अस्तित्व को पहचानने का एक फल यह है कि यहां के अनेकों समुदायों की प्रथाओं और अनुभवों से विधि को प्रभावित होना चाहिए। सभ्यता की दृष्टि से विविध समाज में प्रथा और व्यवहार की अधिक ज्ञान और उपयोगिता है। यही कारण है कि प्राचीन भारत में विधि शासक द्वारा ऊपर से नीचे नहीं लादी जाती थी। समाज के नियम उनके सामूहिक अनुभव से निकलते थे। उस अर्थ में, मुखर्जी इस तथ्य की ओर इंगित करते हैं कि भारत में संभवत:

स्मृतियां निर्देशात्मक की तुलना में वर्णननात्मक थीं। समकालीन भारत में एक ऐसे ही दृष्टिकोण की विधि और व्यवस्था के क्षेत्र में आवश्यकता है। इस तरह स्मृतियों को निर्देशात्मक मानना व्यर्थ है चूंकि विधि की औपनिवेशिक समझ और भारतीय समझ बिल्कुल अलग है। विधि को एक ऐसी जैविक प्रक्रिया में बदल कर जो कि समाज से सामंजस्य रखती है, उसका विकेंद्रीकरण और संघीकरण करना मुखर्जी के विचारों में बहुत महत्वपूर्ण है। भारत को एक एकात्मक राष्ट्र-राज्य के रूप में मानकर उसके धार्मिक संघीय चरित्र को भुला देना मुखर्जी के मत में बहुत ही त्रुटिपूर्ण प्रक्रिया है। जो भी दल ऐसा करता है उसकी दृष्टि पर शंका करना आवश्यक है।

चौथा, इस विकेंद्रीकृत और बॉटम-अप दृष्टिकोण को संरक्षित करने के महत्व को मुखर्जी ने स्पष्ट किया है। विधियों का विकास बदलती रीतियों के अनुसार होता है। वह इस तथ्य पर भी प्रकाश डालते हैं कि भारत ने आमतौर पर समाज की स्वतंत्रता और कर्तव्य में विश्वास रखा है ताकि राज्य से स्वतंत्र ऐसे संस्थानों की स्थापना की जा सके जो समाज को प्रिय हैं और जो समाज के मूल्यों की रक्षा और संरक्षण के लिए कटिबद्ध हैं। दूसरे शब्दों में, राज्य से ऐसी परिस्थितियों का निर्माण करने की अपेक्षा की जाती है जो ऐसी संस्थाओं की स्थापना के लिए अनुकूल हों जो समाज की आवश्यकताओं को पूरा कर सकें और राज्य के विरुद्ध समाज के हितों की रक्षा की जा सके। राज्य से एक हाथ की दूरी बनाए रखने वाले ऐसे संस्थानों के निर्माण ने भारतीय समाज के मूल को बार-बार इस्लामी आक्रमणों या व्यवस्थित यूरोपीय ईसाई उपनिवेशवाद के दुष्प्रभाव से लगभग बचाए रखा क्योंकि राज्य तंत्र के विघटन से उनके जीवन पर बहुत प्रभाव पहले भी नहीं पड़ता था। दुर्भाग्य से, ये वही सामाजिक समूह, संरचनाएं और संस्थान हैं जिन्हें स्वतंत्र आधुनिक भारत में सबसे अधिक क्षति उठानी पड़ी है क्योंकि भारतीय राज्य और मूल निवासी समाज दोनों ने यूरोपीय उपनिवेशवादियों की विचारधारा और विश्वदृष्टि को एक नए उत्साह के साथ आगे बढ़ाया है। इसके परिणामस्वरूप उन सामाजिक संरचनाओं को नष्ट कर दिया गया जिन्होंने सहस्राब्दियों से भारतीय जीवन के तरीकों को जीवित रखा था।

विडंबना यह है कि, ऐसी प्रणालियों की सराहना के विपरीत, जो राज्य से स्वतंत्र थीं, ऐसी हर प्रणाली (जैसे कि पूजा स्थल/मंदिर) को आधुनिक भारत में राज्य की बढ़ती छाया के तहत लाया गया है। इस प्रक्रिया में

भारतीय समाज को अपने मूल हितों के संरक्षण के लिए पूरी प्रकार से राज्य पर निर्भर छोड़ दिया गया है। जबकि भारत का आधुनिक राज्य, भारत को अधिक से अधिक औपनिवेशिक मानसिकता की ओर धकेल रहा है और ऊपर से उसे एक सभ्यतागत राज्य बोलता रहता है। यह भारतीय चेतना के दीर्घकालिक अस्तित्व के लिए एक गंभीर और अस्तित्वगत चुनौती है। उन विश्व दृष्टिकोणों ने जिन्होंने ऐतिहासिक रूप से भारतीय चेतना के साथ शांतिपूर्वक सह-अस्तित्व में अक्षमता प्रदर्शित की है, उन्हें अपने सामाजिक समूहों और संस्थानों को लगभग बिना किसी हस्तक्षेप के संरक्षित करने की अधिक स्वतंत्रता प्रदान की गई है इस राज्य अवधारणा में। अल्पसंख्यकों के अधिकारों की उन्नति के नाम पर यह सब किया जा रहा है। परिणामस्वरूप, भारतीय सभ्यतागत विश्वदृष्टि, उपनिवेशवाद के विघटन के बाद भी अपनी ही मातृभूमि में स्वयं को अशक्त पाती है। संभवत: किसी अन्य देश को वि-उपनिवेशिकता की इतनी सख्त आवश्यकता नहीं है जितनी भारत को है क्योंकि भारतीय राज्य ने यहां की मूल निवासी संस्कृतियों के साथ सौतेला व्यवहार किया है।

मेरे पांचवे बिंदु पर बहुत विरोध हो सकता है परन्तु मुझे यह कहना ही होगा। एक सभ्यता-राज्य में, मूल इकाई व्यक्ति नहीं है, बल्कि एक समूह है। यूरोपीय शैली के राष्ट्र-राज्य का निर्माण एक राष्ट्र के आधार पर होता है, जो कि एक या एक से अधिक कारकों से बंधे होते हैं, जैसे कि भाषा, विश्वास या नृजातीयता। एक यूरोपीय राष्ट्र-राज्य की आंतरिक एकरूपता को देखते हुए, यह समझ में आता है और संभवत: व्यक्ति को मुख्य इकाई के रूप में मानना अधिक वांछनीय है जिसके अधिकारों को राज्य और अन्य व्यक्तियों द्वारा घुसपैठ के विरुद्ध सुरक्षित किया जाना महत्वपूर्ण है। हालांकि, एक सभ्यता-राज्य में, प्रत्येक समूह अपनी पहचान को अन्य समूहों के साथ-साथ राज्य द्वारा अतिक्रमण से भी बचाने का प्रयास कर रहा है। ऐसी स्थिति में, एक ओर यह दावा करना कि भारत एक सभ्यता-राज्य है और दूसरी ओर यह तर्क देना कि एक सभ्यता-राज्य में व्यक्तिगत अधिकार सर्वोच्च रहना चाहिए, तार्किक, ऐतिहासिक और संवैधानिक रूप से असंगत दावे हैं। साथ ही साथ यह अव्यावहारिकता और उपनिवेशिकता से भरे हुए हैं। केवल एक ऐसा राज्य ही जो केवल उपरी रूप से भारत को एक सभ्यता-राज्य होने

का दावा करता है पर अन्दर से यूरो-केंद्रित और पश्चिमी-मानक विचारों में रंगा हुआ यह कह सकता है कि व्यक्ति भारतीय समाज की मूल इकाई है।

मेरा यह अर्थ एक क्षण के लिए भी नहीं है कि सभ्यता-राज्य में व्यक्ति का कोई अधिकार नहीं है, या यह कि सभी परिस्थितियों में व्यक्ति के अधिकार को समूह के हितों के आगे घुटने टेक देने चाहिए। हालांकि मैं यह अवश्य कहूंगा कि जहां व्यक्ति की सनक को अधिकार के रूप में प्रस्तुत किया जाता है और समूह और सभ्यता के हितों पर इससे प्रतिकूल प्रभाव पड़ता है, व्यक्ति के अधिकार को सभ्यता के हित के आगे घुटने टेकने पड़ेंगे। यहां तक कि यूरोप और पश्चिम भी बहुसंस्कृतिवाद के साथ अपने चल रहे प्रयास और यूरोपीय राष्ट्रीय पहचान पर इसके प्रभाव को देखते हुए व्यक्ति के ऊपर समाज की महत्ता को समझने लगे हैं।

भारत में भारतीय सभ्यतागत विश्वदृष्टि को केवल अपनी सामूहिक पहचान और अधिकारों को पहचानकर ही संरक्षित किया जा सकता है। भारत के भीतर और बाहर, मध्य पूर्वी और यूरोपीय उपनिवेशिकताओं द्वारा भारत की निरंतर भर्त्सना को देखते हुए यह स्थिति और भी अधिक लागू होती है। कि यह अस्तित्व का प्रश्न है, निश्चित रूप से अतिश्योक्ति नहीं है क्योंकि पिछले 1300 वर्षों का इतिहास उन लोगों के लिए बहुत कुछ कहता है जो सत्यनिष्ठा के साथ सुनने और कार्य करने के इच्छुक हैं। यदि यह स्थिति अनुदार होने की आलोचनाओं को आमंत्रित करती है तो इसका अर्थ है कि उपनिवेशिकता ने उदारवाद को हथियार बना लिया है। इसका अर्थ यह भी हो सकता है कि उदारवाद मूल रूप से एक औपनिवेशिक विचार ही है। इस बात की अधिक संभावना है। किसी भी विषय में, यह मूल निवासी पहचान के लिए हानिकारक है। इसलिए, वि-उपनिवेशिकता को इसका डटकर सामना करना चाहिए क्योंकि वि-उपनिवेशिकता के लक्ष्य मूल निवासी चेतना के लिए उदारवाद से कहीं अधिक महत्वपूर्ण हैं।

छठा बिंदु यह है कि मुखर्जी भारतीय सभ्यता के अनुभव को अंतर्राष्ट्रीय संबंधों के दृष्टिकोण से, शेष विश्व द्वारा अनुकरण के योग्य रखते हैं, क्योंकि भारत दूसरी संस्कृतियों को ग्रस लेने के बजाय समायोजन के मार्ग का अनुसरण करता है। समायोजन सभ्यता का दृष्टिकोण है जबकि ग्रस लेना एक यूरोपीय राष्ट्र-राज्य का दृष्टिकोण है। भारत ने निश्चित रूप से उन संस्कृतियों और ज्ञान परंपराओं को समायोजित किया है, जिनके चेतना केंद्र

इसके पवित्र भूभाग से बाहर हैं परन्तु यह तभी संभव है जब समायोजित की जाने वाली संस्कृति भारत की मूल निवासी सभ्यता को समाप्त करने की मांग नहीं करती। जब तक एक गैर-भारतीय विश्वदृष्टि भारत की मूल निवासी विश्वदृष्टि के साथ सह-अस्तित्व में सक्षम है और इस भूमि को इसकी संस्कृति और इसके अनुयायियों से जोड़ने वाले बंधनों को तोड़ने का प्रयत्न नहीं करती, भारत ऐसी विश्वदृष्टि को शरण और आश्रय प्रदान करता है। ऐसे समूहों के उदाहरण भी हैं जिनकी ज्ञान परंपरा भारत की ज्ञान परंपरा के बिल्कुल विपरीत हैं, और अभी तक भारत में उत्पीड़न या अपने व्यक्तित्व की क्षति के बिना पनपे हैं। यह इस तथ्य के कारण है कि उन्होंने सह-अस्तित्व के व्यापक हित में और भारत की स्वागत करने वाली प्रकृति के प्रति कृतज्ञता की भावना रखी और अपने कुछ धर्मग्रंथों को अलग रखा। यह यहूदियों और पारसी लोगों को क्रमशः पूर्व-ईसाई यूरोपीय साम्राज्यवाद और मध्य पूर्वी उपनिवेशवाद द्वारा अपने-अपने देशों से बाहर निकालने के बाद भारत में शरण मिलने से स्पष्ट है।

मुखर्जी के अनुसार, एक सभ्यता के रूप में भारत का आंतरिक अनुभव शेष विश्व के लिए यह सबक है कि किसी भी संप्रभु शक्ति को दूसरों पर अपने मूल्यों को थोपने का प्रयास नहीं करना चाहिए। जब तक अंतरराष्ट्रीय राजनीति वेस्टफेलियन राष्ट्र-राज्य मूल्यों से संचालित होती है, जिसमें सेक्युलर ईसाई यूरोपीय विस्तारवाद के बीज हैं और अन्य विश्वदृष्टियों के लिए एक असहिष्णु सहिष्णुता है, कोई भी अंतरराष्ट्रीय निकाय विश्व के लिए शांति प्राप्त करने में सफल नहीं होगा क्योंकि अंतरराष्ट्रीय विधि और संस्थान यूरोपीय प्रांतवाद का सार्वभौमिकरण पर निर्भर हैं। इस प्रकार के दृष्टिकोण में संघर्ष बहुत बड़ा है। यही कारण है कि मुखर्जी का विचार था कि एक संघीय सभ्यता के रूप में भारत का जीवंत अनुभव शेष विश्व के लिए आशा की किरण के रूप में कार्य कर सकता है।

सातवां बिंदु यह है कि भारत के सभ्यतागत चरित्र पर मुखर्जी के विचारों का कोई भी हिस्सा या इसकी मौलिक एकता के कारणों का कोई हिस्सा नृजातीयता के आधार पर नहीं है। वास्तव में, सांस्कृतिक एकता पर जोर नृजातीयतावाद का सीधा खंडन है। यहां तक कि यूरोपीय उपनिवेशवादियों के इस तर्क के उत्तर में कि भारत कभी एक राष्ट्र नहीं था, मुखर्जी को यह सिद्ध करने की आवश्यकता अनुभव नहीं होती है कि हम ईसाईयत जैसे किसी

एक गुट या भाषा या मज़हब से बंधे हुए राष्ट्र हैं। इसके बजाय वे यूरोपीय राष्ट्रवाद को भारत के लिए मापदंड के रूप में प्रयोग करने से सीधा मना कर देते हैं। इसके बजाय वह संघीय सभ्यता पर जोर देते हैं। जबकि मुखर्जी अपने समय के कुछ यूरोपीय लोगों को भी समझाने में सफल रहे, दुर्भाग्यपूर्ण समकालीन वास्तविकता यह है कि उपनिवेशवादी मानसिकता वाले भारतीय अभी भी भारत के बारे में औपनिवेशिक धारणाओं को रखते हैं और भारत की सांस्कृतिक एकता को नृजातीयतावाद और जेनोफोबिया (अज्ञातजनभीति) से जोड़ते हैं, जो औपनिवेशिक नृजातीयतावाद के आंतरिककरण को प्रदर्शित करता है। इससे हमें यह भी पता चलता है कि इन आधुनिक भारतीयों ने यूरोपीय औपनिवेशिक विचारधारा की सार्वभौमिक वैधता को स्वीकार कर लिया है। मुखर्जी अपने विचारों में अकेले नहीं थे; भारत के सभ्यतागत चरित्र, इसकी सांस्कृतिक एकता और इसके कारण कारकों पर उनकी स्थिति को एक और दिग्गज, जदुनाथ सरकार ने अपनी पुस्तक 'इंडिया थ्रू द एजेस' (1928) में प्रतिध्वनित किया।[25] निम्नलिखित कुछ प्रासंगिक उद्धरण हैं:

> भारतीय लोग एक सामान्य और विशिष्ट प्रकार हैं।
>
> हमारे इतिहास का कोई भी सावधान छात्र भारतीय लोगों की एक सर्वोच्च महत्वपूर्ण विशेषता से प्रभावित होने से बच नहीं सकता है। यह है उनकी विशिष्टता। उनकी अपनी एक विशिष्ट सभ्यता और अतीत में विदेशी शासन के बाद भी सक्रिय मस्तिष्क बने हुए हैं। निःसंदेह आज के भारतीय लोग एक मिश्रित उत्पाद हैं; लेकिन जो कुछ भी उनके विभिन्न घटक तत्व मूल में रहा हो, उन सभी ने एक आम भारतीय पहचान प्राप्त कर ली है, और सभी एक आम संस्कृति में योगदान दे रहे हैं और एक सामान्य प्रकार की परंपराओं, विचार और साहित्य का निर्माण कर रहे हैं। यहां तक कि सर हर्बर्ट रिस्ले जो भारतीयों में एकता देखने के बिल्कुल भी इक्षुक नहीं हैं, उन्हें भी यह स्वीकार करना पड़ा 'कि भौतिक और सामाजिक प्रकार, भाषा, रीति और धर्म की कई गुना विविधता के बाद भी अभी भी एक निश्चित "हिमालय से केप कोमोरिन तक जीवन की अंतर्निहित एकरूपता" को देखा जा सकता है। वास्तव में एक भारतीय चरित्र है, एक सामान्य भारतीय व्यक्तित्व है, जिसे हम इसके घटक तत्वों में नहीं समझ सकते।' ('पीपल ऑफ इंडिया', दूसरा संस्करण, पृष्ठ 299)।

यह सामान्य भारतीय प्रकार (गुट/समुदाय) समय की कसौटी पर खरा उतरा है। इसने वंशवादी क्रांतियों, विदेशी आक्रमणों, धार्मिक संघर्षों और व्यापक प्राकृतिक आपदाओं के आघात को झेला है। जीने के अधिकार पर इसका दावा इसलिए है क्योंकि हमारी भूमि में कई हजार वर्षों के प्रलयकारी परिवर्तन के बाद भी यह भारतीय प्रकार बना हुआ है।

सरकार आगे उन कारणों की पहचान करती है जिन्होंने भारत को उसकी भौतिक और मानवीय विविधताओं के बाद भी एकजुट किया और एक सामान्य संस्कृति के विकास का नेतृत्व किया। उनके अनुसार:

प्रारंभिक हिंदू काल से, यह आंतरिक अलगाव अक्सर तोड़ा गया और कुछ एजेंसियों द्वारा विचारों, रीतियों और संस्कृति का एक अखिल भारतीय समुदाय बनाया गया था। ये थे: तीर्थ-छात्र, भाग्य का सिपाही, शाही विजेता, और अभिजात वर्ग से आयातित लोग (जैसे कन्नौज और प्रयाग ब्राह्मण तथा मेवाड़ और मारवाड़ क्षत्रीय) किसी दूर के प्रांत में निचली जातियों के बीच बसे एक धनी व्यक्ति की सामाजिक स्थिति को बढ़ाने के उद्देश्य से विवाह के लिए बुलाये जाते थे।

विभिन्न प्रांतों के महान पवित्र नगरों को सभी भारतीयों द्वारा समान रूप से पवित्रता के स्रोत के रूप में माना जाता था। ये नगर उच्चतम संस्कृत शिक्षा के केंद्र थे, जैसे कि पेरिस के मध्ययुगीन विश्वविद्यालय के प्रकार के विश्वविद्यालय थे। ऐसे थे बनारस और नालंदा, मथुरा और तक्षशिला, उज्जैनी और प्रयाग, कांची और मदुरा, और कुछ सीमा तक बंगाल में नवद्वीप। उत्तर की पवित्र नदियों और मंदिरों में दक्षिण के व्यक्ति दर्शन करने के आतुर रहते थे, और उसी प्रकार, पुरी और कांची, सेतुबंध और श्रृंगेरी, द्वारका और नासिक में समर्पित तीर्थयात्री उत्सुकता से आते थे भारत के उत्तर से, अपार दूरियों को पार करने के बाद भी। इसके अलावा, उन लोगों के लाभ के लिए जो यात्रा नहीं कर सकते थे, दक्षिण की कुछ स्थानीय नदियों और नगरों का नाम उत्तर के नाम पर रखा गया था और उन्हें समान रूप से पवित्र माना जाता था। इस प्रकार मदुरा दक्षिणी मथुरा है, और गोदावरी दक्षिणी गंगा है। महान संस्कृत विद्वान और संत, जैसे शंकराचार्य और श्री चौतन्य, हिंदू भारत के एक छोर से दूसरे छोर तक गए हैं, और वाद-विवाद में अपने प्रतिद्वंद्वियों पर विजय प्राप्त करते गए हैं। यही दिग्विजय का कार्य समुद्रगुप्त और अन्य राजा राज्य के क्षेत्र में कर रहे थे। इससे हमारी सांस्कृतिक एकरूपता बनी रही।

भारत की सभ्यता पर सरकार के विचार न केवल मुखर्जी के विचारों के साथ व्यापक रूप से प्रतिध्वनित होते हैं, इन दोनों विद्वानों के विचार आर. सी. मजूमदार, एच.सी. रायचौधुरी और कलिकिंकर दत्ता[26] द्वारा संयुक्त रूप से लिखे गए 'एन एडवांस्ड हिस्ट्री ऑफ इंडिया' (1946) में और मजूमदार द्वारा लिखित 'प्राचीन भारत' (1952)[27] में प्रतिपादित हुए हैं। ऐसे विद्वानों के शोध के आधार पर यह सुरक्षित रूप से कहा जा सकता है कि स्वतंत्रता आंदोलन के समय, भारत की सभ्यतागत स्थिति की घोषणा करने वाले भारतीय विद्वानों का एक महत्वपूर्ण समूह था, जिसने इसकी स्वतंत्रता की नींव रखी। यह तथ्य ही है जिसके कारण संविधान के अनुच्छेद 1 में 'भारत' शब्द को अपनाया गया और साथ-साथ संविधान सभा द्वारा पारित उद्देश्य प्रस्ताव में भारत को एक 'प्राचीन भूमि' कहा गया।

मेरे लिए आश्चर्यजनक बात वह गरिमा, शिष्टता और स्पष्टता है जिसके साथ शारदा, मुखर्जी, सरकार और मजूमदार जैसे विद्वानों और उनके समकालीनों ने औपनिवेशिक अभिमान के सामने भारतीय सभ्यता की पुरातनता और उपलब्धियों पर अपने विचार प्रस्तुत किए। उस अवधि के वातावरण को स्पष्ट करने के लिए, किसी को अमेरिकी प्रोफेसर, ब्रूस टी. मैककली द्वारा लिखित 'द ओरिजिन्स ऑफ इंडियन नेशनलिज्म इन नेटिव राइटर्स' नामक 21 पृष्ठ के पेपर से परे देखने की आवश्यकता नहीं है, जो 'द जर्नल ऑफ मॉडर्न हिस्ट्री' नामक शोध पत्रिका में 1935 में प्रकाशित हुआ था।[28] अध्ययन का घोषित उद्देश्य 'भारतीय राष्ट्रवाद की उत्पत्ति का निर्धारण करना था जैसा कि देशी लेखकों के कार्यों में दर्शाया गया है'। हालांकि, मैककली की यूरो-केंद्रीयता अपनी भाषा के माध्यम से स्वयं को प्रकट करती है जो मुखर्जी और अन्य 'देशी' विद्वानों के कार्यों के लिए अवमानना की अभिव्यक्ति करता है जिसमें वे कहते हैं कि मुखर्जी और दूसरे ऐसे विद्वान भारतीय रोमांटिक हैं और आगे आने वाली पीढ़ी 'इतिहास को देखते हुए' यह कहेगी कि वह अंगरेज ही थी जिन्होंने भारत को एक देश का रूप दिया और इस देश में पहले कभी भी कोई एकता नहीं रही है।

दुर्भाग्य से, भविष्य के बारे में मैककली का पूर्वानुमान सही था, क्योंकि यह निश्चित रूप से लगता है कि समकालीन भारत में 'विशेषज्ञों' के बीच वह वाणियां अधिक हैं, जो भारत के इतिहास पर मैककली के विचारों का समर्थन कर उन्हें प्रतिध्वनित करती हैं, परन्तु उन विचारों को नहीं जो कि

भारतीय मूल निवासी हैं। स्पष्ट रूप से, इतिहास का अध्ययन और उसका प्रतिनिधित्व उतना निष्पक्ष नहीं है जितना कि अक्सर बताया जाता है।

भारतीय मन की औपनिवेशिक चेतना इस तथ्य से सबसे अच्छी प्रकार से उजागर होती है कि सारदा, मुखर्जी, सरकार और मजूमदार और अन्य[29] द्वारा भारत के सभ्यतागत चरित्र[30] पर और इसकी सांस्कृतिक एकता[31] पर व्यक्त किए गए विचारों का बड़े उत्साह से स्वागत किया जाता है जब यह किसी विदेशी विद्वान जैसे कि डायना एल येक द्वारा लिखे गए हों जैसे कि उनकी पुस्तक 'इंडिया: ए सेक्रेड ज्योग्राफी' में लिखा गया है।[32] संभवतः भारतीय मन की औपनिवेशिक चेतना को इस तथ्य से बल मिलता है कि एक श्वेत पश्चिमी विद्वान, और वह भी हार्वर्ड विश्वविद्यालय में तुलनात्मक धर्म/मज़हब और भारतीय अध्ययन के प्रोफेसर ने, भारत के भूगोल की पवित्र प्रकृति को मान्यता दी है। यह भी देखना चाहिए कि दूसरी ओर डायना यह भी कहती हैं कि उन्हें डर है कि एक विशेष नए हिंदू राष्ट्रवाद के उत्साह को उनका साहित्य बढ़ावा दे सकता है। उपनिवेशित भारतीय के मस्तिष्क को इससे शान्ति मिलती है कि किसी विदेशी ने यह बात कही है और उसे वही तथ्य हलाल लगने लगते हैं जो कि स्वदेशी विद्वानों के द्वारा उसे मान्य नहीं हैं।

भारत के इतिहास को समझने की इच्छा रखने वालों के लिए आम तौर पर केवल दो स्वीकार्य विकल्प हैं–या तो वे उस विचारधारा को मानें जो भारत की प्राचीनता, एकता और भारतीय चेतना को नकारती है, या उस दृष्टिकोण को स्वीकार करें जो भारत की मूल निवासी ज्ञान परंपरा की वैधता को इस चेतावनी के साथ स्वीकारता है कि हिंदू राष्ट्रवाद को भारतीय मस्तिष्क से निकाल देना चाहिए। एक और मांग यह है किसी भी स्कूल से संबंधित वाणियां भारतीय नहीं होनी चाहिए, और यदि वे भारतीय हैं या भारतीय मूल की हैं, तो उनकी साख को पश्चिमी शिक्षाविदों द्वारा प्रमाणित और मान्य किया जाना चाहिए। भारत की मूल निवासी ज्ञान परंपरा में निहित विचारों या वाणियों के स्कूलों की कमी है, जो शारीरिक और मानसिक दोनों प्रकार से अपने स्थान को पुनः प्राप्त करने के लिए भारतीय चेतना के अधिकार पर जोर देते हैं। इस प्रकार के दावे को बेढंगे रूप से हिंदू राष्ट्रवाद के रूप में घोषित कर दिया गया है। परन्तु किसी को भी यह नहीं सूझता कि जिसे 'हिन्दू राष्ट्रवाद' कह कर नकारा जा रहा है वास्तव में वह भारतीय सभ्यता और वि-उपनिवेशिकता के तहत पुनः जागृति है; लंबे समय

से चुप रहने वाले मूल निवासी को पुनः प्राप्त करने और फिर से अस्तित्व में लाने के लिए यह वि-उपनिवेशिकता के आग्रह की अभिव्यक्ति है। जब इस अभिव्यक्ति को अपमानजनक रूप से 'हिंदू राष्ट्रवाद' के रूप में चित्रित किया जाता है, तो एकमात्र तार्किक निष्कर्ष यही निकाला जा सकता है कि भारत को छोड़कर हर दूसरी संस्कृति और समाज को वि-उपनिवेशिकता के विकल्प का प्रयोग करने का अधिकार है। यदि भारत दोनों में से किसी भी उपनिवेश के मज़हब में धर्मान्तरित हो जाता जैसे कि ईसाईयत अथवा इस्लाम तो इसके लिए अमेरिका या अफ्रीका जैसे नस्लीय सिद्धांत को लागू करके अपने अतीत पर शोक करना स्वीकार्य होता, लेकिन चूंकि इसने अपने धर्म और ज्ञान परंपरा को निरंतर रखा है, इसलिए इसके वि-उपनिवेशिकता के प्रयासों को सुविधाजनक रूप से हिंदू राष्ट्रवाद का लेबल दिया जाता है, और जिसके तहत कहा जाता है कि वह राष्ट्रीय अल्पसंख्यकों की सुरक्षा को संकट में डालता है। यह उन्हीं 'राष्ट्रीय अल्पसंख्यकों' की बात है जिन्होंने भारत की मूल चेतना की हानि करके मध्य पूर्वी और यूरोपीय उपनिवेशों द्वारा धोखे से अपने स्थान गढ़ लिए हैं।

यदि यह भारत की मूल चेतना को नष्ट करके दो विस्तारवादी उपनिवेशिकताओं को आगे बढ़ाने की बात नहीं है तो फिर और क्या है? अपने अस्तित्व के हित में, भारत को वि-उपनिवेशिकता को अपनाना चाहिए, जिसके विफल होने पर इसका इतिहास और चेतना सदैव उन्हीं उपनिवेशिक्ताओं से सत्यापन की खोज में रहेगी, जिन्होंने ऐतिहासिक रूप से भारतीय चेतना के अस्तित्व का विरोध किया है। यदि भारत की मूल चेतना अपनी कहानी को उस प्रकार से नहीं बताती जैसा उसने अनुभव किया है, तो भारतीयों और बाकी विश्व को कभी पता नहीं चलेगा कि भारत पर उपनिवेशीकरण और उपनिवेशिक मानसिकता का क्या प्रभाव पड़ा है। भविष्य में यह किसी और उपनिवेश को रोकने की कुंजी है। अंततः एक चेतना का अस्तित्व अच्छे और बुरे दोनों आयामों की स्मृति को आने वाली पीढ़ियों तक पहुंचाने की क्षमता से अटूट रूप से जुड़ा हुआ है। इसलिए भारत के संदर्भ में वि-उपनिवेशिकता न केवल स्वयं को परिभाषित करने के लिए अपने मौलिक अधिकार को पुनः प्राप्त करने का एक प्रयास है, बल्कि इसमें अपने जीवन के अनुभव को अपने सिद्धांतों पर प्रसारित करने का भी प्रयास है। वि-उपनिवेशिकता अपनी ज्ञान परंपरा को भावी पीढ़ियों तक अपनी भाषा

और शब्दावली में पहुंचाने का एक प्रयास है जिससे कि भारत के पवित्र भूगोल के लगातार सिकुड़ते रहने की प्रक्रिया समाप्त हो और भारत की चेतना जीवित रहे।

इस अध्याय में मैंने भारत के संघीय सभ्यतागत चरित्र और उसके केंद्रीय घटकों पर चर्चा करके एक सभ्यता-राज्य के ढांचे को व्यापक रूप से रेखांकित किया। अगले अध्याय में मैं पाठक के सामने भारतीय चेतना पर नृजातीय केन्द्रित 'राष्ट्रीयता' के मानकों के अनुप्रयोग के प्रभाव सहित श्वेत यूरोपीय ईसाई उपनिवेशवादियों द्वारा इस सभ्यता और इसकी स्वदेशीता के उपचार में प्रकट उपनिवेशिकता को रखूंगा।

अध्याय 8

यूरोपीय उपनिवेशिकता और भारतीय सभ्यता

भारत में मिशनरियों की यात्राएं
भारत में हिन्दुओं का धर्मांतरण करने के लिए मिशनरी पूरे देश में भ्रमण करते थे।
वेस्लेयान जुवेनाइल ऑफरिंग, दिसम्बर 1860
(वेस्लेयाँ मेथोडिस्ट मिशनरी सोसाइटी द्वारा प्रकाशित)

प्रस्तुत और अगले अध्याय का उद्देश्य भारत की मूल निवासी ज्ञान परंपराओं और सामाजिक संरचनाओं पर उपनिवेशिकता के प्रभाव की एक परीक्षा के माध्यम से पाठक को उपनिवेशिकता के वैश्विक और भारतीय अनुभवों के बीच समानताएं दिखाने का है। इसका उद्देश्य यूरोपीय उपनिवेशवादियों द्वारा स्थापित राजनीतिक-विधिक, धार्मिक और सामाजिक बुनियादी ढांचे को व्यापक रूप से प्रस्तुत करना है, जिसकी पृष्ठभूमि में भारत की 1919 तक की संवैधानिक यात्रा को समझा जाना चाहिए, ताकि यह आकलन किया जा सके कि भारतीय सभ्यता औपनिवेशिक धारणाओं से प्रभावित थी या नहीं।

जब मैं यूरोपीय उपनिवेशवादियों की बात करता हूं, तो मेरा ध्यान अंग्रेजों तक ही सीमित है क्योंकि नियंत्रण के क्षेत्र के विस्तार में भारत के

उपनिवेश में किसी भी अन्य यूरोपीय राष्ट्र की तुलना में अंग्रेजों को ही अधिक सफलता मिली। साथ ही भारत में उनके उपनिवेश की आयु भी अधिक है और भारत ने ब्रिटेन से ही अपनी स्वतंत्रता प्राप्त की और इस कारण से भारत की चेतना पर उनका प्रभाव बहुत अधिक है। इसके अलावा यूरोपीय उपनिवेशवादियों की अलग-अलग राष्ट्रीयताओं और उनके प्रशासन के साथ-साथ उनके राजनीतिक-विधिक सिद्धांतों में महत्वपूर्ण अंतरों के बाद भी, यूरोपीय उपनिवेशिकता यूरोपीय राष्ट्रीय पहचानों से ऊंचा सिद्धांत है जो सभी देशों में देखने को मिलता है।

इस खंड में, मैं 1853 तक भारत के संबंध में ब्रिटिश संसद द्वारा बनाए गए महत्वपूर्ण विधानों से तैयार सामग्री को पाठक के सामने रखूंगा जिसमें विधायी बहसें सम्मिलित हैं। जो उस उपनिवेशिकता पर प्रकाश डालती हैं जिसने भारत के बारे में उनकी समझ को सूचित किया और उनके विधियों, नियमों और नीतियों को प्रभावित किया। इस विधायी सामग्री के साथ मैं पाठक को भारत की मूल निवासी ज्ञान परंपराओं, सामाजिक संरचनाओं और सामाजिक प्रथाओं के औपनिवेशिक पुनर्गठन पर विद्वानों के शोध भी संक्षिप्त में प्रस्तुत करूंगा। जैसा कि सामग्री प्रदर्शित करेगी, इस औपनिवेशिक अभ्यास के परिणामस्वरूप या तो मूल निवासी पहचानों का विरूपण हुआ या उपनिवेशवादियों द्वारा अपने लक्ष्यों को आगे बढ़ाने के लिए नयी पहचानों का निर्माण किया गया जो कि बिल्कुल भी सेक्युलर नहीं थीं।

कंपनी, ब्रिटिश राज, उपनिवेशिकता और सभ्यता

31 दिसंबर 1600 को, महारानी एलिजाबेथ प्रथम ने लंदन के गवर्नर और कंपनी ऑफ मर्चेंट्स को निगमन का एक चार्टर प्रदान किया, जिसे विश्व में अंग्रेजी ईस्ट इंडिया कंपनी (कंपनी) के रूप में जाना जाता है।[1] कंपनी की स्थापना भारत के साथ सीधे व्यापार संबंध स्थापित करने के लिए की गई थी, जो अन्य बातों के अलावा, इस डर से आवश्यक हो गया था कि अगर अंग्रेजों ने पहल नहीं की, तो डच लोग पूर्व में व्यापार पर स्पेनियों की पकड़ को विस्थापित कर देंगे। एक तरह से, कंपनी की स्थापना का उद्गम पोप अलेक्जेंडर षष्ठम् द्वारा आदेशित 'इंटर कैटेरा', 1493 के पेपल फतवे द्वारा प्रारम्भ की गई घटनाओं से लगाया जा सकता है, जिसका उल्लेख अध्याय 2 में किया गया है।

फतवे ने स्पेन और पुर्तगाल के बीच विश्व को बांट दिया और इस फतवे के अनुसार भारत उस गैर-ईसाई क्षेत्रों में आया जिसे पुर्तगाल द्वारा उपनिवेश, दासता और प्रचार के लिए निर्धारित किया गया था। इसके बाद, 1580 में, भारतीय क्षेत्रों पर पुर्तगाल के अधिकार स्पेन को सौंप दिए गए क्योंकि पुर्तगाल की संप्रभुता स्पेन के अधीन कर दी गयी थी। हालांकि चूंकि प्रोटेस्टेंट सुधार ने कैथोलिक चर्च और पोप के अधिकार को कम कर दिया था तो इसका एक परिणाम स्पेनिश के विरुद्ध डचों का विद्रोह था, जिसके परिणामस्वरूप पूर्व में, 1595 से 1599 के बीच विशेष रूप से जावा में व्यापार पर स्पेन का एकाधिकार समाप्त हुआ। पूर्वी व्यापार पर डचों के एकाधिकार के डर से, अंग्रेजी ईस्ट इंडिया कंपनी की स्थापना हुई। घटनाओं के इस क्रम से स्पष्ट है कि यूरोप द्वारा भारत का उपनिवेशीकरण प्रोटेस्टेंट सुधार से अप्रभावित नहीं था।

प्रत्यक्ष रूप से, कंपनी को भारत के स्थानीय शासकों की अनुमति से भारत में व्यापारिक पदों की स्थापना के लिए गठन किया गया था, और इसलिए, कंपनी को संप्रभु शक्तियों के साथ निहित नहीं किया गया था। ब्रिटिश क्राउन द्वारा कंपनी को आदेशित 1600 के चार्टर के अनुसार कंपनी को एक न्यायिक व्यक्तित्व और वाणिज्यिक विशेषाधिकार दिए, जैसे कि पहचाने गए अमुक क्षेत्रों में व्यापार करने का विशेष अधिकार। कंपनी और उसके सदस्यों पर अधिकार क्षेत्र क्राउन का ही रहा। चार्टर की अवधि मूल रूप से 15 वर्ष थी जिसे फिर से आदेशित किया जा सकता था। कंपनी को इस तरह के विशेष अधिकार देने के पीछे विचार यह था कि ब्रिटेन से आंतरिक प्रतिस्पर्धा का सामना किए बिना इसे अन्य यूरोपीय देशों के साथ श्रेष्ठ प्रतिस्पर्धा के लिए तैयार किया जाए। प्रभावी रूप से, अंग्रेजी ईस्ट इंडिया कंपनी और डच ईस्ट इंडीज कंपनी के बीच आमने-सामने के लिए मंच तैयार किया गया था।[2] 1623 में जावा में डचों द्वारा अंग्रेजी कंपनी के कर्मचारियों की यातना और निष्पादन किया गया जिसे अंबॉयना नरसंहार के रूप में जाना जाता है। इसके साथ अंग्रेजी कंपनी की उपस्थिति भारत तक सीमित हो गयी। इसके फलस्वरूप भारत में ब्रिटिश उपस्थिति बहुत शक्तिशाली हो गयी-पहले यह व्यापारिक चौकियां बनाने में सामने आयी और इसके बाद कंपनी के कारखानों और कर्मचारियों की सुरक्षा के लिए किलों का निर्माण होने लगा।[3]

हालांकि आमतौर पर यह माना जाता है कि वाणिज्यिक इकाई के रूप में कंपनी की भारत में ईसाईयत के प्रसार करने में कोई रुचि नहीं थी परन्तु इसके विपरीत साक्ष्य उपस्थित हैं। उदाहरण के लिए, 1614 में, कंपनी ने भारतीयों के बीच सुसमाचार के प्रचार के लिए भारतीय मिशनरियों की भर्ती के लिए आज्ञापत्र निकाला जिससे कि वह भारत में ईसाईयत का प्रसार कर सकें।[4] इसके अलावा, 1659 में, कंपनी के निदेशक स्पष्ट थे कि 'भारत के लोगों के बीच ईसाईयत का प्रसार करना हर संभव तरीके से उनकी गंभीर इच्छा' थी, जिसके कारण मिशनरियों को कंपनी के जहाजों पर भारत की यात्रा करने की अनुमति दी गई।[5]

1661 में ब्रिटिश क्राउन द्वारा पुर्तगाल से बॉम्बे के अधिग्रहण के बाद और 1668 में कंपनी को क्राउन द्वारा बॉम्बे पर अधिकार देने के साथ कंपनी धीरे-धीरे अपनी व्यावसायिक भूमिका से आगे बढ़कर राजनीतिक अधिकार ग्रहण करने की दिशा में आगे बढ़ने लगी। हालांकि, ब्रिटिश संसद द्वारा इस संक्रमण को मान्यता देने में कुछ समय लगा। 1680 के दशक तक कंपनी को भारत में ब्रिटिश साम्राज्य के निर्माण के लिए एक उपकरण के रूप में देखा जाने लगा था जिसके परिणामस्वरूप 1683 के चार्टर ने कंपनी को चार्टर के अधीन आने वाले एशिया, अफ्रीका और अमेरिका के किसी भी काफिर देश में युद्ध और शान्ति की घोषणा करने की पूरी शक्ति दी। कंपनी को यह भी अधिकार मिला कि वह आवश्यक सैन्य बलों को बढाए, हथियारों को जुटाए और उनके प्रशिक्षण के लिए, और किलों और गढ़ों की स्थापना करे।[6]

काफिर राष्ट्रों का संदर्भ, जिसका अर्थ गैर-ईसाई राष्ट्र है, ब्रिटिश उपनिवेशवादियों की धार्मिक चेतना का संकेत है। इसके अलावा 1683 के चार्टर ने यह स्पष्ट किया कि कोई भी संप्रभु शक्ति जो कंपनी एशिया, अफ्रीका और अमेरिका के क्षेत्रों पर प्राप्त करती है, क्राउन की ओर से कंपनी को दी गयी थी। कंपनी को चार्टर से संबंधित अधिकारों को लागू करने के लिए एडमिरल्टी कोर्ट स्थापित करने का अधिकार था, जिसने इसकी जड़ों को और गहरा किया। 1686 तक कंपनी को मद्रास के लिए एक नगरपालिका संविधान बनाने की अनुमति दी गई। प्रभावी रूप से भारत में एक व्यापारिक इकाई के रूप में प्रवेश करने के 90 वर्षों से भी कम समय में कंपनी एक ऐसा ढांचा स्थापित करने में सफल रही जिसमें एक संप्रभु शक्ति की झलक हमें देखने को मिलती थी।[7]

यह बात कि कंपनी उपनिवेशिकता की उपज थी और ब्रिटिश क्राउन की ईसाई चेतना की उपज थी यह 1683 में न्यायिक कार्यवाही में स्थापित हो गया, जब कंपनी ने एक अंग्रेजी व्यापारी, थॉमस सैंडिस के विरोध में भारत के साथ सीधे व्यापार करने के लिए चार्टर के तहत क्राउन द्वारा दिए गये विशेष अधिकारों के उल्लंघन में कार्रवाई की थी।[8] इंग्लैंड और वेल्स कोर्ट के किंग्स बेंच ने सैंडिस के विरोध में कंपनी की कार्रवाई को विधिक वैधता प्रदान की और इसके कारणों में से एक यह था कि राजा को एक अच्छे ईसाई होने के नाते सदैव काफिरों के साथ लड़ना चाहिए। इसके चलते ही ईसाईयत के रक्षक के रूप में राजा इस नियम को किसी अमुक व्यक्ति के लिए हटा भी सकता था, यदि वह ऐसा उचित समझे तो। जिन्हें इस प्रकार छूट मिलती थी वही काफिरों के साथ व्यापार करने की अनुमति पाते थे।[9] अन्य लोगों के लिए शत्रु के साथ व्यापार करना अनुमत नहीं था जब तक कि उन्हें सीधे राजा द्वारा अनुमति नहीं दी जाती थी या कंपनी द्वारा ऐसा करने के लिए लाइसेंस नहीं दिया जाता था। इसलिए सभी व्यावहारिक उद्देश्यों को देखते हुए कंपनी के पक्ष में आदेशित किए गए चार्टर में एक विशिष्ट और स्पष्ट ईसाई औपनिवेशिक चरित्र था, क्योंकि यह काफिरों[10] के साथ वाणिज्य के संबंध में ऐसे आचरण के नियमों से बंधे थे जो ईसाईयत के अनुरूप थे।[11]

हालांकि बाद के वर्षों में अंग्रेजी व्यापारियों ने कंपनी द्वारा प्राप्त इस 'अनन्य उदारता' पर गंभीर आपत्ति व्यक्त की। इसके अलावा कंपनी के अपने अहंकारी व्यवहार के कारण हाउस ऑफ कॉमन्स ने इस आशय का एक प्रस्ताव पारित किया कि 'इंग्लैंड के सभी नागरिकों को ईस्ट इंडीज के साथ व्यापार करने का समान अधिकार है जब तक कि संसद के अधिनियम द्वारा निषिद्ध न हो'। इस नियम ने कंपनी के विरोधियों की स्थिति को प्रबल किया। विरोधियों ने पहले चार्टर के अस्तित्व के बाद भी, 'इंग्लिश कंपनी ट्रेडिंग टू द ईस्ट इंडीज'[12] के नाम से 5 सितंबर 1698 के चार्टर के माध्यम से एक समानांतर कंपनी की स्थापना की अनुमति प्राप्त कर ली। हालांकि, मूल कंपनी नई कंपनी में अकेली सबसे बड़ी शेयरधारक बन गई और नई कंपनी के साथ सह-अस्तित्व के नियमों पर बातचीत करने के लिए इस स्थिति का लाभ उठाया। इन नियमों को जुलाई 1702 में महारानी द्वारा किए गए त्रिपक्षीय समझौते में निर्धारित किया गया। इस समझौते के तहत मूल कंपनी 1709 तक अपने विशेष अधिकारों का आत्मसमर्पण कर देगी, और तब तक दोनों

कंपनियां साथ में व्यापार करेंगी उस इकाई के नाम पर जिसका नाम बदलकर 'द यूनाइटेड कंपनी ऑफ मर्चेंट्स ऑफ इंग्लैंड ट्रेडिंग टू द ईस्ट इंडीज' कर दिया गया। दोनों को संयुक्त रूप से चलाया जाएगा। चार्टर की शेष अवधि के लिए नई इकाई सितंबर 1698 के चार्टर के तहत कार्य करेगी। उसके बाद सभी शाही चार्टर यूनाइटेड कंपनी को आदेशित किए जाएंगे, जो नई ईस्ट इंडिया कंपनी बन गई थी। इसलिए, इसके बाद कंपनी के सभी संदर्भ इस इकाई के ही संदर्भ में हैं।

सितंबर 1698 का चार्टर एक महत्वपूर्ण संलेख है, क्योंकि इसने कंपनी और ब्रिटिश संसद दोनों के औपनिवेशिक और धर्मांतरण के लक्ष्य को एक सीमित लेकिन ठोस तरीके से आगे बढ़ाया, जिसे 'मिशनरी क्लॉज' के रूप में जाना गया। इस खंड के तहत कंपनी को अपने भारतीय कारखानों में ईसाई पादरियों को रखना और 500 टन या उससे अधिक वजन वाले जहाजों पर पादरी रखना आवश्यक था।[13] भारत में रहने के लिए नियुक्त पादरियों को भारत भेजे जाने के एक वर्ष के भीतर पुर्तगाली सीखने की आवश्यकता थी, और गंभीर रूप से, उस देश की मूल भाषा सीखने के लिए भी यह पादरी बाध्य थे जहां वे निवास करेंगे। कंपनी से अपने भारतीय कर्मचारियों के बीच सुसमाचार का प्रसार करने की अपेक्षा की गई थी, जो मेरी राय में, मूल निवासी को 'सभ्य' बनाने के लक्ष्य का प्रमाण है और एक स्पष्ट संकेत था आगे आने वाले वर्षों में क्या होने वाला था।

1726 तक एक राजसी चार्टर आदेशित किया गया जिसने कंपनी को मद्रास, बॉम्बे और कलकत्ता में महापौर अदालतें स्थापित करने की अनुमति दी। इसके अलावा, उक्त अदालतों से राज्यपाल और अंततः राजा को अपील की जा सकती थी, जिसने भारत में उपनिवेशों और क्राउन के बीच विधिक बुनियादी ढांचे के एकीकरण को चिह्नित किया। 1726 और 1773 के बीच, प्लासी (1757) और बक्सर (1764) की लड़ाई में कंपनी की जीत हुई। 1770 के बंगाल अकाल के बीच भारतीय जनसंख्या को भूखा मरते देख भी कंपनी के कार्यकर्ता अपना लाभ ही देख रहे थे। इसके कारण वारेन हेस्टिंग्स के शासनकाल में बंगाल की जनसंख्या का पांचवा हिस्सा भूख से मारा गया। तब ब्रिटिश संसद को यह पता चला कि कंपनी लंबे समय से केवल वाणिज्यिक इकाई नहीं रही है बल्कि कुछ और ही हो गयी है। कंपनी वही

बन गयी थी जो चार्टर के तहत बोला गया था। ब्रिटिश संप्रभुता के भारत और पूर्व में विस्तार के लिए वह एक हथकंडा मात्र हो गयी थी।

कंपनी के अपने वित्तीय विषयों के बुरे प्रबंधन के कारण इसने ब्रिटिश सरकार से सहायता मांगी जिसने ब्रिटिश संसद को कंपनी पर वित्तीय अनुशासन लागू करने और अपनी राजनीतिक/संप्रभु शक्तियों को लागू करने का अवसर प्रदान किया। कंपनी को 4 प्रतिशत पर £1,400,00 का ऋण देने के साथ-साथ नए ऋण को चुकाने तक £400,00 के बकाया ऋण को निलंबित करने के वादे के अलावा, लाभांश पर 6 प्रतिशत की सीमा लगाई गई थी जो कि कंपनी अपने शेयरधारकों को घोषित कर सकती थी। इसके अलावा कंपनी को कोषागार द्वारा अर्द्ध-वार्षिक समीक्षा के लिए स्वयं को प्रस्तुत करना आवश्यक था। '1773 के विनियमन अधिनियम' के नाम से जाना जाने वाला एक अधिनियम ब्रिटिश संसद द्वारा पारित हुआ जिसे 'ईस्ट इंडिया कंपनी के विषयों के श्रेष्ठ प्रबंधन के लिए कुछ विनियमों की भारत और यूरोप में स्थापना के लिए' बनाया गया। इस अधिनियम ने कंपनी की राजनीतिक आकांछाओं को कम कर दिया और क्राउन ने अपना प्रसार प्रारम्भ कर दिया।[14] गवर्नर-जनरल के कार्यालय के निर्माण के माध्यम से भारत में सत्ता संरचना को सशक्त करने के अलावा, बंगाल में फोर्ट विलियम के साथ ब्रिटिश सत्ता के केंद्र के रूप में सर्वोच्च न्यायालय भी स्थापित किया गया। गवर्नर-जनरल का कार्य था भारत में ब्रिटिश क्षेत्रों और उपनिवेशों की देख-रेख करना। हेस्टिंग्स को पहले गवर्नर-जनरल के रूप में नियुक्त किया गया।[15]

1784 के ईस्ट इंडिया कंपनी अधिनियम को तत्कालीन ब्रिटिश प्रधानमंत्री विलम पिट के बाद पिट्स इंडिया अधिनियम के नाम से जाना जाने लगा था। यह 1773 के अधिनियम के आधार पर ही बनाया गया था। इसने एक दोहरी प्रणाली का प्रारम्भ किया जिसके तहत भारत के विषयों के लिए नवगठित बोर्ड ऑफ कमिश्नर्स (नियंत्रण बोर्ड) को कंपनी की गैर-वाणिज्यिक/सार्वजनिक/राजनीतिक गतिविधियों को संभालना था। जबकि कंपनी के निदेशकों को इसके वाणिज्यिक विषयों को संभालने तक सीमित रहना था। बोर्ड में राजकोष के कुलाधिपति, राज्य के एक सचिव और राजा द्वारा नियुक्त चार प्रिवी पार्षद सम्मिलित थे और राजा की इच्छा पर पद धारण करते थे। इसने ब्रिटिश संसद को कंपनी के विषयों पर अधिक नियंत्रण दिया, विशेष रूप से उन विषयों में जिनके राजनीतिक प्रभाव हो सकते थे। इसके

अलावा, 1784 के अधिनियम ने कई उपायों को भी प्रस्तुत किया, जिसने कंपनी को गवर्नर-जनरल के अधीन कर दिया।

जबकि 1773 या 1784 के अधिनियमों के शीर्षक में 'ब्रिटिश टेरिटरीज इन इंडिया' वाक्यांश का उपयोग नहीं किया गया था, इसका उपयोग 1793 अधिनियम में किया गया था, जिसे एक ऐसा अधिनियम कहा गया था जो कि: 'ईस्ट-इंडिया कंपनी में भारत में ब्रिटिश क्षेत्रों को आदेशित रखने के लिए एक अधिनियम जो उनके विशेष व्यापार के साथ, कुछ सीमाओं के तहत; उक्त क्षेत्रों की सरकार के लिए और विनियमों की स्थापना के लिए, और उसी के भीतर न्याय के श्रेष्ठ प्रशासन के लिए; उक्त कंपनी के राजस्व और लाभ के कुछ उपयोगों को विनियोजित करने के लिए; और कलकत्ता, मद्रास और बॉम्बे के शहरों की सुव्यवस्था और सरकार का प्रावधान करने के लिए बनाया गया था।' 1793 अधिनियम के प्रावधान भी पिछले अधिनियमों की तुलना में राज्य व्यवस्था और संप्रभुता के विषयों में कंपनी पर क्राउन के बढ़ते वर्चस्व को स्पष्ट रूप से दर्शाते हैं जो 1800 के भारत सरकार अधिनियम में अधिक दृढ़ता के साथ प्रतिबिंबित हुआ और जिसने प्रभावी रूप से भारत के प्रदेशों पर ब्रिटिश संप्रभु नियंत्रण की घोषणा की। इस अधिनियम के तहत मद्रास के फोर्ट सेंट जॉर्ज में कलकत्ता के फोर्ट सेंट विलियम में न्यायालय की तरह ही, एक सर्वोच्च न्यायालय की स्थापना की गई।

1813 तक उसी वर्ष के ईस्ट इंडिया कंपनी अधिनियम में क्राउन ने स्पष्ट रूप से उक्त क्षेत्रों पर अपनी 'निस्संदेह संप्रभुता' की बात कही। ब्रिटिश उपनिवेशवादियों की उपनिवेशिकता पर चर्चा के लिए 1813 के अधिनियम के प्रावधान महत्वपूर्ण हैं जो 'मज़हब', 'नैतिकता' और 'शिक्षा' से संबंधित हैं। 1813 के अधिनियम की धारा 33 के प्रासंगिक अंश यहां नीचे प्रस्तुत किए गए हैं:

> XXXIII: और जबकि भारत में ब्रिटिश प्रभुत्व के मूल निवासियों के हित और प्रसन्नता को बढ़ावा देना इस देश का कर्तव्य है; और ऐसे उपायों को अपनाया जाना चाहिए जो उनके बीच उपयोगी ज्ञान, और मज़हबी और नैतिक सुधार के लिए प्रेरित करें: और उपरोक्त उद्देश्यों को आगे बढ़ाने के लिए, भारत में जाने और रहने के इच्छुक व्यक्तियों को विधि द्वारा पर्याप्त सुविधाएं प्रदान की जानी चाहिए, इन परोपकारी लक्ष्यों को पूरा करने के उद्देश्य से, ताकि स्थानीय सरकार के अधिकार के रूप में देश के आंतरिक भाग के साथ यूरोपीय लोगों के संपर्क का और

> ब्रिटिश सरकार के सिद्धांत का सम्मान किया जा सके जिस पर भारत के मूल निवासी अब तक अपने धर्म के अभ्यास के लिए आश्रित रहे हैं, इन नियमों को बने रहना चाहिए: और जबकि उपरोक्त और अन्य वैध उद्देश्यों के लिए भारत में रहने वाले व्यक्तियों को और जाने वाले व्यक्तियों को भी अनुमति देने का प्रावधान करना समीचीन है।

यह उद्धरण ब्रिटिश ईसाई सहिष्णुता की नीति को संक्षेप में दर्शाता है जैसा कि अध्याय 4 में चर्चा की गई है।[16] एक ओर इस उद्धरण में हमें मूल निवासियों के अधिकार के लिए अपने धर्म का स्वतंत्र रूप से अभ्यास करने के अधिकार का ऊपरी-ऊपरी समर्थन दिखाई दिया। दूसरी ओर हमने देखा कि कैसे मूल निवासियों के 'मज़हबी और नैतिक सुधार' के प्रयत्न किये गए। इसमें यह भी बात की गयी कि कैसे ईसाई श्वेत यूरोपीय उपनिवेशवादियों के 'परोपकारी लक्ष्यों' की सिद्धि के लिए 'भारत में जाने और रहने वाले व्यक्तियों' को सभी आवश्यक सुविधाओं को दिया जाए। उपनिवेशवादी की उपनिवेशिकता उस प्रावधान की भाषा में ही व्यापक है जिसमें 'मज़हबी और नैतिक सुधार के माध्यम से मूल निवासी की सभ्यता की परिकल्पना की गई थी।

उक्त 'परोपकारी' योजनाओं के लिए भारत में रहने वाले व्यक्ति ईसाई मिशनरी थे, और यह न केवल साहित्य से[17] बल्कि अधिनियम के अन्य प्रावधानों से भी स्पष्ट होता है। अधिनियम की धारा 49-54 में कलकत्ता, मद्रास और बॉम्बे के लिए एक बिशप और तीन आर्चडीकन की नियुक्ति के साथ भारत के ब्रिटिश क्षेत्रों में चर्च निर्माण के लिए एक विस्तृत योजना प्रदान की गई। इसके अलावा, धारा 43 के तहत, 'साहित्य के पुनरुद्धार के लिए, और भारत के ब्रिटिश क्षेत्रों में विद्वान मूल निवासियों के प्रोत्साहन के लिए, और *ज्ञान के परिचय और प्रचार के लिए और विज्ञान वर्धन के लिए वार्षिक कम से कम एक लाख रुपये की राशि निर्धारित की जाएगी।*' इससे हमें उस औपनिवेशिक विश्वास का पता चलता है जो कहता है कि विज्ञान यूरोपीय है। 1813 अधिनियम के प्रावधानों के आधार पर यह उचित रूप से अनुमान लगाया जा सकता है कि भारत के लोगों के बीच ईसाईयत का प्रसार करने के लिए 1614 और 1659 में व्यक्त की गई कंपनी की मंशा क्राउन और ब्रिटिश संसद की क्षत्रछाया में औपचारिक रूप से भारत में एक ईसाई पारिस्थितिकी तंत्र की स्थापना में परिवर्तित हुई।

इन प्रावधानों के पीछे ईसाईयत की धर्मांतरण की मंशा 1813 के अधिनियम के संबंध में ब्रिटिश संसद में इसके लागू होने से पहले हुई बहस के माध्यम से हमें पता चलती है। साहित्य के अनुसार भारत में ईसाईयत की स्थापना और प्रसार के लिए राज्य समर्थन का स्पष्ट प्रावधान, जैसा कि 1813 के अधिनियम में परिलक्षित होता है, कई वर्षों तक मिशनरी समूहों के लगातार प्रयासों का परिणाम था।[18] भारत में ईसाईयत का पक्ष जिस दृढ़ता के साथ रखा गया था, वह इस तथ्य से स्पष्ट है कि मिशनरी कार्य के समर्थकों का वास्तव में यह विश्वास था कि भारत के लोगों की स्थिति में सुधार उन्हें ईसाईयत में धर्मान्तरित करे बिना नहीं हो सकता। 1813 के अधिनियम में भारत में मिशनरी गतिविधियों में वृद्धि के लिए कंपनी का प्रतिरोध उनके सेकुलरवाद से नहीं निकला, जैसा कि कुछ लोग मानते हैं। यह केवल व्यापारिक व्यावहारिकता का उत्पाद था। इस बात से मना नहीं किया जा सकता है कि इस विषय पर कई दलों के अलग-अलग विचार थे। परन्तु यह सत्य है कि इन विविध विचारों में से एक भी इसका पक्षधर नहीं था कि मूल निवासी आस्था प्रणालियों के साथ हस्तक्षेप नहीं किया जाए।

स्थिति को और बिगाड़ने के लिए इंग्लैंड के चर्च, इंग्लैंड के आधिकारिक संप्रदाय और प्रोटेस्टेंट डिसेंटर्स के बीच संघर्ष ने भारत को ईसाई संप्रदायों के बीच संघर्ष के लिए एक और युद्ध का मैदान बना दिया।[19] 1793 में बंगाल में डिसेंटिंग प्रोटेस्टेंट मिशनरियों, जैसे विलियम कैरी[20] और जॉन थॉमस के आगमन ने विषय को और भी निकृष्टतर बना दिया, और 1811 तक हाउस ऑफ लॉर्ड्स को भी यह आशंका होने लगी कि इंग्लैंड में प्रोटेस्टेंट संप्रदायों की बढ़ती संख्या चर्च ऑफ इंग्लैंड को अल्पसंख्यक न बना दे। इसने प्रतिस्पर्धी धर्मांतरण को जन्म दिया, जिसमें प्रत्येक समूह ने भारत में अधिक से अधिक मिशनरी गतिविधि की आवश्यकता पर सहमत होने के साथ, सुसमाचार के प्रति अपनी प्रतिबद्धता को साबित करने के लिए, अधिक से अधिक धर्मांतरण करने का प्रयास किया।[21] यह ब्रिटिश संसद में 1811 में विलियम विल्बरफोर्स,[22] एक ब्रिटिश राजनीतिज्ञ और प्रोटेस्टेंट ईसाई द्वारा प्रस्तुत प्रस्ताव में सम्मिलित था, जिसके लिए कंपनी को अपने क्षेत्रों में मिशनरी गतिविधियों को वित्त पोषित करने की आवश्यकता थी।[23] इस प्रस्ताव को एंग्लिकन चर्च और कंपनी दोनों ने अपने-अपने कारणों से नकार दिया था। एंग्लिकन चर्च डिसेंटिंग प्रोटेस्टेंटवाद के विकास से डरती थी और कंपनी

मिशनरी गतिविधि के बारे में चिंतित थी जो मूल जनसंख्या को रुष्ट करके वाणिज्य में हस्तक्षेप करता था। मिशनरी गतिविधि को संस्थागत बनाने से कंपनी की अनिच्छा थी क्योंकि 1806 में वेल्लोर विद्रोह हुआ था जिसमें भारतीय सैनिकों ने अपने अधिकारियों के विरुद्ध विद्रोह किया था जिसमें 370 की एक गैरीसन में 200 लोगों की मृत्यु हो गई थी।[24] यह विद्रोह सैनिकों में इस आशंका से प्रारम्भ हुआ था कि कंपनी उन्हें बलपूर्वक ईसाईयत में परिवर्तित करने पर तुली हुई है। इसलिए मिशनरी गतिविधि को आंशिक रूप से बंद करने के लिए कंपनी के अपने कारण थे।

हालांकि 1811 से 1813 के बीच भारत में अधिक से अधिक मिशनरी गतिविधि के लिए मांग बढ़ गयी, और इसके लिए बहाना यह था कि भारत में पर्याप्त ईसाई पुजारी नहीं थे जिससे कि माना जाता था कि भारी रूप से यूरोपियों में अनैतिक व्यवहार बढ़ गया था। उनकी अनैतिकता का दोष निश्चित रूप से देशी भारतीयों को दिया गया जिन्हें मूल रूप से अनैतिक माना जाता था। इसलिए, जबकि भारत में बढ़ती यूरोपीय अनैतिकता का उदाहरण दिया जाता था, लक्ष्य अंततः भारतीयों का धर्मांतरण था, जिन्हें अपनी अज्ञानता, अंधकार और शैतान-पूजा से बचाना था। हिंदुओं की अंतर्निहित अनैतिकता बताने के लिए हिंदू मान्यताओं और प्रथाओं को राक्षसी बताया जाता था, जैसा कि पुरी (ओडिशा) में वार्षिक श्री जगन्नाथ रथ यात्रा को एक 'हानिकारक पंथ' के रूप में प्रचारित किया गया था। इसी प्रकार हिन्दुओं को बुरा नाम देने के लिए सती का मिथक चलाया गया।[25] इस संबंध में, क्लॉडियस बुकानन,[26] जो कि एक स्कॉटिश पादरी और एक मिशनरी थे उनका साहित्य इंग्लैंड और अमेरिका दोनों में बहुत लोकप्रिय था। उन्होंने 'जगन्नाथ' शब्द के अर्थ को भ्रष्ट करके उसे 'जगरनौट' कर दिया जिससे कि हिंदू धर्म को 'खूनी, हिंसक, अंधविश्वासी और पिछड़ी धार्मिक व्यवस्था' के रूप में चित्रित किया जा सके और फिर हिन्दू धर्म को सम्पाप्त करके बाइबिल और ईसाईयत को भारत में स्थापित किया जा सके। उन्होंने इंग्लैंड में भारत के सामाजिक सुधार की मांग की जो प्रोटेस्टेंटवाद की लोकप्रियता के कारण बहुत प्रतिध्वनित हुई।

जैसे-जैसे 1813 में कंपनी के चार्टर के नवीनीकरण का दिन पास आता गया, बुकानन और साथियों ने भारत में ईसाई मिशनरी प्रयासों के राज्य समर्थन की आवश्यकता के लिए ब्रिटिश संसद में दबाव डालना प्रारम्भ कर

दिया।[27] बुकानन ब्रिटिश जनता और सांसदों के एक बड़े वर्ग को कंपनी की लालची प्रवृत्ति के बारे में समझाने में सफल रहे, जो मिशनरियों के ईसाई लक्ष्य के अनुकूल नहीं था।[28] ब्रिटिश संसद के दोनों सदनों को ब्रिटिश चर्चों से सैकड़ों याचिकाएं प्राप्त हुईं जिनमें 'भारत में ईसाई ज्ञान के प्रसार' की अपील की गई।[29]

विलियम विल्बरफोर्स के लिए एक बार फिर से अपना प्रस्ताव रखने के लिए परिस्थितियां अब परिपक्व थीं; 19 फरवरी 1813[30] को उन्होंने स्कॉटलैंड की सोसाइटी की ओर से ब्रिटिश संसद में ईसाई ज्ञान के प्रचार के लिए एक याचिका प्रस्तुत की जिसमें उन्होंने भारत में चर्च की गतिविधि बढ़ाने की बात की और यह मांग की कि भारत में हिन्दुओं का धर्मांतरण सहज बनाया जाए। (परिशिष्ट 1)

यह याचिका यूरोपीय उपनिवेशिकता के पीछे छुपी ईसाईयत को पुष्ट करती है और इसके कारण ही पूरे विश्व में गैर-ईसाई प्रणालियों को प्रभावित किया गया है और भारत के संदर्भ में भारतीय ज्ञान परंपरा को इससे बहुत क्षति पहुंची है। हिंदू धर्म के बारे में जिस रूढ़िवादिता को बुकानन ने 1800 में जन्म दिया जिसने भारत में मिशनरी गतिविधि की विल्बरफोर्स की मांग को पोषित किया, वही मानसिकता और विचारधारा आज भी सनातन धर्म के अनुयायियों को भारत में भी और पश्चिम में भी लगातार परेशान कर रही है। हालांकि पश्चिम पाखंडी रूप से बाकी विश्व को विविधता और सहनशीलता का उपदेश देता है। स्पष्ट रूप से, ईसाई ज्ञान परंपरा ने गोरे व्यक्ति को उदार बताने के मिथक में महत्वपूर्ण योगदान दिया है जिसने विश्व को बहुत घाटा पहुंचाया है।

विल्बरफोर्स की याचिका उस समय के ब्रिटिश समाज के प्रमुख दृष्टिकोण का एक उदाहरण है, जिसके कारण अंततः कंपनी के चार्टर को धर्मान्तरण के सिद्धांतों को लागू करने के साथ नवीनीकृत किया गया। इस तरह के दायित्वों को लागू करने का प्रस्ताव ब्रिटिश संसद में 89-36 के भारी बहुमत के साथ लागू हुआ था, जिसका दूसरा महत्वपूर्ण परिणाम यह था कि ब्रिटिश सरकार ने कंपनी के विषयों पर अधिक नियंत्रण प्राप्त कर लिया था और साथ ही साथ भारत पर भी। प्रभावी रूप से, 1813 के अधिनियम में मिशनरी क्लॉज को सम्मिलित करना एक मील का पत्थर था जिसने भारत में मिशनरी गतिविधियों को बढ़ावा दिया। बाद के वर्षों में,

ब्रिटिश संसद और क्राउन के संरक्षण के साथ एंग्लिकन चर्च और प्रोटेस्टेंट दोनों संप्रदायों ने भारत में अधिक गहरी पहुंच प्राप्त की। ब्रिटिश सेक्युलर नहीं थे इस पर आगे चर्चा की आवश्यकता नहीं है। क्योंकि कोई भी सरकार, विशेष रूप से एक औपनिवेशिक सरकार, जो एक उपनिवेशित समाज को विदेशी थियोलोजी के अनुसार मूल निवासी समाज को सभ्य बनाने के मिशन के साथ संपर्क करती है वह सेक्युलर हो ही नहीं सकती। यह सरकार मूल निवासी समाज पर बर्बरता और अनैतिकता करते हुए ही अपना अस्तित्व पाती है। ऐसे मिशन को मज़हब से अलग करके नहीं देखा जा सकता। ताकि 1813 का अधिनियम एक भूल की तरह न समझ लिया जाए, मैं बाद के अधिनियमों, विधायी बहसों और ब्रिटिश प्रशासन द्वारा लागू की गई शिक्षा सह भाषा नीतियों से अधिक सामग्री की चर्चा करूंगा। इन सभी प्रयत्नों का ईसाई लक्ष्य और प्रोत्साहन बहुत स्पष्ट था और इनके पीछे छुपी यूरोपीय उपनिवेशिकता भी स्पष्ट थी।

उदाहरण के लिए, भारत में ईसाईयत और उसके पादरियों के राज्य संरक्षण को तब स्पष्ट किया गया था जब भारतीय बिशप और न्यायालय अधिनियम, 1823 पारित किया गया था, जिसमें सेक्युलर और गैर-सेक्युलर/मज़हबी दोनों पहलू सम्मिलित थे। यह न केवल वह विधि/नियम था जिसके तहत बॉम्बे में सर्वोच्च न्यायालय की स्थापना की गई थी, बल्कि इसमें भारत में सेवा करने वाले बिशपों और आर्चडीकनो को पेंशन के भुगतान का भी प्रावधान था। धार्मिक और सेक्युलर का इससे अधिक असंगत मिश्रण नहीं मिल सकता है, लेकिन यह ब्रिटिश उपनिवेशवादियों के लिए असंगत नहीं था क्योंकि उनका सेक्युलरवाद ईसाई सेकुलरवाद था।

1813 अधिनियम के मिशनरी क्लॉज का प्रभाव भारत में धर्मांतरण के 'सुधार' के रूप में हुआ, जिसके लिए बुकानन और अन्य मिशनरियों ने भारत, इसकी आस्था प्रणालियों, परंपराओं और समाज के बारे में बुरी अवधारणा का स्थापन किया था।[31] 1829 का बंगाल सती विनियमन सामाजिक सुधार के आंदोलन का प्रत्यक्ष उत्पाद था। वास्तव में डॉ. मीनाक्षी जैन ने अपने विद्वतापूर्ण शोध ग्रन्थ 'सती: इवेंजेलिकल, बैपटिस्ट मिशनरी, और चेंजिंग कॉलोनियल डिस्कोर्स[32] में उक्त विधि और हिंदू समाज को सती के नाम पर कुख्यात करने के षड्यंत्र को अच्छी तरह चित्रित किया है। वे बताती हैं कि इस मिथक का उद्देश्य है ईसाई श्वेत यूरोपीय उपनिवेशवादी के सभ्यता के मिशन को वैध बनाना था।

वह अपनी पुस्तक में विश्वसनीय रूप से प्रदर्शित करती हैं कि एक प्रथा के रूप में सती की उपस्थिति कहीं भी उतनी व्यापक नहीं थी जितना कि मिशनरियों द्वारा बताया गया था। इसको बनाया गया था 'ब्रिटिश जनता को स्तब्ध और प्रेरित करने के लिए और भारत में मिशनरी कार्य के लिए धन जुटाने के लिए।' साथ ही साथ 1813 के अधिनियम में मिशनरी क्लॉज को सम्मिलित करने पर जोर तो दिया जाता ही था।

वह इस तथ्य को रेखांकित करती हैं कि यह संयोग की बात नहीं हो सकती थी कि हिंदू समाज की सभी बुराई कलकत्ता के आसपास या बंगाल में पाई जानी थीं, जो कि ब्रिटिश सत्ता की सीट थी और उस समय भारत के बिशप की भी। उन्होंने ठीक ही तर्क दिया कि सती को हिंदुओं और हिंदू धर्म को बुरा नाम दिए बिना संबोधित करना संभव था–जैसा कि टैगोर परिवार के दृष्टिकोण से स्पष्ट है।[33] मिशनरी लोग सती का प्रयोग हिन्दुओं के विश्वास पर हमलों के लिए स्प्रिंगबोर्ड के रूप में करते थे। मैं इसे पाठक पर छोड़ देता हूं कि वह स्वयं से पूछे कि क्या 1800 के दशक में मिशनरियों का हिंदू समाज, उसकी आस्था, संस्कृति और संस्थानों के प्रति दृष्टिकोण हिंदुओं और हिंदू धर्म के समकालीन प्रतिनिधित्व में प्रतिबिंबित होता है (हिन्दुओं अथवा दूसरों के चिंत्रण में)? यदि उत्तर हां में है, तो इसका निष्कर्ष यह है कि मूल निवासी समाज की कई पीढ़ियों ने उपनिवेशिकता और भारतीय दृष्टिकोण के उपनिवेशीकृत संस्करणों को आत्मसात कर लिया है।

अगली ऐतिहासिक विधि जिसके प्रावधानों के साथ-साथ आसपास की विधायी बहसें ब्रिटिश उपनिवेशवाद की प्रचार प्रकृति को स्पष्ट कर देती हैं वह है अगस्त 1833 में पारित भारत सरकार अधिनियाग 1833, जिसे 1833 के चार्टर अधिनियम के रूप में भी जाना जाता है।[34] इस विधि ने आधिकारिक तौर पर ब्रिटेन के भारत में उपनिवेशीकरण को सशक्त किया, जैसा कि निम्नलिखित टिप्पणियों से संकेत मिलता है:

1. अधिनियम की धारा 1 के तहत, सभी ब्रिटिश भारतीय क्षेत्र 13 अप्रैल 1854 तक भारत में कंपनी की सरकार के अधीन रहेंगे, और सभी संपत्ति क्राउन के ट्रस्टी के रूप में उसके पास होगी;
2. धारा 2 के तहत, कंपनी द्वारा प्राप्त सभी विशेषाधिकार केवल अप्रैल 1854 तक ही लागू रहेंगे;

3. धारा 4 के तहत, कंपनी से 22 अप्रैल 1854 के बाद अपने वाणिज्य को तेजी से बंद करने और अपनी संपत्तियों को बेचने की आशा की गई थी;
4. धारा 25 के तहत, नियंत्रण बोर्ड कंपनी के उन सभी कृत्यों को नियंत्रित करेगा, जो कंपनी की राजनीतिक और वाणिज्यिक गतिविधियों के बीच के अंतर को दूर करते हैं;
5. धारा 39 के तहत, भारत के गवर्नर-जनरल के लिए परिषद में एक प्रावधान किया गया था, जिसके पास पूरे ब्रिटिश भारत पर विधायी और कार्यकारी दोनों शक्तियां होंगी। विलियम बेंटिक भारत के गवर्नर-जनरल के पद पर नियुक्त होने वाले पहले व्यक्ति थे;
6. धारा 45 के तहत, सभी निरस्त विधियों और नियमों में वही बल होगा जो ब्रिटिश संसद द्वारा पारित किसी भी विधि के रूप में होगा, और धारा 51 के तहत, भारत के लिए विधि बनाने के लिए ब्रिटिश संसद की सामर्थ्य को बताया गया था;
7. धारा 53 के तहत एक विधि आयोग का निर्माण का प्रावधान प्रदान किया गया था जिसे प्रस्तुत विधियों और नियमों की जांच करने के लिए, स्थानीय रीतियों और प्रथाओं के संबंध में सामान्य प्रयोज्यता के लिए विधियों और नियमों के संहिताकरण पर 'जातियों के भेद, धर्म के अंतर' को ध्यान में रखते हुए कार्य करने के लिए बनाया गया था। चार्टर अधिनियम में जाति और नस्ल शब्दों के प्रयोग का अत्यधिक महत्व है, क्योंकि यह दिखाता है कि कैसे यह दो शब्द उपनिवेशक की शब्दावली में आ गए। इसके अलावा, यह थॉमस बबिंगटन मैकाले की अध्यक्षता में 1834 का पहला स्वतंत्रता-पूर्व विधि आयोग था, जिसकी संस्तुति ने 1860 की भारतीय दंड संहिता, 1898 की मूल आपराधिक प्रक्रिया संहिता, 1872 के भारतीय साक्ष्य अधिनियम और 1872 के भारतीय अनुबंध की नींव डाली।
8. धारा 87 के तहत, औपनिवेशिक प्रशासनिक ढांचे में भारतीयों के प्रवेश को एक गैर-भेदभाव खंड के प्रावधान के माध्यम से सुगम बनाया गया था। यह भारत में सिविल सेवाओं के प्रारम्भ का अग्रदूत था; तथा
9. धारा 89 के तहत, दो और बिशप नियुक्त किए गए, मद्रास और बॉम्बे के लिए एक-एक, जो कलकत्ता में बिशप के अधिकार के अधीन होने

थे। इसके अलावा, धारा 94 के तहत, कलकत्ता के बिशप को भारत में मेट्रोपॉलिटन बिशप बोला गया, जिसके अधीनस्थ अन्य दो बिशप थे। कलकत्ता के बिशप स्वयं कैंटरबरी के आर्कबिशप के अधीन थे।

1833 के चार्टर अधिनियम के प्रावधान स्वयं ईसाई यूरोपीय उपनिवेशवादियों द्वारा भारत में राज्य द्वारा चर्च की स्थापना की कहानी बताते हैं। अगर ये प्रावधान कहानी को पूरी तरह से नहीं बताते हैं, तो 1833 के अधिनियम के पारित होने के आस-पास की संसदीय बहस भारत में ब्रिटिश स्थापना के औपनिवेशिक और भारत को सभ्य बनाने के मिशन के बारे में बताती है। धर्म से लेकर शिक्षा तक, ये बहस 'सुधार' और भारतीयों को धर्मान्तरित करने के लक्ष्य को रेखांकित करती है।

उदाहरण के लिए, चार्ल्स ग्रे, जिन्होंने भारत में सर्वोच्च न्यायालय के मुख्य न्यायाधीश का पद संभाला था, आशा व्यक्त की थी कि भारत की विविध विधिक प्रणालियां देशी ईसाइयों, ब्रिटिश और औपनिवेशिक व्यक्तियों की संख्या में वृद्धि करेंगी। उनके विचारों को ब्रिटिश संसद में भारत में ईसाई मिशनरी गतिविधि और 'सामाजिक सुधार और शिक्षा' के प्रमुख समर्थकों में से एक चार्ल्स ग्रांट द्वारा 13 जून 1833[35] को अनुमोदन के साथ उद्धृत किया गया था। वह विलियम विल्बरफोर्स के समान विचारधारा वाले थे और इवेंजलिस्ट ईसाईयत और सामाजिक सुधार के बीच विवाह में विश्वास करते थे। वे कहते हैं कि भारतीयों के विचार और जीवनशैली बदल रहे हैं और अब वे यूरोपीय तौर-तरीकों को अपनाने लगे हैं और कैसे उन्होंने अंग्रेजी माध्यम को अपनाया है और उसका प्रभाव उनके विचारों और जीवनशैली पर भी देखने को मिलता है। उन्होंने इस प्रक्रिया को और भी बढ़ाने और तीव्र करने का पक्ष रखा। (परिशिष्ट 3)

ग्रांट द्वारा प्रस्तुत किए गए प्रस्ताव निम्नलिखित थे:

1. यह समीचीन है कि महामहिम के सभी नागरिकों को चीन के साम्राज्य के बंदरगाहों को ठीक करने और चाय और अन्य सभी उत्पादनों में व्यापार करने की स्वतंत्रता होगी, इस तरह के नियमों के अधीन संसद इस देश के वाणिज्यिक और राजनीतिक हितों की सुरक्षा के लिए अधिनियमित करेगी।
2. यह समीचीन है कि यदि ईस्ट-इंडिया कंपनी भारतीय क्षेत्र की ओर से क्राउन से संबंधित सभी संपत्तियां और दावे क्राउन को हस्तांतरित करेगी

तो क्राउन उक्त कंपनी के सभी दायित्वों को अपने ऊपर ले लेगा। कंपनी को उक्त क्षेत्र के राजस्व से इतनी राशि प्राप्त होगी, और इस तरह से भुगतान किया जाएगा जैसा कि संसद अधिनियमित करेगा।

3. यह समीचीन है कि भारत में ब्रिटिश संपत्ति की सरकार उक्त कंपनी को सौंप दी जाए, संसद की ऐसी शर्तों और विनियमों के तहत जिससे इस देश के वाणिज्य का विस्तार हो, अच्छी सरकार सुरक्षित हो और भारत के लोगों के नैतिक और धार्मिक सुधार को बढ़ावा मिले।

इन प्रस्तावों को तब हाउस ऑफ कॉमन्स द्वारा 17 जून 1833 को हाउस ऑफ लॉर्ड्स की सहमति के लिए सूचित किया गया था।[36] बाद में हाउस ऑफ कॉमन्स में फिर से हुई बहसें ईसाई यूरोपीय उपनिवेशिकता को और सशक्त करती हैं। उदाहरण के लिए, 10 जुलाई 1833[37] को यह तथ्य बार-बार बीच में लाया गया कि कंपनी ने एक 'ईसाई सरकार' की अध्यक्षता की थी, और उसकी फटकार लगाई गयी कि ईसाई चरित्र के बाद भी वह व्यापारिकता में लगी है। हिंदू समाज के संदर्भ में सबसे 'अच्छे' शब्द 'अंधविश्वास' जैसे थे जिनका उदारतापूर्वक उपयोग किया गया था। शेफील्ड से ब्रिटिश संसद के तत्कालीन सदस्य जेम्स सिल्क बकिंघम के प्रस्तुतीकरण से हमें यह महत्वपूर्ण तथ्य पता चलते हैं। उनके भाषणों में हिन्दुओं के मूर्तिपूजा के लिए घृणा स्पष्ट रूप से दिखती है। (परिशिष्ट 4)

एक ईसाई सरकार के रूप में, कंपनी किस प्रकार भारत में ईसाई मिशनरियों के कार्य में बाधा डाल रही थी, जैसा कि एक ईसाई सरकार से अपेक्षित नहीं था, यह बात बकिंघम ने हाउस ऑफ कॉमन्स में बहुत विस्तार से रखी। उन्होंने ब्राह्मणों और पुजारियों को 'मूर्ती मिशनरी' कह कर पुकारा और जगन्नाथ जी को 'लकड़ी के बुत' कहकर। उन्होंने कंपनी को एक 'ईसाई शासक' के रूप में संदर्भित किया और उसकी मिशनरियों के कार्य में बाधा डालने के लिए आलोचना की। उन्होंने इस बात पर भी दुःख जताया कि कैसे भारत में पहले से भेजे गए बिशपों ने वास्तविक धर्मांतरण कुछ भी नहीं किया था और 'मूर्ति उपासक' 'ईसाई शासकों' के तत्वावधान में तेजी से प्रगति कर रहे थे। (परिशिष्ट 5)

इसके बाद उसी दिन थॉमस बैबिंगटन मैकाले ने बहुत विस्तृत भाषण दिया, जिसमें भारत में विधियों और नियमों के समेकन और संहिताकरण की

आवश्यकता सहित, यूरोप की विविधता की तुलना में कई विषयों को छुआ। विधियों और नियमों और विधिक परिणामों में एकरूपता की आवश्यकता बताने के अलावा मैकाले का योगदान है मूल निवासी सामाजिक संरचनाओं के प्रति हमारा दृष्टिकोण और जाति प्रणाली के साथ-साथ ब्राह्मणों के प्रति भी नकारात्मक दृष्टिकोण का बनाना। उन्होंने स्पष्ट रूप से कहा कि पूर्व में यूरोपीय सभ्यता के प्रसार से ब्रिटेन को शासन के दृष्टिकोण से लाभ होगा क्योंकि मूल जनसंख्या का यूरोपीयकरण सांस्कृतिक अंतर को पाट देगा और शासन को और मूल निवासी समाज और संस्कृति को यूरोपीय ईसाई सभ्यता में आत्मसात करना आसान बना देगा। इस दृष्टिकोण के पीछे व्यावहारिकता और व्यावसायिक भावना को उजागर करने के अलावा, यह स्थिति उपनिवेशवादी की उपनिवेशिकता को दिखाती थी। उनके भाषण के कुछ प्रासंगिक अंश इस बात की पुष्टि करते हैं:

> सरकार को सर्वोच्च विधायी शक्ति प्रदान करने के बाद, हम अगले कुछ समय के लिए भारत के विधियों और नियमों को सुधारने के उद्देश्य से एक आयोग की सहायता देने का प्रस्ताव करते हैं, ताकि उन विधियों और नियमों को शीघ्र अति शीघ्र एक व्यवस्थित विधि में बदला जा सके।... मेरा मानना है कि भारत की तुलना में किसी भी देश को विधि की इतनी आवश्यकता कभी नहीं पड़ी; और मैं यह भी मानता हूं कि ऐसा कोई देश कभी नहीं था जिसमें इतनी आसानी यह आवश्यकता पूरी की जा सके। मुगल सत्ता के पतन के बाद उस देश की स्थिति और रोमन साम्राज्य के पतन के बाद यूरोप की स्थिति के बीच समानता के कई बिंदु हैं। एक दृष्टि से यह सादृश्य बहुत ही आकर्षक है। मूल निवासी जनसंख्या की अपनी विधियां हैं। विजेताओं की क्रमिक दौड़ में से प्रत्येक अपने साथ अपना विशिष्ट न्यायशास्त्र लेकर आया है: मुसलमान अपनी कुरान; अंग्रेज अपनी विधि की पुस्तक। जैसा कि इटली में एक ही समय में कई विधियां थीं: रोमन विधि, लोम्बार्ड विधि, रिपुरियन विधि, बवेरियन विधि और सैलिक विधि, इसी प्रकार अब हमारे पास हमारे पूर्वी साम्राज्य में हिंदू विधि, मुसलमान विधि, पारसी विधि, अंग्रेजी विधि अथवा हैं जो एक-दूसरे के साथ घुलमिल जाते हैं और हर व्यक्ति और स्थान के साथ बदलते रहते हैं। एक ही कारण में प्रक्रिया और दलीलें एक राष्ट्र के फैशन में होती हैं, निर्णय दूसरे के विधियों और नियमों के अनुसार होता है।...

मैकाले यह कहते हैं कि कैसे भारत में विधि और नियम बहुल और विविध हैं और इस कारण से स्थान और समुदाय की रीतियों के अनुसार एक जैसे दो विषयों में दो अलग-अलग स्थानों पर अलग-अलग निर्णय हो सकता है। इस तथ्य से मैकाले बहुत घबराते हैं और चाहते हैं कि ब्रिटेन की भांति यहां पर भी एक ही विधि हो पर वे यह भी पहचानते हैं कि भारत में ऐसा संभव नहीं है और जातिगत और धर्म और मज़हब के अनुसार कुछ विविधता रखना तो अनिवार्य है। परन्तु फिर भी एक बात पर वे अडिग थे कि भारत की विधि और नियमों को अंग्रेजी विधियों में पचा लेना चाहिए:

> लेकिन, हम उन प्रणालियों को आत्मसात करते हैं या नहीं पर हमें उहें पचाना अवश्य चाहिए। हम किसी क्रान्ति का प्रस्ताव नहीं करते हैं; हम अपने विषयों के किसी भी हिस्से के पूर्वाग्रहों को कोई झटका नहीं देना चाहते हैं। हमारा सिद्धांत बस यही है; एकरूपता जहां इसे प्राप्त कर सकते हैं: विविधता जहां इसे प्राप्त कर सकते हैं; लेकिन सभी विषयों और विवादों में निश्चितता।... मेरा मानना है कि भारत को विश्व के किसी भी देश की तुलना में एक संहिता की अधिक आवश्यकता है, मेरा यह भी मानना है कि ऐसा कोई देश नहीं है जिस पर इतना बड़ा लाभ अधिक आसानी से प्रदान किया जा सके। एक विधिक नियम अथवा पुस्तक इस देश के लिए एकमात्र आशा है।... इसलिए, मुझे लगता है कि यह ठीक वह समय है जब भारत को पूरी तरह से लिखित विधियों और नियमों का लाभ आसानी से प्रदान किया जा सकता है। यह एक ऐसा कार्य है जिसे बर्बरता के युग में अच्छी तरह से नहीं किया जा सकता है, जिसे स्वतंत्रता के युग में भी बड़ी कठिनाई के बिना नहीं किया जा सकता है। यह एक ऐसा कार्य है जो विशेष रूप से भारत की अंग्रेजी सरकार से अपेक्षित है, ऐसी सरकार जो पित्रसत्तात्मक निरंकुशता को सहेजती हो।

इसके बाद वे एक बहुत महत्त्वपूर्ण बात कहते हैं जिसमें वे इस बात का पक्ष लेते हैं कि भविष्य में भारतीयों को किसी भी आधिकारिक पद को ग्रहण करने की अनुमति होना चाहिए। ऊपर से देखने में तो यह एक भली आशा लगती है परन्तु इसके पीछे मैकाले की वह मनसा है जिससे कि वे हर भारतीय को एक अंगरेज ईसाई के रूप में ढाल देना चाहते हैं।

> पूर्व की विशाल जनसंख्या के बीच यूरोपीय सभ्यता के प्रसार से हम जो लाभ प्राप्त कर सकते हैं, उसकी गणना ही करना संभव नहीं है। भारत

> के लोग कुशासन और हमारे अधीन होने की तुलना में अच्छी तरह से शासित और हमसे स्वतंत्र हों तो अच्छा होगा। यह अच्छा होगा कि वे अपने स्वयं के राजाओं द्वारा शासित हों, लेकिन हमारे कपड़े पहने हुए हों, और हमारे कटलरी के साथ भोजन करें, इसके बजाय कि वे अंग्रेजी कलेक्टरों और अंग्रेजी मजिस्ट्रेटों के आगे झुकें, लेकिन अंग्रेजी मूल्यों से अनभिज्ञ हों, या अंग्रेजी सामान क्रय करने में असमर्थ हों। सभ्य लोगों के साथ व्यापार करना जंगली जानवरों पर शासन करने की तुलना में असीम रूप से अधिक लाभदायक है।

मैकाले फिर कहते हैं कि भारत में कुछ तानाशाह अपने विरोधियों को अफीम दे कर उन्हें निर्विरोध बना देते थे। मैकाले को यह तकनीक बहुत बुरी लगती है पर जो विकल्प वे सुझाते हैं वह अफीम देने से भी कहीं घातक है। वे भारतीयों को ऐसी शिक्षा देने की बात करते हैं जिससे कि वे ब्रिटिश साम्राज्य का नागरिक बनने के लिए आतुर हों। कहने का अर्थ है कि उनके मस्तिष्क पर उपनिवेशिकता का प्रभाव इस प्रकार अंग्रेजी शिक्षा द्वारा पड़ जाए कि वे स्वतः ही अपनी संस्कृति का नाश करके अंग्रेजों की प्रतिकृति में बदल जाएं।

मैकाले का भाषण औपनिवेशिक चेतना के सार को इतनी अच्छी तरह से समझाता है कि मुझे नहीं लगता कि मैं इसमें सुधार कर सकता हूं। 19 जुलाई 1833[38] को हाउस ऑफ कॉमन्स में भारत में चर्च के बुनियादी ढांचे के विकास पर चर्चा हुई और इसमें चार्ल्स ग्रांट के प्रस्ताव का बहुत समर्थन हुआ। मिस्टर फिंच ने खंड का समर्थन किया और तर्क दिया कि ईसाईयत की उन्नति के लिए यह आवश्यक था कि भारत में एक स्थापित चर्च होना चाहिए जो बढ़ती ईसाई जनसंख्या का ध्यान रखने में और उन्हें ईसाई मार्गदर्शन देने में सफल हो। (परिशिष्ट 7)

26 जुलाई 1833[39] को चार्टर बिल को फिर से उठाया गया, इस प्रश्न पर कि भारत में चर्च की स्थापना के लिए भारतीयों से भुगतान की आशा की जाए या नहीं। बकिंघम ने इस मांग का मुख्य रूप से इस आधार पर इसका विरोध किया कि (ए) भारतीयों से यह आशा नहीं की जानी चाहिए कि भारत में एक ऐसे मज़हब की स्थापना के लिए भारतीय भुगतान करें जिसे वे झूठा मानते थे और (बी) भारतीयों को ईसाईयत में धर्मान्तरित होने के लिए प्रेरित किया जा सकता है यदि भारत में चर्च प्रतिष्ठान स्वयं को ईसाई

मितव्ययिता, विनम्रता और पवित्रता के साथ संचालित करता है। जो भारतीयों के अधिकारों के लिए बोलते थे वे भी भारत को ईसाई बनाने की आवश्यकता के प्रति आश्वस्त थे। बकिंघम का कहना था कि भारत में ईसाईयत का प्रसार करना तो निश्चित ही है परन्तु उसके लिए धन इंग्लैंड के ईसाईयों और वहां की चर्चों को ही देना चाहिए। परन्तु इस बात पर कि भारतीयों का धर्मांतरण करना है सभी एकमत थे। (परिशिष्ट 8)

यह ध्यान दिया जाना चाहिए कि जब सभी 'मज़हबों' के समान संरक्षण पर चर्चा की गई थी, तब भी संदर्भ ईसाईयत के सभी उप-संप्रदायों के लिए था न कि हिन्दू धर्म जैसे दूसरे धर्मों के लिए। यह बात आयरिश राजनेता और सांसद रिचर्ड लालोर शील और चार्ल्स ग्रांट की प्रस्तुतियों से और कुछ और नेताओं की बात से अधिक स्पष्ट होती है। (परिशिष्ट 9)

विभिन्न ईसाई संप्रदायों द्वारा भारत को धर्मांतरण के लिए एक उपजाऊ क्षेत्र के रूप में देखा जाता था और बहस इस बात पर थी कि सभी ईसाई मतों को हिन्दुओं को धर्मान्तरित करने का, ईसाई सुसमाचार सुनाने का, समान अधिकार हो। 1833 चार्टर अधिनियम के प्रावधानों के पीछे प्राथमिक उद्देश्यों में से एक था भारत के मूल निवासियों के धर्मांतरण के लिए राज्य समर्थन के माध्यम से भारत में ईसाईयत और यूरोपीकरण की नींव रखना।

1833 के चार्टर अधिनियम के तहत स्थिति को निम्नलिखित महत्वपूर्ण परिवर्तनों को छोड़कर, अधिकांश भाग के लिए ईस्ट इंडिया कंपनी अधिनियम 1853 में आगे बढ़ाया गया था:

1. पिछले चार्टर अधिनियमों के तहत, प्रत्येक चार्टर की अवधि 20 वर्ष थी। हालांकि 1853 के अधिनियम के तहत, धारा 1 में स्पष्ट रूप से कहा गया है कि जब तक ब्रिटिश संसद अन्यथा प्रदान नहीं करती, ब्रिटिश भारतीय क्षेत्रों को ब्रिटिश क्राउन के लिए कंपनी द्वारा ट्रस्ट में रखा जाएगा;
2. गवर्नर-जनरल की परिषदों के विधायी और कार्यकारी कार्यों को अलग कर दिया गया और एक 12 सदस्यीय विधान परिषद बनाई गई; तथा
3. भारतीय सिविल सेवा के निर्माण की परिकल्पना की गई, जिसके कारण 1854 में भारतीय सिविल सेवा पर मैकाले समिति का गठन हुआ।

एक ऐसे ढांचे का निर्माण, जिसका भारतीय अभिजात वर्ग हिस्सा बनने की आकांक्षा करने लगे, 1853 के अधिनियम का सबसे महत्वपूर्ण योगदान था और इसके पीछे जो औपनिवेशिक चेतना थी अधिनियम के पारित होने से पहले संसदीय बहस में इसका योगदान स्पष्ट हो गया था। 2 अप्रैल 1852 को हाउस ऑफ लॉर्ड्स में अर्ल ऑफ डर्बी, एडवर्ड स्टेनली, तत्कालीन ब्रिटिश प्रधानमंत्री ने एक भाषण दिया। वे बात करते हैं कि कैसे भारत में कंपनी की स्थापना के बाद कैसे शीघ्रता से चर्च के पादरी बढे हैं। वे भी कहते हैं कि अंततः भारतीयों को स्वायत्ता देनी चाहिए और यह पढ़कर हमें अच्छा लग सकता है परन्तु उनका मानना है कि जब भारतीय स्वायत्त हों तब वे उन्हीं विधि, नियमों और मान्यताओं का पालन करें जो अंग्रेजी शिक्षा और शासन नीति से अंगरेज उन्हें प्रदान करेंगे[40] (परिशिष्ट 10)। 19 अप्रैल 1852 को हाउस ऑफ कॉमन्स के एक सदस्य जॉन चार्ल्स हेरीज ने 1833 चार्टर अधिनियम के मिशनरी खंड के ठोस प्रभाव पर प्रकाश डाला।[41] (परिशिष्ट 11)

ब्रिटिश संसद के एक रूढ़िवादी सदस्य हेनरी गॉलबर्न ने कहा कि 1833 का अधिनियम मिशनरी खंड 1698 चार्टर की निरंतरता में ही था। उनके अनुसार औपनिवेशिक सरकार का पूरा उद्देश्य लोगों की नैतिकता और चरित्र को सुधारना था, और यह लक्ष्य केवल बाइबिल के सुसमाचार के प्रसार के माध्यम से प्राप्त किया जा सकता था।

जबकि संसद के सदस्य रॉस डोनेली मैंगल्स भारत में ईसाई प्रतिष्ठान के लिए राज्य के समर्थन के विरोध में थे, उनकी असहमति केवल यह सिद्ध करती है कि ब्रिटिश भारत सरकार वास्तव में भारत में मिशनरी कार्य में सक्रिय रूप से सहायता कर रही थी। उनकी सहिष्णुता केवल ईसाई सहिष्णुता है जिसके अनुसार वे मानते थे कि जब तक राज्य केवल बाइबिल के सुसमाचार के प्रचार की स्वतंत्रता की आज्ञा देता है बिना किसी और समर्थन की आवश्यकता के तो यह अधिक और सच्चे ईसाई पैदा करेगा। (परिशिष्ट 13)

अब तक चर्चा किये गए साहित्य से यह स्पष्ट है कि 1493 में 'इंटर कैटरा' के आसपास की घटनाएं से लेकर प्रोटेस्टेंट सुधार तक ने भारत पर बहुत प्रभाव डाला। 1600 से 1853 तक, यूरोपीय राष्ट्रों द्वारा भारत के उपनिवेशीकरण पर इसका स्पष्ट प्रभाव था जिसमें ब्रिटिश भी सम्मिलित

थे, जिनकी औपनिवेशिक चेतना और धर्मांतरण की मंशा स्पष्ट रूप से विधिक साधनों के साथ-साथ उनके विचारों में परिलक्षित होती है। ब्रिटिश उपनिवेशवादियों के धर्मांतरण की इक्छा और भारतीयों को 'सभ्य' बनाने का अभियान एक ही मंशा है और यह एक अकाट्य सत्य है। इसका उपनिवेशवादियों की समझ पर सीधा प्रभाव पड़ा और उनकी भारतीय विश्वास प्रणालियों, सामाजिक संरचनाओं और उनकी शिक्षा और भाषा नीतियों के बारे में उनकी समझ पर भी सीधा असर पड़ा जैसा कि अगले अध्याय में देखा जाएगा।

अध्याय 9

ईसाई औपनिवेशिक चेतना, हिन्दू धर्म, जाति, जनजाति और शिक्षा

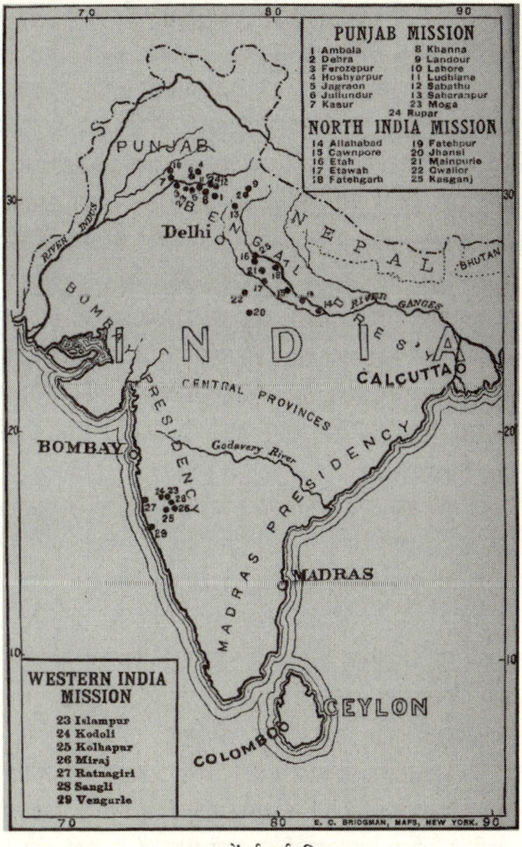

भारत में ईसाई मिशन
(यूनाइटेड स्टेट्स ऑफ अमेरिका की प्रेसबाईटेरियन चर्च को मिली मिशनरियों की रिपोर्ट, 1913)

यूरोपीय उपनिवेशवादियों द्वारा प्रचलित ईसाई सहिष्णुता की धर्मांतरण की प्रवृत्ति को देखते हुए भारतीय विश्वास प्रणालियों और सामाजिक संगठन के रूपों पर इसका प्रभाव क्या था? क्या उपनिवेशवादी की ईसाई चेतना ने भारत में उनकी शिक्षा और भाषा नीतियों को प्रभावित किया? इन प्रश्नों का उत्तर देने के लिए इस अध्याय में मैंने डॉ. जैकब डी रूवर, निकोलस बी डर्क्स[1] और अन्य विद्वानों के कार्यों के अलावा कुछ और शोधों का सहारा लिया है। इन पहलुओं पर मेरी चर्चा संक्षिप्त होगी और ऐसे साहित्य को उपनिवेशिकता के संदर्भ खंगालने तक सीमित होगी।

अपनी पुस्तक 'यूरोप, इंडिया एंड द लिमिट्स ऑफ सेक्युलरिज्म' में,[2] डी. रूवर ने कराची के कलेक्टर और मजिस्ट्रेट, कैप्टन एच.डब्ल्यू. प्रीडी द्वारा लिखित सिंध सरकार के सचिव को एक पत्र का उल्लेख किया है जो उन्होंने दिनांक 28 नवंबर 1943 को लिखा था और जो ब्रिटिश उपनिवेशवादियों की सहनशीलता की नीति के सार को स्पष्ट करता है। पत्र में कैप्टन प्रीडी लिखते हैं, 'हम सभी धर्मों/मज़हबों को सहन करने के लिए बाध्य हैं, लेकिन मैं अपने मज़हब के अलावा किसी और का समर्थन करने की कल्पना नहीं करता'। यह पत्र उपनिवेशवादी द्वारा सहिष्णुता और समर्थन के बीच अंतर स्पष्ट करने का एक उदाहरण है, जिसमें सहिष्णुता उपनिवेशित समाज के स्वदेशी विश्वास प्रणालियों पर लागू होती है और समर्थन अपने मज़हब ईसाईयत पर लागू होता है।[3]

इस ईसाई सहिष्णुता की नीति के कारण ईसाईयत के प्रसार के लिए ब्रिटिश राज्य का समर्थन मिला (जैसा कि पिछले अध्याय में चर्चा की गई विधायी सामग्री से पता चलता है)। उसके कारण भारतीय ज्ञान परंपरा को भी ऐसे ही देखने की परंपरा का जन्म हुआ जैसा कि प्रोटेस्टेंट क्रान्ति के बाद ईसाई पादरियों के विरुद्ध हुआ था। इस दृष्टिकोण का परिणाम यह हुआ कि पोप और कैथोलिक चर्च के बजाय अब ईसाईयों की घृणा भारत में ब्राह्मणों, 'ब्राह्मणवाद' और 'ब्राह्मणवादी संस्थाओं' के विरुद्ध भड़कने लगी। चूंकि मंदिरों को मुख्य रूप से ब्राह्मणवादी संस्थानों के रूप में देखा जाता था, इसलिए यूरोप में ईसाईयत के पूर्व के पेगन मंदिरों के विरुद्ध घृणा और षडयंत्र के भाव को हिन्दू मंदिरों और उनकी प्रथाओं पर ज्यों का त्यों थोप दिया गया। उदाहरण के लिए, यूरोप में पेगन मंदिरों का अपयश करने के लिए प्रारंभिक ईसाइयों द्वारा 'मंदिरों में वेश्यावृत्ति' का आरोप भारत में भी देवदासी प्रथा पर

लगा दिया गया, जिसके परिणामस्वरूप अंततः इस प्रथा को समाप्त कर दिया गया। इसके उन्मूलन के बाद भी 'मंदिर में वेश्यावृत्ति' की कथा इस धारणा को दृढ़ करने के लिए आगे बढ़ती रही कि हिन्दू धर्म मौलिक रूप से इतना भ्रष्ट है, और सेक्स से इतना ग्रस्त है कि इसके पूजा स्थल भी वेश्यावृत्ति के स्थल हैं। 'दुष्ट ब्राह्मण' के कैरिकेचर के साथ मिलकर इस कथानक ने एक छवि को प्रभावी ढंग से चित्रित किया कि महिलाओं को ब्राह्मणवादी धर्म के आदेश से मंदिर की वेश्या बनने के लिए बाध्य किया जा रहा था।

कोई आश्चर्य नहीं कि ब्रिटिश संसद की बहसों में ब्राह्मणों और उनकी संस्कृति को घृणित रूप से 'पुजारीतंत्र'[4] कहा गया। यह ब्रिटिश संसद के एक इवैंजेलिकल सदस्य चार्ल्स ग्रांट के मनुस्मृति के बारे में दृष्टिकोण[5] से पुष्ट होता है। जो इस प्रकार है:

> इससे अधिक स्पष्ट कुछ भी नहीं है कि यह पूरा ताना-बाना एक चालाक और अत्याचारी पुरोहित वर्ग का काम है, जिसने हिंदुओं के नागरिक राज्य पर पूर्ण साम्राज्य के साथ, अपने स्वयं के आदेश को, शाश्वत रूप से निवेश करने के लिए, एक दिव्य रहस्योद्घाटन और नियुक्ति का नाटक किया।

डी रूवर का तर्क है कि जिस ईसाई ढांचे के भीतर भारतीय आस्था प्रणालियों और प्रथाओं के प्रति सहनशीलता की ब्रिटिश नीति अपनाई गई थी, उसने भारत की प्रणालियों को अछूता नहीं छोड़ा। इसके विपरीत, स्वदेशी/भारतीय ज्ञान परंपरा को मज़हब के ईसाई विचार में फिट करने के लिए पुनर्गठित किया गया था जिसे दुर्भाग्य से हिन्दू सुधार आंदोलनों द्वारा भी अपनाया गया। केवल वे प्रथाएं जो हिन्दू धर्म के पवित्र ग्रंथों में मिलती हैं उन्हें ही औपनिवेशिक राज्य द्वारा सहन किया गया जबकि बाकी को अंधविश्वासी और अनैतिक मान कर समाप्त कर दिया गया। इसका समर्थन करने के लिए अंगरेज उपनिवेशवादियों ने प्रोटेस्टेंट/लॉकियन स्थिति का सहारा लिया जिसके तहत कुछ 'मूल' मज़हबी परंपराएं हैं जिनमें राज्य को हस्तक्षेप नहीं करना चाहिए परन्तु दूसरी ओर यह कहा कि ऐसी बहुत सी 'झूठी मान्यताएं' हैं जिनमें हस्तक्षेप करना राज्य का पूरा अधिकार है। ईसाईयत की भांति हिन्दू धर्म में भी मज़हबी, सेक्युलर और 'झूठे मज़हबी वर्ग' देखे जाने लगे।[6,7] (परिशिष्ट 14)

सहिष्णुता का अर्थ था कि हिन्दू धर्म का गठन एक स्पष्ट ईसाई ढांचे के माध्यम से किया जाए। हिन्दू धर्म को समझने का यह स्पष्ट रूप से ईसाई प्रयास हिन्दू धर्म के मूलभूत सिद्धांतों या विधियों के बारे में उपनिवेशवादियों की समझ में भी प्रकट हुआ, जिससे हिन्दू धर्म में भी मूसा जैसे विधि देने वाले की खोज प्रारम्भ हुई। इस खोज ने मनुस्मृति के उस लेखक मनु को जन्म दिया जिन्हें अब चहुं ओर से अपशब्द मिलते हैं। मनुस्मृति विधि है अथवा प्रथाओं का एक वर्णनात्मक रिकॉर्ड है ईसाई उपनिवेशवादी द्वारा स्पष्ट रूप से कभी नहीं समझा गया था क्योंकि वह स्वदेशी समाज को एक स्वदेशी दृष्टिकोण से देखने में असमर्थ थे। इसलिए, हिन्दू धर्म में 'धार्मिक विधि का गठन करने वाली अवधारणाओं' को भी एक ईसाई लेंस के माध्यम से प्रस्तुत किया गया था, जिसने उपनिवेशवादियों की देशी समाज के बारे में समझ और साथ ही उपनिवेशित मूल निवासियों की अपनी संस्कृति की समझ को बहुत प्रभावित किया, क्योंकि परंपराओं के लिए धर्मग्रंथों का समर्थन लेने का ईसाई विचार मूल निवासी समाज द्वारा अपना लिया गया। इसने हिन्दू परंपरा को ईसाई अर्थों में मज़हब में बदलने का प्रयास किया।

डी. रूवर 'हिन्दू सुधारक' राजा राममोहन रॉय को उन लोगों के प्रमुख उदाहरणों में से एक के रूप में प्रस्तुत करते हैं जिन्होंने सक्रिय रूप से 'सामाजिक सुधार' के हित में अपनी 'बुराइयों' से छुटकारा पाने के लिए हिन्दू धर्म के लिए ग्रंथवादी दृष्टिकोण को लागू किया। इस दृष्टिकोण के तहत, रॉय ने वेदों को हिन्दू बाइबल के रूप में माना और हिन्दू धर्म और ईसाईयत के बीच संरचनात्मक समानताएं खींचने का प्रयास किया। भारत में अंग्रेजी शिक्षा के प्रारम्भ पर आगामी चर्चा में हम देखेंगे कि स्वदेशी शिक्षा, शिक्षाशास्त्र और इसके मूल्यों पर रॉय के विचार कम उपनिवेशवादी नहीं थे।[8]

ईसाई ढांचे का प्रयोग इसको समझने में हुआ कि हिन्दू धर्म क्या है और इसके मूल सिद्धांत क्या हैं। इसके निम्नलिखित दो परिणाम थे जो समाज और न्यायिक व्यवहार दोनों में हिन्दू धर्म के आसपास की समकालीन बहसों के लिए प्रासंगिक हैं:

1. संविधान के अनुच्छेद 25 और 26 के तहत धार्मिक प्रथाओं और संस्थानों के संरक्षण से जुड़े विषयों में भारतीय सर्वोच्च न्यायालय द्वारा लागू 'आवश्यक मज़हबी अभ्यास' (ई.आर.पी.) परीक्षण ईसाईयत से

प्रेरित है और क्या मज़हबी सिद्धांत है और क्या नहीं इसका निर्धारण करते हैं; तथा

2. भारतीय ज्ञान परंपरा में 'मज़हब/रिलिजन' की ईसाई अवधारणा के आवेदन ने इस बहस को जन्म दिया कि क्या हिन्दू धर्म एक 'मज़हब' है या 'जीवन जीने का एक तरीका' है।

अब मैं इनमें से प्रत्येक स्थिति के बारे में विस्तार से बताऊंगा और भारत के सर्वोच्च न्यायालय के कुछ ऐतिहासिक निर्णयों के माध्यम से उन्हें प्रदर्शित करूंगा।

सबसे पहले, सुप्रीम कोर्ट द्वारा ई.आर.पी. परीक्षण का आवेदन मोटे तौर पर यह पहचानने के लिए किया जाता है कि क्या एक निश्चित प्रथा मज़हब की परिधि में आती है या सेकुलर क्षेत्र में, ताकि निर्धारित किया जा सके कि संविधान के तहत कहां पर राज्य हस्तक्षेप कर सकता है और कहां नहीं। यह परीक्षण सुप्रीम कोर्ट द्वारा 1954 में सात-न्यायाधीशों की बेंच द्वारा दिए गए ऐतिहासिक निर्णय में निर्धारित किया गया था, जिस केस का नाम था: 'कमिशनर, हिन्दू रिलीजियस एंडोमेंट, मद्रास' बनाम श्री शिरूर मठ के श्री लक्ष्मींद्र तीर्थ स्वामी'। इसे हम 'शिरूर मठ जजमेंट' से भी जानते हैं।[9] यह निर्णय 1951 के मद्रास हिन्दू रिलीजियस एंडोमेंट अधिनियम की संवैधानिकता को चुनौती के संदर्भ में दिया गया था। इससे पहले कि मैं शिरूर मठ निर्णय पर चर्चा करूं, मद्रास हिन्दू रिलीजियस एंडोमेंट अधिनियम 1951 का एक संक्षिप्त इतिहास स्वतंत्र भारतीय राज्य द्वारा भारतीय धार्मिक संस्थानों के उपचार में उपनिवेशिकता को प्रदर्शित करने के लिए महत्वपूर्ण है।

मंदिरों से जुड़े महत्वपूर्ण संसाधनों के कारण, ईस्ट इंडिया कंपनी ने प्राथमिक बहाने के रूप में उनके प्रशासन में भ्रष्टाचार का 'साक्ष्य' देते हुए मंदिरों के प्रशासनिक ढांचे में हस्तक्षेप करना प्रारम्भ कर दिया। अंततः औपनिवेशिक धारणा यह थी कि चूंकि मूर्तिपूजक स्वाभाविक रूप से भ्रष्ट थे, इसलिए उनकी संस्थाएं भी भ्रष्टाचार और लोभ से भरी होनी चाहिए। इसने केंद्रीकृत संग्रह की ब्रिटिश नीति के साथ-साथ अपने नियंत्रण में क्षेत्रों के भीतर सभी मंदिरों के राजस्व पर अधिग्रहण किया। इस नीति में मंदिर के द्वारा प्रयोग किए गए धन का ऑडिट और मंदिर प्रशासकों पर नौकरशाही का नियंत्रण स्थापित भी सम्मिलित था। इस नीति के परिणामस्वरूप मंदिर प्रशासन

की स्वायत्त, स्थानीयकृत, समुदाय संचालित और आत्मनिर्भर प्रकृति को एक केंद्रीकृत बाबूगीरी पर अधिक से अधिक निर्भर बनाकर शक्तिहीन कर दिया गया। 1789 तक, कंपनी द्वारा मद्रास प्रेसीडेंसी में मंदिरों का प्रभार लेने के लिए एक राजस्व बोर्ड की स्थापना की गई थी, जिसके बाद 1817 के मद्रास एंडॉवमेंट्स एंड एस्चेट्स रेगुलेशन का पालन किया गया। (परिशिष्ट 15)

प्रासंगिक रूप से, यह नियम हिन्दू और मुस्लिम दोनों धार्मिक संस्थानों पर लागू होता था। यह 1839 तक लागू था, जब इंग्लैंड में ईसाई मिशनरियों ने ईसाई औपनिवेशिक सरकार द्वारा हिन्दू (काफिर) धार्मिक संस्थाओं के प्रशासन के विरुद्ध प्रदर्शन करना प्रारम्भ कर दिया था। 1863 में 1817 के अधिनियम को रिलीजियस एंडोमेंट एक्ट 1923 द्वारा प्रतिस्थापित किया गया, जो मंदिरों और मस्जिदों पर लागू होता था। 1863 अधिनियम को तब 1923 के मद्रास हिन्दू रिलीजियस एंडोमेंट अधिनियम द्वारा प्रतिस्थापित किया गया था, जो पिछले विधानों के विपरीत, केवल हिन्दू धार्मिक संस्थानों पर लागू होने वाली पहली विधि थी। उपनिवेशवादियों की दृष्टि में, मुसलमान, 'किताबी लोग' होने के कारण, मूर्ति-पूजा करने वाले अन्यजातियों की तुलना में कम भ्रष्ट और कम अनैतिक माने जाते थे, और इसलिए उन्हें राज्य के हस्तक्षेप से छूट दी गई थी। 1927 में 1923 की विधि को 1926 के मद्रास हिन्दू रिलीजियस एंडोमेंट अधिनियम द्वारा प्रतिस्थापित किया गया था (1927 एक्ट), जो पूरी तरह से हिन्दू धार्मिक संस्थानों पर लागू होता था। 1927 का अधिनियम 1951 तक लागू था।

यह 1927 का अधिनियम था जिसकी संवैधानिकता को मूल रूप से 1951 में उडुपी (वर्तमान कर्नाटक में) के शिरूर मठ और चिदंबरम (वर्तमान तमिलनाडु में) के नटराज मंदिर द्वारा मद्रास उच्च न्यायालय के समक्ष रिट याचिकाओं में चुनौती दी गई थी। इस केस को अब शिरूर मठ केस के नाम से जाना जाने लगा है। 1927 के अधिनियम को चुनौती इस आधार पर थी कि 26 जनवरी 1950 को संविधान लागू होने के बाद, 1927 के अधिनियम की रूपरेखा को संविधान की वेदी पर पर रखा जाना था। रिट याचिकाओं के लंबित रहने के समयांतर में, तत्कालीन मद्रास सरकार ने 1927 के अधिनियम को निरस्त कर दिया और मद्रास हिन्दू रिलीजियस एंडोमेंट अधिनियम, 1951 को पारित किया जो जैसा कि नाम से पता चलता है, विशेष रूप से हिन्दू धार्मिक संस्थानों पर लागू होता है। तदनुसार 1951 के अधिनियम को इस

आधार पर चुनौती देने के लिए रिट याचिकाओं में संशोधन किया गया कि इसने संविधान के अनुच्छेद 19(1) (एफ), 25, 26 और 27 का उल्लंघन किया है। अधिनियम के केंद्रीय प्रावधानों को 1951 में मद्रास उच्च न्यायालय ने असंवैधानिक बताते हुए रद्द कर दिया था, और उच्च न्यायालय के निर्णय को 1954 में सर्वोच्च न्यायालय ने अपने ऐतिहासिक शिरूर मठ निर्णय में बड़े पैमाने पर चलता रखा था।

विडंबना यह है कि 1951 के मद्रास एच.आर.सी.ई. अधिनियम के वही प्रावधान, जिन्हें सुप्रीम कोर्ट ने 1954 में असंवैधानिक घोषित कर दिया था, उन्हीं प्रावधानों को तमिलनाडु हिन्दू रिलीजियस एंड चौरिटेबल एंडोमेंट एक्ट, 1959 में सार में फिर से प्रस्तुत किया गया था, और यह प्रावधान अभी भी लागू है। आंध्र प्रदेश और पुडुचेरी के एच.आर.सी.ई. विधानों से संबंधित प्रावधानों के साथ-साथ ये पुनः प्रस्तुत प्रावधान, अर्श विद्या गुरुकुलम के संस्थापक स्वर्गीय स्वामी दयानंद सरस्वती द्वारा 2012 में दायर एक रिट याचिका में वर्तमान में सर्वोच्च न्यायालय के समक्ष चुनौती के अधीन हैं। स्पष्ट रूप से भारतीय राज्य को भारतीय धार्मिक संस्थानों के विषय में देश के सर्वोच्च न्यायालय के निर्णय का उल्लंघन करने में कोई संकोच या बाध्यता नहीं है।

यह ऐसा है जिस तरह से 'सेकुलरवाद' और 'समानता' जैसी अवधारणाओं का प्रयोग भारत में स्वदेशी चेतना को नष्ट करने के लिए हुआ। यह यूरोप के ईसाईयत की निरपेक्षता के बिल्कुल विपरीत है जो ईसाई संस्थानों को राज्य के हस्तक्षेप से बचाता है। भारतीय राज्य की उपनिवेशिकता इस तथ्य से प्रमाणित होती है कि भारतीय चेतना के स्थान को संरक्षित करने और सम्मान करने के बजाय भारतीय राज्य देशी चेतना के साथ सौतेला व्यवहार करता है। यह ईसाईयत को प्राथमिकता देने वाले उपनिवेशवादियों की ईसाई सहिष्णुता और सेकुलरवाद की नीति के अनुरूप है। फलस्वरूप भारत में गैर-भारतीय और गैर-हिन्दू संस्थानों और प्रथाओं को उनके भारतीय समकक्षों की तुलना में राज्य के हस्तक्षेप से बेहतर सुरक्षा प्राप्त है। यह इस तथ्य से समर्थित है कि भारतीय राज्य ने कम से कम 15 हिन्दू-विशिष्ट विधान बनाए हैं जो हिन्दू धर्म और समाज पर राज्य के नियंत्रण को सक्षम करते हैं और हिन्दू संस्थानों में राज्य की घुसपैठ की सुविधा प्रदान करते हैं। स्पष्ट रूप से यह भारतीय राज्य द्वारा औपनिवेशिक धारणा को अपनाने के कारण है कि हिन्दू

भ्रष्ट, दुर्बल और पिछड़ा है (और ब्राह्मण तो और भी) और इसलिए ऐसी संस्थाओं का 'सुधार' करने के लिए उन्हें राज्य के नियंत्रण में होना चाहिए।

ई.आर.पी. परीक्षण के संदर्भ में सुप्रीम कोर्ट के शिरूर मठ के निर्णय पर वापस आते हुए, यह आज तक संविधान के अनुच्छेद 25(2) (ए) के तहत धार्मिक बनाम सेकुलर की व्याख्या पर सत्तारूढ़ सिद्धांत का उदाहरण है। इस समय, अनुच्छेद 25 के आशय और महत्व को व्यापक रूप से समझना महत्वपूर्ण हो जाता है, जो निर्णय को बेहतर ढंग से समझने में सहायता करेगा। जैसा कि हम देखेंगे, अनुच्छेद 25 की भाषा के आधार पर यह तर्क दिया जा सकता है कि धार्मिक और सेकुलर के बीच का अंतर सीधे तौर पर इसमें अंतर्निहित है, जो ईसाई या लॉकियन स्थिति के साथ प्रतिध्वनित होता है।

संविधान का अनुच्छेद 15(1) सभी व्यक्तियों को अंत:करण की स्वतंत्रता और संविधान के उस भाग के सार्वजनिक व्यवस्था, नैतिकता, स्वास्थ्य और अन्य प्रावधानों के अधीन स्वतंत्र रूप से धर्म को मानने, आचरण और प्रचार करने के अधिकार की गारंटी देता है। अनुच्छेद 25(2) (ए) राज्य को 'धार्मिक अभ्यास से जुड़ी किसी भी आर्थिक, वित्तीय, राजनीतिक या अन्य सेकुलर गतिविधि को विनियमित या प्रतिबंधित' विधि बनाने में सक्षम बनाता है। प्रभावी रूप से, अनुच्छेद 25 (2) (ए) ईसाई ढांचे में निहित धार्मिक और सेकुलर के बीच एक ही भेद पर ध्यान केन्द्रित करता है। इसे संयोग बताकर नकार देना मेरे लिए बहुत कठिन होगा। क्या इस प्रावधान की भाषा संविधान के निर्माताओं की ईसाई औपनिवेशिक चेतना के कारण है और क्या वे इसके ईसाई मानक ढांचे के बारे में जानते थे, इस पुस्तक की अगली कड़ी में इसका पता लगाया जाएगा।

हालांकि वर्तमान चर्चा के लिए जो प्रासंगिक है वह यह है कि धार्मिक और सेकुलर के बीच यह अंतर ही है जो भारतीय राज्य को धार्मिक और धर्मार्थ गतिविधियों को विनियमित करने वाली विधि बनाने में सक्षमता प्रदान करता है। जबकि यह शक्ति भारतीय राज्य को सभी धर्मों/मज़हबों की संस्थाओं के संबंध में उपलब्ध है, अब तक उसने इस शक्ति का प्रयोग मुख्य रूप से हिन्दू संस्थानों के संबंध में ही किया है।

शिरूर मठ निर्णय से प्रासंगिक उद्धरण यहां दिया गया है जो अनुच्छेद 25(2) (ए) की भाषा में परिलक्षित धार्मिक बनाम सेकुलर भेद के आधार पर ई.आर.पी. टेस्ट की उत्पत्ति को दर्शाता है: 'विद्वान अटॉर्नी-जनरल लेख

के खंड (2) (ए) पर जोर देते हैं और उनका तर्क है कि सभी सेकुलर गतिविधियां जो धर्म से जुड़ी हो सकती हैं लेकिन वास्तव में इसका एक अनिवार्य भाग नहीं हैं, राज्य विनियमन के अधीन हैं।' (परिशिष्ट 16)

जैसा कि स्पष्ट है, उपरोक्त परीक्षण मूल रूप से अनुच्छेद 25(2) (ए) के तहत एक धार्मिक संस्था के सेकुलर पहलुओं को विनियमित करने के लिए राज्य शक्तियों की परिधि को निर्धारित करने के संदर्भ में धार्मिक और सेकुलर के बीच अंतर करने के लिए तैयार किया गया था। हालांकि, यह अंततः अनुच्छेद 25(1) के तहत मौलिक धार्मिक स्वतंत्रता के आनंद के उद्देश्य के लिए धर्म के 'आवश्यक पहलुओं' को निर्धारित करने के लिए सर्वोच्च न्यायालय के बाद के निर्णयों में एक परीक्षण सिद्ध हुआ। तब से राज्य और संवैधानिक न्यायालय यह निर्धारित करने लगे कि किसी धर्म की ज्ञान परंपरा में धर्म के 'आवश्यक पहलू क्या हैं' जबकि यह निर्धारण करने वाली संस्थाएं सेक्युलर थीं। विडंबना यह है कि ईसाईयत में मज़हबी बनाम सेक़ुलर विभाजन की कल्पना मज़हब के विषयों में राज्य के हस्तक्षेप की परिधि को सीमित करने के लिए की गई थी, जिसने भारत में, और विशेष रूप से भारतीय विश्वास प्रणालियों के संबंध में, बिल्कुल विपरीत परिणाम प्राप्त किए हैं।

भले ही ई.आर.पी. परीक्षण अन्य मज़हबी ग्रंथ-आधारित विश्वासों पर वैध रूप से लागू किया जा सकता है जो उपनिवेशवादी के विश्वास के निकट हैं, भारतीय ज्ञान परंपरा पर इस परीक्षण का थोपना, जो पूरी तरह से शास्त्र से बंधी नहीं है, स्वदेशी समाज और विश्वास प्रणाली पर ईसाईयत शास्त्रीय ढांचे को लागू करना है। तथ्य यह है कि देशी आस्था प्रणाली पूरी तरह से धर्मग्रंथों से बंधी नहीं है और प्रथा, अभ्यास और संदर्भ के माध्यम से विकसित हुई है। इस तथ्य ने ईसाई यूरोपीय उपनिवेशवादी को उतना ही झकझोर दिया जितना कि आज की न्यायपालिका सहित समकालीन भारतीय संस्थानों को यह तथ्य झकझोर देता है। यह ध्यान देने योग्य है कि भारतीय आस्था प्रणालियों की यह औपनिवेशिक समझ 'स्वतंत्र' भारत में 'हिन्दू धर्म' और समाज के 'सुधार' की शाश्वत परियोजना का आधार है।

हिन्दू धर्म एक 'मज़हब' है या जीवन जीने का एक तरीका है यह बहस सदैव कई कारणों से भावनाओं को भड़काती रही है। भारतीय विश्वास प्रणालियों के अनुयायी इसलिए चिंतित हैं क्योंकि भारतीय राज्य द्वारा हिन्दू

धर्म को 'जीवन का एक तरीका' माना जाता है, न कि 'रिलिजन' के रूप में स्वीकार जाता है और उन्हें संविधान के तहत उनकी मौलिक धार्मिक स्वतंत्रता से वंचित किया जा सकता है, जिनकी गारंटी अन्य मज़हबों/रिलिजनों को दी गई है। साथ ही वे नहीं चाहते कि 'सनातन धर्म' या 'धर्म' को 'रिलिजन/मज़हब' के ईसाई या इस्लामी विचार के साथ एक रूप में देखा जाए क्योंकि उनकी ज्ञान परंपरा बहुत अलग हैं। न ही वे यह चाहते हैं कि उन्हें बताया जाए कि 'हिन्दू धर्म' एक ईसाई औपनिवेशिक निर्माण है क्योंकि वे समझते हैं कि इसे एक औपनिवेशिक निर्माण कहते हुए, कुछ लोग धार्मिक विश्वास प्रणालियों के उपनिवेश-पूर्व के अस्तित्व और विभिन्न हिन्दू संप्रदायों के पीछे इसकी अंतर्निहित धार्मिक एकता की धारणा पर प्रश्न उठाते हैं। इसमें गहरा जाने की आवश्यकता है।

सबसे पहले, मौलिक स्वतंत्रता का आनंद सुनिश्चित करने के लिए (1) भारतीय आस्था प्रणालियों के 'रिलिजन' के तौर पर विधिक/संवैधानिक पहचान मिलने के लक्ष्य को; और (2) भारतीय आस्था प्रणालियों और धर्मों में और उपनिवेशवादियों के मज़हब के बीच ज्ञान परंपरा-आधारित मतभेदों के बीच अंतर करना महत्वपूर्ण है। यह तथ्य 'मज़हब/रिलिजन' की अवधारणा के अनुप्रयोग में निहित उपनिवेशिकता के साथ-साथ समकालीन विधिक और संवैधानिक ढांचे में 'मज़हब' शब्द के उपयोग में छुपी उपनिवेशिकता को सामने लाता है। क्या यह संविधान के निर्माताओं द्वारा औपनिवेशिक विश्वदृष्टि की स्वीकृति को इंगित करता है, इस पुस्तक की अगली कड़ी में फिर से चर्चा की जाएगी; हालांकि, जो स्पष्ट है वह यह है कि औपनिवेशिक भाषाविज्ञान के उपयोग में अंतर्निहित समस्या है विशेषरूप से जब बात भारतीय ज्ञान परंपरा की बात होती होती है। इसलिए इस समस्या को स्वीकार किया जाना चाहिए और इसके लिए एक वि-उपनिवेशिकता के दृष्टिकोण को नियोजित किया जाना चाहिए।

दूसरा, जहां तक ज्ञान परंपरा का संबंध है, भारतीय ज्ञान परंपरा के अनुयायी इस स्थिति का पक्ष लेने में सही हैं कि उनकी ज्ञान परंपरा ईसाईयत से बहुत अलग हैं, और इसलिए, संविधान के तहत समान अधिकारों के आनंद के उद्देश्यों को छोड़कर, भारतीय ज्ञान परंपरा और क्रिश्चियन ज्ञान परंपरा के वैचारिक और सैद्धांतिक ढांचे को एक जैसा नहीं माना जा सकता है। यह दावा किया जाता है कि हिन्दू धर्म, आत्मा और चेतना की अवधारणा,

प्रकृति के साथ इसके संबंध, और भारतीय सभ्यता की प्रकृति द्वारा परिलक्षित इसके विविध और संघीय चरित्र के दृष्टिकोण को देखते हुए, मोनोक्रोमैटिक, एकेश्वरवादी और केंद्रीय रूप से संगठित मज़हब जैसे इस्लाम और ईसाईयत बहुत अलग है। इससे भ्रम होता है कि हिन्दू धर्म केवल 'जीवन जीने का एक तरीका है' और इसमें धर्म और रिलिजन जैसी कोई भी भावना नहीं और इसलिए ईसाईयत और इस्लाम के साथ इसकी तुलना बिलकुल ही गलत है।

'शास्त्री यज्ञपुरुषदासजी और अन्य बनाम मुलदास भुंदरदास वैश्य और अन्य'[10] और 'ब्रह्मचारी सिद्धेश्वर भाई और अन्य बनाम पश्चिम बंगाल'[11] नामक केस में भारत के सर्वोच्च न्यायालय के निर्णयों का पता लगाया जा सकता है जिसमें सर्वोच्च न्यायालय ने हिन्दू धर्म को 'मज़हब' की इस्लामी और ईसाई समझ से अलग कर के बताया। उक्त निर्णयों को पढ़ने से पता चलता है कि, आश्चर्यजनक रूप से सर्वोच्च न्यायालय की स्थिति बहुत स्तर तक वि-औपनिवेशिक स्थिति के अनुरूप है कि भारतीय आस्था प्रणाली दोनों अब्राहमिक मज़हबों से अलग हैं, और फिर भी संविधान के तहत 'हिन्दू धर्म' के रूप में संरक्षण के योग्य हैं। सर्वोच्च न्यायालय ने यह स्वीकारा है कि सनातन धर्म को 'धर्म' के अब्राहमिक निर्माण के माध्यम से नहीं समझा जा सकता है परन्तु साथ में यह भी कहा कि धार्मिक ज्ञान परंपरा प्रणालियों के संवैधानिक अधिकारों को सुरक्षित रखा जा सकता है उनकी विभिन्नता को मानते हुए। शास्त्री यज्ञपुरुषदासजी निर्णय के कुछ प्रासंगिक अंश नीचे दिए गए हैं:

> जब हम हिन्दू धर्म के बारे में सोचते हैं, तो हमारे लिए हिन्दू धर्म को परिभाषित करना या यहां तक कि इसका पर्याप्त रूप से वर्णन करना, यदि असंभव नहीं है, तो कठिन है। विश्व के अन्य धर्मों के विपरीत, हिन्दू धर्म किसी एक नबी का दावा नहीं करता है; वह किसी एक परमेश्वर की उपासना नहीं करता; यह किसी एक हठधर्मिता को नहीं मानता है; यह किसी एक दार्शनिक अवधारणा में विश्वास नहीं करता है; यह धार्मिक संस्कारों या प्रदर्शनों के किसी एक सेट का पालन नहीं करता है; वास्तव में, यह किसी भी धर्म या पंथ की संकीर्ण पारंपरिक विशेषताओं को संतुष्ट नहीं करता है। इसे मोटे तौर पर जीवन के एक तरीके के रूप में वर्णित किया जा सकता है और इससे अधिक कुछ नहीं।

जब हम हिन्दू धर्म के इस व्यापक पहलू के बारे में बात कर रहे हैं, तो यह पूछने की अनुमति हो सकती है कि इस धर्म के अनुसार मानवता का अंतिम लक्ष्य क्या है? यह लक्ष्य है जन्म और पुनर्जन्म के अनवरत चक्र से मुक्ति; मोक्ष या निर्वाण, जो हिन्दू धर्म और दर्शन का अंतिम उद्देश्य है, व्यक्तिगत आत्मा के पूर्ण अवशोषण और अनंत के साथ आत्मसात करने की स्थिति। इस लक्ष्य को प्राप्त करने के क्या उपाय हैं? इस महत्वपूर्ण विषय पर विचारों में बहुत भिन्नता है; कुछ लोग ज्ञान या ज्ञान के महत्व पर जोर देते हैं, जबकि अन्य भक्ति या भक्ति के गुणों की प्रशंसा करते हैं; और फिर भी अन्य लोग सच्चे ज्ञान से प्रेरित भक्ति और कर्तव्यों के प्रदर्शन के सर्वोच्च महत्व पर जोर देते हैं। इस क्षेत्र में फिर से विचारों की विविधता है, हालांकि अंतिम लक्ष्य के बारे में सभी सहमत हैं। इसलिए, हिन्दू धर्म के अधिकार क्षेत्र की सीमा निर्धारित करने में पारंपरिक परीक्षणों को लागू करना अनुचित होगा। इसे कुछ बुनियादी अवधारणाओं के आधार पर जीवन के तरीके के रूप में सुरक्षित रूप से वर्णित किया जा सकता है जिसका हम पहले ही उल्लेख कर चुके हैं। तिलक को हिन्दू धर्म को परिभाषित करने या कम से कम पर्याप्त रूप से वर्णन करने की इस जटिल और कठिन समस्या का सामना करना पड़ा और उन्होंने एक कार्य सूत्र विकसित किया जिसे बहुत पर्याप्त और संतोषजनक माना जा सकता है। तिलक ने कहा: 'वेदों को श्रद्धा के साथ स्वीकार करना; इस तथ्य की मान्यता कि मोक्ष के साधन या तरीके विविध हैं और इस सत्य की प्राप्ति कि पूजा करने वाले देवताओं की संख्या बड़ी है, वास्तव में हिन्दू धर्म की विशेषता है' (I)। यह परिभाषा संक्षेप में हिन्दू धर्म की व्यापक विशेषताओं को सामने लाती है। यह कुछ स्तर तक उल्लेखनीय है कि टॉयनबी द्वारा हिन्दू धर्म के इस व्यापक व्यापक वर्णन का उल्लेख किया गया है। टॉयनबी कहते हैं: 'जब हम सामाजिक व्यवहार के धरातल से बौद्धिक दृष्टिकोण के स्तर पर जाते हैं, तो हिन्दू धर्म भी दक्षिण-पश्चिम एशियाई समूह के धर्मों और विचारधाराओं की तुलना में अच्छी तरह से सामने आता है। इन के विपरीत हिन्दू धर्म में पूर्व-ईसाई और पूर्व-मुस्लिम धर्मों और पुरानी विश्व के धर्मों के समान दृष्टिकोण है। उनकी तरह, हिन्दू धर्म यह मानता है कि सत्य और मोक्ष के लिए एक से अधिक वैध दृष्टिकोण हैं और ये विभिन्न दृष्टिकोण न केवल एक-दूसरे के अनुकूल हैं, बल्कि पूरक हैं।'

संविधान निर्माता हिन्दू धर्म के इस व्यापक और व्यापक चरित्र के प्रति पूरी तरह से जागरूक थे; और इसलिए, धर्म की स्वतंत्रता के

मौलिक अधिकार की गारंटी देते हुए, स्पष्टीकरण II से 25 तक ने यह स्पष्ट कर दिया है कि खंड (2) के उप-खंड (बी) में, हिंदुओं के संदर्भ को सिख, जैन या बौद्ध धर्म को मानने वाले व्यक्तियों के संदर्भ में सम्मिलित किया जाएगा, और हिन्दू धार्मिक संस्थानों का संदर्भ इसी परिपेक्ष में होगा। इस संवैधानिक प्रावधान के अनुरूप, हिन्दू विवाह अधिनियम, 1955; हिन्दू उत्तराधिकार अधिनियम, 1956; हिन्दू अल्पसंख्यक और संरक्षकता अधिनियम, 1956; और हिन्दू दत्तक ग्रहण और भरण-पोषण अधिनियम, 1956 ने इन अधिनियमों को उन सभी व्यक्तियों पर लागू किया है जिन्हें इस व्यापक अर्थ में हिन्दू माना जा सकता है।

उपर्युक्त निर्णय सर्वोच्च न्यायालय द्वारा स्वामीनारायण संप्रदाय के संदर्भ में दिया गया था, जिसमें कहा गया था कि उसके अनुयायी हिन्दू धर्म को नहीं मानते थे, एक तर्क जिसे न्यायालय ने नकार दिया था। जब इसी तरह की स्थिति रामकृष्ण मिशन द्वारा ब्रह्मचारी सिद्धेश्वर भाई बनाम पश्चिम बंगाल केस में लेने की मांग की गई थी तब सुप्रीम कोर्ट ने शास्त्री यज्ञपुरुषदासजी में निर्धारित स्थिति को दोहराया था। इसलिए कम से कम दो ऐतिहासिक निर्णयों में सुप्रीम कोर्ट ने माना है कि धार्मिक ज्ञान परंपरा ईसाई और इस्लामी ज्ञान परंपरा से अलग है, और यह भी माना है कि 'रिलिजन/मज़हब' के रूप में इसका अनुमान संविधान के तहत मौलिक धार्मिक स्वतंत्रता के समान आनंद के उद्देश्यों के लिए है।

यह सच है कि ईसाई उपनिवेशवादियों ने 'मज़हब' के ईसाई मानक को लागू करके भारतीय ज्ञान परंपरा का पुनर्निर्माण करना चाहा, परन्तु यह कहना गलत होगा कि उपनिवेश से पहले सनातन धर्म की छत्रछाया में एकता का अभाव था और भारतीय संप्रदाय अस्तित्व में नहीं थे। हिन्दू धर्म को पुनः परिभाषित करने का उपनिवेशवादी प्रयास धर्म या धार्मिक एकता को एक कृत्रिम औपनिवेशिक निर्माण नहीं बना सकता है और न ही इस प्रकार प्रस्तुत कर सकता है। इस विशिष्ट विषय पर डॉ. एस.एन. बालगंगाधर[12] का विचार है कि हिन्दू धर्म, बौद्ध धर्म या जैन धर्म केवल आनुभविक अर्थ में एक औपनिवेशिक निर्माण है, लेकिन ज्ञानमीमांसा के अर्थ में नहीं। धार्मिक ज्ञान परंपरा प्रणालियों या संप्रदायों का अस्तित्व स्पष्ट रूप से ईसाई यूरोपीय उपनिवेशवादी से पहले का है। इसमें जो नया तथ्य है वह है ईसाई अर्थों में इन धर्मों को 'रिलिजन/मज़हब' के रूप में पुनर्निर्माण। इसे

ईसाई यूरोप या पश्चिम द्वारा 'रिलिजन/मज़हब' की अवधारणा के वैश्विक अनुप्रयोग के संदर्भ में समझा जाना चाहिए ताकि गैर-ईसाई या गैर-अब्राहमिक स्वदेशी विश्वास प्रणालियों की प्रकृति का अनुमान ईसाईयत की धारणा के द्वारा लगाया जा सके। इसलिए 'रिलिजन' की तर्ज पर स्वदेशी ज्ञान परंपरा प्रणालियों का पुनर्निर्माण यूरोपीय उपनिवेश का एक वैश्विक परिणाम है जो भारतीय ज्ञान परंपरा प्रणालियों तक सीमित नहीं है और इसका सनातन धर्म की पूर्व-औपनिवेशिक पुरातनता पर कोई असर नहीं पड़ता है।

इस पहलू पर डॉ. बालगंगाधर और डॉ. रूवर के विचार और नेल्सन माल्डोनाडो-टोरेस जैसे औपनिवेशिक विद्वानों के विचार[13] एक-दूसरे को प्रतिध्वनित करते हैं। माल्डोनाडो-टोरेस के अनुसार, 'पश्चिम में विद्वानों और सामान्य लोगों द्वारा सबसे अधिक प्रयोग की जाने वाली रिलिजन की अवधारणा साम्राज्यवाद और औपनिवेशिक विस्तार के संदर्भ में विशेष रूप से एक आधुनिक अवधारणा है'। रूवर कहते हैं कि उत्तर-औपनिवेशिक स्कूल ने इस यूरोपीय औपनिवेशिक अवधारणा को और पुष्ट किया है।[14]

यह एक और कारण है कि धर्म/रिलिजन के महत्वपूर्ण क्षेत्र में वि-उपनिवेशिकता का दृष्टिकोण उत्तर-औपनिवेशिक दृष्टिकोण से बेहतर है, क्योंकि उत्तर-औपनिवेशिक स्कूल आधुनिक सेकुलरवाद को उसकी ईसाई ज्ञान परंपरा की नींव को खोजे बिना और 'रिलिजन' और 'सेकुलरवाद' के सिद्धांतों को देशी ज्ञान परंपरा पर लागू करता है। बालगंगाधर, डी रूवर और सारा क्लेयरहौट के अनुसार,[15] इस ईसाई पूर्वाग्रह का अनुमान उनकी इस अवधारणा से लगाया जा सकता है कि 'रिलिजन/मज़हब सभी राष्ट्रों में प्रस्तुत होगा, क्योंकि ईश्वर ने सृष्टि के समय मानवता को मज़हब का उपहार दिया था'। वास्तव में, इन विद्वानों ने माना है कि ईसाई थियोलोजी के प्रयोग ने गलत मान्यताओं को जन्म दिया जो ऐतिहासिक तथ्यों के रूप में माने जाते हैं जैसे कि 'ब्राह्मण हिन्दू धर्म के पुजारी हैं' या 'बौद्ध धर्म ब्राह्मणवाद और उसके जाति पदानुक्रम के विरुद्ध एक सुधार आंदोलन था'। रूवर और क्लेयरहौट कहते हैं कि कैसे भ्रांतियों का जन्म हुआ जब कई ईसाई सिद्धांतों को भारतीय परंपराओं पर रोपित किया गया बिना यह समझे कि ये दो विभिन्न ज्ञान परंपराओं से आते हैं और इनमें समानता नहीं हो सकती।[16] (परिशिष्ट 18)

ये विद्वान ईसाई औपनिवेशिक भाषाविज्ञान या शब्दार्थ के समस्याग्रस्त उपयोग और अंतर्निहित प्रोटेस्टेंट अनुभव को भारतीय प्रणालियों, संस्थानों और प्रथाओं का वर्णन करने और समझने पर प्रकाश डालते हैं, जिसके परिणामस्वरूप मूल चेतना पर ईसाई ढांचे का आरोपण होता है। इस संबंध में एक बार फिर शिरूर मठ निर्णय यह प्रदर्शित करने के लिए उपयोगी है कि किस तरह से भारतीय संवैधानिक न्यायालयों ने ईसाई औपनिवेशिक भाषाविज्ञान को भारतीय संस्थानों और प्रथाओं पर लागू किया है।

शिरूर मठ के निर्णय में धार्मिक बनाम सेकुलर विभाजन के आधार पर ई.आर.पी. परीक्षण निर्धारित करने के अलावा, सर्वोच्च न्यायालय ने अनुच्छेद 26 के तहत एक 'धार्मिक/रिलीजियस संप्रदाय' का गठन करने के लिए मानदंड भी निर्धारित किया गया, जो इस विषय पर आज तक स्थापित विधि है। निर्णय में से संदर्भित उल्लेख निम्नलिखित है:

> जहां तक अनुच्छेद 26 का संबंध है, पहला प्रश्न यह है कि 'मज़हबी संप्रदाय' पद का सही अर्थ क्या है और क्या इस अभिव्यक्ति में कोई मठ आ सकता है। ऑक्सफोर्ड डिक्शनरी में 'संप्रदाय/डिनोमिनेशन' शब्द को परिभाषित किया गया है जिसका अर्थ है 'एक ही नाम के तहत एक साथ वर्गीकृत व्यक्तियों का संग्रह: एक धार्मिक/रिलीजियस संप्रदाय या निकाय जिसमें एक समान विश्वास और संगठन होता है और एक विशिष्ट नाम होता है'। यह सर्वविदित है कि मठों को तार्किक शिक्षण के केंद्र के रूप में स्थापित करने की प्रथा श्री शंकराचार्य द्वारा प्रारम्भ की गई थी और तब से विभिन्न शिक्षकों द्वारा इसका पालन किया गया। शंकर के बाद, धार्मिक शिक्षकों और दार्शनिकों की एक श्रंखला आई, जिन्होंने हिन्दू धर्म के विभिन्न संप्रदायों और उप-संप्रदायों की स्थापना की, जो हम वर्तमान समय में भारत में पाते हैं। ऐसे संप्रदायों या उप-संप्रदायों में से प्रत्येक को निश्चित रूप से एक धार्मिक संप्रदाय कहा जा सकता है, क्योंकि इसे एक विशिष्ट नाम दिया जाता है—कई विषयों में यह संस्थापक का नाम होता है—और इसमें एक सामान्य आध्यात्मिक संगठन होता है। रामानुज के अनुयायी, जिन्हें 'श्री वैष्णव' के नाम से जाना जाता है, निस्संदेह एक धार्मिक संप्रदाय का गठन करते हैं; और ऐसा ही माधवाचार्य और अन्य धार्मिक शिक्षकों के अनुयायी करते हैं। यह परंपरा द्वारा अच्छी तरह से स्थापित एक तथ्य है कि आठ उडिपी मठों की स्थापना स्वयं माधवाचार्य ने की थी और इन मठों के ट्रस्टी और लाभार्थी माधवाचार्य के अनुयायी

होने का दावा करते हैं। उच्च न्यायालय ने पाया है कि विचाराधीन मठ शिवल्ली ब्राह्मणों के प्रभारी हैं जो माधवाचार्य के अनुयायियों के एक वर्ग का गठन करते हैं। जैसा कि अनुच्छेद 26 न केवल एक रिलीजियस संप्रदाय पर बल्कि उसके एक खंड पर भी विचार करता है, मठ या इसके द्वारा प्रतिनिधित्व किया गया आध्यात्मिक समुदाय वैध रूप से इस लेख की परिधि में आ सकता है।

इस अंश के साथ कई समस्याएं हैं, जिनमें से पहली यह है कि, धार्मिक संस्था के संदर्भ में धार्मिक दृष्टिकोण से एक संप्रदाय की रूपरेखा को समझने के लिए भारतीय टिप्पणियों का उपयोग करने के बजाय सर्वोच्च न्यायालय ने ऑक्सफोर्ड शब्दकोश पर भरोसा किया। ऐसा इसलिए है क्योंकि जिस भाषा में संविधान को समझा जाता है और उसकी व्याख्या की जाती है, वह ब्रिटिश उपनिवेशवादियों की मातृभाषा अंग्रेजी है। दूसरा, 1950 के ऑक्सफोर्ड डिक्शनरी में निश्चित रूप से वस्तुओं की ईसाई समझ ही रही होगी, विशेष रूप से धार्मिक अवधारणाओं से सम्बंधित। इसलिए यह तर्क दिया जा सकता है कि सुप्रीम कोर्ट केवल अंग्रेजी विधि में स्वीकृत व्याख्या के नियमों के भीतर काम कर रहा था (जो कि आज भी होता है)। उपनिवेशवादी के शब्दकोष की ईसाई पृष्ठभूमि के कारण, न्यायालय ने अनजाने में एक धार्मिक संस्था के लिए स्पष्ट रूप से ईसाई अवधारणा और मज़हबी संप्रदाय की परिभाषा को लागू किया। एक मज़हबी/रिलीजियस संप्रदाय की अवधारणा प्रोटेस्टेंट सुधार का प्रत्यक्ष परिणाम है, जिसके कारण रोमन कैथोलिक मज़हब के साथ-साथ अन्य दो स्थायी ईसाई मज़हबी संप्रदायों के रूप में लूथरनवाद और केल्विनवाद को भी मान्यता प्राप्त हुई।

यह स्पष्ट रूप से भारतीय संस्थाओं, समूहों और प्रथाओं के लिए ईसाई औपनिवेशिक भाषाविज्ञान, शब्दार्थ और ढांचे को थोपता है। चूंकि जो सम्प्रदाय सर्वोच्च न्यायालय द्वारा 'रिलीजियस संप्रदाय' की कसौटी पर खरे नहीं उतरते उन्हें यह भय रहता है कि अनुच्छेद 26 जिन अधिकारों को देता है यह गुट उनसे वंचित न हो जाएं। इस संबंध में मैं सर्वोच्च न्यायालय के समक्ष सभ्यतागत महत्व के विषयों का एक महत्वपूर्ण अंग रहा हूं। मैंने पहली बार अनुभव किया है, एक हिन्दू धार्मिक संस्थान के ऊपर ईसाई ढांचे को थोपे जाने से क्या समस्या होती है जिसके परिणामस्वरूप हिन्दू संस्थाओं को सांप्रदायिक संस्थाओं के लाभों से वंचित किया जा रहा है।

रोचक बात यह है कि एक 'रिलीजियस संप्रदाय' की व्याख्या के विषय पर, 1951 के अपने निर्णय में शिरूर मठ विषय में मद्रास उच्च न्यायालय की स्थिति और उसी विषय में 1954 में सर्वोच्च न्यायालय की स्थिति के बीच अंतर निम्नलिखित है। 1951 में मद्रास उच्च न्यायालय द्वारा प्रयोग किए गए वेबस्टर डिक्शनरी से रिलीजियस संप्रदाय की परिभाषा नीचे दी गई है:

> किसी वस्तु से या उसके बाद नामकरण की क्रिया;
>
> नाम देना, नाम से पुकारना;
>
> किसी वस्तु या वस्तुओं के वर्ग को दिया गया एक विशेषता या योग्यता का नाम;
>
> वह जिससे कुछ कहा जाता है;
>
> एक पदवी, पदनाम या शीर्षक;
>
> एक ही नाम के तहत एक साथ वर्गीकृत व्यक्तियों का एक संग्रह; एक रिलीजियस संप्रदाय या निकाय जिसमें एक समान विश्वास और संगठन होता है और एक विशिष्ट नाम द्वारा नामित किया जाता है।

मद्रास उच्च न्यायालय के निर्णय ने वेबस्टर डिक्शनरी से धार्मिक संप्रदाय की कम से कम सात संभावित परिभाषाओं की गणना की, जिनमें अंतिम दो सम्मिलित हैं, अर्थात् 'एक ही नाम के तहत एक साथ वर्गीकृत व्यक्तियों का संग्रह' और 'लगभग सदैव विशेष रूप से एक धार्मिक संप्रदाय या निकाय; या एक आम आस्था और संगठन और एक विशिष्ट नाम द्वारा नामित'। यह दोनों परिभाषाएं लघु विराम चिह्न से अलग की गयी थी। सुप्रीम कोर्ट ने ऑक्सफोर्ट संस्करण पर भरोसा किया जिसने इसे 'एक ही नाम के तहत एक साथ वर्गीकृत व्यक्तियों का एक संग्रह: एक धार्मिक संप्रदाय या निकाय और एक आम विश्वास और संगठन और एक विशिष्ट नाम से नामित' के रूप में परिभाषित किया।[17] इसने दोनों को दीर्घ विराम चिह्न से जोड़ा था। विराम-चिह्नों के इस अंतर ने एक बड़ा अंतर पैदा कर दिया है, क्योंकि ऐसा प्रतीत होता है कि सर्वोच्च न्यायालय ने उस संकीर्ण परिभाषा को अपनाया है, जिसने ईसाई-प्रेरित होने के अलावा, धार्मिक संप्रदायों के समूह अधिकारों को प्रभावी ढंग से समाप्त दिया है। यह देखा जाना बाकी है कि सभ्यतागत/धार्मिक महत्व के लंबित विषयों में औपनिवेशिक भाषाविज्ञान/अर्थ विज्ञान के ऐसे विषयों पर सर्वोच्च न्यायालय द्वारा उचित ध्यान दिया जाता है या नहीं।

शास्त्री यज्ञपुरुषदासजी और ब्रह्मचारी सिद्धेश्वर भाई के निर्णयों के साथ शिरूर मठ निर्णय के पढ़ने से जो उभरता है जिसमें औपनिवेशिक ढांचा भारतीय ज्ञान परंपरा की अर्ध औपनिवेशिक और अर्ध वि-औपनिवेशिक समझ से जुड़ जाता है। जैसा कि पहले कहा गया है, इस द्वन्द की उत्पत्ति संविधान में हुई है या नहीं और इसके निर्माण की इस पुस्तक की अगली कड़ी में अधिक विस्तार से जांच की जाएगी।

भारतीय राज्य ने जिस अन्य औपनिवेशिक सिद्धांत को अपनाया है, वह है स्वदेशी 'व्यक्तिगत विधियों' को संहिताबद्ध और व्यवस्थित करना ताकि उन्हें 'समान' और 'संगत' बनाया जा सके, और इस प्रक्रिया में उन्हें किसी एक समय और पहचान में केंद्रीकृत किया जा सके। 1955 और 1956 के बीच 'हिन्दू कोड' विधान पारित हुआ जिसके परिणामस्वरूप हिन्दू विवाह अधिनियम, हिन्दू उत्तराधिकार अधिनियम, हिन्दू अल्पसंख्यक और संरक्षकता अधिनियम, और हिन्दू दत्तक ग्रहण और रखरखाव अधिनियम बने और वह भी इस औपनिवेशिक मानसिकता को दर्शाते हैं। इस संहिताकरण की प्रक्रिया में, भारतीय राज्य जो एक सभ्यतागत समाज की अध्यक्षता करता है, जो संदर्भ, व्यक्तिपरकता और रीतियों को महत्व देता है, उसने एकरूपता और संहिताकरण की वेदी पर प्रथाओं और रीतियों के क्रमिक विकास को रोक दिया है।

डॉ. मधु किश्वर ने 'कोडीफाइड हिन्दू लॉ: मिथ एंड रियलिटी' शीर्षक से अपने लेख में इस पर प्रकाश डाला और गहरा विश्लेषण किया।[18] डॉ. किश्वर ने 'हिन्दू विधि' के संहिताकरण के साथ औपनिवेशिक उत्कर्ष को सटीक रूप से पकड़ लिया, जिसे जवाहरलाल नेहरू के तहत स्वतंत्र भारत की पहली सरकार ने एक नए धर्मांतरित व्यक्ति के उत्साह के साथ आगे बढ़ाया, डॉ. अंबेडकर के काम की सहायता से। यहां उनके लेख के कुछ शिक्षाप्रद अंश दिए गए हैं जो भारतीय राज्य की औपनिवेशिक चेतना को पकड़ते हैं, जैसा कि स्वतंत्रता के प्रारम्भिक वर्षों में हिन्दू 'व्यक्तिगत विधियों' के संहिताकरण और मानकीकरण के हठी प्रयास में परिलक्षित होता है। रोचक बात यह है कि हालांकि वह उपनिवेशिकता अथवा वि-उपनिवेशिकता शब्दों का प्रयोग नहीं करती हैं, डॉ किश्वर स्पष्ट रूप से भारतीय राज्य के मस्तिष्क में इसकी उपस्थिति और प्रभाव को पहचानती हैं:

फिर हिन्दू विधि को संहिताबद्ध और एकीकृत करने पर जोर क्यों? विशेष रूप से समाज सुधारकों और सामान्य रूप से अंग्रेजी शिक्षित अभिजात वर्ग के बीच राष्ट्रीय एकता के लक्ष्य को पाने के लिए एकरूपता एक बहुत बड़ा आकर्षण प्रतीत होता है। बहुदेववाद के लिए ब्रिटिश अरुचि और एकेश्वरवाद की महिमा को किसी भी तरह से आंतरिक और नैतिक रूप से श्रेष्ठ मानते हुए, ऐसे सुधारक विभिन्न क्षेत्रों में प्रचलित हिन्दू विधि की विविधता और इसकी जटिलताओं के लिए घृणा व्यक्त करते हैं। सुधारक स्वयं को हिन्दू विधि के रहस्यमय जंगल के विरुद्ध कुल्हाड़ी चलाने वाले लकड़हारे के आधुनिक अवतार के रूप में देखते हैं...।

बार-बार सुधारकों ने यह तर्क दिया कि एकरूपता आवश्यक है बिना यह बताए कि क्यों; केवल यह मानते हुए कि एकरूपता निर्विवाद रूप से उनका परम लक्ष्य है। एस.सी. शाह का ऐसा ही एक विशिष्ट कथनः 'हमारे पास जगह-जगह अलग-अलग, प्रांत-दर-प्रांत, सभी प्रकार के स्थानीय और पारिवारिक रीतियों वाली हिन्दू विधि हैं... और इस तरह यह बहुत बड़ी बात है कि हम पहली बार कम से कम हिन्दू समुदाय के लिए एक समान संहिता लायेंगे।' जिन लोगों ने एकरूपता पर प्रश्न उठाया था, उन्हें नेहरू के नेतृत्व वाले 'प्रगतिशील' लोगों ने प्रतिक्रियावादी बोल कर नकार दिया।

कुछ लोगों ने तर्क दिया कि विविधता अपने आप में एक बुराई नहीं है, और इससे भी महत्वपूर्ण बात यह है कि हिन्दू विधि ऊपर से राज्य या अन्य प्राधिकरण द्वारा नहीं लगाई गयी थी, बल्कि लोकप्रिय आम सहमति से विकसित हुई थी और इस चरित्र को संरक्षित किया जाना चाहिए।

सामाजिक सर्वसम्मति बनाए बिना लोगों पर थोपे जाने वाले सामाजिक सुधार के एक साधन के रूप में राज्य की यह धारणा अनिवार्य रूप से उपनिवेशवादी राज्य तंत्र और विचारधारा में निहित कार्यप्रणाली के मानदंडों से उत्पन्न होती है। भारतीयों के बीच अंग्रेजी शिक्षित अभिजात वर्ग ने औपनिवेशिक राज्य की विचारधारा को आत्मसात कर लिया, स्वयं को सामाजिक सुधार के सबसे प्रगतिशील साधन के रूप में प्रस्तुत किया, यह अनुभव करने में असफल रहा कि इनमें से कई अधिनियम (जैसे, शारदा अधिनियम) कागजी शेर बने रहे। पिछड़े, असभ्य और पतित कहे जाने वाले भारतीय समाज के लिए अवमानना सभी ओर व्याप्त थी।

विद्वानों के साहित्य पर आधारित यह चर्चा इस पुस्तक की परिधि में ईसाई यूरोपीय उपनिवेशवाद के हाथ को भारतीय चेतना को फिर से आकार देने में

प्रदर्शित करने के लिए पर्याप्त है। ध्यान देने योग्य बात यह है कि मध्य पूर्वी उपनिवेशवाद और यूरोपीय उपनिवेशवाद के बीच महत्वपूर्ण समानताएं है और दूसरी ओर महत्वपूर्ण अंतर भी हैं। दोनों देशी समाजों के संदर्भ में 'झूठे धर्म' की अवधारणा में विश्वास करते हैं। मध्य पूर्वी उपनिवेशवाद हिन्दू धर्म जैसे 'झूठे धर्मों' को जड़ और शाखा समेत नष्ट करने का प्रयत्न करता है जबकि यूरोपीय उपनिवेशवाद धर्मान्तरित करने का प्रयास करता है, और असफल होने पर यह सूक्ष्मता से मूल समाज और विश्वास प्रणालियों को ईसाई चेतना के अनुरूप लाने के लिए उनका पुनर्निर्माण करने का प्रयत्न करता है। मध्य पूर्वी उपनिवेशवाद की प्रत्यक्ष और दृश्य आक्रामकता के कारण भारतीय चेतना ने इसका भयंकर प्रतिरोध किया। जबकि यूरोपीय उपनिवेशवाद की अपनी सहिष्णुता और सेकुलरवाद की नीति के माध्यम से भारत को ईसाई बनाने के प्रयास के परिणामस्वरूप यूरो-केंद्रित 'आधुनिक' वैश्विक व्यवस्था में देशी भारतीय चेतना को मिला दिया गया। इसने भारतीय चेतना और इसके जीवन के तरीके को अपने सिद्धांतो पर समझना और अधिक कठिन बना दिया है और इसके बारे में हम प्राचीन, पारंपरिक, रूढ़िवादी और इसी तरह के लेबल के बिना नहीं सोच सकते। डी रूवर बताते हैं कि स्वदेशी विश्वास प्रणालियों और समाजों के ईसाई पुनर्निर्माण के इस मॉडल को सेकुलरवाद के नाम से जाना जाता है जिसमें औपनिवेशिक ढांचे को सभी समाज और संस्कृतियों के लिए इसके विशिष्ट मज़हबी/थियोलोजिकल मूल के साथ सार्वभौमिक रूप में प्रस्तुत किया जाता है।

मैं अगले खंड में सहिष्णुता की नीति से सेकुलरवाद को अपनाने तक ब्रिटिश उपनिवेशवादियों के आंदोलन के बारे में विस्तार से बताऊंगा, जहां मैं 1858 और 1919 के बीच की अवधि को संबोधित करता हूं, लेकिन पहले, मूल ज्ञान परंपरा पर उपनिवेशवादी के ईसाई पुनर्निर्माणवाद के प्रभाव को समझाने की आवश्यकता है।

प्रत्येक समाज का व्यक्तिपरक अनुभव उसकी प्रतिनिधि तात्विकी का गठन करता है जो अंततः इसके सामाजिक संगठन सहित इसके ज्ञानमीमांसा और धर्मशास्त्र का आधार बनती है। इस संबंध में भारतीय चेतना की तात्विकी कर्म और पुनर्जन्म के सिद्धांत पर टिकी हुई है, जो इसकी ज्ञान उत्पादन संरचनाओं, विश्वास प्रणालियों, प्रकृति और सामाजिक संरचनाओं के साथ इसके संबंधों में प्रकट होती है। सेकुलर ईसाई ढांचे के उपयोग के माध्यम

से भारतीय चेतना के ईसाईकरण ने न केवल भारतीय समाज के बाहरी ढांचे को प्रभावित किया है, बल्कि विशिष्ट समूहों, समुदायों और जीवन के तरीकों को भी विलुप्त होने के लिए प्रेरित किया है, जिन्होंने लंबे समय तक स्वदेशी तात्विकी को संरक्षित रखा है और जिस पर सभ्यता बनायी गयी थी। पादरियों के प्रति प्रोटेस्टेंट सुधार की घृणा के आधार पर विशेष रूप से ब्राह्मणों और ब्राह्मणवाद के लिए घृणा पैदा की गयी है। ईसाई उपनिवेशवादी और मिशनरी समूहों ने ब्राह्मणों को भारत के ईसाईकरण के लिए बाधा समझा और इसलिए उनकी निंदा की और यह सुनिश्चित किया है कि दशकों बाद मूल समाज का एक महत्वपूर्ण भाग उपनिवेशवादियों की ही भांति ब्राह्मणों और ब्राह्मणत्व से आज भी घृणा करता है। भारत के इतिहास और चेतना के औपनिवेशिक संस्करणों के आधार पर भारतीय उप-पहचान के प्रति यह घृणा उपनिवेशिकता का प्रमाण है।

इसके अलावा, मेरी राय में, यह यूरोपीय उपनिवेशवादियों के दृष्टिकोण की सफलता का भी प्रमाण है क्योंकि वे वह फल प्राप्त करने में सफल रहे जो मध्य पूर्वी उपनिवेशवादी नहीं कर सके। यूरोपीय उपनिवेशवादी ने सुनिश्चित किया कि चेतना से संबंधित विषयों पर स्वदेशी चर्चा भी एक सेकुलर ईसाई ढांचे के भीतर हो। यह सब यद्यपि अनजाने में होता है क्योंकि मूल निवासी अपने इतिहास के उपनिवेशवादी संस्करण को ही मूल संस्करण मानते हैं। जब मूल निवासियों के बीच एक आंतरिक बातचीत भी विदेशी चेतना में निहित ढांचे के भीतर होती है, तो यह प्रभावी रूप से औपनिवेशिक चेतना की सफलता का प्रतीक है।

इस मत पर वैचारिक आक्रमण हो सकता है और जाति सम्बंधित अपशब्द भी कहे जा सकते हैं परन्तु यह सब देशी चर्चा में उपनिवेशिकता के प्रभाव के मेरे बिंदु को ही सिद्ध करेगा। यह प्रदर्शित करेगा कि कैसे वर्णाश्रम व्यवस्था और भारतीय ज्ञान परंपराओं को जाति की औपनिवेशिक श्रेणी में सफलतापूर्वक रखा गया है, जो हमें जाति और जनजाति के अगले संबंधित उप-विषयों पर ले जाता है।

जाति और जनजाति की औपनिवेशिक श्रेणियां

'जाति' धर्म और सामाजिक संगठन के क्षेत्र में ईसाई यूरोपीय उपनिवेशवादियों के पुनर्निर्माणवादी ढंग का उत्पाद है, यह भी विद्वान मानते हैं। साहित्य

प्रदर्शित करता है कि उपनिवेशवादी का सामाजिक संगठन के प्रति नृजातीय दृष्टिकोण भारतीय समाज पर थोपा गया था, जैसा कि अन्य उपनिवेशित स्वदेशी समाजों में भी हुआ था, जिसने औपनिवेशिक पहचानों को जन्म दिया, जैसे कि 'जाति'[19] और 'जनजाति'।[20] ऐसा करने के लिए उन्होंने वर्ण, जाति और कास्ट को लेकर भारतीय शब्दावली का पुनर्संयोजन किया। औपनिवेशिक निर्माण के रूप में जाति के विषय पर, निकोलस बी. डर्क्स 'कास्ट्स ऑफ माइंड: उपनिवेशवाद और आधुनिक भारत का निर्माण'[21] में जाति के विकास की चर्चा करते हैं। इस पहचान की श्रंखला पुर्तगालियों से प्रारम्भ होती है जो हिन्दू सामाजिक संरचना का वर्णन करने के लिए 'कास्टा' शब्द का प्रयोग करते हैं। इसको भारत में नृवंशविज्ञानी राज्य के निर्माण के माध्यम से अंग्रेजों के अधीन संस्थागत रूप दिया गया था। जबकि मैं डर्क द्वारा व्यक्त किए गए कुछ विचारों से पूरी तरह सहमत नहीं हूं, मैं अपनी समझ को उनके केंद्रीय सिद्धांत तक सीमित रखूंगा जो पुस्तक के निम्नलिखित अंश में दिखती है:

> यह पुस्तक प्रश्न पूछेगी कि ऐसा क्यों है कि जाति भारत में समुदाय का मुख्य प्रतीक बन गई है, और अन्य के लिए भी जाति अभी भी भारतीय सामाजिक संगठन की परिभाषित विशेषता है। जैसा कि हम देखेंगे, जाति के बारे में बहुत भिन्न विचार हैं: उन लोगों के जो इसे एक धार्मिक व्यवस्था के रूप में देखते हैं, जो इसे केवल सामाजिक या आर्थिक व्यवस्था के रूप में देखते हैं; जो इसे समुदाय की भारतीय इकाई के समकक्ष देखते हैं और जो इसे समुदाय के लिए प्राथमिक बाधा के रूप में देखते हैं। लेकिन टिप्पणीकारों की एक असाधारण श्रेणी, जेम्स मिल से लेकर हर्बर्ट रिस्ले, हेगेल से वेबर तक, जीएस घुर्ये से एमएन श्रीनिवास तक, लुई ड्यूमॉन्ट से मैककिम मैरियट तक, ईवी रामास्वामी नायकर से लेकर बीआर अंबेडकर तक, गांधी से लेकर नेहरू तक हुई है। ये स्वीकार करते हैं कि जाति, विशेष रूप से पदानुक्रम जाति रूप, चाहे उन्हें सराहा जाए या तिरस्कृत किया जाए, भारतीय सभ्यता, भारतीय संस्कृति और भारतीय परंपरा के लिए मौलिक हैं।[22]
>
> यह पुस्तक यह सुझाव देकर इस प्रश्न का समाधान करेगी कि जाति, जैसा कि हम आज जानते हैं, वास्तव में प्राचीन भारत का कुछ अपरिवर्तित अस्तित्व नहीं है, न ही कोई एकल प्रणाली है जो एक मूल सभ्यतागत मूल्य को दर्शाती है, और जो कि भारतीय परंपरा की मूल अभिव्यक्ति नहीं है। बल्कि मैं तर्क दूंगा कि जाति (जैसा कि हम

> आज जानते हैं) यह एक आधुनिक घटना है, और भारत और पश्चिमी औपनिवेशिक शासन के बीच एक ऐतिहासिक मुठभेड़ का उत्पाद है।... लेकिन मैं सुझाव दे रहा हूं कि यह अंग्रेजों के कारण हुआ कि 'जाति' भारत की सामाजिक पहचान, समुदाय और संगठन के विविध रूपों को व्यक्त करने, संगठित करने और सबसे बढ़कर 'व्यवस्थित' करने में एक सक्षम शब्द बन गई। यह ब्रिटिश शासन के दो सौ वर्षों के समयांतर में औपनिवेशिक आधुनिकता के साथ एक ठोस मुठभेड़ के परिणाम के रूप में एक पहचान योग्य वैचारिक सिद्धांत के माध्यम से प्राप्त किया गया था। संक्षेप में, उपनिवेशवाद ने ही जाति को वह बना दिया जो आज है। इसने जाति को भारतीय समाज का केंद्रीय प्रतीक बनाकर इस पुस्तक की प्रारम्भिक पंक्तियों को संभव बनाने वाली परिस्थितियों का निर्माण किया...

जाति के औपनिवेशिक निर्माण के बारे में यह एक महत्वपूर्ण पुस्तक है। प्रासंगिक यह है कि डर्क ने यह स्पष्ट किया कि कैसे ईसाई मिशनरी ब्रिटिश उपनिवेशवादियों के नृवंशविज्ञानियों के रूप में काम कर रहे थे और और कैसे उन्होंने 'जाति व्यवस्था' को, विशेष रूप से ब्राह्मणों को, भारत के ईसाईकरण के लिए मुख्य बाधा के रूप में देखा। इस संबंध में, वह फ्रांसीसी कैथोलिक मिशनरी अब्बे डुबॉइस की प्रभावशाली पुस्तक का 'साक्ष्य' देते हैं, जिसका शीर्षक है 'भारत के लोगों के चरित्र, शिष्टाचार और रीतियां, और उनके संस्थान, धार्मिक और नागरिक चरित्र का वर्णन', जो 1816 में प्रकाशित हुई थी। इस पुस्तक को जाति व्यवस्था पर सबसे व्यापक अधिकार के रूप में माना जाता है, इतना अधिक कि मद्रास सरकार ने डुबॉइस से पुस्तक के लिए कॉपीराइट क्रय किया, जिसने डुबोइस को वर्षों तक नियमित पेंशन का स्रोत प्रदान किया। वास्तव में, मद्रास के तत्कालीन गवर्नर विलियम बेंटिक ने डुबोइस के काम की प्रशंसा की थी।[23] (परिशिष्ट 19)

डर्क्स ने बहुत विस्तार से समझाया है कि कैसे नृवंशविज्ञान में मिशनरी भूमिका के परिणामस्वरूप 'अपराधी जातियों', 'लड़ाकू जातियों',[24] 'मार्शल जातियों' और 'जनजातियों' का निर्माण हुआ। यह इसलिए हुआ कि धर्मांतरण के लिए कौनसे समूह अधिक परिपक्व हैं इसका निर्धारण हो सके। जॉर्ज मैकमुन की 'द मार्शल रेस ऑफ इंडिया में 'आर्यन दौड़' 1933 में प्रकाशित पुस्तक[25] भी मिशनरी नृवंशविज्ञान और ईसाई ज्ञान परंपरा पर आधारित श्वेत वर्चस्ववाद के आधार पर अपने जातीयतावाद के लिए जानी जाती है। यह

मैकमुन के इस विश्वास से स्पष्ट है कि 'लड़ाकू जातियां' 'मोटे तौर पर मूल श्वेत (आर्यन) जातियों' से आती थीं और 'श्वेत आक्रमणकारियों ने अपने प्रारंभिक वर्चस्व के दिनों में जाति व्यवस्था को प्रारम्भ किया'। डर्क्स ने ब्राह्मणों के प्रति घृणा उत्पन्न करने में मिशनरियों द्वारा निभाई गई महत्वपूर्ण भूमिका पर भी प्रकाश डाला। रॉबर्ट कैल्डवेल इस प्रकार के मिशनरी होकर दक्षिणी भारत में द्रविड़ आंदोलन के इतिहास में एक असाधारण व्यक्ति बन गए। डर्क की बात को देखते हुए मैं पाठकों से जाति के विषय पर अपने विचार बनाने से पहले उनके कार्य को पढ़ने और जाति की समकालीन धारणाओं में गहरी बैठी उपनिवेशिकता को पहचानने का आग्रह करूंगा।

इसी तरह, 'आदिवासी' पहचान के निर्माण पर, एस.के. चौबे और सुजाना बीसी देवले की रचनाएं, जो इस औपनिवेशिक वर्गीकरण के निर्माण पर प्रकाश डालती हैं, अवश्य ही पढ़ी जानी चाहिए। जबकि चौबे का काम पूर्वोत्तर भारत में पहाड़ी राजनीति, पूर्वोत्तर के विशिष्ट संदर्भ में आदिवासी पहचान के निर्माण, और ईसाईयत में 'जनजातियों' के धर्मांतरण होने के बीच गठजोड़ को समझने में बहुत महत्वपूर्ण है, आदिवासी निर्माण के आविष्कार पर देवले का काम एक औपनिवेशिक श्रेणी के रूप में जाति पर डर्क के काम के समान ही व्यापक परिप्रेक्ष्य प्रदान करता है।[26]

> भारतीय स्वदेशी जातीय संरचनाओं के अध्ययन में जनजाति सबसे प्रमुख श्रेणी रही है: जैसे कि आदिवासी समाज। मेरा तर्क है कि भारत में आदिवासी निर्माण एक औपनिवेशिक श्रेणी है और यह औपनिवेशिक वैधता की विचारधारा का भाग है। इस प्रकार यह श्रेणी विजित जनसंख्या को सूचीबद्ध करने, नियंत्रण नीतियों में सुधार करने और इस जनसंख्या को औपनिवेशिक व्यवस्था में सम्मिलित करने की सुविधा के लिए एक उपकरण के रूप में संचालित होती है। उपनिवेशवाद के अंत के साथ भारत में जनजाति की विचारधारा विघटित नहीं हुई। इसे जाति-विचारधारा के हिन्दू मॉडल के संदर्भ में, आदिवासी 'पिछड़ेपन' की अवधारणा में देखने योग्य संदर्भ और सामाजिक गतिशीलता के लिए वैकल्पिक रूप से देखा जाने लगा।
>
> संक्षेप में, मैं यह तर्क दूंगा कि झारखंड में तब तक कोई 'जनजाति' नहीं थी जब तक कि भारतीय वास्तविकता की यूरोपीय धारणा ने उनका निर्माण नहीं किया और औपनिवेशिक अधिकारियों ने उन्हें अपनी प्रशासनिक स्वेच्छा नहीं दी। वास्तव में, आदिवासी प्रतिमान अतीत और

> वर्तमान दोनों आदिवासी समाजों को वर्गीकृत करने के लिए अनुपयुक्त है। झारखंड में, ये समाज अब मूल रूप से एक वर्ग समाज में डाले गए किसान समाज हैं, जो एक ही समय में विशिष्ट जातीय-सांस्कृतिक शैली रखते हैं।"

भारत को समझने के लिए यूरोपीय उपनिवेशवादियों के लिए 'जनजाति' कैसे एक लेंस बन गई, इस पर टिप्पणी करते हुए, देवले झारखंड के बारे में कहते हैं कि अंग्रेजी शिखा ने झारखण्ड के समुदायों को ईसाईयत में धर्मान्तरित करने में सहायता की। उन्होंने यह भी कहा कि झारखण्ड में अंग्रेजों के पहले कोई 'जनजातियां' थी ही नहीं। यह पहचान केवल एक अंगरेज निर्माण है। (परिशिष्ट 20)

तो यह स्पष्ट है कि डर्क और देवले दोनों 'जाति' और 'जनजाति', जैसा कि आज हम इसे जानते और समझते हैं, के निर्माण में उपनिवेशवाद के निर्विवाद हाथ का प्रदर्शन करते हैं। यह समझना महत्वपूर्ण है क्योंकि यह स्वदेशी समाज के पहलुओं पर उपनिवेशिकता के प्रभाव को रेखांकित करता है। मैं यह नहीं कह रहा कि पूर्व-औपनिवेशिक अतीत परिपूर्ण था या इसमें भेदभाव नहीं था; इसके बजाय, मैं केवल विश्वसनीय साहित्य का 'साक्ष्य' देते हुए यह बात कह रहा हूं कि अतीत की हमारी समझ पूरी तरह से उपनिवेशीकृत है, और जब चर्चा से औपनिवेशिक तार हटा दिए जाते हैं, तो हम वास्तव में वर्ण और जाति को उनके इतिहास के दृष्टिकोण से समझना प्रारम्भ कर सकते हैं।

जाति को अपरिवर्तनीय चरित्र देना बहुत स्तर तक ईसाई औपनिवेशिक पुनर्निर्माण का एक उत्पाद है। जब तक विशेषज्ञों और 'बुद्धिजीवियों' द्वारा एक वि-औपनिवेशिक दृष्टिकोण को नियोजित नहीं किया जाता है, तब तक हम पायेंगे कि उपनिवेशवादी पहचान और गहरी हो रही है, जो कि ब्राह्मण-विरोधी झुकाव के साथ प्रारम्भ हुआ था, लेकिन जो अब धर्म-विरोधी/हिन्दू-विरोधी स्थिति को प्राप्त कर चुका है। जैसे यह सच सामने आता है तो यूरोपीय उपनिवेशिकता के अंतिम लक्ष्य का पता चलता है। मध्य पूर्वी उपनिवेशवाद भी अब इस संबंध में यूरोपीय उपनिवेशवाद के आवरण पर सवार है, क्योंकि सेकुलर ईसाई ढांचे ने इसे वैकल्पिक रूप से स्वच्छ साधन प्रदान किए हैं जो धीरे-धीरे भारतीय चेतना को समाप्त करना चाहते हैं परन्तु सदियों की क्रूरता के बाद भी अभी तक इस लक्ष्य में सफल नहीं हुए हैं।

यहां पर चर्चा किए गए साहित्य से यह भी स्पष्ट होता है कि ईसाई सभ्यता और सुधारवादी इरादे को आगे बढ़ाने के लिए शिक्षा का भी प्रयोग किया गया था, क्योंकि शिक्षा, भाषा और धर्मांतरण के बीच के गठजोड़ को ईसाई प्रतिष्ठान प्रारम्भ से ही अच्छी तरह से समझा गया था जब 1698 में उसने चार्टर में मिशनरी क्लॉज को अपनाया। ब्रिटिश उपनिवेशवादियों की शिक्षा और भाषा नीतियों की संक्षिप्त जांच करना महत्वपूर्ण है, जो इसकी पुष्टि करते हैं कि सेक्युलर शिक्षा का प्रयोग कैसे धर्मांतरण के लिए हुआ।

'नैतिक और मज़हबी सुधार'/धर्मांतरण के लिए औपनिवेशिक शिक्षा

1715 और 1787 के बीच, कंपनी की सहायता से मद्रास, बॉम्बे और कलकत्ता में अंग्रेजी-माध्यम के चौरिटी स्कूल बड़े पैमाने पर यूरोपीय और एंग्लो-इंडियन बच्चों को शिक्षित करने के उद्देश्य से स्थापित किये गए थे। जहां तक मूल निवासियों की शिक्षा का संबंध था कंपनी ने 1765 के बाद से, यानी बक्सर की लड़ाई के बाद इसमें रुचि लेना प्रारम्भ कर दिया था जब एक राजनीतिक शक्ति के रूप में इसका उदय स्पष्ट हो गया था। विद्वानों जेपी नाइक और सैयद नुरुल्ला के अनुसार, भारतीय जनसंख्या के साथ तालमेल के उपाय के रूप में, कंपनी ने हिन्दू और मुस्लिम शासकों की विरासत को आगे बढ़ाने की एक सचेत नीति अपनाई, जिसके कारण निम्नलिखित उपाय किए गए:[27]

1. मदरसों और पाठशालाओं की स्थापना;
2. विद्वान पंडितों और मौलवियों को सम्मान या आर्थिक अनुदान देना; तथा
3. उच्च धार्मिक/मज़हबी अध्ययन के लिए शिक्षण संस्थानों की सहायता करना।

इनके अलावा, भारतीय उच्च वर्गों को ब्रिटिश प्रशासन में सम्मिलित करने के लिए, कंपनी ने बनारस संस्कृत कॉलेज और कलकत्ता मदरसा की स्थापना की। इस तरह के संस्थानों की स्थापना के पीछे की मंशा और उनके उत्पादों के लिए परिकल्पित भूमिका को 1 जनवरी 1792 को बनारस में ब्रिटिश निवासी जोनाथन डंकन, अर्ल ऑफ कॉर्नवालिस, केजी, गवर्नर-जनरल इन काउंसिल द्वारा लिखे गए एक पत्र में पाया जाता है। उन्होंने कहा कि ऐसे संस्थानों से हिन्दू

विधि के बारे में श्वेत लोग अच्छे से जानेंगे और भारत के संचालन में सुविधा होगी।[28] (परिशिष्ट 21)

स्पेक्ट्रम के दूसरे छोर पर थे चार्ल्स ग्रांट, जो हिंदुओं की त्रुटियों को ठीक करने के लिए औपनिवेशिक शिक्षा का उपयोग करने के विचार से ग्रस्त थे।[29] उनका मानना था कि हिन्दू अपने धर्म का पालन करते हुए अन्धकार में रह रहे हैं और अंग्रेजों को उनका धर्मांतरण करने के लिए उन्हें इस अन्धकार से निकालना होगा। उन्होंने कहा कि इन मूल निवासियों को पहले तो अंग्रेजी भाषा सिखाई जाए फिर अंग्रेजी तौर-तरीके सिखाये जाएं और अंग्रेजों जैसा ही बना दिया जाए।[30] (परिशिष्ट 22) उनका मानना था कि अंग्रेजी के माध्यम से हिन्दू 'अंधविश्वास' समाप्त हो जाएगा और ईसाईयत का प्रकाश भारत में फैलेगा। (परिशिष्ट 23)

ग्रांट के विचार उन लोगों के लिए उत्तर है जो यह तर्क देते हैं कि भाषा केवल निर्देश या संचार का माध्यम है और इसे किसी विशेष धर्म/मज़हब से नहीं जोड़ा जाना चाहिए। बनारस संस्कृत कॉलेज और कलकत्ता मदरसा स्थापित करने की कंपनी की नीति और चार्ल्स ग्रांट जैसे ईसाइयों के विचारों के बीच, 1790 के दशक से 1800 के मध्य तक विचार के दो प्रमुख स्कूलों के बीच इस बात पर संघर्ष को देखा जा सकता है कि भारत में ईसाई ब्रिटिश उपनिवेशवादी की शिक्षा-सह-भाषा नीति क्या हो।[31]

पहला स्कूल, अर्थात् प्राच्यवाद स्कूल, यूरोपीय प्रणाली के साथ ज्ञान उत्पादन, सामग्री और शिक्षाशास्त्र के स्वदेशी रूपों को ब्रिटिश प्रशासनिक संरचना में समाहित करने में विश्वास करता था, जिसके कारण बनारस संस्कृत कॉलेज और कलकत्ता मदरसा की स्थापना हुई, ताकि भारतीयों को इसमें सम्मिलित किया जा सके। चार्ल्स ग्रांट और अन्य समान विचारधारा वाले व्यक्तियों, जैसे विलियम विल्बरफोर्स के नेतृत्व में एक दूसरा गुट था अर्थात् इवेंजेलिकल (धर्मांतरणवादी)/एंग्लिसिस्ट स्कूल, जो अंग्रेजी भाषा को ईसाईयत और पश्चिमी सभ्यता से जोड़ता था। यह स्कूल विश्वदृष्टि के वाहक के रूप में निभाई जाने वाली भूमिका के बारे में पूरी तरह से अवगत था, और इसलिए, अंग्रेजी शिक्षा के प्रारम्भ के लिए बहुत उत्सुक था। इस तथ्य को रेखांकित करना महत्वपूर्ण है कि दोनों स्कूलों ने सभी विषयों में ईसाई यूरोपीय श्रेष्ठता की धारणा को सर्वोपरि माना; अंतर केवल इतना था कि एक गुट कुछ व्यावहारिक और व्यापारिक विचारों से अधिक प्रेरित था और

इसलिए, देशी संस्थानों का समर्थन करते हुए धर्मांतरण के सूक्ष्म साधनों को नियोजित करने में विश्वास करता था, जबकि दूसरा गुट खुले रूप में अपनी ईसाई औपनिवेशिक चेतना का प्रदर्शन करता था।

अंततः कंपनी के प्राच्यवाद और ग्रांट के इंजीलवाद (धर्मांतरणवाद) के बीच संघर्ष में, इंजीलवाद स्पष्ट रूप से हावी हुआ, क्योंकि यह 1813 के चार्टर अधिनियम के तहत भारत में ईसाईयत की उन्नति के लिए ब्रिटिश सरकार के समर्थन के लिए उत्तरदायी था। इस नीति को कम से कम 1853 तक आगे बढ़ाया गया। 1815 में लॉर्ड मोइरा एक मिनट में कहते हैं कि हिन्दू अंधेरे में इसलिए हैं क्योंकि अभी भी गांव गांव में ऐसे देशी शिक्षक हैं जो कि उन्हें हिन्दू 'अंधविश्वास' और 'अंधेरे' की दीक्षा देते हैं और अगर भारत में ईसाईयत का प्रकाश लाना है तो फिर इन शिक्षकों को बाध्य करना होगा कि वे ईसाईयत की शिक्षा प्रदान करने लगें। इसके बाद महाविद्यालयों में ऐसी ही नीति को अपनाया जाए।[32] (परिशिष्ट 24)

भारत में ईसाई शिक्षा के प्रारम्भ के पीछे की मंशा इससे स्पष्ट होती है। आशा यह थी कि 'तर्क' अर्थात 'ईसाई तर्क' धीरे-धीरे लेकिन निश्चित रूप से ब्राह्मणों का प्रतिकार करके मूल जनसंख्या को 'सच्चे मज़हब के अतुलनीय प्रकाश' की ओर ले जाएगा। क्या यह कहना उचित नहीं होगा कि भारत में ईसाई शिक्षा के प्रारम्भ के पीछे का उद्देश्य बहुत स्तर तक आज के समय में प्राप्त किया गया प्रतीत होता है? फिर से, मैं पाठक पर छोड़ देता हूं कि वे स्वयं निष्कर्ष निकालें, जबकि मैं उनके सामने प्रत्यक्ष सामग्री रखता हूं।

जुलाई 1823 तक काउंसिल में गवर्नर-जनरल ने लोगों के बेहतर निर्देश, उनके बीच उपयोगी ज्ञान के परिचय और उनके चरित्र में नैतिक सुधार के लिए सार्वजनिक निर्देश के लिए एक समिति के निर्माण के लिए प्रस्ताव पारित किया था।[33] उसी महीने में, ब्रिटिश औपनिवेशिक प्रशासक होल्ट मैकेंजी ने सार्वजनिक शिक्षा को आगे बढ़ाने के लिए सरकार की योजना पर एक नोट लिखा, जिसमें उन्होंने भारत के 'निचले तबके' को प्रभावित करने के लिए देशी अभिजात वर्ग के लिए शिक्षा की एक ईसाई योजना की आवश्यकता पर बल दिया। उनका मानना था कि पहले अभिजात वर्ग का अंग्रेजीकरण होगा और फिर वे 'निचले तबके' का अंग्रेजीकरण और ईसाईकरण कर देंगे।[34] (परिशिष्ट 25)

रोचक बात यह है कि 17 अगस्त 1823 को बेल्लारी के कलेक्टर ए.डी. कैंपबेल के एक पत्र में स्वदेशी शिक्षाशास्त्र और पाठ्यक्रम पर बहुत विस्तार से चर्चा की गई, जो कि फोर्ट सेंट जॉर्ज के राजस्व बोर्ड के अध्यक्ष और सदस्यों को लिखा गया था।[35] इस पत्र से हमें पता चलता है समकालीन भारतीय शिक्षा प्रणाली अपने सभ्यतागत चरित्र से कितनी दूर चली गई है, जो कि 1823 तक अपने अस्तित्व में थी। इस पत्र में लिखा है कि 1823 में अधिकतर विद्यालयों में माध्यम संस्कृत अथवा वहां की स्थानिक भाषा में होता था और हिन्दू और मुसलमान दोनों विद्यार्थी बड़ी संख्या में विद्यालय में अपनी ज्ञान परंपरा के अनुसार अध्याय करते थे। हिन्दू छात्रों को उनके धर्म ग्रन्थ और उनकी कलाओं का ज्ञान कराया जाता था। (परिशिष्ट 26)

इससे हमें पता चलता है कि 1823 तक स्वदेशी चेतना और ज्ञानमीमांसा मध्य पूर्वी उपनिवेशवाद के 12 शताब्दियों के नरसंहार अभियानों के बाद भी बची रही थी। इसके विपरीत, दो शताब्दियों से भी कम समय में, यूरोपीय उपनिवेशवाद ने गहरी पैठ बना ली है जो मध्य पूर्वी उपनिवेशवाद नहीं कर सका। यूरोपीय उपनिवेशवाद की गहराई का अनुमान 11 दिसम्बर 1823 को राजा राममोहन राय द्वारा भारत के तत्कालीन गवर्नर-जनरल विलियम पिट को लिखे गए एक पत्र से लगाया जा सकता है।[36] राजा राममोहन राय को हिन्दू समाज सुधारक और ब्रह्म सभा के संस्थापकों में से एक के रूप में जाना जाता था। वे भारतीयों को अंग्रेजी शिक्षा प्रदान करने के लिए बहुत आतुर थे। उनका मानना था कि संस्कृत भाषा और भारतीय विषयों का अध्ययन हिन्दुओं को अज्ञान में ही रखेगा और इसलिए शीघ्र अति शीघ्र हिन्दुओं को अंग्रेजी माध्यम और विषयों को पढ़ाया जाना चाहिए। (परिशिष्ट 27)

डॉ. बालगंगाधर इस पत्र में कुछ बिन्दुओं को देखते हैं। पहला ब्रह्म आंदोलन के सिद्धांतों और विश्वासों में परिलक्षित रॉय के 'हिन्दू धर्म' के ईसाईवादी विचारों के बीच में और ज्ञान क्या है इसके बारे में रॉय के विचारों में बहुत सामंजस्य है। यह दोनों ही उपनिवेशिकता से प्रभावित थे। दूसरा, जैसा कि डॉ. बालगंगाधर कहते हैं कि उपनिवेशिकता को बनाए रखने में उपनिवेशवादी और उपनिवेशित दोनों की भूमिका होती है, तो रॉय एक उपनिवेशित होकर यह भूमिका निभा रहे थे। वि-उपनिवेशिकता के सिद्धांत को अपनाने के लिए आवश्यक है कि उपनिवेशवादी और उपनिवेशित, दोनों के उपनिवेशिकता को आगे बढ़ाने में योगदान को उजागर किया जाए। चूंकि

स्वतंत्रता के बाद उपनिवेशित समुदाय उपनिवेशिकता को आगे बढ़ाने में बहुत महत्वपूर्ण भूमिका निभाता है।

समकालीन भारत में औपनिवेशिक शिक्षा के प्रारम्भ के पीछे की मंशा पर मैकाले के कुख्यात भाषण का अक्सर 'साक्ष्य' दिया जाता है परन्तु इसमें हिन्दू समाज सुधारकों द्वारा निभाई गई भूमिका पर प्रकाश नहीं डाला जाता। यह अतीत पर दोष मढ़ने के लिए नहीं है बल्कि औपनिवेशिक चेतना के अस्तित्व और प्रभाव की ओर ध्यान आकर्षित करने के लिए है। चूंकि औपनिवेशिक चेतना उन लोगों के मस्तिष्क में भी घर कर गयी थी जिन्होंने मूल निवासियों के उत्थान की मांग की थी। विडंबना यह है कि ऐसे हिन्दू समाज सुधारक हिन्दू धर्म और इसकी बुराइयों की चर्चा के विषय में ईसाईयों से बहुत भिन्न नहीं थे।

मार्च 1835 तक की अवधि में प्राच्यवादी और इवेंजेलिकल स्कूलों के सदस्यों के बीच लगातार आदान-प्रदान देखा गया, जो एक ओर भारतीय सिविल सेवा के सदस्य एच.टी. प्रिंसेप और दूसरी ओर टी.बी. मैकाले के मिनट में चित्रित किए गए हैं, जिसमें सम्मिलित हैं भारत में ईसाई अंग्रेजी-माध्यम शिक्षा की आवश्यकता पर 1835 के कुख्यात मिनट। यह विनिमय मार्च 1835 में विलियम बेंटिक द्वारा एक प्रस्ताव को अपनाने में परिणत हुआ, जो मैकाले की स्थिति के पक्ष में था। (परिशिष्ट 28) प्रिंसेप अंग्रेजी माध्यम का विरोध कर रहे थे और मैकाले उसका समर्थन।[37] मैकाले का कहना था कि भारतीय भाषाएं गंवारों की भाषाएं थीं और इनमें यूरोप के परिष्कृत विज्ञान को अनुदित किया ही नहीं जा सकता था। उन्होंने कहा कि भारत और अरब के सम्पूर्ण ग्रंथों में भी इतना ज्ञान नहीं मिल पायेगा जो यूरोप के किसी पुस्तकालय के एक शेल्फ पर मिल जाएगा। उनके प्रसिद्ध शब्द भारतीयों की अगली पीढ़ी के लिए हैं: 'वर्तमान में हमें एक ऐसा वर्ग बनाने का पूरा प्रयत्न करना चाहिए जो लहू और रंग में भारतीय हो, लेकिन स्वाद, राय, नैतिकता और बुद्धि में अंग्रेजी हो।' (परिशिष्ट 29)

यह बातें भारतीय ज्ञान परंपरा के लिए ब्रिटिश उपनिवेशवादी की पूरी अवमानना को प्रदर्शित करती हैं। उपनिवेशवादियों का पाखंड इस तथ्य से पता चलता है कि भारतीय धर्मग्रंथों को यूरोपीय दर्शन और विज्ञान के आधार पर आंका जा रहा था जबकि यूरोपीय उपनिवेशवादियों के मज़हब और ग्रंथों के लिए विज्ञान और तर्क के मानकों को लागू नहीं किया जा रहा था। यदि

भारतीय ज्ञान परंपरा परीक्षा और आलोचना का विषय है, तो ईसाई ज्ञान परंपरा को भी तर्क और तर्कसंगतता से आंकना चाहिए। अंग्रेजों द्वारा देशी शिक्षा के व्यावहारिक मूल्य पर प्रश्न उठाया गया और इसकी उपयोगिता के परीक्षण के रूप में बाजार का उपयोग किया गया। परन्तु ईसाई उपनिवेशवादियों ने इस तथ्य से आंखें मूंद लीं कि देशी ज्ञान परंपरा के ज्ञान को विश्वदृष्टि में परिवर्तन के परिणामस्वरूप अप्राप्य बना दिया गया था और यह उपनिवेशवाद का ही फल था। इसके बजाय उपनिवेशिवादी आसानी से निष्कर्ष निकालते हैं कि इस तरह की शिक्षा सदैव व्यर्थ रही है क्योंकि इसमें आंतरिक मूल्य का अभाव था। किसी भी विषय में ईसाई उपनिवेशवादी ने कभी भी यह पूछना उचित नहीं समझा कि ईसाईयत उसी बाजार में उपयोगी था या नहीं। ब्रिटिश प्रतिष्ठान भारत में ईसाई प्रतिष्ठान को आर्थिक रूप से समर्थन देने में प्रसन्न था। प्राच्यवादी और ईसाई धर्मान्तरण करने वालों में से विलियम बेंटिक ईसाईयों के साथ ही थे और उन्होंने कहा: 'इस मिनट में व्यक्त की गई भावनाओं को मैं अपनी पूरी सहमति देता हूं।' बेंटिक ने अपनी सहमती आगे एक संकल्प में भी दी।[38] (परिशिष्ट 30)

1835 में पारित इस प्रस्ताव और वर्ष 1839 के बीच, प्राच्यवादी और इवेंजेलिकल (ईसाई धर्मांतरणवादी) स्कूलों के बीच मंथन जारी रहा, जिसके परिणामस्वरूप 24 नवंबर 1839 एक समझौता हुआ जो कि लॉर्ड ऑकलैंड के एक मिनट में दिखाई पड़ता है।[39] दोनों पक्षों के अभियोगों को दूर करने के लिए दोनों को अतिरिक्त धन आवंटित किया गया था। साथ ही यह निर्देश दिया गया था कि 'प्राच्यवादी कॉलेजों का पहला कर्तव्य प्राच्यवादी शिक्षा में निर्देश देना था और यदि आवश्यक हो तो वे अंग्रेजी कक्षाएं संचालित कर सकते हैं'। परन्तु जैसा कि मिनट दर्शाता है और जैसा कि नाइक और नूरुल्ला ने भारतीय शिक्षा पर अपने मौलिक कार्य में पुष्टि की है, इवेंजेलिकल स्कूल के निम्नलिखित पदों को स्वीकार किया गया था:

1. संस्कृत या अरबी के माध्यम से यूरोपीय विज्ञान को पढ़ाने के प्रयासों से केवल आंशिक और अपूर्ण परिणामों की आशा की जा सकती थी;
2. शैक्षिक नीति का मुख्य उद्देश्य अंग्रेजी भाषा के माध्यम से, यूरोपीय साहित्य, दर्शन और विज्ञान में एक पूर्ण शिक्षा को सबसे बड़ी संख्या में छात्रों को संप्रेषित करना होना चाहिए, वे विद्यार्थी जो इसे स्वीकार करने के लिए तैयार हों; तथा

3. सरकार के प्रयासों को उच्च शिक्षा को समाज के उन उच्च वर्गों तक सीमित रखना चाहिए जिनके पास अध्ययन के लिए अवकाश है और जिनकी संस्कृति जन-जन तक पहुंचती है।

प्राच्यवादी उद्देश्य के लिए निधियों के आवंटन में वृद्धि करते हुए, भारत में उच्च शिक्षा में भारतीय उच्च वर्गों को सहयोजित करने की एक सचेत नीति अपनाने के अलावा, अंग्रेजी शिक्षा और अंग्रेजी विचारों के प्रसार को आगे बढ़ाने पर जोर दिया गया। यह इस आशा के साथ किया गया कि शेष भारतीय समाज उनके नेतृत्व का अनुसरण करने की आकांक्षा रखेगा। यह, नाइक और नुरुल्ला जैसे विद्वानों के अनुसार आधिकारिक कार्रवाई में 'डाउनवर्ड फिल्ट्रेशन सिद्धांत' था, जो कम से कम 1870 तक भारत में ब्रिटिश शिक्षा नीति की विशेषता रही थी।

धर्म, जाति, जनजाति और शिक्षा पर पूर्ववर्ती चर्चा का सार यह है कि कम से कम 1853 तक, ईसाई यूरोपीय उपनिवेशवादी का इरादा एक ऐसे राजनीतिक-विधिक और सामाजिक तंत्र को स्थापित करना था जो देशी समाज के हर पहलू में ईसाई औपनिवेशिक चेतना के प्रसार में सहायता करे। इसलिए समकालीन बातचीत और बहस में जब हम धर्म, जाति/जनजाति, शिक्षा जैसे पहलू को छूते हैं तो हमें अतीत पर निर्णय लेने से पहले औपनिवेशिक मान्यताओं और औपनिवेशिक चेतना के प्रभाव की जांच कर लेनी चाहिए और समकालीन प्रथाओं और संरचनाओं का मूल्यांकन करने से पहले इन बातों पर सोचना चाहिए। जब तक यह अभ्यास नहीं किया जाता है, यह माना जाना चाहिए कि हमारी बातचीत ईसाई औपनिवेशिक ढांचे और ईसाई ज्ञान परंपरा के भीतर ही हो रही है।

इसके अलावा, कभी-कभी स्वदेशी समाज के सदस्य इस तथ्य पर गर्व का अनुभव करते हैं कि ईसाई यूरोपीय उपनिवेशवादियों के सर्वोत्तम प्रयासों के बाद भी, भारत अधिकांश रूप से हिन्दू है। यह आशावाद की भावना इस तथ्य से आती है कि भारत के विपरीत अमेरिका के विशाल क्षेत्रों में यूरोपीय उपनिवेशवादी के आगमन के बाद सभी ईसाई बन गए और भारत इस नियति से अभी तक बचा हुआ है। पर फिर भी सभ्यतागत सतर्कता की नीति अपनाना आवश्यक है:

1. भारतीय राज्य के साथ-साथ उपनिवेशित मूल निवासी सेकुलरवाद (ईसाईयत से प्रेरित) का तमगा पेहन कर प्रसन्न हैं। भले ही भारत

ईसाईयत में धर्मान्तरित न हुआ हो, यदि भारतीय ज्ञान परंपरा सिस्टम पूरी तरह से ईसाईकृत हो जाती है तो यह उतना ही बुरा होगा; तथा

2. पारंपरिक धर्मांतरण ने भारत के बड़े हिस्से को भारतीय चेतना से प्रभावी रूप से अलग कर दिया है और वास्तव में, भारत के एक महत्वपूर्ण भाग को भारत का शत्रु बना दिया है।

इसलिए मैं केवल एक कागजी पहचान से संतुष्ट नहीं हो सकता जबकि देशी भारतीय चेतना को औपनिवेशिक चेतना की परतों के नीचे दबा दिया जाता है। वि-औपनिवेशिक विकल्प केवल एक विकल्प नहीं है बल्कि भारतीय सभ्यतागत चेतना के लिए अस्तित्वपरक अनिवार्यता है; और चूंकि संविधान को एक 'सेकुलर' ग्रन्थ के रूप में देखा जाता है बिना यह देखे कि उसके पीछे औपनिवेशिक चेतना है, संविधान का वि-औपनिवेशिक मूल्यांकन एक ऐसा अभ्यास है जिसे बिना किसी विलम्ब के किया जाना चाहिए। अंततः संविधान भारतीय चेतना के पक्ष में या इसके विरोध में गुणक प्रभाव पैदा करने में सक्षम है।

इस पुस्तक के अगले और अंतिम खंड में, मैं भारत में औपनिवेशिक बुनियादी ढांचे के प्रभाव के साथ-साथ, संवैधानिक ढांचे की ओर भारत के बढ़ते पगों पर अंतर्राष्ट्रीय विकास के प्रभाव को समझने के लिए 1858 और 1919 के बीच की अवधि की जांच करूंगा। 1858 से समय सीमा चुनने का एक प्रमुख कारण है। यह माना जाता है कि ईसाई सहिष्णुता की तथाकथित नीति 1857 की ऐतिहासिक घटनाओं के कारण गैर-मज़हबी सेकुलरवाद की नीति में बदल गई। अन्य बातों के अलावा, इस धारणा का भी अगले भाग में परीक्षण होगा।

खंड 3

संविधान

अध्याय 10

उपनिवेश, सभ्यता और संविधान

विद्रोही सिपाहियों को गोली मारते हुए, 8 सितम्बर 1857
(लन्दन प्रिंटिंग एंड पब्लिशिंग कंपनी, 1858 में 1857 के विद्रोह की कहानी की स्टील एन्ग्रविंग)

उपनिवेशिकता और सभ्यता पर पिछले दो खंडों में अब तक की गई चर्चाओं का उद्देश्य संविधानवाद की ओर एक स्वदेशी सभ्यता के रूप में भारत की यात्रा पर यूरोपीय उपनिवेशिकता/औपनिवेशिक चेतना के प्रभाव को समझने के लिए दो लेंस के रूप में कार्य करने का है। यह खंड, वास्तव में, पिछले खंडों की इच्छित परिणति है, और मेरा विशिष्ट उद्देश्य है। उपनिवेशिकता को व्यापक कैनवास के रूप में प्रयोग करने के कारणों में से एक कारण यह है कि भारत के संविधान के इतिहास के अध्ययन को संविधान सभा के अध्ययन तक सीमित करना ठीक नहीं होगा। ऐसा इसलिए है क्योंकि उस ज्ञान परंपरा की जांच करना महत्वपूर्ण है जिसके अंतर्गत विधानसभा

ने कार्य किया। पिछले खंड में भारत में ईसाई यूरोपीय उपनिवेशवादियों द्वारा स्थापित राजनीतिक-विधिक और सामाजिक बुनियादी ढांचे के विशिष्ट ईसाई चरित्र को रेखांकित करने के लिए 1853 तक की अवधि का अध्ययन किया गया था, वर्तमान खंड 1858 और 1919-1920 के बीच की अवधि की जांच करेगा।

इस समयावधि का महत्व यह है 1858 से भारत सरकार अधिनियम 1858 के माध्यम से ब्रिटिश क्राउन द्वारा ब्रिटिश भारत पर पूर्ण नियंत्रण किया गया और कंपनी पूर्णत: ब्रिटिश राज्य का अंग बन गयी। यदि 1853 के अधिनियम के बाद स्वायत्तता का एक अंश भी बना रहा तो 1858 के अधिनियम ने इसे समाप्त कर दिया। 1919-1920 की बाहरी सीमा के बारे में बोलें तो यह न केवल 'लीग ऑफ नेशंस' की स्थापना को चिह्नित करता है, बल्कि इसी समय में 1919 भारत सरकार अधिनियम का अधिनियमन भी आया जो कि भारत के लिए पहला ब्रिटिश-निर्मित संविधान था। इस संविधान के अंतरराष्ट्रीय गतिविधियों के साथ सम्बंधों की कभी भी चर्चा नहीं की जाती है परन्तु इसके गहन अध्ययन की आवश्यकता है।

1853 और 1858 के बीच, 1854 का भारत सरकार अधिनियम भी पारित किया गया था, लेकिन इस पर विस्तार से चर्चा करने की आवश्यकता नहीं है क्योंकि सभी व्यावहारिक उद्देश्यों के लिए, यह 1853 अधिनियम का विस्तार था जैसा कि 1854 अधिनियम की धारा 8 द्वारा प्रमाणित होता है[1]:

> इस अधिनियम को भारत सरकार अधिनियम 1853 के भाग के रूप में पढ़ा और समझा जाएगा।

स्पष्ट रूप से, 1854 के अधिनियम ने 1853 के अधिनियम के निर्णय को आगे बढ़ाया और इसके तहत भारत के गवर्नर-जनरल के पास किसी भी प्रांत पर नियंत्रण ग्रहण करने का और उसकी सीमाएं निर्धारित करने का अधिकार आ गया। इसलिए 1854 के अधिनियम में गवर्नर-जनरल की क्षेत्रीय और प्रशासनिक शक्तियों के दायरे का विस्तार करने के अलावा नया कुछ और नहीं था जो 1853 के अधिनियम में नहीं था।

1857 के भारतीय विद्रोह के कारण ही 1858 का भारत सरकार का अधिनियम[2] भी सम्भव हुआ। विद्रोह स्वयं कई राजनीतिक और धार्मिक कारकों का निर्माण था जिसने इस कार्य को सम्भव बनाया। कम से कम

1813 से राज्य संरक्षण के तहत ईसाई मिशनरी गतिविधियों में वृद्धि हो रही थी जिसने अंग्रेजों द्वारा भारतीयों के बलपूर्वक धर्मांतरण की आशंकाओं को हवा दी और विद्रोह भड़काने में इस बात को कम करके नहीं आंका जाना चाहिए। इससे भी बुरी बात यह है कि विद्रोह को कुचलने में अंग्रेजों के आचरण मज़हबी कट्टरता से भरे हुए थे। मुसलमानों को फांसी से पहले सूअर की चर्बी से ढके सूअर की खाल में सिल दिया जाता था जिसके बाद उनके शरीर को जला दिया जाता था। हिंदुओं को गोमांस खाकर स्वयं को अपवित्र करने के लिए बाध्य किया जाता था। नागरिकों के सामने तो इस कृत्य से अंग्रेजों की पोल खुल जानी चाहिए थी। हजारों नागरिकों की हत्या कर दी गई और जिन गांवों पर भारतीय विद्रोहियों की सहायता करने का संदेह था, उन्हें नष्ट कर दिया गया, पुरुषों को मार डाला गया और महिलाओं को सभी प्रकार की यौन हिंसा का शिकार बनाया गया। स्पष्ट रूप से जलियांवाला बाग में अकारण नरसंहार एक विपथन नहीं था और न ही यह पहली बार हुआ था। मूल निवासियों, उनके धर्म और नस्ल के प्रति यूरोपीय उपनिवेशवादियों से तीव्र घृणा करने के कारण ही उन्होंने विद्रोहियों और भारतीय नागरिकों के विरुद्ध इतनी हिंसा का व्यवहार अपनाया।

जबकि विद्रोह की उत्पत्ति मई 1857 में मेरठ में मानी जाती है कुछ विद्वानों के अनुसार यह 23 जनवरी 1857 को कलकत्ता के पास दमदम में प्रारम्भ हुआ, जो मार्च में बैरकपुर, अप्रैल में अंबाला और मई में मेरठ, लखनऊ और दिल्ली में फैल गया। नवंबर 1858 में शान्ति हुई; हालांकि, कंपनी को विद्रोह और इसके संचालन के तरीके के लिए दोषी ठहराया गया था। दिसंबर 1857 तक, तत्कालीन ब्रिटिश प्रधानमंत्री हेनरी जॉन टेम्पल (लॉर्ड पामर्स्टन) ने कंपनी को सूचित किया कि कंपनी को समाप्त करने और ब्रिटिश भारत और भारत सरकार के सभी क्षेत्रों को ब्रिटिश क्राउन को स्थानांतरित करने के लिए शीघ्र ही ब्रिटिश संसद में एक विधेयक प्रस्तुत किया जाएगा। स्वाभाविक रूप से, कंपनी ने दार्शनिक और राजनीतिज्ञ जॉन स्टुअर्ट मिल के माध्यम से भीख मांगी और विनती की और यहां तक कि अपना पक्ष भी रखा, लेकिन कोई लाभ नहीं हुआ। 12 फरवरी 1858 को लॉर्ड पामर्स्टन ने कंपनी और क्राउन की दोहरी सरकार को समाप्त करने के लिए ब्रिटिश संसद में विधेयक प्रस्तुत किया। उन्होंने खेद व्यक्त किया कि 'ऐसे व्यापक क्षेत्रों, इतने विशाल हितों और इतनी असंख्य जनसंख्या' का प्रबंधन 'जानबूझकर एक छोटे से गुट

की देखभाल के लिए किया गया था'।[3] उन्होंने कहा कि कंपनी किसी के प्रति तटस्थ नहीं है और स्वछन्द है। (परिशिष्ट 31)

उन्होंने अनुभव किया कि सरकार का दोहरा रूप अर्थात् कंपनी और क्राउन को अलग-अलग रखे रहना उनके उद्देश्य के लिए सबसे बड़ी बाधा थी। ब्रिटिश संसद का एक महत्वपूर्ण गुट था जो पामर्स्टन के विचारों को साझा करता था; हालांकि वह संसद में विधेयक के प्रस्तुत होने के एक सप्ताह के भीतर कार्यालय से बाहर हो गए और एडवर्ड स्मिथ-स्टेनली, अर्ल ऑफ डर्बी ने उनका स्थान ले लिया। विधेयक को अंततः अगस्त 1858 में पारित किया गया और यह अधिनियम 2 अगस्त 1858 को लागू हुआ।[4]

इससे पहले कि हम 1858 के अधिनियम के मुख्य प्रावधानों पर चर्चा करें, मैं पाठकों के समक्ष उपनिवेशिकता में निरंतरता प्रदर्शित करने के लिए अधिनियम से पहले की बहसों की चर्चा करूंगा। इसमें संदेह नहीं कि 1857 की घटनाओं के बाद अंग्रेजों द्वारा अपनाई गई धार्मिक निष्पक्षता की तथाकथित नीति, वास्तव में, 'सहिष्णुता' की नीति का ही पुनर्कथन थी जिस पर पिछले अध्याय में चर्चा की गई थी। इस नीति का परिणाम हुआ 'झूठे धर्म' के लिए व्यावहारिक सहनशीलता और उपनिवेशवादी के सच्चे मज़हब के लिए मौन समर्थन। ब्रिटिश संसद के कई सदस्यों, विशेष रूप से के आर्कबिशप कैंटरबरी और लंदन और ऑक्सफोर्ड के बिशप द्वारा, यह बहस के बीच कई बार कहा गया था। उन्होंने अपनी 'निष्पक्षता' की प्रकृति यानी ईसाई निष्पक्षता को स्पष्ट रूप से बताया। सैमुअल ग्रेगसन बोले:[5] 'ब्रिटिश साम्राज्य की भविष्य की समृद्धि के बीज के रूप में भारत सरकार का ध्यान जिन तीन बिंदुओं पर केंद्रित होना चाहिए, वे हैं वाणिज्य, सभ्यता और ईसाईयत।' (परिशिष्ट 32) कुछ और सांसदों जैसे एर्स्किन पेरी (परिशिष्ट 33) और अर्ल ऑफ एलेनबरो ने कहा कि भारत के धर्म और रीतियों का ब्रिटिश राज को ध्यान रखना चाहिए।[6] (परिशिष्ट 34)

1 नवंबर 1858 को एक उद्घोषणा महारानी विक्टोरिया द्वारा जारी की गई जिसे अक्सर धर्म/मज़हब के विषयों में ब्रिटिश निष्पक्षता के प्रमाण के रूप में उद्धृत किया जाता है।[7] (परिशिष्ट 35) उद्घोषणा की भाषा ही इस तथ्य का प्रमाण है कि धर्म की स्वतंत्रता का वचन ईसाईयत के विचारों से ही प्रेरित था जैसा कि डी रूवर कहते हैं। यह 1858 के अधिनियम से पहले की बहसों की भाषा से भी प्रमाणित होता है।[8] (परिशिष्ट 36)

अर्ल ऑफ एलेनबरो द्वारा इसका विरोध इस आधार पर किया गया था कि 'भारत में बिशपों को मिशनरी निकाय से सज्जनों को लेने और सरकार के साथ उन्हें जोड़ने की अनुमति देना वर्तमान समय में सबसे अनुचित कार्य होगा'। वह 1857 के विद्रोह के आलोक में मूल निवासियों की भावनाओं के बारे में चिंतित थे। हालांकि, लंदन के बिशप ने ऑक्सफोर्ड के बिशप का समर्थन किया। (परिशिष्ट 37)

यह चर्चा पादरियों की नियुक्ति के संदर्भ में थी जो दिखाता है कि ईसाईयत और राज्य के साथ इसके निरंतर सम्बंध ब्रिटेन के सांसदों के लिए बहुत महत्वपूर्ण थे क्योंकि यह उनकी संसदीय बहसों में व्यापक रूप से सम्मिलित है। अधिक प्रासंगिक बात है भारत में धर्म की स्वतंत्रता के सम्बंध में उनकी तथाकथित निष्पक्षता की नीति है जो 'धर्मनिरपेक्षता' का एक पुनर्कथन है। 23 जुलाई 1858 को हाउस ऑफ लॉर्ड्स में बिल के तीसरे वाचन में कैंटरबरी के आर्कबिशप के विचार स्पष्ट थे।[9] उन्होंने कहा कि ब्रिटेन एक ईसाई देश है और हिन्दू काफिरों के देश पर राज करते हुए उसे अपनी ईसाई प्रकृति को स्मृति में रखना चाहिए। उन्होंने यह भी कहा कि भले ही ब्रिटेन भारतीयों को बलपूर्वक ईसाई न बनाए परन्तु ईसाईयत का प्रचार तो उसे करना ही चाहिए; जाति प्रथा को समाप्त करना चाहिए और विद्यालयों में जिनको सरकार अनुदान देती है वहां पर बाइबिल पाठ होना चाहिए; और सरकार को मूल निवासी धर्म से छत्तीस कोस की दूरी बना लेनी चाहिए; और मूल निवासी जो ईसाईयत अपना चुके हों उन्हें सरकारी पदों पर पहुंचाना चाहिए। (परिशिष्ट 38)

अर्ल ऑफ डर्बी, तत्कालीन ब्रिटिश प्रधानमंत्री एडवर्ड स्मिथ-स्टेनली, जो भारत में सभी धर्मों/मज़हबों के संरक्षण के पक्ष में थे उनका भी विचार था कि भारत में मूल जनसंख्या को ईसाई बनाने के मिशनरी प्रयासों को हतोत्साहित नहीं किया जाना चाहिए। दो दृष्टिकोणों के बीच बहुत अंतर नहीं था। (परिशिष्ट 39)

कैंटरबरी के आर्कबिशप सार्वजनिक सेवाओं के संदर्भ में जाति भेद को समाप्त करने के लिए प्रतिबद्ध थे, जो ऊपर से देखने में आपत्तिजनक नहीं है। हालांकि, प्रस्ताव के पीछे का असली उद्देश्य यह था कि किसी भी देशी सरकारी कर्मचारी को ऑफिस कार्य करते समय अपनी जाति के नियमों का

पालन करने की अनुमति नहीं दी जाएगी, जो कि 1857 के विद्रोह से पहले की नीति के विपरीत था।

अर्ल ऑफ शैफ्ट्सबरी ने अपनी स्थिति में स्पष्ट किया कि ब्रिटिश सरकार को स्वयं को ईसाई सरकार कहने और ईसाईयत की श्रेष्ठता की घोषणा करने से नहीं झिझकना चाहिए और घोषणा करनी चाहिए कि ईसाईयत ही 'सर्वश्रेष्ठ सभ्यता' का आधार है। उन्होंने 'निष्पक्षता' के अर्थ को विस्तार से बताया और कहा कि उन्हें मज़हब के आधार पर भारत में भेदभाव नहीं करना चाहिए लेकिन साथ ही साथ यह भी बताने से नहीं झिझकना चाहिए कि वे एक ईसाई सरकार है और ईसाईयत सबसे अच्छा मज़हब है और सभ्यता का आधार भी वही है। (परिशिष्ट 40) एलेनबरो के अर्ल ने भी कहा कि ब्रिटेन को अपनी ईसाई पहचान और 'सभ्य' देश की पहचान को सुरक्षित रखना चाहिए। (परिशिष्ट 41)

लंदन के बिशप ने ब्रिटिश अधिकारियों द्वारा हिंदू मंदिरों के प्रबंधन पर अपनी आपत्ति जताई, जो 'हिन्दू रिलीजियस एंड चौरिटेबल एंडोमेंट' विधि का परिचायक था। ऐसी विधियां आज भी समकालीन भारत में लागू हैं जैसा कि पिछले अध्याय में चर्चा की गई थी। बिशप ने मज़हब के विषयों में निष्पक्षता के लिए तथाकथित ईसाई प्रतिबद्धता और न्याय पर अपने विचारों को संतुलित किया। सच्चाई और न्याय का चरित्र ईसाई है न कि ईसाईयत के प्रति न्याय उदासीन है। इसे बिशप ने अपने शब्दों से स्पष्ट रूप में रेखांकित किया था:

> नि:संदेह हमें भारतीयों के प्रति अत्यधिक निष्पक्षता का प्रयोग करना चाहिए। नि:संदेह हमें उन्हें सहनशीलता दिखानी चाहिए। नि:संदेह चर्च ऑफ इंग्लैंड और स्वयं ईसाईयत सरकार की ओर से केवल बल और शक्ति की नीति से आगे नहीं बढ़ सकते। लेकिन हमें भारत के लोगों को दिखाना चाहिए कि हम उन्हें न केवल ईसाई न्याय और ईसाई सभ्यता देना चाहते हैं, बल्कि, सबसे बढ़कर, अंततः ईसाई सत्य की विरासत भी देना चाहते हैं। (परिशिष्ट 42)

लंदन के बिशप के विचारों को आगे बढाते हुए ऑक्सफोर्ड के बिशप ने 'ईसाई सच्चाई' और 'दुष्ट निष्पक्षता' के बीच के अंतर को स्पष्ट किया और ईसाई अर्थ को सहिष्णुता और निष्पक्षता की आधिकारिक नीति पर लागू किया। उन्होंने कहा कि निष्पक्षता वहीं तक ठीक है जहां तक ईसाईयत का गुणगान हो और ब्रिटिश सरकार के गर्व से ईसाई होने के दावे को अनदेखा

न किया जाए। हिंसा से धर्मांतरण नहीं करना चाहिए, बिशप ने कहा, परन्तु हर दूसरे माध्यम से भारतीयों को बताना चाहिए कि ईसाईयत ही सत्य का एकमात्र पुंज है और कैसे भारतीय अपने धर्मों का पालन करते हुए अंधेरे में जी रहे हैं। (परिशिष्ट 43)

तत्कालीन प्रधानमंत्री द्वारा अपनाई गयी निष्पक्षता की नीति ईसाईयत के क्रमिक प्रसार के लिए अनुकूल थी और अर्ल ग्रानविले के विचारों से इसकी पुष्टि होती है। उन्होंने कहा कि जिस निष्पक्षता की बात प्रधानमंत्री और ब्रिटिश क्राउन कर रहा है वह ईसाईयत को बढ़ावा देगी और केवल और केवल इस कारण से ही वह निष्पक्षता अच्छी है। (परिशिष्ट 44)

इससे यह स्पष्ट होता है कि ईसाई यह आशा करते हैं कि ईसाई स्वतंत्रता/ सहिष्णुता और ईसाई निष्पक्षता धीरे-धीरे मूर्तिपूजक समुदायों को उनके झूठे धर्म के अंधेरे से एक सच्चे मज़हब (ईसाईयत) के प्रकाश में लाएगी। इस सभी अकाट्य सामग्री के आलोक में 1 नवंबर 1858 की महारानी की उद्‌घोषणा इन ब्रिटिश संसद के सदस्यों के विचारों से भिन्न नहीं थी। इस संदर्भ में 1858 के अधिनियम को समझा जाना चाहिए और यह नहीं समझना चाहिए कि अधिनियम द्वारा निर्धारित प्रशासनिक संरचना का उद्देश्य केवल 'सेकुलर' शासन के विषयों को संबोधित करना था। 'सेकुलर' शब्द को सदैव 'ईसाईयत-निरपेक्ष' के रूप में समझा जाना चाहिए, क्योंकि ईसाई विश्वदृष्टि औपनिवेशिक बुनियादी ढांचे में निहित थी। अधिनियम के तहत ब्रिटिश भारत के क्षेत्रों और सरकार के क्राउन को हस्तांतरण ने भारत में प्रत्यक्ष ईसाई सभ्यता के चरण के प्रारम्भ को चिह्नित किया जो कंपनी की व्यापारिक व्यावहारिकता के कारण आंशिक रूप से पहले दबा हुआ था। आखिरकार 1813 से 1833 के चार्टर अधिनियमों में मिशनरी खंड कंपनी के कहने पर सम्मिलित नहीं किए गए थे लेकिन ब्रिटिश संसद के आदेश पर सम्मिलित किए गए थे। और ब्रिटिश संसद तब से सीधे 1858 अधिनियम के आधार पर भारत पर शासन करने लगा। अधिकांश लोग इन अधिनियमों की प्रस्तावना पर ध्यान नहीं देते हैं जिसमें स्पष्ट कहा गया है कि इंग्लैंड की महारानी ईसाई मार्गदर्शक 'लॉड्‌र्स स्पिरिचुअल' के बिना कुछ भी नहीं करती हैं। (परिशिष्ट 45)

'लॉड्‌र्स स्प्रिचुअल' का संदर्भ टेम्पोरल और कॉमन्स से पहले है। इनमें कैंटरबरी और यॉर्क के आर्कबिशप अन्य बिशपों की तुलना में उच्च रैंक

रखते थे। मज़हबी बनाम सेकुलर के जिस विभाजन की ईसाई बात करते हैं वह इस चार्टर अधिनियम और भारत सरकार अधिनियमों की भाषा में स्पष्ट रूप से दिखता है। ब्रिटिश सरकार की ओर से अपनी ईसाई पहचान और ईसाई राजनीतिक थियोलोजी में इसके बुनियादी ढांचे की नींव को छिपाने का कोई प्रयास नहीं किया गया था। जो संसद ईसाईयत का प्रतिनिधित्व करने वाले 26 बिशपों की उपस्थिति मांगती थी (और अभी भी मांगती है) वह एक सेकुलर संसद तो नहीं हो सकती। फिर जो एक ईसाई प्रतिष्ठान था उसे हम बलपूर्वक अति सेकुलर सिद्ध करने में क्यों लगे हुए हैं? क्या यह उपनिवेशिकता या उपनिवेशवादी चेतना का कार्य नहीं है?

1858 के अधिनियम पर आते हुए, 40 से अधिक प्रावधानों में, अधिनियम ने कंपनी से भारत पर सभी शक्तियों को छीन लिया और इसे ईसाई ब्रिटिश साम्राज्य के क्राउन में स्थानांतरित कर दिया। 1858 के अधिनियम से संबंधित ब्रिटिश संसद में बहस के बीच भारतीयों को प्रतिनिधित्व देने का विषय उठा, पर संसद ने इसके विरुद्ध इस आधार पर निर्णय लिया कि मूल निवासियों का एक महत्वपूर्ण समुदाय अभी भी अंग्रेजों के विरुद्ध हथियार उठाये हुए था क्योंकि 1857 के विद्रोह को कुचलने में अंग्रेजों ने बर्बरता का प्रयोग किया था। 1858 के अधिनियम के कुछ प्रमुख प्रावधान निम्नलिखित हैं:

- धारा 1: ईस्ट इंडिया कंपनी की सरकार के अधीन क्षेत्र महारानी को हस्तांतरित होंगे।
- धारा 2: भारत को महारानी द्वारा और उनके नाम पर शासित किया जाएगा।
- धारा 3: राज्य के सचिव अब कंपनी द्वारा प्रयोग की जाने वाली शक्तियों का प्रयोग करेंगे।
- धारा 29: महारानी के अनुमोदन से या उनके द्वारा नियुक्तियां की जायेंगी।
- धारा 32: परिषद में राज्य सचिव भारत की सिविल सेवा में आगंतुकों के प्रवेश के लिए नियम बनायेंगे। (परिशिष्ट 46)

1858 और 1919-1920 के बीच भारत सरकार के कुछ और अधिनियम पारित किए गए जो 1858 अधिनियम के मूल टेम्पलेट पर बने, प्रतिनिधि विधान परिषदों के अलावा जो 1861, 1874, 1892 और 1909 और 1915

के भारत सरकार अधिनियम के भारतीय परिषद अधिनियमों के तहत गठित किए गए थे। इन्हें मिंटो-मॉर्ले रिफॉर्म्स के रूप में भी जाना जाता है।[10] इस अवधि में 1889 की होम रूल योजना भी देखी गई जो भारतीयों को मताधिकार का अधिकार और विधान परिषदों में भारतीय प्रतिनिधित्व प्राप्त करने की दिशा में पहला प्रयास था। इस अवधि में भारतीय संविधान विधेयक 1895 भी आया (जिसे होमरूल बिल के रूप में भी जाना जाता है) जिसकी तैयारी सम्भवत: लोकमान्य बालगंगाधर तिलक के नेतृत्व में की गई थी।[11]

उपनिवेशिकता के प्रभाव में भारत की संवैधानिक यात्रा की परीक्षा को देखते हुए मैं केवल उन विकासों पर चर्चा करूंगा जो साबित करते हैं कि वर्षों से प्रतिनिधि विधायी निकायों की स्थापना के होने के बाद भी उपनिवेशवादी की औपनिवेशिक चेतना में कोई बदलाव नहीं आया था। ऐसा इसलिए है क्योंकि ये निकाय ईसाईयत की राजनीतिक थियोलोजी के भीतर संचालित होते हैं। भारतीयों ने इन संस्थानों में इसकी गैर-सेकुलर और ईसाई प्रकृति पर ध्यान दिए बिना भाग लिया जो ऐसी संस्थाओं को सूचित करती थी। मेरा उद्देश्य यह बताने का है कि महारानी विक्टोरिया द्वारा धार्मिक निष्पक्षता की 1858 की घोषणा ने औपनिवेशिक प्रशासन की धर्मांतरण गतिविधियों को एक सुविधाजनक आवरण प्रदान किया। यह तथ्य उनके आचरण के साथ-साथ अंतरराष्ट्रीय मंचों पर और ब्रिटिश संसद में उनकी चर्चाओं से स्पष्ट है।

उदाहरण के लिए ऑक्सफोर्ड के बिशप द्वारा 6 जुलाई 1860 को हाउस ऑफ लॉर्ड्स में हाम के निवासियों की ओर से प्रस्तुत की गई याचिका देश भर के सरकारी स्कूलों में बाइबल के अध्ययन का प्रारम्भ करके भारत में शिक्षा को पूरी तरह से ईसाई बनाने के स्पष्ट निश्चय को प्रदर्शित करती है।[12] (परिशिष्ट 47) गैलोवे के अर्ल ने उत्साहपूर्वक इस प्रस्ताव का समर्थन किया। (परिशिष्ट 48)

यह चर्चा 1860 में हुई थी यानी 1857 के विद्रोह के और नवंबर 1858 की अंत की घोषणा के दो साल के भीतर। अगर इस घोषणा का उद्देश्य सही में भारत में धर्मांतरण को रोकना होता तो ऑक्सफोर्ड के बिशप वह नहीं कहते जो उन्होंने कहा।

वास्तव में यह उस कृत्रिम अलगाव को प्रदर्शित करता है जिसे ब्रिटिश ईसाई मन ने अपने लिए बनाया था। यह मूल निवासियों के धर्म में हस्तक्षेप

और भारत में मिशनरियों द्वारा किए गए धर्मांतरण कार्य के बीच अंतर करता है। इस सुविधाजनक अंतर ने ब्रिटिश उपनिवेशवादियों को निष्पक्षता के मुखौटे के साथ अपना कार्य करते रहने की अनुमति दी। ईसाई सहिष्णुता का वास्तविक अर्थ यही है। इसका प्रभावी रूप से अर्थ था कि काफिर हिन्दू चाहे तो अपने धर्म को मानते रहे परन्तु मिशनरी उनके धर्म का तिरस्कार और अपमान करते रहेंगे जब तक कि हिन्दू धर्मांतरित होकर ईसाईयत को नहीं अपना लेते। वे मानते थे कि ईसाईयत में धर्मांतरण होने से हिन्दू नैतिक रूप से विकास करेंगे और इससे उनकी नैतिकता और सेकुलरवाद के पीछे छुपी ईसाईयत का पता चलता है।

वैसे भी क्या ब्रिटिश सरकार ने 1858 की उद्घोषणा के बाद अपनी सेकुलर और निष्पक्ष साख को साबित करने के लिए भारत में चर्च स्थापना पर भारत में अर्जित राजस्व से अपना खर्च रोक दिया था? नहीं! यह 28 सितंबर 1915 को भारत में चर्च की स्थापना के सम्बंध में हाउस ऑफ कॉमन्स में उठाए गए प्रश्न से प्रदर्शित होता है जिसमें वे भारत सरकार के अंतर्गत चर्च को अनुदान दिए जाने की बात करते हैं[13] (परिशिष्ट 49) इसके उत्तर में भारत के तत्कालीन राज्य सचिव जोसेफ ऑस्टेन चेम्बरलेन ने वित्तीय वर्ष के लिए एक विस्तृत विवरण दिया जिसमें उन्होंने पादरियों और चर्च अधिकारियों को दिए जा रहे सरकारी अनुदान का पूरा ब्यौरा दिया। (परिशिष्ट 50)

1914-15 में यह राशि 17,512 पौंड थी। स्पष्ट रूप से भारत से अर्जित राजस्व का एक हिस्सा 1858 की महारानी की घोषणा के पूरे 57 साल बाद भी भारत में ईसाई प्रतिष्ठान के रखरखाव के लिए दिया जा रहा था। स्पष्ट रूप से एक ईसाई चरित्र वाली सरकार मज़हब/धर्म के विषयों में निष्पक्ष होने में मूल रूप से अक्षम थी।

जैसा कि हम अगले अध्याय में देखेंगे यह तथ्य फिर से स्पष्ट रूप से अंतर्राष्ट्रीय घटनाओं के अभिसरण में प्रदर्शित होता है, जो हमें राष्ट्र संघ की स्थापना की ओर ले जाते हैं: जैसे कि 1919 का पेरिस शांति सम्मेलन और ब्रिटिश संसद में 1919 के भारत सरकार अधिनियम को पारित करने को लेकर बहस। आगामी सामग्री यह दिखाएगी कि अंतर्राष्ट्रीय विधि का उपयोग, ईसाई राजनीतिक थियोलोजी के सार्वभौमिकरण को प्रभावी बनाने के लिए, एक स्प्रिंगबोर्ड और एक बल गुणक के रूप में किया गया था। यह ईसाई

थियोलोजी ही यूरोपीय/पश्चिमी सभ्यता का आधार है। यह मानना कि भारत की कहानी इसमें आकस्मिक थी, विशेष रूप से जब हम ब्रिटिश संसद में दिए गए उस समय के तर्कों को देखें तो यह गैर-ऐतिहासिक होगा।

अध्याय 11

सभ्यता के मानक, 'लीग ऑफ नेशंस' और भारत सरकार अधिनियम 1919

द पीस कांग्रेस एट द हॉल ऑफ मिर्रर्स, वर्सेल्स, 29 जून 1919
(जॉर्ज स्कॉट का चित्रण)

भारतीयों के लिए 'होम रूल' पाने के प्रयास कम से कम 1889 से सक्रिय थे; हालांकि 1914 में प्रथम विश्व युद्ध से ही, विधि बनाने और प्रशासन में भारतीयों की अधिक से अधिक लोकतांत्रिक भागीदारी की दिशा में आंदोलन प्रारम्भ हुआ, हालांकि यह सब मांगें ब्रिटिश साम्राज्य का हिस्सा बने रहते हुए ही हो रही थीं। भारतीय राष्ट्रवादियों को 1914 में एक अवसर लगा जब भारत में राजनीतिक असंतोष बढ़ रहा था और उन्होंने अंग्रेजों के सामने सुधार की एक योजना प्रस्तुत की। गोपाल कृष्ण गोखले का '1914 का राजनीतिक नियम' इस सम्बंध में विशिष्ट है क्योंकि इसने 'प्रांतीय स्वायत्तता' के विषय को संबोधित किया। इसके बाद अक्टूबर 1916 में, इंपीरियल लेजिस्लेटिव काउंसिल के 19 गैर-निर्वाचित सदस्यों द्वारा भारत के तत्कालीन वायसराय

लॉर्ड चेम्सफोर्ड को युद्ध के बाद के सुधारों का एक ज्ञापन प्रस्तुत किया गया, जिसमें श्री मदन मोहन मालवीय और मोहम्मद अली जिन्ना सम्मिलित थे। ज्ञापन में भारत में स्वशासन के लिए 13 सूत्री योजना की रूपरेखा तैयार की गई। दिसंबर 1916 तक भारतीय राष्ट्रीय कांग्रेस और मुस्लिम लीग, दोनों के सदस्यों द्वारा तैयार और औपचारिक रूप से स्वीकृत स्व-सरकार के लिए एक योजना उनके सम्बंधित वार्षिक सत्रों में पारित की गई थी। इसे कांग्रेस-लीग योजना के रूप में जाना जाता है।[1]

स्व-शासन के लिए मांग बढ़ रही थी और भारत का योगदान ब्रिटेन की ओर से विश्व युद्ध में इतना बड़ा हो गया था कि उसके पक्ष में वाणियां उठ रही थीं। 20 अगस्त 1917[2] को तत्कालीन राज्य सचिव एडविन सैमुअल मोंटेग्यू द्वारा हाउस ऑफ कॉमन्स में भारत के लिए एक घोषणा की गयी जिसमें कहां गया कि भविष्य में भारत में अंग्रेजी सरकार दायित्व निभाने वाली हों। (परिशिष्ट 51)

भारतीय राष्ट्रवादियों ने इस घोषणा को 'स्वशासन' को 'दायित्वपूर्ण सरकार' देकर स्थगित करने के प्रयास के रूप में देखा जो स्पष्ट रूप से स्वीकार्य नहीं था। इसलिए जब नवंबर 1917 में मोंटेग्यू विभिन्न समूहों के साथ खुलकर बातचीत करने के लिए भारत पहुंचे तो विभिन्न संगठनों द्वारा स्व-शासन पर कांग्रेस-लीग योजना उनके सामने रखी गई थी। विभिन्न हितधारकों, मुख्य रूप से कांग्रेस और लीग द्वारा ये प्रयास अंततः वायसराय लॉर्ड चेम्सफोर्ड के साथ मोंटेग्यू द्वारा भारतीय संवैधानिक सुधारों पर रिपोर्ट तैयार करने में परिणत हुए जिसे 22 अप्रैल 1918 को शिमला में पूरा किया गया और 8 जुलाई 1918 को प्रकाशित किया गया।[3] भारत की संवैधानिक यात्रा में इन सुधारों का महत्व, जिन्हें मोंटेग्यू-चेम्सफोर्ड सुधार या संक्षेप में मोंटफोर्ड सुधार के रूप में जाना जाता था इस तथ्य से स्पष्ट है कि इनकी सुधारों को भारत सरकार अधिनियम 1919 का प्रत्यक्ष आधार बनाया गया।[4]

1919 का भारत सरकार अधिनियम भारत के लिए पहला ब्रिटिश-निर्मित संविधान था जिसने 1935 के भारत सरकार अधिनियम की नींव प्रदान की। 1935 अधिनियम स्वतंत्र भारत के संविधान की रूपरेखा का आधार प्रदान करता है जैसा कि संविधान की ड्रॉफ्टिंग समिति के अध्यक्ष डॉ. अम्बेडकर ने संविधान सभा की बहसों में स्वीकार किया था।[5] चूंकि मूल संलेख मोंटफोर्ड रिपोर्ट है जो स्वतंत्र भारत के संवैधानिक ढांचे की उत्पत्ति को समझना चाहते

हैं, उन्हें 256-पृष्ठ की यह रिपोर्ट पढ़ना चाहिए चूंकि यह रिपोर्ट ही भारत में अंग्रेजी राजनीतिक-विधिक और प्रशासनिक बुनियादी ढांचे को उजागर करती है। रिपोर्ट में 11 अध्याय और एक निष्कर्ष सम्मिलित हैं, लेकिन मैं केवल उन हिस्सों पर चर्चा करूंगा जो वर्तमान चर्चा के विषय के लिए प्रासंगिक हैं, अर्थात् औपनिवेशिक चेतना और समकालीन संविधानवाद पर इसका प्रभाव। (परिशिष्ट 52)

संवैधानिक सुधारों के प्रस्ताव के पीछे प्राथमिक लक्ष्यों में से एक, जिसने अंततः 1919 के भारत सरकार अधिनियम में स्थान पाया, मूल निवासियों को उनके 'अंधविश्वासों और पूर्वाग्रहों' से मुक्त करना और ब्रिटिश साम्राज्य के साथ उनके बंधनों को शक्तिशाली करना था। संविधान के माध्यम से यह शाश्वत 'सुधार' की एक परियोजना थी जिसका अंतिम लक्ष्य मूल निवासियों का उपनिवेशीकरण था जो मोंटफोर्ड योजना में अंतर्निहित था। रिपोर्ट के लेखक यह भी जानते थे कि अंग्रेजों द्वारा भारत में प्रारम्भ की गई शिक्षा प्रणाली अप्रत्याशित रूप से उल्टी पड़ गई थी क्योंकि इसने तो स्वतंत्रता के विचारों को शक्तिशाली करने का काम किया था। इसलिए अंग्रेजी शिक्षा प्रणाली के प्रभाव को कम करने के लिए ब्रिटिश साम्राज्य के भीतर 'स्व-सरकार' के विरोध में 'उत्तरदायी सरकार' का प्रस्ताव दिया जा रहा था जिससे कि धीरे-धीरे स्वशासन के लिए मूल निवासी 'शिक्षित' और 'तैयार' किये जाएं जो ब्रिटिश साम्राज्य के राष्ट्रमंडल के लिए कार्य करते रहें। रिपोर्ट के लेखकों ने शिक्षा प्रणाली और समाज की राजनीति को चलाने वाले विचारों के बीच कारण सम्बंध को स्पष्ट रूप से समझा था।

यह सही है कि भारत के संविधान की संरचना पर इसके प्रभाव के लिए मोंटफोर्ड रिपोर्ट को पढ़ा जाना चाहिए, जैसे कि केंद्रीय और प्रांतीय विधानमंडलों का प्रारम्भ, केंद्रीय और प्रांतीय सूचियों का निर्माण (अर्थात् उन विषयों की सूची जिन पर वे विधि बना सकते थे), भारतीय सिविल सेवा को सुव्यवस्थित करना इत्यादि इत्यादि। लेकिन इसका अंतर्निहित उद्देश्य जो मूल निवासियों और ब्रिटिश राष्ट्रमंडल के बीच के बंधनों को शक्तिशाली करना था, को भुलाया नहीं जाना चाहिए। प्रस्तावित राजनीतिक-विधिक ढांचे का उद्देश्य मूलनिवासी को उपनिवेशवादी की विश्वदृष्टि में सहयोजित करना था। (परिशिष्ट 53)

ब्रिटिश उपनिवेशवादियों का अपनी उच्च संस्कृत पर घमंड; 'यूरोपीय समुदाय' के लिए उनकी चिंता; और 'भारत की भौतिक समृद्धि' करने के लिए भारतीयों से ब्रिटेन के प्रति कृतज्ञता की अपेक्षा, इन सभी भावों को इस रिपोर्ट में देखा जा सकता है। रिपोर्ट कहती है कि 'भारत ने किस प्रकार वाणिज्यिक विकास से लाभ प्राप्त किया है जो केवल ब्रिटिश पूंजी और उद्यम के कारण प्राप्त हुआ' और इसलिए उन्हें ब्रिटेन के प्रति सदैव कृतज्ञ रहना चाहिए। रिपोर्ट में कहा गया कि उपनिवेशवाद से जो व्यापार ब्रिटेन ने बनाया है उसके हितों की सुरक्षा के लिए ब्रिटिश साम्राज्य को सदैव तटस्थ रहना चाहिए। (परिशिष्ट 54)

भारत में ईसाई मिशनरी गतिविधि पर भी रिपोर्ट में बहुत कुछ था। 'शिक्षा, नैतिकता और स्वच्छता के क्षेत्र में मिशनरी पैसे और उद्यम ने जो रचनात्मक कार्य किया है उसे कम करके आंकना मुश्किल है। यहां भी हम सरकार के निर्णय लेने और प्रभावी हस्तक्षेप की शक्ति सुरक्षित रखते हैं।' (परिशिष्ट 55)

ईसाई मिशनरी कार्य का समर्थन, व्यवधान की स्थिति में सरकारी हस्तक्षेप का परोक्ष संकट, और मिशनरी कार्य के लिए मूल निवासियों से कृतज्ञता की अपेक्षा 1858 की महारानी की घोषणा के 60 वर्षों के बाद भी अधिक स्पष्ट नहीं हो सकती थी। जबकि उस घोषणा ने स्पष्ट रूप से मूलनिवासी की आस्था को सुरक्षा की गारंटी दी थी। चूंकि यह निर्विवाद है कि मोंटफोर्ड सुधारों ने 1919 के अधिनियम के ढांचे और प्रावधानों को सीधे प्रभावित किया, इसलिए यह माना जाना चाहिए कि सुधारों का ईसाई 'सभ्यता' फैलाने का निश्चय 1919 के अधिनियम को बनाने के लिए था। कुछ लोग यह तर्क दे सकते हैं कि ऐसा निष्कर्ष पूर्णतः सही नहीं है क्योंकि 1919 के अधिनियम में इस आशय का सुझाव देने के लिए कुछ भी नहीं था। मेरे तर्क के समर्थन में अधिनियम की धारा 25(3)(अ) है। (परिशिष्ट 56)

यह प्रावधान स्पष्ट रूप से गवर्नर-जनरल के. विवेक के अलावा किसी भी जांच से चर्च के खर्च के सम्बंध में गवर्नर-जनरल के निर्णय को छूट देता है। यह भारत सरकार अधिनियम 1919 के ईसाई चरित्र को रेखांकित करने के लिए पर्याप्त है। अधिनियम के पारित होने के बीच ब्रिटिश संसद में हुई बहसों में से जो प्रासंगिक है वह लीग ऑफ नेशंस की भारत की संस्थापक सदस्यता के सन्दर्भ में है, जिसे मोंटेग्यू द्वारा 5 जून 1919 को

हाउस ऑफ कॉमन्स में 1919 के भारत सरकार के विधेयक को पढ़ने के बीच में लाया गया था।[6] 'भारत को लीग ऑफ नेशंस का मूल सदस्य होना है। इसलिए मैं कहता हूं, संसद के रास्ते में जो भी कठिनाइयां हों, उसका कार्य उन कठिनाइयों को दूर करना और भारत को राष्ट्रीयता के पथ पर बढ़ाना है।' (परिशिष्ट 57)

1919 के भारत सरकार अधिनियम के संदर्भ में मोंटेग्यू लीग ऑफ नेशंस का उल्लेख क्यों करता है? भारत को लीग का संस्थापक सदस्य बनाने का क्या कारण था? यह हमें 1919-1920 के पेरिस शांति सम्मेलन के सन्दर्भ में ले जाता है, जिसके कारण लीग ऑफ नेशंस की स्थापना हुई। इसके साथ हमें सभ्यता के मानक, 'सभ्य राष्ट्र', 'आत्मनिर्णय', 'राज्य' और 'राष्ट्र' जैसे शब्दों को समझने की आवश्यकता है। पाठकों को याद होगा कि इससे पहले अध्याय 4 में मैंने अंतरराष्ट्रीय विधि को निर्धारित करने वाले अंतरराष्ट्रीय समाज में केवल सभ्य राष्ट्रों के प्रवेश के लिए एक विधिक मानक के रूप में सभ्यता के मानक की भूमिका पर चर्चा की थी। इस अध्याय में मैं चर्चा करूंगा कि राष्ट्रीय संविधानों के माध्यम से, विशेष रूप से भारत सहित उपनिवेशित देशों में पश्चिम की ईसाई औपनिवेशिक चेतना को विश्व स्तर पर आगे बढ़ाने के लिए लीग ऑफ नेशंस का गठन हुआ था और मैं यह भी बताऊंगा कि उस मानक को विशेष रूप से कैसे लागू किया गया था।

समयरेखा (अ) पेरिस शांति सम्मेलन की कार्यवाही, और ब्रिटिश संसद में उससे संबंधित बहस और (ब) भारत के लिए एक संवैधानिक योजना के लिए मोंटफोर्ड रिपोर्ट की तैयारी और 1919 का भारत अधिनियम पारित होने के बीच एक सामंजस्य दिखाती है। इसलिए 1918-1919 में भारत के लिए एक संवैधानिक ढांचे की तैयारी को यूरोपीय उपनिवेशवाद और ईसाई सार्वभौमिकता को सार्वभौमिक बनाने के लिए राष्ट्रीय संविधान बनाने और लागू करने के बड़े संदर्भ में देखा जाना चाहिए।

पेरिस शांति सम्मेलन, राष्ट्र-राज्य और सभ्य राष्ट्र

1990 के दशक में सैमुअल हंटिंगटन ने 'सभ्यताओं के संघर्ष' के बारे में बात की।[7] पर यह तो 1990 से बहुत पहले ही हो चुका था जब यूरोपीय

उपनिवेशवादियों ने उपनिवेशित समाजों पर सभ्यता के अपने मानक को लागू करने की मांग की थी जिसमें सभ्यतागत रूप से 'इन-ग्रुप' ('सभ्य' देश) और 'आउट-ग्रुप' ('असभ्य देश') की बात की गयी थी। जैसा कि अध्याय 4 में चर्चा की गई है सभ्यता के मानक की जड़ें वेस्टफेलियन विचार में हैं और यह अंतरराष्ट्रीय सम्बंधों का आधार बन गया है क्योंकि यह 'राष्ट्रों' के बीच कुछ स्तर तक समानता की बात करता था, जैसे कि उनके 'सामान्य हित और मूल्य, बाध्यकारी नियम, और आम संस्थान'। दो यूरोपीय राष्ट्रों के बीच इस समझौते को लागू करना आसान था क्योंकि वे सभी ईसाई थे। परन्तु यूरोपीय देशों और गैर-यूरोपीय समाजों के बीच एक शक्ति असंतुलन था जिसने यूरोपीय लोगों और देशों को ईसाई मानक लागू करने में सक्षम बनाया। सभ्यता के द्विपक्षीय सम्बंधों की स्थापना के लिए एक पूर्वापेक्षा के रूप में इस ईसाई मानक को माना जाने लगा। चाहे पारस्परिकता के लिए लेन-देन की आवश्यकता से प्रेरित हो या उपनिवेशवाद से प्रेरित हो, यह मानक यूरोपीय राष्ट्रों के सभ्य दृष्टिकोण को दर्शाता है। इस स्थिति में निहित एक 'राष्ट्र-राज्य' की आवश्यकता है, अर्थात् केवल एक समूह जो एक 'राष्ट्र' था, एक 'राष्ट्र-राज्य' बनने की आकांक्षा कर सकता था, जैसा कि इस पुस्तक के पहले खंड में बताया गया है। यह वेस्टफेलियन मॉडल का प्रत्यक्ष परिणाम था।

इसलिए एक राष्ट्र को 'सभ्य' कहना किसी देश को ईसाई कहने का एक सेकुलर तरीका है। साहित्य से पता चलता है कि गैर-ईसाई गैर-यूरोपीय देशों के लिए 'सभ्य राष्ट्र' के रूप में पहचाने जाने का मार्ग अधिक कठिन था, और इसलिए उन्हें इस विशिष्ट यूरोपीय/पश्चिमी राष्ट्रों के क्लब में स्वीकार किए जाने के लिए अपनी प्रणालियों में एक मौलिक परिवर्तन करना पड़ा। विद्वान गेरिट गोंग के विचार इस तथ्य का समर्थन करते हैं।[8] वे कहते हैं कि जो सभ्यता पहले स्वयं को ईसाई कहती थी वही बाद में स्वयं को 'सभ्य' कहने लगी।[9] (परिशिष्ट 58)

यह सच है कि प्रत्येक राष्ट्र या संस्कृति की अपनी परिभाषाएं थीं कि कौन सभ्य था और कौन बर्बर; हालांकि, अंतर यह था कि यूरोप ने अपनी परिभाषाओं को सार्वभौमिक बनाने का प्रयत्न किया जबकि अन्य ने इसका प्रयोग मुख्य रूप से अपने समाजों और क्षेत्रों को सुरक्षित करने के लिए किया। ईसाई श्वेत यूरोपीय द्वारा किया गया भेद नस्ल और नृजातीयता के प्रति उनकी उत्कंठा पर

आधारित था। यूरोपीय अपनी 'श्रेष्ठता' को एक मानवशास्त्रीय तथ्य के रूप में मानते थे। 'निम्न' समुदायों को ऐसा मानकर उनके साथ बुरा व्यवहार करके यूरोपीय उनको संसाधनों से वंचित करते थे और इसके बाद कहते थे कि वे वंचित इसलिए हैं कि उनके अन्दर नस्लवादी कमी है। इस विचार को स्कॉटिश अधिवक्ता, सार्वजनिक विधि के प्रोफेसर और उन्नीसवीं शताब्दी में अंतरराष्ट्रीय विधि के एक अधिकारी, जेम्स लोरिमर, द्वारा सारांशित किया गया है:[10] 'विज्ञान में कोई भी आधुनिक योगदान अंतरराष्ट्रीय राजनीति और न्यायशास्त्र को इतनी बड़े स्तर तक प्रभावित करने के लिए नियत नहीं लगता है जितना कि नृवंशविज्ञान।'

यह कोई आश्चर्य की बात नहीं है कि, जैसा कि गोंग बताते हैं, कि लोरिमर ने मानवता को तीन क्षेत्रों में विभाजित किया–सभ्य, बर्बर और जंगली। पेरिस शांति वार्ता में अमेरिकी प्रतिनिधिमंडल के औपनिवेशिक विभाजन के प्रमुख जी.एल. बीयर के विचार भी ऐसे ही थे और वे मानते थे कि 'नीग्रो लोग किसी विकास के लायक नहीं थे और 'नया विज्ञान' इस बात की पुष्टि भी करता था। उन्होंने कहा कि नीग्रो लोगों की खोपड़ी जीवन में शीघ्र ही बंद हो जाती है और इससे उनके मस्तिष्क का विकास नहीं होता।[11] (परिशिष्ट 59)

ये विचार अपवाद नहीं थे, बल्कि आदर्श थे। समय के साथ, ईसाई सभ्यता के यूरोप के विचारों को सभ्यता के 'सार्वभौमिक' विचारों का सेकुलरीकरण किया गया जिसे सभी पर थोपने की मांग की गई थी, जो कि सुसमाचार फैलाने के लिए ईसाई आदेश के अनुसार है। गोंग का कार्य[12] इस बात की पुष्टि करता है।[13] वे कहते हैं कि ईसाई मानसिकता का सबसे बड़ा उदाहरण है 'सुसमाचार' को पूरे विश्व में ले जाना और पूरे विश्व को 'सभ्य' बनाने की आशा गहराई में ईसाई आशा ही है। (परिशिष्ट 60)

इससे हमें ईसाई यूरोपीय उपनिवेशिकता के योग का पता चलता है। गोंग यहां तक कि दक्षिण अफ्रीका के ब्रिटिश डायमंड मैग्नेट सेसिल रोड्स के जीवन और विचारों का भी साक्ष्य देते हैं, जिन्होंने रोड्स स्कॉलरशिप की स्थापना की यह बताने के लिए कि कैसे ईसाई सभ्यता से सेकुलर ईसाई सभ्यता में बदल गयी। इसकी पुष्टि अन्य विद्वानों ने भी की है।[14]

भारत में जो रोड्स छात्रवृत्ति की आकांक्षा रखते हैं या इसके लाभार्थी हैं और 'संवैधानिक नैतिकता' और 'परिवर्तनकारी संवैधानिकता' पर पकड़

रखते हैं, उन्हें रोड्स के विचारों और अन्य समान विचारधारा वाले लोगों को पढ़ने पर विचार करना चाहिए, जिन्होंने राष्ट्रीय संविधानों को सेकुलर ईसाई सभ्यतागत मूल्यों के प्रतिपादन का साधन समझा। यह एक अच्छी वि-औपनिवेशिक पहल होगी क्योंकि यह सर्वविदित है कि रोड्स जैसी छात्रवृत्ति ईसाई यूरोपीय उपनिवेशवादियों द्वारा मूल निवासियों को अपने ढांचे में ढालने के लिए ही अधिकतर दी जाती है। इसका उद्देश्य यह था कि इस प्रकार से पश्चिम के रंग में रंगे मूल निवासी 'संवैधानिक नैतिकता' और 'सभ्यता' के प्रति सम्मान पैदा करके अपने देश में मूल निवासियों को 'सुधारने' का प्रयत्न करेंगे।

'सभ्यता के स्तर' पर वापस आते हुए, जैसे-जैसे यूरोप अपने उपनिवेशीकरण की ऊंचाइयों पर पहुंचा, एक 'अंतर्राष्ट्रीय समाज' ने आकार लेना प्रारम्भ किया। इस प्रणाली ने ईसाई और यूरोपीय सदस्यों को कई लाभ दिए, और उपनिवेशित समाजों ने भी अंतरराष्ट्रीय समाज के 'सभ्य' सदस्यों के रूप में स्वीकार किए जाने और यूरो-केंद्रित वैश्विक व्यवस्था के लाभों का आनंद लेने के लिए स्वयं को पश्चिम की भांति उन्मुख करने की इच्छा की। गोंग के अनुसार सभ्यता के मानक की व्यापक विधिक आवश्यकताएं निम्नलिखित थीं:

1. एक 'सभ्य' राज्य मूल अधिकारों की गारंटी देता है, यानी जीवन, गरिमा और संपत्ति; यात्रा, वाणिज्य और मज़हब की स्वतंत्रता, विशेष रूप से विदेशी नागरिकों की;
2. एक 'सभ्य' राज्य एक संगठित राजनीतिक नौकरशाही है जिसके अन्दर राज्य मशीनरी चलाने में कुछ दक्षता है, और आत्मरक्षा के लिए संगठित करने की कुछ क्षमता है;
3. एक 'सभ्य' राज्य युद्ध की विधियों सहित आम तौर पर स्वीकृत अंतरराष्ट्रीय विधि का पालन करता है; यह न्यायालयों, संहिताओं और प्रकाशित विधियों की एक प्रणाली भी बनाए रखता है, जिससे अधिकार क्षेत्र के भीतर सभी के लिए विधिक न्याय की गारंटी मिलती है, विदेशियों को भी और मूल नागरिकों को भी;
4. एक 'सभ्य' राज्य राजनयिक आदान-प्रदान और संचार के लिए पर्याप्त और स्थायी रास्ते बनाकर अंतरराष्ट्रीय प्रणाली के दायित्वों को पूरा करता है; तथा

5. एक 'सभ्य' राज्य, कुल मिलाकर, 'सभ्य' अंतरराष्ट्रीय समाज के स्वीकृत मानदंडों और प्रथाओं के अनुरूप होता है; उदाहरण के लिए, सती, बहुविवाह और दासता को 'असभ्य' माना जाता था, और इसलिए 'सभ्य' राज्य की अवधारणा में यह सब अस्वीकार्य था।

सभ्यता के मानक के तहत निषेधों में सती का संदर्भ भारत में ईसाई मिशनरियों की चाल की सफलता का मानक है जहां पर उन्होंने भारत की तथाकथिक रूढ़ियों का अंतर्राष्ट्रीयकरण करने में सफलता पायी है। यह तथ्य कि उपर्युक्त आवश्यकताएं ईसाई जगत में निहित थीं, अंतरराष्ट्रीय विधि के विद्वानों द्वारा व्यापक रूप से स्वीकार की जाती हैं। इन आवश्यकताओं से यह भी स्पष्ट है कि उन्होंने गैर-यूरोपीय राष्ट्रों के राजनीतिक, विधिक, सामाजिक और आर्थिक बुनियादी ढांचे में एक मूलभूत परिवर्तन की अपेक्षा की ताकि उन्हें वैश्विक व्यवस्था में सभ्य राष्ट्रों के रूप में स्वीकार किया जा सके।

किसी भी राष्ट्र को 'सभ्य' सिद्ध करने के लिए एक अपेक्षा थी कि इसका संविधान होना चाहिए। उदाहरण के लिए, गोंग बताते हैं कि जापान ने पश्चिम को प्रभावित करने और अंतरराष्ट्रीय व्यवस्था में सदस्यता की पात्रता बताने के लिए प्रतिनिधि संस्थानों के साथ सरकार का एक संवैधानिक रूप अपनाया। वास्तव में, सभ्यता के मानक का विस्तार न केवल व्यापक संस्थागत ढांचे तक बल्कि राष्ट्रीय न्यायालयों द्वारा पालन किए जाने वाले विशिष्ट विधिक सिद्धांतों तक भी हुआ था। यह इस तथ्य से स्पष्ट था कि 'प्राकृतिक न्याय', 'अच्छे विवेक और नैतिकता' जैसे सिद्धांत ऊपर से तो प्रत्येक समाज के व्यक्तिपरक मूल्यों को समायोजित करने में सक्षम प्रतीत होते हैं परन्तु वास्तव में वे यूरोपीय मूल्यों और नैतिकता को ही पूरे विश्व पर थोपना चाहते हैं। भारत में यह प्रथा आज भी चल रही है क्योंकि भारतीय न्यायलय प्राकृतिक न्याय के सिद्धांतों के लिए अंग्रेजी सामान्य विधि को ही उद्धृत करते हैं।

अंतरराष्ट्रीय विधि का उपयोग सभ्यता के मानक को अंतरराष्ट्रीय समाज की सदस्यता पाने के लिए एक विधिक सिद्धांत के रूप में मानने का परिणाम था। मैंने पहले ही यह अध्याय 4 में 'सभ्यता' के उपयोग का साक्ष्य देते हुए अंतर्राष्ट्रीय न्यायालय की विधि[15], 15 के अनुच्छेद 9 और 38 में 'सभ्यता' के उपयोग का साक्ष्य देते हुए प्रदर्शित किया है, जिसे संयुक्त राष्ट्र के चार्टर

के तहत स्थापित किया गया था। सभ्यता के मानक की उपस्थिति कम से कम 1945 में संयुक्त राष्ट्र की स्थापना तक थी और यह इस स्थिति को विश्वसनीयता प्रदान करती है कि यह 1919-1920 के पेरिस शांति सम्मेलन के समय समान रूप से प्रचलित थी, जिसके कारण 1920 में लीग ऑफ नेशंस की स्थापना हुई। लीग ऑफ नेशंस के लिए इस मानक का प्रयोग करना अनुच्छेद 22 से स्पष्ट है।[16] इसमें स्पष्ट कहा गया है कि विकसित देश दूसरे देशों का अनिवार्यता से मार्गदर्शन करें। (परिशिष्ट 61)

'सभ्यता के विश्वास' के लिए 'उन्नत राष्ट्रों' को पूर्व उपनिवेशों (जिन्हें 'असभ्य' के बजाय अब 'पिछड़ा' कहा जाता था) को हाथ में लेने और उन्हें पढ़ाने की आवश्यकता थी, ताकि वे 'आधुनिकता' को अपना सकें। उनके 'पिछड़ेपन' के पीछे यूरोपीय ही थे यह सत्य कोई नहीं बोलता था। इसका आभास भी न होना उपनिवेशिकता के चरम पर होने का चिह्न है। यूनाइटेड स्टेट्स 'लीग' का सदस्य नहीं बना परन्तु फिर भी उनके 27वें राष्ट्रपति, होवर्ड विलियम टेफ्ट (1909-1913) समझते थे कि लीग का होना आवश्यक है और इसकी आवश्यकता बताने के लिए वे बाइबिल को उद्धृत करते थे। उन्होंने कहा कि ईसाई देशों को आपस में लड़ना शोभा नहीं देता और इस कारण से लीग का होना आवश्यक है जिससे ईसाई देश आपस में फिर से न लड़ें।[17] वे कहते हैं कि:

> युद्ध, अराजकता और बोल्शेविज्म के भयंकर संकट के विरुद्ध, यूरोप के सभी देशों में, विवादों को शांतिपूर्वक निपटाने के लिए लीग ऑफ नेशंस की स्थापना की जानी चाहिए। यह संधि ईसाई सभ्यता की शान्ति की शक्ति का जीवित प्रमाण होना चाहिए। (परिशिष्ट 62)

शायद यह तर्क दिया जा सकता है कि पेरिस शांति सम्मेलन के बीच टैफ्ट अमेरिकी राष्ट्रपति नहीं थे और इसलिए उनके विचार आधिकारिक स्थिति नहीं बताते। परन्तु 7 मई 1919 को संयुक्त राज्य अमेरिका के तत्कालीन राष्ट्रपति वुडरो विल्सन थे और उन्होंने भी अमेरिका के राष्ट्रपति रहकर एक ऐसा भाषण दिया जिसमें उन्होंने ईसाई देशों को ललकारा कि वे 'सभी' ईसाई देशों की एकता 'काफिर देशों' के सामने प्रदर्शित करें।[18] (परिशिष्ट 63)

यह स्पष्ट है कि 'सभ्यता के मानक' की अवधारणा 1917 और 1920 के बीच बहुत अधिक जीवंत और सक्रिय थी, जब लीग द्वारा इसे 'राष्ट्र-राज्य'

के के मानदंड के रूप में प्रयोग किया गया था। परन्तु केवल वह देश ही जो इस परिभाषा के अनुसार स्वयं को एक 'राष्ट्र' कह सकता था, उसे ही आत्मनिर्णय का अधिकार था और केवल वही देश एक राष्ट्र-राज्य बन सकता है। बस उस देश को सभ्यता के मानकों को पूरा करना अनिवार्य था। जो देश और समाज इस प्रकार से 'सभ्य' घोषित नहीं किये जा सकते थे उनको 'संरक्षित देश' अथवा मैंडेट बोला जाता था और उसका अर्थ उपनिवेश से कुछ बहुत भिन्न नहीं था। इस प्रकार से विश्व की ईसाई पश्चिमी शक्तियों ने स्वयं को यह निर्धारित करने की शक्ति दी कि कौन राज्य के लिए आकांक्षा कर सकता है और कौन नहीं, उनके द्वारा निर्धारित सभ्यता के मानक के आधार पर। चीनी साम्राज्य, सियामी साम्राज्य और जापानी साम्राज्य, सभी को अंतरराष्ट्रीय समाज द्वारा स्वीकार किए जाने के लिए पश्चिमी मानकों में 'राष्ट्र-राज्य' बनना पड़ा। यह प्रक्रिया अंतरराष्ट्रीय विधि के माध्यम से यूरोपीय राजनीतिक-मज़हबी विचारों और संस्थानों के सार्वभौमिकरण के कारण बड़े पैमाने पर वैश्विक थी।

स्वाभाविक रूप से भारत इस नियम का अपवाद नहीं था। भारत के लिए पेरिस शांति सम्मेलन का निर्माण, लीग की स्थापना, 1917-1918 में भारत के लिए संवैधानिक सुधारों पर मोंटफोर्ड रिपोर्ट की तैयारी और 1919 में भारत सरकार अधिनियम का पारित होना एक साथ ही हुआ। 1919 का भारत सरकार विधेयक 29 मई 1919[19] को ब्रिटिश हाउस ऑफ कॉमन्स में प्रस्तुत किया गया था और 28 दिसंबर 1919,[20] को रॉयल सहमति प्राप्त हुई थी, जबकि पेरिस शांति सम्मेलन, वर्साय की संधि और लीग ऑफ नेशंस पर ब्रिटिश संसद में चर्चा की जा रही थी। मार्च 1918 और जून 1920 के बीच हो रही ये घटनाएं सभ्यता परियोजना को प्रभावी बनाने और ईसाई शांति को प्रारम्भ करने के लिए हो रही थीं।

यही कारण है कि 1919 के भारत सरकार अधिनियम के पारित होने के बीच ब्रिटिश संसद में मोंटेग्यू की प्रस्तुतियों में भारत की लीग ऑफ नेशंस की सदस्यता के कई संदर्भ विशेष रूप से महत्वपूर्ण हैं। ब्रिटिश संसद में बहस दर्शाती है कि अधिनियम जो कि भारत के लिए पहला ब्रिटिश-निर्मित संविधान था वह सभ्यता के मानक से प्रभावित था। और गैर-ईसाई गैर-यूरोपीय समाजों के लिए ईसाई यूरोपीय अलिखित सभ्यता का कोड था।

19 मार्च 1918 को लॉर्ड परमूर द्वारा लीग ऑफ नेशंस के सिद्धांत को मंजूरी देने वाला प्रस्ताव ब्रिटिश हाउस ऑफ लॉर्ड्स में प्रस्तुत किया गया।[21] कान्त को उद्धृत करते हुए वे कहते हैं कि जिस प्रकार से व्यक्तियों ने अपनी स्वतंत्रता को त्याग कर देश बनाए हैं, उसी प्रकार देशों को अपनी स्वतंत्रता त्याग कर एक अंतर्राष्ट्रीय विधि का निर्माण करना होगा। वे बोले कि देशों के संप्रभु अधिकारों में हस्तक्षेप करे बिना लीग ऑफ नेशंस नहीं बनाया जा सकता। उनका मानना था कि अगर देशों को आत्मनिर्भर छोड़ दिया गया तो उसमें से कुछ बर्बर बन जायेंगे और दूसरों को सतायेंगे इस कारण से सभी देशों को एक सामान्य विधि को मानना आवश्यक होगा। और इसमें देशों की स्वेच्छा नहीं होगी। (परिशिष्ट 64) 26 जून 1918 को हाउस ऑफ लॉर्ड्स में ऑक्सफोर्ड के बिशप बोले कि लोकतंत्र का प्रयोग करके 'राष्ट्रों का धर्मांतरण' होना चाहिए।[22] उनका कहना था कि ईसाईयत के मूल सिद्धांतों और लीग ऑफ नेशंस के मूल सिद्धांतों में बहुत समानताएं हैं। उन्होंने कहा कि ईसाईयत ने सदैव झूठी राष्ट्रवादिता के विरुद्ध संघर्ष किया है और ईसाईयत के प्रारम्भिक काल में जिन काफिर मतों के विरुद्ध ईसाई चर्च लड़ी थी उनके पीछे राष्ट्रवादी शक्तियां ही थीं। तो इस प्रकार से ईसाईयत के अनुसार एक अंतर्राष्ट्रीय संस्था होनी चाहिए जिसके तहत सारी ईसाई शक्तियां एक हो सकें और विश्व संरचना पर ईसाई छाप अमिट रूप से पड़ जाए। (परिशिष्ट 65)

हमें आभारी होना चाहिए ऑक्सफोर्ड के बिशप का कि उन्होंने स्पष्ट ईसाई शब्दावली में वह बता दिया जो कि विश्व के नेता 'सेकुलर' शब्दावली में कहते हैं। लीग ऑफ नेशंस के प्रस्ताव का समर्थन करते हुए और सभा में दूसरे बिशपों के विचारों से सहमत होते हुए अर्ल रसेल ने व्यक्त किया कि उन्होंने लीग ऑफ नेशंस को 'ईसाई शान्ति' (पैक्स क्रिस्टियाना) को लाने के एक साधन के रूप में देखा है। (परिशिष्ट 66)

इसी तरह, 3 जुलाई 1919 को वर्साय की संधि[23] को हाउस ऑफ लॉर्ड्स में चर्चा के लिए लिया गया था। वर्साय की संधि 28 जून 1919 को मित्र देशों और संबद्ध शक्तियों और जर्मनी के बीच हुई थी। इस दिन कैंटरबरी के आर्कबिशप ने कहा कि वे लीग ऑफ नेशंस को ईसाई सिद्धांत में निहित ही देखते हैं।[24] (परिशिष्ट 67) 21 जुलाई 1919 को जब हाउस ऑफ कॉमन्स द्वारा शांति विधेयक की संधि को दूसरी बार पढ़ने के लिए

लिया गया तब विस्काउंट ब्राइस लीग ऑफ नेशंस के माध्यम से अंतरराष्ट्रीय सम्बंधों में शत्रुता को मित्रता में बदलने के लिए के लिए आतुर थे और ईसाईयत को वे इसकी प्रेरणा समझते थे।[25] उन्होंने कहा कि अब सभी ईसाई राष्ट्रों को अंतरराष्ट्रीय सम्बंधों पर ईसाई सिद्धांतों को लागू करने का प्रयत्न करना होगा। (परिशिष्ट 68) 17 जून 1920 को हाउस ऑफ लॉर्ड्स में लीग के कार्यों और उद्देश्यों पर चर्चा की गई। सर हेनरी क्रेक ने 'ऊंची नस्लों' के दायित्व की ओर ध्यान आकर्षित किया और कहा कि उनका यह विचार बाइबिल से प्रेरित है। उन्होंने बाइबिल से प्रेरित 'वाइट मेंस बर्डन' की बात की।[26] (परिशिष्ट 69)

ईसाई शांति और ईसाई सिद्धांतों पर आधारित ईसाई एकता के लिए लीग के इन विचारों के बाद भी कुछ लोग कह सकते हैं कि चूंकि लीग ने वैटिकन को दूर रखा था तो यह हो सकता है कि लीग सेकुलर चरित्र की ही थी और यह भी तब जबकि पोप लीग का भाग बनना चाहते थे। परन्तु ऐसा नहीं था।

पहली बात तो वेटिकन को मुख्य रूप से लीग से बाहर रखा गया था क्योंकि इटली ने इसके प्रवेश का विरोध किया था इस डर से कि वेटिकन इटली के एकीकरण के युद्ध में इटली को हारे हुए क्षेत्रों की वापसी की मांग करेगा। दूसरा पोप बेनेडिक्ट XV के युद्ध के बाद वेटिकन के स्वयं के शांति मंच को बनाने के प्रयास ने उन्हें शांति प्रयासों का नेतृत्व करने में उन्हें अमेरिकी राष्ट्रपति वूड्रो विल्सन का प्रतिद्वंदी बना दिया। यूजेनियो पैकेली जो कि भविष्य के पोप पायस XII बने और उस समय के एक प्रमुख वेटिकन न्यायविद थे, उन्होंने पोप बेनेडिक्ट XV के राज्य सचिव, पिएत्रो गैस्पारी को एक पत्र लिखा। उस पत्र में यह आशंका जताई गयी थी कि विल्सन का 'चौदह बिंदु' का शांति कार्यक्रम फ्रीमेसन समुदाय से प्रेरित था और यह समुदाय कैथोलिक ईसाईयत का विरोधी था। और कहा जाता है कि संयुक्त राज्य अमेरिका को अपनी सरकार के आधारशिलाओं में से एक अर्थात् लोकतांत्रिक भावना की प्रेरणा इसी समुदाय से मिली थी।[27] वास्तव में यह आशंका थी कि अलाइड देशों की जीत 'पूरे विश्व का अमेरिकीकरण कर देगी, इसे फ्रीमेसन बना देगी ताकि इसे कैसर, पोप और ईसाई पादरियों की दासता से मुक्त किया जा सके'। अमेरिकी कार्यक्रम का वेटिकन ने विरोध किया और ब्रिटेन और फ्रांस भी अमेरिका के साथ संबद्ध हो गए। लीग से

वेटिकन के बहिष्करण का तीसरा कारण यह है कि लीग के सदस्यों के कुछ दायित्व वेटिकेन के अनुसार सही नहीं थे।

इसलिए लीग ऑफ नेशंस में वेटिकन की अनुपस्थिति लीग की सेकुलर साख का प्रमाण नहीं है। इसने केवल प्रोटेस्टेंट ईसाई राजनीतिक थियोलोजी को शक्तिशाली किया जो उस समय के विश्व नेताओं जैसे वूड्रो विल्सन (एक कट्टर ईसाई) और ब्रिटिश संसद के सदस्यों द्वारा लीग की ईसाई प्रकृति की चौतरफा पुष्टि से स्पष्ट है। अमेरिका ने अंततः लीग से बाहर रहने का विकल्प चुना पर इसका अर्थ यह नहीं है कि लीग का चरित्र ईसाई नहीं था। अमेरिका का निर्णय अमेरिकी कांग्रेस में अलगाववादियों का परिणाम था जो चाहते थे कि यूरोपीय विषयों से अमेरिका दूर ही रहे। इससे यह स्पष्ट होता है कि लीग सेकुलर नहीं थी, यह 'ईसाई सेकुलर' थी।

भारत सरकार विधेयक 1919 पर बहस के बीच ब्रिटिश संसद में मोंटेग्यू द्वारा लीग में भारत की सदस्यता के संदर्भ को इस ऐतिहासिक पृष्ठभूमि में समझा जाना चाहिए, क्योंकि यह भारत सरकार अधिनियम 1919 के ईसाई आधार पर प्रकाश डालता है। लेकिन फिर भारत में 'राष्ट्रवादियों' ने स्व-शासन की स्थिति को सुरक्षित करने के लिए सभ्यता के मानक के आवेदन पर कैसे प्रतिक्रिया दी? क्या उन्होंने इसके दृष्टिकोण में गैर-सेकुलर और नस्लवादी होने के कारण इसका विरोध किया? क्या उन्होंने भारत पर ईसाई राजनीतिक थियोलोजी और ईसाई मूल्यों के थोपे जाने को चुनौती दी थी? क्या उन्होंने भारत के लिए 'राष्ट्र' की परिभाषा को पूर्ण रूप से स्वीकार किया? लाला लाजपत राय, जिन्होंने उस समय अमेरिका में भारतीय होमरूल आंदोलन का नेतृत्व किया था, ने 1919 में 'सेल्फ डिटर्मिनेशन फॉर इंडिया' नामक एक पुस्तिका प्रकाशित की जिसमें उन्होंने भारत को एक 'राष्ट्र' के रूप में प्रस्तुत किया। उन्होंने इसे यूरोपीय परिभाषा से अलग करके दिखाया। उन्होंने कहा कि जिस प्रकार से राष्ट्रपति विल्सन के 'चौदह बिंदु' के तहत विभिन्न देशों को ऑस्ट्रो-हंगरी और तुर्की के अन्दर स्वायत्ता मिल गयी थी इसी प्रकार भारत को भी मिल जाए। उन्होंने कहा कि उनका यह दावा आत्मनिर्णय, राष्ट्रवाद, राष्ट्रों की स्वतंत्रता, राष्ट्रीय गरिमा और स्वाभिमान के आदर्शों और अधिकारों पर आधारित है। (परिशिष्ट 70)

इसके बाद श्री लाजपत राय ने 20 अगस्त 1917 के मोंटेग्यू घोषणापत्र का साक्ष्य दिया, जिसे उन्होंने ब्रिटिश साम्राज्य के भीतर एक डोमिनियन के रूप में

भारत के आत्मनिर्णय के अधिकार को नकारने के रूप में देखा। श्री राय ने बताया कि लीग ने उक्त अधिकारों को अपनी आधारशिला के रूप में माना था। और इस कारण से लीग की स्थापना के बाद मोंटेग्यू घोषणा और इसकी धारणाओं का अब कोई अर्थ नहीं था क्योंकि भारत भी 'राष्ट्र' की भांति आत्मनिर्णय के अपने अधिकार का प्रयोग करने का अधिकारी था। उन्होंने भारत की एक 'राष्ट्र' की भांति अवधारणा बनायी। उन्होंने कहा कि यूरोप की राष्ट्र की अवधारणा के तहत भारत में कई देशों को देखा जा सकता है परन्तु भारत के देश की परिभाषा कुछ और ही है।

> हमने अब तक अपने आप को राष्ट्र की एक प्रसिद्ध परिभाषा तक सीमित किया है। लेकिन वास्तव में, 'राष्ट्र' शब्द के व्यापक अर्थों में, संपूर्ण भारत एक राष्ट्र है। भारत को विश्व का प्रतीक कहा जाता है; लेकिन यहां पर अनेकता में एकता है। 'समुद्रों और पहाड़ों से घिरा भारत निर्विवाद रूप से एक भौगोलिक इकाई है।' (वी.ए. स्मिथ, अर्ली हिस्ट्री ऑफ इंडिया) 'भारत के अलावा बर्मा को छोड़कर विश्व का कोई भी हिस्सा प्रकृति द्वारा अपने आप में एक क्षेत्र के रूप में चिह्नित नहीं है।' (चिशोल्म: जियोग्राफी)...
>
> 315 ईसा पूर्व में सिकंदर के भारत पर आक्रमण करने से बहुत पहले ही पूरे भारत का हिंदूकरण कर दिया गया था, हिंदू धर्म ने सभी गैर-आर्य जातियों को अपने पाले में समा लिया था जिसके परिणामस्वरूप हिंदू संस्कृति भारत की प्रमुख संस्कृति बन गई थी। यह संस्कृति प्राचीन परंपराओं और भावनाओं पर आधारित थी जिसे भारत के महान महाकाव्य महाभारत में संरक्षित किया गया था, जिसका अधिकांश आधुनिक स्थानीय भाषाओं में अनुवाद किया गया है।
>
> संस्कृत कभी भारत को जोड़ने वाली सूत्र भाषा थी। यह विद्वानों की भाषा थी जैसे मध्य युग में लैटिन यूरोप में थी।... तीन-चौथाई आबादी संस्कृत से व्युत्पन्न बोलियां बोलती है, जैसे फ्रेंच, स्पेनिश और पुर्तगाली लैटिन से उत्पन्न हुई हैं। हालांकि यहां पर कई बोलियां हैं, लेकिन केवल बारह ही हैं जो पूरे भारत को कवर करती हैं।
>
> राजनीतिक रूप से, पूरा भारत अब व्यावहारिक रूप से एक है, और अतीत में भी ऐसा ही रहा है, जैसे अशोक के दिनों में। लेकिन भारत के प्राचीन सम्राट, आधुनिक जार या कैसर से अधिक उदार थे, उन्होंने कभी भी भाषा, संस्कृति, पंथ या जाति के मानकीकरण के लिए बल का प्रयोग नहीं किया, बल्कि प्रत्येक समूह को उसके वातावरण के

अनुकूल आत्म विकास के लिए छोड़ दिया। इसलिए, भारत में राष्ट्रीयता के सभी तत्व हैं–एक ही लहू, एक ही संस्कृति, एक ही परंपरा और एक ही आस्था।...

पूरे भारत में एकता की भावना इतनी तीव्र है कि देश को स्वतंत्र राज्यों में विभाजित करने का कोई भी प्रयास आक्रोश को भड़काएगा। वास्तव में, यह भावना इतनी गहरी है कि कुछ भारतीयों द्वारा नस्लीय प्रांत बनाने के प्रस्ताव को भी विघटन की एक दुर्भावनापूर्ण चाल के रूप में माना जाता है।

इसलिए यह आरोप कि भारत एक राष्ट्र नहीं है, अक्षम्य और अनुचित है।... लेकिन भारतीय समुदायों को एक धर्म/मज़हब और एक भाषा वाला राष्ट्र बनाने की आशा पागलपन है। यह एक साम्राज्य, एक लोग और एक चर्च (मज़हब) के मध्ययुगीन विचार को पुनर्जीवित करेगा, जिसने निरीह निरंकुशता को जन्म दिया।... अमेरिका ने विश्व के सामने संघवाद का सिद्धांत प्रस्तुत किया है जो स्वतंत्रता की घोषणा करता है। इस धारणा का कोई आधार नहीं है कि भारत ऐसे संगठन के लिए सक्षम नहीं है।...

यह स्पष्ट है कि इंग्लैंड भारत का ट्रस्टी नहीं हो सकता है, क्योंकि एक ट्रस्टी, एक निष्पादक के विपरीत, अपनी इच्छा को लागू करता है। और इसका परिणाम निंदनीय है।... भारत के लोग यूरोप के लोगों की तरह ही चतुर, विधि का पालन करने वाले और बुद्धिमान हैं। भारत की सभ्यता ने उनके चरित्र को ढाला है और उन्हें किसी भी सभ्य राज्य की नागरिकता के योग्य बनाया है। उनकी क्षमता के विरुद्ध एकमात्र तर्क यह है कि उनमें से एक बड़ा बहुमत पढ़ और लिख नहीं सकता है। लेकिन इसमें उनका कोई दोष नहीं है। यह ब्रिटिश नौकरशाही की ही गलती है।...

इस बात में कोई संदेह नहीं है कि भारतीय अपनी घरेलू समस्याओं को लोकतांत्रिक सिद्धांतों पर कम समय में हल करने में सक्षम हैं।... सच तो यह है कि भारत में लोकतंत्र निरंकुशता से बहुत पुराना है। हमारे पूर्वज पूरी तरह से लोकतांत्रिक संस्थाओं के आदी थे। भारत का महान महाकाव्य न केवल भारतीय लोकतंत्रों का उल्लेख करता है बल्कि उनका वर्णन करता है और बौद्ध साहित्य उन प्रारम्भिक दिनों में उनके अस्तित्व का साक्ष्य देता है।... आज की सशक्त जाति पंचायत में गणतंत्रवाद के बीज समाए हुए हैं। विश्व में किसी भी देश को लोकप्रिय संस्थानों में काम करने का इतना व्यापक या लंबा अनुभव नहीं है। इसलिए

> यह मानना बेतुका है कि भारतीय लोकतांत्रिक संस्थाओं को चलाने में असमर्थ हैं।...
>
> ब्रिटिश संसद को ब्रिटिश राष्ट्रमंडल के भीतर स्वायत्ता प्रदान करते हुए भारत के लिए एक पूर्ण संविधान अधिनियमित करना चाहिए, जिसमें पूरे संविधान को कांग्रेस और मुस्लिम लीग द्वारा निर्दिष्ट समय के भीतर पूर्ण संचालन में लाने के लिए अस्थायी प्रावधान होंगे।
>
> हम जिस स्वायत्तता की मांग करते हैं, उसका संक्षिप्त विवरण इस प्रकार दिया जा सकता है: भारत के प्रायद्वीप को राष्ट्रीयता के सिद्धांत पर कई प्रांतों में विभाजित किया जाना चाहिए। प्रांत को प्रांत के आंतरिक विषयों का प्रशासन करना चाहिए और प्रशासन के लिए आवश्यक सभी शक्तियां सौंपी जानी चाहिए। सरकार का स्वरूप लोकतांत्रिक होना चाहिए। इन प्रांतों को संयुक्त राज्य भारत बनाने के लिए संघबद्ध किया जाना चाहिए, जिसमें लोकतांत्रिक केंद्रीय कार्यकारी और विधायी निकाय पूरे भारत के आंतरिक विषयों से निपटने की शक्ति रखते हैं। भारत के संयुक्त राज्य को ब्रिटिश राष्ट्रमंडल की एक इकाई होना चाहिए, जिसमें उसके किसी भी अन्य घटक के साथ समान स्तर हो... (परिशिष्ट 71)

1919 में, यानी मैकाले की शिक्षा नीति के प्रारम्भ के लगभग 84 वर्षों के बाद, भारत के सभ्यतागत चरित्र और इतिहास के बारे में जागरूकता अभी भी जीवित थी। राय की स्थिति उनके समय के इतिहासकारों, जैसे राधाकुमुद मुखर्जी और अन्य के निकट ही है। राय ने मध्य पूर्वी और यूरोपीय उपनिवेशवादियों के आगमन से बहुत पहले भारत में लोकतांत्रिक और गणतंत्रात्मक संस्थानों के अस्तित्व की ओर ध्यान आकर्षित किया। लाला लाजपत राय होमरूल आंदोलन के प्रमुख प्रकाश स्तंभों में से एक थे। उन्होंने बताया कि भारत कैसे एक सभ्यता है और इसकी अवधारणा यूरोप की राष्ट्र की अवधारणा से बहुत भिन्न है। इससे हमें पता चलता है कि कम से कम 1919 तक जो इस देश में उपनिवेशवाद के विरुद्ध लड़े वे इसकी जड़ों से अवगत थे और भारत इस परकार पूरी तरह से उपनिवेशित नहीं हुआ था। हालांकि यह भारतीय सभ्यता की अंतर्निहित शक्ति को इंगित कर सकता है, औपनिवेशिक शिक्षा ने परिणाम दिखाना प्रारम्भ कर दिया था, जो राय की बातचीत में भी 'आर्यन नस्ल' और 'जाति' के संदर्भों से स्पष्ट है। भारत की स्वदेशी चेतना में 1919 तक एक द्वन्द सतह पर आने लगा था।

ब्रिटिश साम्राज्य के भीतर ही सही, स्वशासन के लिए इस तरह के अभ्यावेदन के बाद भी 1919 का भारत सरकार अधिनियम बनाया गया था जो 'उत्तरदायी सरकार' के विचार पर आधारित था, जो इस प्रकार है:

> जबकि यह संसद की घोषित नीति है कि भारतीय प्रशासन की प्रत्येक शाखा में भारतीयों की संख्या को बढाने का प्रावधान रखा जाए और संघ और स्वशासी संस्थानों के क्रमिक विकास के लिए प्रावधान रखे जाएं जिससे कि ब्रिटिश भारत में एक 'उत्तरदायी सरकार' का क्रमिक उदय हो जो ब्रिटिश साम्राज्य का एक अभिन्न अंग हो;
>
> और जबकि इस नीति को लागू करने में प्रगति केवल क्रमिक चरणों द्वारा ही प्राप्त की जा सकती है, और यह समीचीन है कि अब इस दिशा में पर्याप्त पग उठाए जाने चाहिए;
>
> और जबकि प्रत्येक कृत्य का समय और तरीका केवल संसद द्वारा निर्धारित किया जा सकता है, जिस पर भारतीय लोगों के कल्याण और उन्नति का दायित्व है;
>
> और जबकि ऐसे विषयों में संसद के कार्य उन लोगों से प्राप्त सहयोग द्वारा निर्देशित होने चाहिए, जिन्हें सेवा के नए अवसर प्रदान किए जाएंगे, और जहां तक यह पाया जाता है कि उनके दायित्व की भावना में विश्वास किया जा सकता है;
>
> और जबकि भारत के प्रांतों में स्वशासी संस्थाओं के क्रमिक विकास के साथ-साथ उन प्रांतों को प्रांतीय विषयों में स्वतंत्रता देना उचित है जो कि भारत सरकार की स्वतंत्रता के अनुकूल है जो अपने दायित्व का निर्वहन भी स्वयं इस प्रकार करती है;
>
> इसलिए यह महामहिम राजा के द्वारा, लॉर्ड्स स्पिरिचुअल एंड टेम्पोरल की सलाह और सहमति से, इस वर्तमान संसद में, और उसी के अधिकार से, निम्नानुसार अधिनियमित किया गया है...।

पिछले और साथ ही वर्तमान खंड में चर्चा की गई सामग्री के अनुसार, यह बहुत स्पष्ट है: भारत में ब्रिटिश औपनिवेशिक बुनियादी ढांचे का ईसाई सेकुलर चरित्र 1858 की रानी की घोषणा से पहले और बाद में अपने दृष्टिकोण में लगातार धर्मान्तरणवादी बना रहा। 1857 और 1919 के बीच की घटनाओं का 'ईसाई सहिष्णुता' की ब्रिटिश नीति पर कोई प्रभाव नहीं पड़ा। ईसाई सहिष्णुता कुछ और नहीं बल्कि भारतीयों के धर्मांतरण का एक तरीका था जिसमें राज्य का सीधा हाथ नहीं था परन्तु साथ अवश्य था। यह

स्थिति 1813 के चार्टर अधिनियम में मिशनरी क्लॉज को सम्मिलित करने से लेकर मोंटफोर्ड सुधारों तक बनी रही, जिसके कारण 1919 में भारत सरकार अधिनियम बना। साहित्य यह भी दर्शाता है कि 1919 का भारत सरकार अधिनियम प्रथम विश्व युद्ध में अपनी सेवाओं के बदले भारत के भीतर स्वशासन के लिए उनकी मांगों का ही उत्पाद नहीं था; यह समान रूप से लीग ऑफ नेशंस के माध्यम से सभ्यता के मानक, और इसलिए ईसाई औपनिवेशिक चेतना के अंतर्राष्ट्रीयकरण का एक उत्पाद था। यह स्पष्ट है कि कम से कम 1919 तक, सभ्यता का मानक, जो ईसाई यूरोपीय उपनिवेशिकता से निकला था, प्रचलन में था और एक राजनीतिक इकाई के रूप में भारत के संगठन को सीधे प्रभावित करता था।

निष्कर्ष

यह सामग्री यूरोपीय उपनिवेशिकता के वैश्विक इतिहास और भारत के सम्बंध को स्पष्ट करती है। मूल रूप से यह पुस्तक 1919-1920 तक संविधान के सम्बंध में पाठकों के सामने भारत की मूल निवासी चेतना और उसके वर्तमान के दोहरे चरित्र के पीछे की कहानी कहती है। मैं यह आशा करता हूं कि इस पुस्तक को पढ़ कर पाठक भारत के बारे में स्वयं के पूर्वाग्रहों की खोज करेंगे और अपने विचारों और मतों के पीछे छुपी हुई उपनिवेशिकता का अनुसंधान भी करेंगे। आशा है कि पाठक 'सेकुलरवाद' और 'परंपरा' जैसे शब्दों और विचारों के बारे में गहन अध्ययन करके ही मत बनायेंगे। भारत के सन्दर्भ में 'सुधार' वि-औपनिवेशिक सुधार ही हो सकता है।

यह भी आशा की जाती है कि भारत की संस्थाएं, चाहे कार्यकारी, विधायी या न्यायिक हों हर बार जब वे भारतीय परंपराओं, विश्वास प्रणालियों और संस्थानों की अध्यक्षता करती हैं, तो वे वि-औपनिवेशिक धारणा रखेंगीं ताकि वे भारत को संवैधानिक नैतिकता और परिवर्तनकारी संवैधानिकता के नाम पर उपनिवेशिकता की ओर बढ़ाने के लिए प्रेरित न हों। आशा है कि कभी परिवर्तनकारी संविधानवाद भारत में एक वि-औपनिवेशिक रंग प्राप्त करेगा और स्वदेशिता को, ईसाई प्रोटेस्टेंट सुधार करके लज्जित करने के बजाय, वह उसको सशक्त करेगा।

इस त्रयी की अगली पुस्तक में मैं इस वि-औपनिवेशिक चर्चा को आगे बढ़ाऊंगा और 1920 और 1951 के बीच की महत्वपूर्ण अवधि में भारत

की संवैधानिक यात्रा को बताऊंगा। इस विश्लेषण के हिस्से के रूप में, मैं सभ्यता के मानक के नए अवतारों की भी जांच करूंगा, अर्थात् आधुनिकता के मानक और मानव अधिकार और भारतीय चेतना पर उनका प्रभाव। अंतिम लक्ष्य 26 जनवरी 1950 को लागू संविधान और भारतीय सभ्यतागत विश्वदृष्टि के बीच के विरोधाभास को समझना है, और यह जांचना है कि क्या भारत की मूल चेतना में जो द्वन्द 1919 में प्रस्तुत था वह बाद में प्रबलित किया गया या कम किया गया था।

असतो मा सद्गमय।
तमसो मा ज्योतिर्गमय।
मृत्योर्मामृतं गमय।।
ओम (ॐ) शांति शांति शांतिः।।
बृहदारण्यक उपनिषद (1-3-28)

NOTES

INTRODUCTION

1 Arun Shourie, *The World of Fatwas or the Shariah in Action*, New Delhi: ASA Publications, 1995; Arun Shourie, *Missionaries in India: Continuities, Changes, Dilemmas*, New Delhi: Harper Collins Publishers, 1998.

2 As a law student, my first blog on the popular IP blog, *SpicyIP*, had been cited and extensively relied upon by a Division Bench of the Madras High Court to vacate an interim injunction granted in a hotly contested patent dispute. See https://www.livemint.com/Industry/YfBnnhqMJOQiR5zfBGc7IJ/Indian-court-uses-blog-reference-to-solve-TVSBajaj-patent-i.html

3 *Tata Sons Limited* v. *Greenpeace International & Anr* (2011) 178 DLT 705.

4 *Shreya Singhal* v. *Union of India* AIR 2015 SC 1523.

5 See https://globalfreedomofexpression.columbia.edu/cases/shreya-singhal-v-union-of-india/

6 Shri C.S. Vaidyanathan subsequently represented the Deity Shri Ram Lalla in the Shri Ram Janmabhoomi title dispute before the Supreme Court.

7 *Shri Dayananda Saraswati Swamiji and others* v. *The State of Tamil Nadu and others*, W.P. (C). No. 476/2012, which is currently pending before the Hon'ble Supreme Court. In December 2019, another writ petition, W.P. (C). No. 1432/2019, was preferred on behalf of the guardians of the Sri Subramanya Swami Temple in Tamil Nadu and the Indic Collective Trust, challenging more provisions of the TNHRCE Act 1959 and the rules thereunder. The said

petition was tagged with Swami Dayananda Saraswati ji's petition on 18 December 2019.

8 The founder of Arsha Vidya Gurukulam.

9 *Indian Young Lawyers Association and others* v. *State of Kerala and others*, W.P. (C). No. 373 of 2006.

10 The Reference proceedings in the Sabarimala Temple case commenced in February 2020, but had to be put on hold due to the COVID-19-induced lockdown on 24 March 2020 during which period one member of the nine-Judge Bench retired. As on date, the Reference Bench is yet to be re-constituted. I represent People for Dharma and two other parties in the Reference proceedings.

11 Sri Marthanda Varma (D) *Th. Lr.* v. *State Of Kerala* 2020 SCC Online SC 569.

12 J. Sai Deepak, 'Constitution is meant to preserve integrity of nation and institutions; romanticising it is like confusing medium for message', 2019. See https://www.firstpost.com/politics/constitution-is-meant-to-preserve-integrity-of-nation-and-institutions-romanticising-it-is-like-confusing-medium-for-message-6708421.html

13 J. Sai Deepak, 'The Sovereign State Versus the Globalized Citizenship Model', 2019. See https://openthemagazine.com/essays/sovereign-state-versus-globalized-citizenship-model/

CHAPTER 1 COLONISATION, COLONIALISM, COLONIALITY AND DECOLONIALITY: LANGUAGE MATTERS

1 Shishir Tripathi, 'A lawyer for Lord Ayyappa: Advocate Sai Deepak turns heads in SC arguing for Sabarimala deity's right to celibacy', 2018. See https://www.firstpost.com/india/a-lawyer-for-lord-ayyappa-advocate-sai-deepak-turns-heads-in-supreme-court-arguing-for-sabarimala-deitys-right-to-celibacy-4859291.html; 'SC praises lawyer

for spirited defence in Sabarimala case', *Business Standard*, 26 July 2018. See https://www.business-standard.com/article/pti-stories/sc-praises-lawyer-for-spirited-defence-in-sabarimala-case-118072601333_1.html; 'SC praises lawyer for spirited defence in Sabarimala case', *India Today*, 26 July 2018. See https://www.indiatoday.in/pti-feed/story/sc-praises-lawyer-for-spirited-defence-in-sabarimala-case-1297435-2018-07-26

2 Belonging to a 'sampradaya', which means either a tradition or a school of philosophy or a religious denomination or a sect.

3 *M. Siddiq (D) through LRS* v. *Mahant Suresh Das and others*, (2019) 19 SCC 440.

4 Sowmya Sivakumar, 'Sabarimala: "Deity's Will" Cannot Trump the Constitution on Right to Equality', 2018. See https://thewire.in/law/sabarimala-is-temple-entry-a-destination

5 Chennai International Centre, 10 September 2018, '"A Tug of War between Constitution and Faith" : 7th Sept, 2018' [Video]. See https://www.youtube.com/watch?v=ozxQu_sQbO8&t=2347s

6 Aníbal Quijano, 'Coloniality of Power, Eurocentrism and Latin America', *Nepantla: Views from South*, 1:3 (2000), pp. 533–580.

7 Aníbal Quijano, 'Coloniality and Modernity/Rationality', *Cultural Studies*, 21:2 (2007), pp. 168–178.

8 Walter D. Mignolo and Catherine E. Walsh, *On Decoloniality: Concepts, Analytics, Praxis*, London: Duke University Press, 2018.

9 W. Mignolo, *The Idea of Latin America*, Oxford: Blackwell Publishers, 2005.

10 Anibal Quijano, 'Coloniality and Modernity/Rationality', *Cultural Studies*.

11 Walter D. Mignolo and Catherine E. Walsh, *On Decoloniality: Concepts, Analytics, Praxis*, London: Duke University Press, 2018.

12 Sylvia Wynter, '1492: A New World View', in *Race, Discourse, and the Origin of the Americas: A New World View*, edited by Vera L. Hyatt and Rex Nettleford, Washington, D.C.: Smithsonian Institution Press, 1995.

13 Jeffrey Hart, 'Feting the Lindbergh of the 15th Century', *San Francisco Examiner*, 1991.

14 Linda Hutcheon, 'Circling the Downspout of Empire', in *The Post-Colonial Studies Reader*, edited by Bill Ashcroft, Gareth Griffiths and Helen Tiffin, London: Routledge, 2003, pp. 130–135.

15 Madina Tlostanova, 'The Postcolonial Condition, the Decolonial Option and the Post-Socialist Intervention', in *Postcolonialism Cross-Examined: Multidirectional Perspectives on Imperial and Colonial Pasts and the Newcolonial Present*, edited by M. Albrecht, London: Routledge, 2019, pp. 165–178.

16 Nelson Maldonado-Torres, 'Race, Religion, and Ethics in the Modern/Colonial World', *The Journal of Religious Ethics*, 42:4 (December 2014), pp. 691–711.

CHAPTER 2 THE DISCOVERY OF COLONIALITY AND THE BIRTH OF DECOLONIALITY

1 Walter Mignolo, 'Coloniality Is Far from Over, and So Must Be Decoloniality', *Afterall: A Journal of Art Context and Enquiry*, 43 (2017), pp. 38–45.

2 Michael Baker, 'Modernity/Coloniality and Eurocentric Education: Towards a Post-Occidental Self-Understanding of the Present', *Policy Futures in Education*, 10:1 (2012).

3 Walter Mignolo, 'On Pluriversality and Multipolar World Order: Decoloniality after Decolonization; Dewesternisation

after the Cold War', in *Constructing the Pluriverse*, edited by Bernd Reiter, London: Duke University Press, 2018.

4 Walter Mignolo, *The Darker Side of Western Modernity: Global Futures, Decolonial Options*, London: Duke University Press, 2011.

5 Aníbal Quijano, 'Coloniality of Power, Eurocentrism and Latin America', *Nepantla: Views from South*, 1:3 (2000), pp. 533–580.

6 Walter D. Mignolo and Catherine E. Walsh, *On Decoloniality: Concepts, Analytics, Praxis*, London: Duke University Press, 2018.

7 Aníbal Quijano, 'Coloniality and Modernity/Rationality', *Cultural Studies*, 21:2 (2007), pp. 168–178.

8 Enrique Dussel, Javier Krauel and Virgnia Tuma, 'Europe, Modernity and Eurocentrism', *Nepantla: Views from South*, 1 (2000), pp. 465–478.

9 Ramón Grosfoguel, 'Colonial Difference, Geopolitics of Knowledge, and Global Coloniality in the Modern/Colonial Capitalist World-System', Review (Fernand Braudel Center), *Utopian Thinking*, New York: Research Foundation of State University, 25:3 (2002), pp. 203–224.

10 Walter Mignolo, 'The Geopolitics of Knowledge and the Colonial Difference', *The South Atlantic Quarterly*, London: Duke University Press, 101:1 (Winter 2002), pp. 57–96.

11 Patricia Seed, 'Early Modernity: The History of a Word', *CR: The New Centennial Review*, Michigan State University Press, 2:1 (Spring 2002).

12 E. Dussel, 'Eurocentrism and Modernity (Introduction to the Frankfurt Lectures)', in *The Postmodernism Debate in Latin America* by John Beverley-José Oviedo, London: Duke University Press, 20:3 (1993), pp. 65–76; 2a (1995), pp. 65–76.

13 An Yountae, 'A Decolonial Theory of Religion: Race, Coloniality, and Secularity in the Americas', *Journal of the*

American Academy of Religion, 88: 4 (December 2020), pp. 947–980.

14 Sylvia Wynter, '1492: A New World View', in *Race, Discourse, and the Origin of the Americas: A New World View*, edited by Vera L. Hyatt and Rex Nettleford, Washington, D.C.: Smithsonian Institution Press, 1995.

15 *Inter Caetera*—Division of the undiscovered world between Spain and Portugal, Pope Alexander VI, 1493; See https://www.papalencyclicals.net/alex06/alex06inter.htm

16 Sylvia Wynter, 'Unsettling the Coloniality of Being/Power/Truth/Freedom: Towards the Human, After Man, Its Overrepresentation—An Argument', *CR: The New Centennial Review*, Michigan State University Press, 3:3 (Fall 2003), pp. 257–337.

17 Walter Mignolo, 'Racism as We Sense It Today', *PMLA*, 123:5, Special Topic: Comparative Racialization (October 2008), pp. 1737–1742.

18 Nelson Maldonado-Torres, 'Race, Religion, and Ethics in the Modern/Colonial World', *The Journal of Religious Ethics*, 42:4 (December 2014), pp. 691–711.

19 J.W. Martin, *The Land Looks After Us: A History of Native American Religion*, New York: Oxford University Press, 2001.

20 Nassima Dalal, 'The Impact of Colonial Contact on the Cultural Heritage of Native American Indian People', *Diffusion: The UCLan Journal of Undergraduate Research*, 4:2 (December 2011).

21 D.M. Grandbois and G.F. Sanders, 'The Resilience of Native American Elders', *Issues in Mental Health Nursing*, 30 (2009), pp. 569–580.

22 C. Palmiste, 'Forcible Removals: The Case of Australian Aboriginal and Native American Children', *Alternative*, 4 (2008), pp. 76–88.

23 D. Hightower-Langston, *The Native American World*, New Jersey: John Wiley, 2003.

24 C.F. Taylor and W.C. Sturtevant, *The Native Americans: The Indigenous Peoples of North America*, London: Salamander Books, 1996.

25 L. Spence, *North American Indians Myths & Legends*, London: Senate, 1994.

CHAPTER 3 COLONIALITY, INDIGENOUS FAITHS, NATURE AND KNOWLEDGE

1 Aníbal Quijano, 'Coloniality and Modernity/Rationality', *Cultural Studies*, 21:2 (2007), pp. 168–178.

2 Aníbal Quijano, 'Coloniality of Power and Eurocentrism in Latin America', *International Sociology*, 15:2 (2000), pp. 215–232.

3 R. Erdoes and A. Ortiz, *American Myths and Legends*, New York: Pantheon, 1984.

4 Clayton T. Russell, 'Use of Native American Oral Tradition in Environmental Education', *Graduate Student Theses, Dissertations, & Professional Papers*, 7905, 1988.

5 Joseph Epes Brown, *The Spiritual Legacy of the American Indian*, New York: Crossroad, 1982.

6 Ibid.

7 N. Scott Momaday, 'Native American Attitudes to the Environment', in *Seeing with the Native Eye: Essays on Native American Religion*, edited by Walter H. Capps, New York: Harper and Row, 1976.

8 Richard K. Nelson, *Make Prayers to the Raven*, Chicago: University of Chicago Press, 1983.

9 A. Versluis, *Native American Traditions*, Dorset: Element Books, 1995.

10 B.B. Mukumuri, 'Local Environmental Conservation Strategies: Karanga Religion, Politics and Environmental Control', *Environment and History*, 1 (1995), pp. 297–311.

11 Joseph Epes Brown, ed., *The Sacred Pipe: Black Elk's Account of the Seven Rites of the Oglala Sioux*, Norman: University of Oklahoma Press, 1953, p. 15.

12 Lina Álvarez and Brendan Coolsaet, 'Decolonizing Environmental Justice Studies: A Latin American Perspective', *Capitalism Nature Socialism*, 31:2 (2018), pp. 50–69.

13 William Adams, 'Nature and the Colonial Mind', in *Decolonizing Nature: Strategies for Conservation in a Post-Colonial Era*, edited by William M. Adams and Martin Mulligan, Earthscan Publications Ltd, 2003.

14 Val Plumwood, 'Decolonizing Relationships with Nature', in *Decolonizing Nature: Strategies for Conservation in a Post-Colonial Era*, edited by William M. Adams and Martin Mulligan, Earthscan Publications Ltd, 2003.

15 R. Drayton, *Nature's Government: Science, Imperial Britain and the 'Improvement' of the World*, New Haven: Yale University Press, 2000.

16 William M. Adams and Martin Mulligan, *Decolonizing Nature: Strategies for Conservation in a Post-Colonial Era*, edited by William M. Adams and Martin Mulligan, Earthscan Publications Ltd, 2003.

17 R. Murphy, *Rationality and Nature: A Sociological Inquiry into a Changing Relationship*, Colorado: Westview Press, 1994.

18 Ibid.

19 L.J. Zimmerman, *American Indians: The First Nations; Native North American Life, Myth and Art*, London: Duncan Baird, 2003.

20 C. Palmiste, 'Forcible Removals: The Case of Australian Aboriginal and Native American Children', *Alternative*, 4 (2008), pp. 76–88.

21 W.T. Hagan, *American Indians*, 3rd edition, Chicago: University of Chicago Press, 1993.

22 E.G. Anderson, 'The Presence of Early Native Studies: A Response to Stephanie Fitzgerald and Hilary E. Wyss', *Early American Literature*, 45 (2010), pp. 250–260.
23 J.W. Martin, *The Land Looks After Us: A History of Native American Religion*, New York: Oxford University Press, 2001.
24 Mark Malisa and Thelma Quardey Missedja, 'Schooled for Servitude: The Education of African Children in British Colonies, 1910–1990', *Genealogy*, 3:40 (2019). See https://doi.org/10.3390/genealogy3030040
25 Ibid.
26 Walton Johnson, 'Education: Keystone of Apartheid', *Anthropology & Education Quarterly*, 13 (1982), pp. 214–237.
27 Abraham Leslie Behr and R.G. Macmillan, *Education in South Africa*, Pretoria: J.L. van Schaik Ltd, 1966.
28 Ayi Kwei Armah, *Why Are We So Blest?*, London: Heinemann, 1972.
29 Pam Christie, *The Right to Learn: The Struggle for Education in South Africa*, Cape Town: Ravan Press, 1990.
30 James Collins, 'Social Reproduction in Classrooms and Schools', *Annual Review of Anthropology*, 38 (2009), pp. 33–48.
31 Pam Christie and C. Collins, 'Bantu Education: Apartheid Ideology of Labour Reproduction?', *Comparative Education*, 18 (1982), pp. 59–75.
32 Cynthia Kros, 'W.W.M. Eiselen: Architect of Apartheid Education', in *The History of Education under Apartheid 1948–94: The Doors of Learning and Culture Shall Be Opened*, edited by Peter Kallaway, Cape Town: Pearson, 2002.
33 A. Roberts, *South African Native Affairs Commission*, 2, Cape Town: Cape Times.
34 Chana Teeger, 'Ruptures in the Rainbow Nation: How Desegregated South African Schools Deal with Interpersonal

and Structural Racism', *Sociology of Education*, 88 (2015), pp. 226–243.

35 Michael Omolewa, 'Educating the "Native": A Study of the Education Adaptation Strategy in British Colonial Africa, 1910–36', *The Journal of African American History*, 91 (2006), pp. 267–287.

36 Nelson Mandela, *Long Walk to Freedom: The Autobiography of Nelson Mandela*, Boston: Back Bay, 1994.

37 Richard Corby, 'Educating Africans for Inferiority under British Rule: Bo School in Sierra Leone', *Comparative Education Review*, 34 (1990), pp. 314–349.

38 Shoko Yamada, 'Educational Borrowing as Negotiation: Re-examining the Influence of the American Black Industrial Education Model on British Colonial Education in Africa', *Comparative Education*, 44 (2008), pp. 21–37.

39 D.M. Grandbois and G.F. Sanders, 'The Resilience of Native American Elders', *Issues in Mental Health Nursing*, 30 (2009), pp. 569–580.

40 Ayi Kwei Armah, *Osiris Rising*, Popenguine: Per Ankh, 2008.

41 L.A. French, 'Psychoactive Agents and Native American Spirituality: Past and Present', *Contemporary Justice Review*, 11 (2008), pp. 155–163.

42 C. Rybak and A. Decker-Fitts, 'Theory and Practice: Understanding Native American Healing Practices', *Counselling Psychology Quarterly*, 22 (2009), pp. 333–342.

43 D.M. Grandbois and G.F. Sanders, 'The Resilience of Native American Elders', *Issues in Mental Health Nursing*, 30 (2009), p. 570.

CHAPTER 4 ENTRENCHMENT OF COLONIALITY THROUGH EUROPEAN POLITICAL STRUCTURES

1 Patrick Ziltener, 'Impacts of Colonialism—A Research Survey', *Journal of World-Systems Research*, 19:2 (2013), pp. 290–311.

2 Robin M. Grier, 'Colonial Legacies and Economic Growth', *Public Choice*, 98 (1999), pp. 317–335.

3 Crawford Young, *The African Colonial State in Comparative Perspective*, New Haven: Yale University Press, 1994.

4 Valerie Phillips, 'Indigenous Peoples and the Role of the Nation-State', *Proceedings of the Annual Meeting (American Society of International Law)*, 101 (28–31 March 2007), pp. 319–323.

5 Jakob De Roover, *Europe, India, and the Limits of Secularism*, India: Oxford University Press, 2015.

6 Derek Croxton, 'The Peace of Westphalia of 1648 and the Origins of Sovereignty', *The International History Review*, 21:3 (September 1999), pp. 569–591.

7 Gerhart B. Ladner, *The Idea of Reform: Its Impact on Christian Thought and Action in the Age of the Fathers*, New York: Harper & Row, 1967.

8 Karl F. Morrison, *Understanding Conversion*, Charlottesville: University of Virginia Press, 1992.

9 Martin Luther, *Martin Luther's Basic Theological Writings*, Minneapolis: Fortress Press, 1989.

10 Hugh of Saint-Victor and R. Berndt, *De Sacramentis Christinae Fidei*, Germany: Monasterii Westfalorum, 2008.

11 Steven D. Smith, *Foreordained Failure: The Quest for a Constitutional Principle of Religious Freedom*, New York: Oxford University Press, 1995; Nomi Maya Stolzenberg, 'The Profanity of Law', in *Law and the Sacred*, edited by Austin Sarat, Lawrence Douglas and Martha Merrill Umphrey, Stanford University Press, 2007, p. 29; Nomi Maya Stolzenberg, 'Theses on Secularism', *San Diego Law Review*, 1041 (2010).

12 Jakob De Roover, *Europe, India, and the Limits of Secularism*, India: Oxford University Press, 2015, p. 94.

13 Nomi Maya Stolzenberg, 'Political Theology with a Difference', U.C. *Irvine Law Review*, 407 (2014).

14 James M. Estes, ed., *Whether Secular Government Has the Right to Wield the Sword in Matters of Faith: A Controversy in Nürnberg in 1530 over Freedom of Worship and the Authority of Secular Government in Spiritual Matters*, Toronto: Centre for Reformation and Renaissance Studies, 1994.

15 Lewis W. Spitz, 'Particularism and Peace Augsburg: 1555', *Church History*, 25:2 (1956), pp. 110–126.

16 Leo Gross, 'The Peace of Westphalia, 1648–1948', *American Journal of International Law*, 42:1 (January 1948).

17 Daniel Philpott, 'Religious Freedom and the Undoing of the Westphalian State', *Michigan Journal of International Law*, 25:4 (2004), pp. 981–998.

18 Montevideo Convention on the Rights and Duties of States, 26 December 1923. See https://www.jus.uio.no/english/services/library/treaties/01/1-02/rights-duties-states.xml

19 Ove Bring, 'The Westphalian Peace Tradition in International Law: From Jus ad Bellum to Jus contra Bellum', *International Law Studies*, 75 (2000).

20 Jason Farr, 'Point: The Westphalia Legacy and the Modern Nation-State', *International Social Science Review*, 80:3/4 (2005), pp. 156–159.

21 Statute of the International Court of Justice, articles 9 and 38(1), 26 June 1945. See https://www.icj-cij.org/en/statute

22 David P. Fidler, 'The Return of the Standard of Civilization', *Chicago Journal of International Law*, 2:1 (2001), pp. 137–157.

23 Georg Schwarzenberger, 'The Standard of Civilisation in International Law', *Current Legal Problems*, 8:1 (1955), pp. 212–234.

24 G.W. Gong, *The Standard of Civilization in International Society*, Oxford: Clarendon Press, 1984.

25 Daniel Philpot, 'The Religious Roots of Modern International Relations', *World Politics*, 52:2 (January 2000), p. 213.

26 G.J.S. Dei and J. Anamuah-Mensah, 'The Coloniality of Development', in *Indigenist African Development and Related Issues: Anti-colonial Educational Perspectives for Transformative Change*, edited by A. Asabere-Ameyaw, J. Anamuah-Mensah, G.J.S. Dei and K. Raheem, Rotterdam: Sense Publishers, 2014. See https://doi.org/10.1007/978-94-6209-659-2_3

27 Jakob De Roover and S.N. Balagangadhara, 'John Locke, Christian Liberty, and the Predicament of Liberal Toleration', *Political Theory*, 36:4 (2008), pp. 523–549.

28 Jeremy Waldron, *God, Locke, and Equality: Christian Foundations of John Locke's Political Thought*, Cambridge: Cambridge University Press, 2002.

29 Ibid., pp. 242–243.

30 Carl L. Becker, *The Heavenly City of the Eighteenth-Century Philosophers*, 2nd edition, New Haven: Yale University Press, 2003.

31 S.J. Barnett, *The Enlightenment and Religion: The Myths of Modernity*, Manchester: Manchester University Press, 2004.

32 Elizabeth S. Hurd, 'The Political Authority of Secularism in International Relations', *European Journal of International Relations*, 10:2 (2004), pp. 235–262.

33 Pauline Kleingeld, 'Kant's Second Thoughts on Race', *Philosophical Quarterly*, 229 (2007), pp. 573–592.

34 P. Frierson and P. Guyer, *Observations on the Feeling of the Beautiful and Sublime and Other Writings*, Cambridge: Cambridge University Press, 2011.

35 Pauline Kleingeld, 'Kant's Second Thoughts on Colonialism', in *Kant and Colonialism: Historical and Critical Perspectives*, edited by Katrin Flikschuh and Lea Ypi, Oxford: Oxford University Press, 2014, pp. 43–67.

36 Ramón Grosfoguel, 'Developmentalism, Modernity, and Dependency Theory in Latin America', *Nepantla: Views from South*, 1:2 (2000), pp. 347–374.

37 Britta Saal, 'How to Leave Modernity Behind: The Relationship between Colonialism and Enlightenment, and the Possibility of Altermodern Decoloniality', *Budhi: A Journal of Ideas and Culture*, 17 (2013), DOI: 10.13185/BU2013.17103.
38 Walter D. Mignolo, 'Delinking', *Cultural Studies*, 21:2–3 (2007), pp. 449–514.
39 Christine Schwöbel-Patel, '(Global) Constitutionalism and the Geopolitics of Knowledge', in *The Global South and Comparative Constitutional Law*, edited by Philipp Dann, Michael Riegner and Maxim Bönnemann, Oxford: Oxford University Press, 2020.
40 Pieter Heydenrych, 'Constitutionalism and Coloniality: A Case of Colonialism Continued or the Best of Both Worlds?', *New Contree*, 75 (2016), pp. 116–134.
41 D. Hightower-Langston, *The Native American World*, New Jersey: John Wiley, 2003.

CHAPTER 5 DECOLONIALITY, INDIGENEITY, SUBJECTIVITY AND RELATIONALITY

1 Gayatri Chakravorty Spivak, 'Can the Subaltern Speak?', in *Marxism and the Interpretation of Culture*, edited by Cary Nelson and Lawrence Grossberg, Chicago: University of Illinois Press, 1988; W.D. Mignolo, 'Coloniality of Power and Subalternity', in *The Latin American Subaltern Studies Reader*, edited by I. Rodríguez, London: Duke University Press, 2001; Ramón Grosfoguel, 'The Epistemic Decolonial Turn', *Cultural Studies*, 21:2–3 (2007), pp. 211–223.
2 Walter D. Mignolo, 'Delinking: The Rhetoric of Modernity, the Logic of Coloniality and the Grammar of De-coloniality', *Cultural Studies*, 21:2 (2007), pp. 449–514, 469.
3 Ramón Grosfoguel, 'Decolonising Post-Colonial Studies and Paradigms of Political-Economy: Transmodernity, Decolonial Thinking, and Global Coloniality',

Transmodernity: Journal of Peripheral Cultural Production of the Luso-Hispanic World, 1:1 (2011).

4 José Domingues, 'Global Modernisation, "Coloniality" and a Critical Sociology for Contemporary Latin America', *Theory Culture & Society*, 26 (2009), pp. 112–133.

5 W.D. Mignolo and M. Tlostanova, 'The Logic of Coloniality and the Limits of Postcoloniality', in *The Postcolonial and the Global*, edited by R. Krishnaswamy and Hawley, pp. 109–123, Minneapolis: University of Minnesota Press, 2008.

6 M. Tlostanova, 'The Postcolonial Condition, the Decolonial Option and the Postsocialist Intervention', in *Postcolonialism Cross-Examined: Multidirectional Perspectives on Imperial and Colonial Pasts and the Neocolonial Present*, edited by M. Albrecht, pp. 165–178, London: Routledge, 2019.

7 G. McLennan, 'Sociology, Eurocentrism and Postcolonial Theory', *European Journal of Social Theory*, 6:1 (2003), pp. 69–86.

8 Gayatri Spivak, *In Other Worlds: Essays in Cultural Politics*, New York: Routledge, 1988; Homi K. Bhabha, *The Location of Culture*, London: Routledge, 1994.

9 Gurminder K. Bhambra, 'Postcolonial and Decolonial Dialogues', *Postcolonial Studies*, 17:2 (2014), pp. 115–121; Edward Said, *Orientalism*, New York: Vintage Books, 1979.

10 Walter Mignolo, 'Delinking, Decoloniality and Dewesternisation: Interview with Walter Mignolo', in *Critical Legal Thinking*, 2 May 2012. See http://criticallegalthinking.com/2012/05/02/delinking-decoloniality-dewesternisationinterview-with-walter-mignolo-part-ii/

11 Aníbal Quijano, 'Coloniality of Power, Ethnocentrism, and Latin America', *Nepantla*, 1:3 (2000), pp. 533–580.

12 Aníbal Quijano, 'Coloniality and Modernity/Rationality', *Cultural Studies*, 21:2 (2007), pp. 168–178.

13 Walter D. Mignolo, *Local Histories/Global Designs: Essays on the Coloniality of Power, Subaltern Knowledges and Border Thinking*, Princeton: Princeton University Press, 2000.

14 Walter D. Mignolo, 'Introduction: Coloniality of Power and De-colonial Thinking', *Cultural Studies*, 21:2–3 (2007), pp. 155–167.

15 Ramón Grosfoguel, 'Colonial Difference, Geopolitics of Knowledge and Global Coloniality in the Modern/Colonial Capitalist World-System', *Review*, 25:3 (2002), pp. 203–224; Walter D. Mignolo, 'Spirit Out of Bounds Returns to the East: The Closing of the Social Sciences and the Opening of Independent Thoughts', *Current Sociology*, 62 (2014), pp. 584–602.

16 Walter D. Mignolo and Catherine E. Walsh, *On Decoloniality: Concepts, Analytics, Praxis*, London: Duke University Press, 2018.

17 Ramón Grosfoguel, 'Transmodernity, Border Thinking, and Global Coloniality: Decolonising Political Economy and Postcolonial Studies', 4 July 2008. See https://www.eurozine.com/transmodernity-border-thinking-and-global-coloniality/

18 Ramón Grosfoguel, 'The Structure of Knowledge in Westernised Universities: Epistemic Racism/Sexism and the Four Genocides/Epistemicides of the Long 16th Century', *Human Architecture: Journal of the Sociology of Self-Knowledge*, 11:1, Article 8 (2013).

19 Ramón Grosfoguel, 'From Postcolonial Studies to Decolonial Studies: Decolonising Postcolonial Studies: A Preface', *Review*, 29 (2006).

20 Ronald Niezen, *The Origins of Indigenism, Human Rights and the Politics of Identity*, Berkeley: University of California Press, 2003.

21 Patrick Wolfe, *Settler Colonialism and the Transformation of Anthropology: The Politics and Poetics of an Ethnographic Event*, London: Cassell, 1999.

22 James S. Anaya, *Indigenous Peoples in International Law*, Oxford: Oxford University Press, 1996.

23 C107—Indigenous and Tribal Populations Convention, 1957 (No. 107). International Labour Organization. See https://www.ilo.org/dyn/normlex/en/f?p=NORMLEXPUB:12100:0::NO::P12100_ILO_CODE:C107

24 C169—Indigenous and Tribal Peoples Convention, 1989 (No. 169), International Labour Organization. See https://www.ilo.org/dyn/normlex/en/f?p=NORMLEXPUB:12100:0::NO::P12100_ILO_CODE:C169

25 Jodi A. Byrd and Michael Rothberg, 'Between Subalternity and Indigeneity', *Interventions*, 13:1 (2011), pp. 1–12.

26 Jose R. Martinez Cobo (Special Rapporteur of the Sub-Commission on Prevention of Discrimination and Protection of Minorities), 'Study on the Problem of Discrimination against Indigenous Populations', 1987. See https://digitallibrary.un.org/record/133666?ln=en and https://cendoc.docip.org/collect/cendocdo/index/assoc/HASH01a2/55590d02.dir/Martinez-Cobo-a-1.pdf

27 United Nations Declaration of the Rights of Indigenous Peoples (UNDRIP). See https://www.un.org/development/desa/indigenouspeoples/wp-content/uploads/sites/19/2019/01/UNDRIP_E_web.pdf

28 State of the World's Indigenous Peoples, ST/ESA/328, Department of Economic and Social Affairs (DESA), Secretariat of the Permanent Forum on Indigenous Issues, United Nations, 2009.

29 Walter Rodney, *How Europe Underdeveloped Africa*, Washington, D.C.: Howard University, 1972.

30 A. Escobar, *Encountering Development: The Making and Unmaking of the Third World*, Princeton: Princeton University Press, 1995.

31 A. Escobar, 'Imagining a Post-Development Era? Critical Thought, Development and Social Movements', *Social Text*, 31/32 (1992), pp. 20–56; Frantz Fanon, *The Wretched of the Earth*, translated by Constance Farrington, New York: Grove, 1968, p. 169.

32 Mario Blaser, Glenn McRae and Harvey A. Feit, *In the Way of Development: Indigenous Peoples, Life Projects and Globalisation*, IDRC, 2004.

33 Mathias Guenther, Justin Kenrick, Adam Kuper, Evie Plaice, Trond Thuen, Patrick Wolfe, Werner Zips and Alan Barnard, 'The Concept of Indigeneity', *Social Anthropology*, 14 (2006).

34 Walter D. Mignolo, 'Coloniality Is Far from Over, and So Must Be Decoloniality', *Afterall*, 43 (2017), pp. 38–45.

35 Paul Berne Burow, Samara Brock and Michael R. Dove, 'Unsettling the Land: Indigeneity, Ontology, and Hybridity in Settler Colonialism', *Environment and Society*, 9 (2018), pp. 57–74.

36 Sarah Radcliffe, 'Geography and Indigeneity I: Indigeneity, Coloniality and Knowledge', *Progress in Human Geography*, 2015.

37 Adam Barker and Jenny Pickerill, 'Doings with the Land and Sea: Decolonising Geographies, Indigeneity, and Enacting Place-Agency', *Progress in Human Geography*, 44 (2019).

CHAPTER 6 BHARAT, COLONIALITY AND COLONIAL CONSCIOUSNESS

1 B. Rao, E. Bloch and J. De Roover, 'Rethinking Colonialism and Colonial Consciousness: The Case of Modern India', in *Forms of Knowledge in India: Critical Revaluations*, edited

by S. Raval, G. Mehta and S. Yashaschandra, pp. 179–212, New Delhi: Pencraft International, 2008.

2 B. Rao and J. De Roover, 'The Secular State and Religious Conflict: Liberal Neutrality and the Indian Case of Pluralism', *Journal of Political Philosophy*, 15:1 (2007), pp. 67–92.

3 Sitaram Goel, *The Story of Islamic Imperialism in India*, New Delhi: Voice of India, 1982.

4 R.K. Ohri, *Long March of Islam: The Future Imperfect*, New Delhi: Manas Publications, 2004.

5 Koenraad Elst, *Negationism in India: Concealing the Record of Islam*, New Delhi: Voice of India, 1992.

6 Sitaram Goel, *Hindu Temples: What Happened to Them*, volumes 1 and 2, New Delhi: Voice of India, 1982.

7 Ram Swarup, *Understanding Islam through Hadis—Religious Faith or Fanaticism?*, New Delhi: Voice of India, 1982.

8 M.A. Khan, *Islamic Jihad: A Legacy of Forced Conversion, Imperialism, and Slavery*, New York: iUniverse, 2009.

9 Sitaram Goel, *Muslim Separatism: Causes and Consequences*, New Delhi: Voice of India, 1983.

10 Kolja Lindner, 'Marx's Eurocentrism: Postcolonial Studies and Marx Scholarship', *Radical Philosophy*, 161 (2010), pp. 27-41; P. Jani, 'Karl Marx, Eurocentrism, and the 1857 Revolt in British India', in *Marxism, Modernity and Postcolonial Studies*, edited by C. Bartolovich and N. Lazarus, Cambridge: Cambridge University Press, 2002, pp. 81–98.

11 J. Li, 'The Asiatic Mode of Production and the Marxist Theory of History', in *Chinese Civilization in the Making, 1766–221 BC*, London: Palgrave Macmillan, 1996.

12 T. Byres, 'Eurocentric Marxism and the Third World: View from the Academy in the Anglophone Metropolis', *Economic and Political Weekly*, 19:30 (1984), pp. 1199–1204.

13 K. Mathew Kurian, 'Marxism and Christianity', *Social Scientist*, 2:8 (1974), pp. 3–21; H.F. Ward, 'Christian Marxism', in *Trends in Protestant Social Idealism*, edited by J. Neal Hughley, New York: Columbia University Press, 1948.

14 Manfred Sing, 'The Tempestuous Affair between Marxism and Islam: Attraction, Hostility, and Accommodation since 1917', in *Muslims and Capitalism: An Uneasy Relationship?*, edited by Béatrice Hendrich, Baden-Baden: Ergon Verlag, 2018.

15 B. Rao, *Reconceptualizing India Studies*, India: Oxford University Press, 2012.

16 Koenraad Elst, *Decolonizing the Hindu Mind: Ideological Development of Hindu Revivalism*, India: Rupa & Co., 2001.

17 B.R. Ambedkar, *Pakistan or the Partition of India*, India: Thacker and Co., 1946.

18 Ibid.

19 Venkat Dhulipala, *Creating a New Medina: State Power, Islam, and the Quest for Pakistan in Late Colonial North India*, Cambridge: Cambridge University Press, 2015.

20 Christine C. Fair, *Fighting to the End: The Pakistan Army's Way of War*, Oxford: Oxford University Press, 2014.

21 Sandeep Balakrishna, *Invaders and Infidels: From Sindh to Delhi, The 500-Year Journey of Islamic Invasions*, India: Bloomsbury India, 2020.

CHAPTER 7 BHARAT AS A CIVILISATION

1 Martin Jacques, *When China Rules the World: The End of the Western World and the Birth of a New Global Order*, UK: Penguin, 2009.

2 Martin Jacques, 'Civilization State versus Nation-State', 2011. See http://www.martinjacques.com/articles/civilization-state-versus-nation-state-2/

3 Zhang Weiwei, *The China Wave: Rise of a Civilizational State*, World Scientific Publishing Company, 2012.

4 Koenraad Elst, 'India as a Civilization-State', 2014. See http://koenraadelst.blogspot.com/2014/07/india-as-civilization-state.html

5 'India Is a Civilisational State, Not Based on Religion or Language: NSA Doval', *DNA*, 2020. See https://www.dnaindia.com/india/report-india-is-a-civilisational-state-not-based-on-religion-or-language-nsa-doval-2852191

6 Har Bilas Sarda, *Hindu Superiority: An Attempt to Determine the Position of the Hindu Race in the Scale of Nations*, Rajputana Printing Works, 1906.

7 Radha Kumud Mookerji, *Hindu Civilization: From the Earliest Times up to the Establishment of the Maurya Empire*, London and New York: Longmans, Green and Co., 1936; Radha Kumud Mookerji, *Hindu Civilization: From the Earliest Times up to the Establishment of the Maurya Empire*, Bombay: Bharatiya Vidya Bhavan, 1950.

8 Radha Kumud Mookerji, *A New Approach to the Communal Problem*, Bombay: Padma Publications, 1943.

9 Radha Kumud Mookerji, *Akhand Bharat*, Bombay: Hind Kitabs, 1945.

10 Radha Kumud Mookerji, *The Fundamental Unity of India (from Hindu Sources)*, London and New York: Longmans, Green and Co., 1914.

11 Strachey, quoted in Radha Kumud Mookerji, *The Fundamental Unity of India (from Hindu Sources)*, London and New York: Longmans, Green and Co., 1914, p. 5.

12 Radha Kumud Mookerji, *The Fundamental Unity of India (from Hindu Sources)*, London and New York: Longmans, Green and Co., 1914, p. 6.

13 Vincent Arthur Smith, quoted in Radha Kumud Mookerji, *The Fundamental Unity of India (from Hindu Sources)*, London and New York: Longmans, Green and Co., 1914, p. 14.

14 Radha Kumud Mookerji, *The Fundamental Unity of India (from Hindu Sources)*, London and New York: Longmans, Green and Co., 1914, p. 19.

15 Ibid., p. 37.

16 Radha Kumud Mookerji, *Nationalism in Hindu Culture*, London: Theosophical Publishing House, 1921.

17 Ibid., p. 57.

18 Objectives Resolution adopted by the Constituent Assembly on 22 January 1947. See http://loksabhaph.nic.in/writereaddata/cadebatefiles/C22011947.pdf

19 The Draft Constitution prepared by the Drafting Committee under the Chairmanship of Dr. B.R. Ambedkar was based on the draft Constitution prepared by the Constitutional Advisor to the Constituent Assembly, Sir Benegal Narsing Rau.

20 Constituent Assembly of India Debates, 15 November 1948. See http://164.100.47.194/loksabha/writereaddata/cadebatefiles/C15111948.html

21 Constituent Assembly of India Debates, 17 November 1948. See http://164.100.47.194/loksabha/writereaddata/cadebatefiles/C17111948.html

22 Constituent Assembly of India Debates, 17 September 1949. See http://loksabhaph.nic.in/writereaddata/cadebatefiles/C17091949.html

23 Constituent Assembly of India Debates, 18 September 1949. See http://loksabhaph.nic.in/writereaddata/cadebatefiles/C18091949.html

24 Catherine Clémentin-Ojha, '"India, That Is Bharat….": One Country, Two Names', *South Asia Multidisciplinary Academic Journal*, 2014. See https://doi.org/10.4000/samaj.3717

25 Jadunath Sarkar, *India Through the Ages*, India: M.C. Sarkar & Sons, 1928.

26 R.C. Majumdar, Kalikinkar Datta and Hem Chandra Raychaudhuri, *An Advanced History of India*, India: Macmillan Publishers, 1946.

27 R.C. Majumdar, *Ancient India*, Banaras: Motilal Banarsidass, 1952.

28 Bruce T. McCully, 'The Origins of Indian Nationalism According to Native Writers', *The Journal of Modern History*, 7 (1935), pp. 295–314.

29 Nilakanta K.A. Sastri and G. Srinivasachari, *Advanced History of India*, Bombay: Allied Publishers, 1971.

30 S.K. Aiyangar, *Ancient India and South Indian History and Culture Papers on Indian History and Culture*, Poona: Oriental Book Agency, 1941; R.C. Dutt, *A History of Civilisation in Ancient India (Based on Sanscrit Literature)*, London: Kegan Paul, Trench, Trubner, & Co. Ltd, 1893.

31 Govind Chandra Pande, *Foundations of Indian Culture*, India: Motilal Banarsidass, 1990; K.P. Jayaswal and V.R. Sankrityayana, *An Imperial History of India in a Sanskrit Text [c. 700 B.C.–C. 770 A.D.] with a Special Commentary on Later Gupta Period*, Lahore: Motilal Banarsidass, 1934.

32 Diana L. Eck, *India: A Sacred Geography*, New York: Harmony, Random House, 2012.

CHAPTER 8 EUROPEAN COLONIALITY AND THE INDIC CIVILISATION

1 N.K. Sinha and A.C. Banerjee, *History of India*, Calcutta: A. Mukherjee & Co. Private Ltd, 1947.

2 A.B. Keith, *A Constitutional History of India, 1600–1935* (1st edition.), London: Routledge, 1937.

3 Gurumukh Nihal Singh, *Landmarks in Indian Constitutional and National Development, (1600–1919)*, Benares: Indian Book Shop, 1933.

4 Narendra Nath Law, *Promotion of Learning in India by Early European Settlers (up to about 1800 A.D.)*, London: Longmans, Green and Co., 1915.
5 Syed Nurullah and J.P. Naik, *A Students' History of Education in India (1800–1973)*, Delhi: S.G. Wasani for Macmillan Company of India, 1974.
6 M.B. Hooker, 'The East India Company and the Crown 1773–1858', *Malaya Law Review*, 11:1 (July 1969), pp. 1–37.
7 East India Company, *The Law Relating to India, and The East-India Company*, London: W.H. Allen & Co., 1841.
8 *East India Company* v. *Sandys* (1683) 90 ER 62.
9 Richard Tuck, 'Alliances with Infidels in the European Imperial Expansion,' in *Empire and Modern Political Thought*, edited by Sankar Muthu, Cambridge: Cambridge University Press, 2012, pp. 61–83.
10 James Muldoon, *Popes, Lawyers, and Infidels: The Church and the Non-Christian World, 1250–1550*, Pennsylvania: University of Pennsylvania Press, 1979.
11 Edward Cavanagh, 'Infidels in English Legal Thought: Conquest, Commerce and Slavery in the Common Law from Coke to Mansfield, 1603–1793', *Modern Intellectual History*, 16 (2017), pp. 1–35.
12 Letter Patents granted to the Governor and the Company of Merchants of London, trading into the East-Indies, 5 September 1698, IOR/A/1/56–57. Printed in Charters Granted to the East India Company from 1601, London, 1773.
13 S.C. Ilbert, *The Government of India: A Brief Historical Survey of parliamentary Legislations Relating to India*, India: Oxford University Press, 1922.
14 *A Collection of Statutes Relating to India in Two Volumes*, Calcutta: Office of the Superintendent of Government Printing, 1899.

15 *The Journals of the House of Commons* (from 26 November 1772 to 15 September 1774), 34 (1804). See https://babel.hathitrust.org/cgi/pt?id=chi.78147261&view=1up&seq=1

16 Jakob De Roover and S.N. Balagangadhara, 'Liberty, Tyranny and the Will of God: The Principle of Toleration in Early Modern Europe and Colonial India', *History of Political Thought*, 30:1 (Spring 2009), pp. 111–139.

17 John Shore (Baron Teignmouth), *Considerations on the Practicability, Policy, and Obligation of Communicating to the Natives of India the Knowledge of Christianity*, London, 1808.

18 Joshua Marshman, *Advantages of Christianity in Promoting the Establishment and Prosperity of the British Government in India*, London, 1813; Andrew Fuller, *An Apology for the Late Christian Missions to India*, London: J.W. Morris, 1808; John William Cunningham, *Christianity in India: An Essay on the Duty, Means and Consequences of Introducing the Christian Religion among the Native Inhabitants of the British Dominions of the East*, London: J. Hatchard, 1808.

19 Roger H. Martin, 'Anglicans and Baptists in Conflict: The Bible Society, Bengal and the Baptizo Controversy', *The Journal of Ecclesiastical History*, 49 (1998), pp. 293–316.

20 William Carey, *An Enquiry into the Obligations of Christians to Use Means for the Conversion of the Heathens*, Ireland, 1792; Mary Drewery, *William Carey: A Biography*, Grand Rapids: Zondervan Publishing House, Michigan, 1979.

21 E. Daniel Potts, *British Baptist Missionaries in India, 1793–1837*, Cambridge: Cambridge University Press, 1967, p. 54.

22 William Wilberforce, *A Practical View of the Prevailing Religious System of Professed Christians, in the Higher and Middle Classes, Contrasted with Real Christianity*, New York: American Tract Society, 1830, 1839 [1797].

23 House of Commons (26 June 1811), 'Missionaries to the East', H.C. Deb, vol. 20, cc. 758–759. See https://api.

parliament.uk/historic-hansard/commons/1811/jun/26/missionaries-to-the-east

24 Karen Chancey, 'The Star in the East: The Controversy over Christian Missions to India, 1805–1813', *The Historian*, 60:3 (Spring 1998), pp. 507–522.

25 L. Mani, *Contentious Traditions: The Debate on Sati in Colonial India*, Berkeley and Los Angeles, 1998.

26 Bennie R. Crockett and Myron C. Noonkester, 'The Chaplains' Plot: Charter Renewal in 1813 and the Reformation of British India', paper delivered at Southern Conference on British Studies, Memphis, Tennessee, November 2004. See https://www.wmcarey.edu/carey/lectures/chaplains-plot.pdf

27 House of Commons (22 February 1813), 'Petition of the East India Company for the Renewal of their Charter', H.C. Deb, vol. 24, cc. 659–676. See https:// api.parliament.uk/historic-hansard/commons/1813/feb/22/petition-of-the-east-india-company-for

28 Claudius Buchanan, *'The Star in the East': A Sermon Preached in the Parish Church of St. James, Bristol, England, Sunday, February 26, 1809*, New York: Williams & Whiting, 1809, p. 29; Claudius Buchanan, *Memoir of the Expediency of an Ecclesiastical Establishment for British India; both as a Means of Perpetuating the Christian Religion among our own Countrymen; and as a Foundation for the Ultimate Civilisation of the Natives*, 2nd Edition, Cambridge: Hilliard and Metcalf, 1811, pp. 44–48; Claudius Buchanan, *Christian Researches in Asia*, New York, 1812; Claudius Buchanan, *An Apology for Promoting Christianity in India*, Boston: Nathaniel Willis, 1814.

29 Robert Hall, *Considerations on a Most Important Subject Connected with the Question of the Renewal of the Charter of the East India Company*, Glasgow: W. Turnbull and M. Ogle, 1813.

30 House of Commons (19 February 1813), 'Petition Respecting the East India Company, from the Society in Scotland for Propagating Christian Knowledge', H.C. Deb, vol. 24, cc. 654–655. See https://api.parliament.uk/historic-hansard/commons/1813/feb/19/petition-respecting-the-east-india

31 Andrea Major, *Pious Flames: European Encounters with Sati 1500–1830*, India: Oxford University Press, 2006.

32 Meenakshi Jain, *Sati: Evangelicals, Baptist Missionaries, and the Changing Colonial Discourse*, New Delhi: Aryan Books International, 2016.

33 One of the leading families of Bengal which led the Bengali Renaissance. Shri Rabindranath Tagore hailed from this family.

34 Further Papers respecting East India Company's Charter, 1833, General Court for the Information of the Proprietors, London.

35 House of Commons (13 June 1833), 'East India Company's Charter', H.C. Deb, vol 18, cc. 698–785. See https://api.parliament.uk/historic-hansard/commons/1833/jun/13/east-india-companys-charter

36 House of Lords (17 June 1833), 'East India Charter', H.L. Deb, vol. 18, cc. 851–852. See https://api.parliament.uk/historic-hansard/lords/1833/jun/17/east-india-charter

37 House of Commons (10 July 1833), 'East India Company's Charter', H.C. Deb, vol. 19, cc. 479–550. See https://api.parliament.uk/historic-hansard/commons/1833/jul/10/east-india-companys-charter

38 House of Commons (19 July 1833), 'East India Company's Charter', H.C. Deb, vol. 19, cc. 1031–1037. See https:// api.parliament.uk/historic-hansard/commons/1833/jul/19/east-india-companys-charter-1

39 House of Commons (26 July 1833), 'East India Company's Charter', H.C. Deb, vol. 20, cc. 14–50. See https://api.

parliament.uk/historic-hansard/commons/1833/jul/26/east-india-companys-charter

40 House of Commons (2 April 1852), 'The East India Company's Charter', H.L. Deb, vol. 120, cc. 546–580. See https://api.parliament.uk/historic-hansard/lords/1852/apr/02/the-east-india-companys-charter

41 House of Lords (19 April 1852), 'East India Company's Charter', H.C. Deb, vol. 120, cc. 806–868. See https://api.parliament.uk/historic-hansard/commons/1852/apr/19/east-india-companys-charter

CHAPTER 9 CHRISTIAN COLONIAL CONSCIOUSNESS, THE HINDU RELIGION, CASTE, TRIBE AND EDUCATION

1 Nicholas B. Dirks, *Colonialism and Culture*, Michigan: University of Michigan Press, 1992; Nicholas B. Dirks, 'The Original Caste: Power, History and Hierarchy in South Asia', *Contributions to Indian Sociology*, 23:1(1989), pp. 59–77; Nicholas B. Dirks, 'The Invention of Caste: Civil Society in Colonial India', *Social Analysis: The International Journal of Social and Cultural Practice*, 25 (1989), pp. 42–52; Nicholas B. Dirks, 'The Policing of Tradition: Colonialism and Anthropology in Southern India', *Comparative Studies in Society and History*, 39:1 (1997), pp. 182–212; Nicholas B. Dirks, 'The Conversion of Caste: Location, Translation, and Appropriation', in *Conversion to Modernities*, edited by P. van der Veer, New York: Routledge, 1996, pp. 115–137.

2 Jakob De Roover, *Europe, India, and the Limits of Secularism*, India: Oxford University Press, 2015.

3 Peter van der Veer, *Conversion to Modernities: The Globalization of Christianity* [Conference on Conversion, Held at the Research Centre of Religion and Society of the University of Amsterdam, June 1994], New York: Routledge, 1996.

4 J. De Roover, 'A Nation of Tribes and Priests: The Jews and the Immorality of the Caste System', in *Western Foundations of the Caste System,* edited by M. Fárek, D. Jalki, S. Pathan and P. Shah, Palgrave Macmillan, 2017.

5 Jakob De Roover and S.N. Balagangadhara, 'Liberty, Tyranny and the Will of God: The Principle of Toleration in Early Modern Europe and Colonial India', *History of Political Thought*, 30:1 (March 2009), pp. 111–139.

6 Jakob De Roover, *Europe, India, and the Limits of Secularism*, India: Oxford University Press, 2015

7 Ibid., p. 187.

8 S.N. Balagangadhara and Jakob De Roover, 'The Dark Hour of Secularism, Hindu Fundamentalism and Colonial Liberalism in India', in *Making Sense of the Secular: Critical Perspectives from Europe to Asia*, edited by Ranjan Ghosh, New York: Routledge, 2012.

9 *The Commissioner, Hindu Religious Endowments, Madras* v. *Sri Lakshmindra Tirtha Swamiar of Sri Shirur Mutt*, AIR 1954 SC 282.

10 *Shastri Yagnapurushdasji and others* v. *Muldas Bhundardas vaishya and another*, AIR 1966 SC 1119.

11 *Bramchari Sidheswar Bhai and others* v. *State of West Bengal*, 1995 SCC (4) 646.

12 S.N. Balagangadhara and Jakob De Roover, 'John Locke, Christian Liberty and the Predicament of Liberal Toleration', *Political Theory*, 36:4 (August 2008), pp. 523–549.

13 Nelson Maldonado-Torres, 'Religion, Modernity, and Coloniality', in *Religion, Theory, Critique*, edited by Richard King, New York: Columbia University Press, 2017, pp. 547–554.

14 Nelson Maldonado-Torres, 'On the Coloniality of Being', *Cultural Studies*, 21:2–3 (2007), pp 240–270.

15 Sarah Claerhout and Jakob De Roover, 'Conversion of the World: Proselytization in India and the Universalization of

Christianity', in *Rights Talk, Free Markets and Culture*, edited by Rosalind I.J. Hackett, London: Equinox, 2008.

16 Jakob De Roover and Sarah Claerhout, 'The Colonial Construction of What?', in *Rethinking Religion in India: The Colonial Construction of Hinduism*, edited by Esther Bloch, Marianne Keppens and Rajaram Hegde, London: Routledge, 2010, pp. 164–183.

17 The credit for bringing out this nuance goes to Shri T.R. Ramesh, a highly erudite champion of freedom of Hindu religious institutions from State control.

18 Madhu Kishwar, 'Codified Hindu Law: Myth and Reality', *Economic and Political Weekly*, 29 (1994), pp. 2145–2161.

19 Gloria Goodwin Raheja, 'Caste, Colonialism, and the Speech of the Colonized: Entextualization and Disciplinary Control in India', *American Ethnologist*, 23:3 (1996), pp. 494–513.

20 F.G. Bailey, '"Tribe" and "Caste" in India', *Contributions to Indian Sociology*, 5 (1961), pp. 7–19.

21 Nicholas B. Dirks, *Castes of Mind: Colonialism and the Making of Modern India*, Princeton: Princeton University Press, 2002.

22 Herbert H. Risley, *Manual of Ethnography for India: General Instructions, Definitions, and Ethnographic Questions*, Calcutta: Bengal Secretariat Press, 1907.

23 Nicholas B. Dirks, *Castes of Mind: Colonialism and the Making of Modern India*, Princeton: Princeton University Press, 2002, pp. 22, 24.

24 A.H. Bingley, *Caste Handbooks for the Indian Army: Rajputs*, Calcutta: Superintendent of Government Printing, 1918; A.H. Bingley and A. Nicholls, *Caste Handbooks for the Indian Army: Brahmans*, Calcutta: Superintendent of Government Printing, 1918.

25 George MacMunn, 'The Romance of the Martial Races of India', *Journal of the Royal Society of Arts*, 80:4128 (1932), pp. 171–193.

26 Susana B.C. Devalle, 'Tribe in India: The Fallacy of a Colonial Category', in *Studies on Asia and Africa from Latin America*, edited by David N. Lorenzen, 1st edition, México: El Colegio De Mexico, 1990.

27 Syed Nurullah and J.P. Naik, *A Students' History of Education in India (1800–1973)*, Delhi: S.G. Wasani for Macmillan Company of India, 1974.

28 Printed in *Bengal: Past and Present*, VIII, 1914, pp. 130–133; and in G. Nicholls, *Sketch of the Rise and Progress of the Benares Patshalla or Sanskrit College*, Allahabad, 1907, p. 1; K. Raj, 'Colonial Encounters and the Forging of New Knowledge and National Identities: Great Britain and India, 1760–1850', Osiris, 15 (2000), pp. 119–134.

29 'Bureau of Education, Government of India', in *Selections from Educational Records, Part I: 1781–1839*, edited by W.H. Sharp, Superintendent Government Printing India, 1920.

30 In 1813, Grant's 'Observations, etc.' was laid before the House of Commons, by whose orders it was printed. It was regarded as the ablest answer to the arguments of the anti-missionary party headed by Major Scott Waring and Sydney Smith (Diet. Nat. Biog. VIII, 379). It appears in the Report from the Select Committee of the House of Commons on the affairs of the East India Company, 16 August 1832, Appendix I, pp. 82–87.

31 Lynn Zastoupil and Martin Moir, 'Introduction', in *The Great Indian Education Debate: Documents Relating to the Orientalist-Anglicist Controversy, 1781–1843*, Richmond: Curzon Press, 1999, pp. 1–72.

32 Extract from a Minute by Lord Moira, on the judicial administration of the Presidency of Fort William, 2 October 1815.

33 Printed in *Bengal: Past and Present*, VIII, 1914, p. 93; and in part in Howell, *Education in India, prior to 1854, etc.*, Calcutta: Office of the Superintendent of Government Printing, 1872, pp. 13–14.

34 Note dated 17 July 1823 by Mr Holt Mackenzie, Territorial Department, Revenue Consultations repetition.

35 Extract from a letter, dated 17 August 1823, from A.D. Campbell, Esq., Collector of Bellary, to the President and Members of the Board of Revenue, Fort St. George. Printed in Evidence of 1832, App. I, No. 15 [351/501]; also in the Madras Selections, ii, 1856, p. xiii.

36 Address dated 11 December 1823, from Raja Rammohun Roy. Printed in G. Trevelyan, *On the Education of the People of India*, London: Longman, Orme, Brown, Green & Longmans, 1838, pp. 65–11; and C.H. Cameron, *An Address to Parliament on the Duties of Great Britain to India in Respect of the Education of the Natives and Their Official Employment*, London: Longman, Brown, Green and Longmans, 1853, pp. 83–87.

37 H. Woodrow, Macaulay's Minutes on Education of India (Collection); C.B. Lewis, at the Baptist Mission Press, Calcutta, 1862.

38 Lord Bentinck's Resolution of 7 March 1835. Printed in Cameron's Address to Parliament, pp. 81–82; and Madras Selections, II, 1855, pp. lxxxiii–lxxxiv.

39 Minute by the Right Hon'ble Lord Auckland, the Governor-General, dated 24 November 1839. Printed in the Revd. Dr. Duff's letters addressed to Lord Auckland on the subject of Native Education, etc., 1841.

CHAPTER 10 COLONIALITY, CIVILISATION AND CONSTITUTION

1 Government of India Act, 1854, 17 & 18 Vict. c. 77. See http://www.indianlegislation.in/BA/BaActToc.aspx?actid=2213

2 Government of India Act, 1858, 16 & 17 Vict. c. 95. See http://www.indianlegislation.in/BA/BaActToc.aspx?actid=2222

3 Gurumukh Nihal Singh, *Landmarks in Indian Constitutional and National Development, (1600–1919)*, Benares: Indian Book Shop, 1933.

4 A.B. Keith, *A Constitutional History of India, 1600–1935*, 1st edition, London: Routledge, 1937.

5 House of Commons, 8 July 1858, 'Order for Third Reading (of the Bill to Act of 1858)', H.C. Deb, vol. 151, cc. 1086–1096. See http://api.parliament.uk/historic-hansard/commons/1858/jul/08/third-reading

6 House of Lords, 15 July 1858, 'Order of the day for the Second Reading (of the Bill to Act of 1858)', HL, vol. 151, cc. 1447–1481. See http://api.parliament.uk/historic-hansard/lords/1858/jul/15/second-reading

7 Proclamation by the Queen in Council to the Princes, Chiefs and people of India (published by the Governor-General at Allahabad, 1 November 1858). See https://www.bl.uk/collection-items/proclamation-by-the-queen-in-council-to-the-princes-chiefs-and-people-of-india

8 House of Lords, 16 July 1858, 'Order of the day for the House to be put into Committee (to review the Bill to Act of 1858)', HL, vol. 151, cc. 1561–1590. See https://api.parliament.uk/historic-hansard/lords/1858/jul/16/committee

9 House of Lords, 23 July 1858, 'Bill (To Government of India Act 1858) read with the Amendments', HL, vol. 151, cc. 2007–2020. See https://api.parliament.uk/historic-hansard/lords/1858/jul/23/third-reading 1

10 Sir Courtenay Ilbert, *The Government of India (supplementary chapter)*, India: Oxford University Press, 1910.

11 The Project Committee in Chairmanship of B. Shiva Rao, *The Framing of India's Constitution: Select Documents*, Vol. II, New Delhi: The Indian Institute of Public Administration, 1967.

12 House of Lords, 6 July 1860, 'Education (India)—Petition', H.L. Deb, vol. 159, cc. 1513–1518. See https://

api.parliament.uk/historic-hansard/lords/1860/jul/06/education-india-petition

13 House of Commons, 28 September 1915, 'Ecclesiastical Establishment (India)', H.C. Deb, vol. 74, cc. 753–754 See https://api.parliament.uk/historic-hansard/written-answers/1915/sep/28/ecclesiastical-establishment-india

CHAPTER 11 THE STANDARD OF CIVILISATION, THE LEAGUE OF NATIONS AND THE GOVERNMENT OF INDIA ACT, 1919

1 The Project Committee in Chairmanship of B. Shiva Rao, *The Framing of India's Constitution: Select Documents*, vol. I, New Delhi: The Indian Institute of Public Administration.

2 House of Commons, 20 August 1917, 'India (Government Policy)', H.C. Deb, vol. 97, cc. 1695–1697; R. Danzig, 'The Announcement of August 20th, 1917', *The Journal of Asian Studies*, 28, no. 1 (1968).

3 Report on Indian Constitutional Reforms, India: Superintendent Government Printing, 1918. See https://upload.wikimedia.org/wikipedia/commons/8/84/Report_on_Indian_Constitutional_Reforms_%28Montagu-Chelmsford_Report%29.pdf

4 Government of India Act, 1919, 9 and 8, Geo. 5, Ch. 101.

5 Constituent Assembly of India Debates, 4 November 1948. See http://164.100.47.194/Loksabha/Debates/cadebatefiles/C04111948.html

6 House of Commons, 5 June 1919, 'Government of India Bill', H.C., vol. 116, cc. 2295–2411. See https://api.parliament.uk/historic-hansard/commons/1919/jun/05/government-of-india-bill

7 Samuel P. Huntington, 'The Clash of Civilizations?', *Foreign Affairs*, 72:3 (1993), pp. 22–49.

8 G.W. Gong, *The Standard of Civilization in International Society*, Oxford: Clarendon Press, 1984.

9 James Mayall, *International Society and International Theory: The Reason of States*, edited by Michael Donelan, London: George Allen and Unwin, 1978.

10 James Lorimer, *The Institutes of the Law of Nations: A Treatise of the Jural Relations of Separate Political Communities*, Edinburgh and London: W. Blackwood and Sons, 1883.

11 G.L. Beer and H.L. Gray, *African Questions at the Paris Peace Conference, with Papers on Egypt, Mesopotamia, and the Colonial Settlement*, New York: Macmillan, 1923.

12 Owen Chadwick, *The Secularization of European Society in the Nineteenth Century*, Cambridge: Cambridge University Press, 1975.

13 Philip P. Curtin, *The Image of Africa*, University of Wisconsin Press, 1964.

14 John Flint, *Cecil Rhodes*, London: Hutchinson, 1976; J.G. Lockhart and C.M. Woodhouse, *Cecil Rhodes*, London: Macmillan, 1963.

15 Statute of the International Court of Justice, San Francisco, 26 June 1945. See https://www.icj-cij.org/en/statute

16 League of Nations, Covenant of the League of Nations, 28 April 1919. See https://www.refworld.org/docid/3dd8b9854.html

17 Old Colony Trust Company, *The League of Nations*, Cambridge: The University Press, 1919.

18 Woodrow Wilson, *The Triumph of Ideals*, New York and London: Harper & Brothers Publishers, 1919.

19 House of Commons, 29 May 1919, 'Bill Presented', H.C., vol.116, c.1428. See https://api.parliament.uk/historic-hansard/commons/1919/may/29/bill-presented

20 House of Commons, 28 December 1919, 'Royal Assent', H.C., vol. 123, cc. 1300–1302. See https://api.parliament.uk/historic-hansard/commons/1919/dec/28/royal-assent

21 House of Lords, 19 March 1918, 'A League of Nations', H.L., vol. 29, cc. 476–510. See https://api.parliament.

uk/historic-hansard/lords/1918/mar/19/a-league-of-nations

22 House of Lords, 26 June 1918, 'League of Nations', H.L., vol. 30, cc. 383–429. See https://api.parliament.uk/historic-hansard/lords/1918/jun/26/league-of-nations

23 Treaty of Peace with Germany (Treaty of Versailles), Paris, 28 June 1919. See https://www.loc.gov/law/help/us-treaties/bevans/m-ust000002-0043.pdf

24 House of Lords, 3 July 1919, 'The Treaty of Peace', H.L., vol. 35, cc. 155–188. See https://api.parliament.uk/historic-hansard/lords/1919/jul/03/the-treaty-of-peace

25 House of Commons, 21 July 1919, 'Treaty of Peace Bill', H.C., vol. 118, cc. 951–1077. See https://api.parliament.uk/historic-hansard/commons/1919/jul/21/treaty-of-peace-bill

26 House of Commons, 17 June 1920, 'Statement by Mr. Balfour', H.C., vol 130, cc. 1491–1602. See https://api.parliament.uk/historic-hansard/commons/1920/jun/17/statement-by-mr-balfour

27 G. Chamedes, 'The Vatican and the Reshaping of the European International Order after the First World War', *The Historical Journal*, 56:4 (2013), pp. 955–976; P. Steinbicker, 'The Papacy and the League of Nations', *The Irish Monthly*, 64:756, pp. 369–375.

28 Lala Lajpat Rai, *Self-Determination for India*, New York: India Home Rule League of America. See https://www.saada.org/item/20130123-1240

लेखक का परिचय

जे. साईं दीपक एक वकील हैं, जो कि पहले इंजीनियर थे, जिन्होंने अन्ना विश्वविद्यालय (2002-2006) से मैकेनिकल इंजीनियरिंग में स्नातक की डिग्री और आईआईटी खड़गपुर (2006-2009) से विधि में स्नातक की डिग्री प्राप्त की है। जुलाई 2009 से जून 2016 तक, साईं ने मुख्य रूप से दिल्ली उच्च न्यायालय और भारत के सर्वोच्च न्यायालय के समक्ष एक प्रमुख राष्ट्रीय राजधानी क्षेत्र-आधारित विधिक फर्म के भाग के रूप में एक वादी के रूप में अभ्यास किया और 2015 तक वे एक सहयोगी भागीदार की स्थिति तक पहुँच गये। जून 2016 में, उन्होंने लॉ ऑफ चैम्बर्स के साथ एक स्वतंत्र अभ्यास की स्थापना की। तब से, साईं विधिक फर्मों और सॉलिसिटरों द्वारा दिल्ली उच्च न्यायालय, सर्वोच्च न्यायालय, मद्रास उच्च न्यायालय, भारतीय प्रतिस्पर्धा आयोग, एनसीएलएटी, एनसीएलटी और मध्यस्थ न्यायाधिकरणों के समक्ष अपने क्लाइंट्स की ओर से पक्ष रख रहे हैं। 12 वर्षों के अभ्यास में, साईं ने नागरिक वाणिज्यिक विधियों, बौद्धिक संपदा विधियों, संवैधानिक विधि और प्रतिस्पर्द्धा विधि से संबंधित मामलों में एक वादी के रूप में स्वयं के लिए एक स्थान बनाया है। इन वर्षों में, वह कई

ऐतिहासिक केस का हिस्सा रहे हैं, जैसे सबरीमाला अयप्पा मंदिर और श्री पद्मनाभस्वामी मंदिर केस, और बासमती ज्योग्राफिकल इंडिकेशन। साईं एक उत्साही विधिक टिप्पणीकार भी हैं और प्रतिष्ठित अंतरराष्ट्रीय और राष्ट्रीय विधिक पत्रिकाओं में उनके लेख छपते रहते हैं। विधि के छात्र के रूप में, मई 2009 में, बजाज-टीवीएस पेटेंट विवाद पर उनके ब्लॉग पोस्ट को व्यापक रूप से उद्धृत किया गया था और मद्रास उच्च न्यायालय की एक डिवीजन बेंच द्वारा कोर्ट के सिंगल जज बेंच द्वारा दिए गए अंतरिम निषेधाज्ञा में उसका बहुत महत्व था। यह शायद भारतीय न्यायिक इतिहास में पहला उदाहरण था जहाँ एक विधि के छात्र के काम को उद्धृत किया गया था और उस पर कोर्ट द्वारा भरोसा किया गया था। साईं अक्सर *ओपन मैगजीन*, द *न्यू इंडियन एक्सप्रेस*, द *फाइनेंशियल एक्सप्रेस* और द *डेली गार्जियन* के लिए संवैधानिक विषयों पर लिखते हैं। विधि और समाज पर उनकी बातों और व्याख्यानों को बहुत सुना जाता है। उद्योग और आंतरिक व्यापार संवर्द्धन विभाग, वाणिज्य मंत्रालय, भारत सरकार द्वारा विभिन्न आईपी से संबंधित मुद्दों पर भी साईं से परामर्श किया जाता है। अगस्त 2019 में, साईं आईआईटी खड़गपुर के 19 पूर्व छात्रों में सम्मिलित थे, जिन्हें 'यंग एलुमनी अचीवर्स अवार्ड' से सम्मानित किया गया था।

अनुवादक का परिचय

पंकज सक्सेना एक लेखक हैं। वास्तुकला, शिल्पकला, सौंदर्यशास्त्र, तुलनात्मक धर्म, मानव विज्ञान, साहित्य और विश्व इतिहास जैसे विषयों पर उनका लेखन है। हिन्दू मंदिरों पर उनका गहरा अध्ययन है और उन्होंने 1200 से अधिक प्राचीन मंदिरों का अध्ययन किया है। वह बृहत कल्चर क्रिएटिव के सह-संस्थापक हैं।